Eugen Wendler
Reutlingen – Geschichte und Gegenwart einer lebendigen Stadt

Mit besten Wünschen
vom Verfasser zugedacht.

Eugen Wendler

6.10.2011

Eugen Wendler

Reutlingen

Geschichte
und Gegenwart einer
lebendigen Stadt

Diakonie-Verlag

Herausgeber:
Professor Dr. Dr. Eugen Wendler

Satz: Fotosatz Keppler, Pfullingen
Druck: BruderhausDiakonie, Grafische Werkstätte, Reutlingen
Einband: Lachenmaier GmbH, Reutlingen
Schrift: Garamond
Papier: 150 g/m² holzfrei weiß Bilderdruck mit seidenmatter Oberfläche

Bildnachweis für Umschlag:
Vorderseite: Kolorierte Lithografie von Reutlingen,
Stahlstich von Eduard Mauch und Johann Poppel, Ulm 1840;
Original im Besitz des Autors
Frontispiz: Stadtwappen von Reutlingen mit Reichsadler um 1850;
Original im Besitz des Autors
Rückseite: Stadthalle Außenansicht,
Computersimulation, Stadt Reutlingen
Stadtwappen von Reutlingen mit Reichsadler um 1850;
Original im Besitz des Autors

© 2011 bei Professor Dr. Dr. Eugen Wendler, Reutlingen
Erschienen im Diakonie-Verlag, Reutlingen
ISBN 978-3-938306-30-7

Den treuesten Helfern,
meiner lieben Frau Christl und Herrn Karl Heinz Danzer
für ihre langjährige moralische und finanzielle Unterstützung
in tief empfundener Dankbarkeit
gewidmet.

Inhaltsverzeichnis

Widmung	5
Inhaltsverzeichnis	7
Geleitworte	
Barbara Bosch, Oberbürgermeisterin der Stadt Reutlingen	11
Dr. Nils Schmid, Stellv. Ministerpräsident,	
Finanz- und Wirtschaftsminister des Landes Baden-Württemberg	13
Vorwort	15

Erstes Kapitel
Von den Anfängen bis zum späten Mittelalter

1. Das ala(e)mannische Dorf Rutelingin	17
2. Die Grafen von Achalm – ein kurzlebiges Grafengeschlecht	21
3. Zur Baugeschichte der Ritterburg Achalm	24
4. Sagen und Mythen zur Achalm	25
5. Woher kommt der Name Achalm? – Erläuterungen mit einem neuen Deutungsversuch	27
6. Die Verleihung des Markt- und Stadtrechts durch die Staufer	30
7. Die Befestigungsanlagen der Reichsstadt Reutlingen	32
8. Die Belagerung der Stadt durch den thüringischen Gegenkönig Heinrich Raspe IV. im Jahre 1247	35
9. Die Marienkirche – das Wahrzeichen von Reutlingen	37
10. Der Turmengel der Reutlinger Marienkirche	41
11. Mittelalterliche Kunstwerke in der Marienkirche	44
12. Hugo Spechtshart von Reutlingen – ein herausragender Gelehrter im Mittelalter	46
13. Klöster und Klosterhöfe in Reutlingen bis zur Reformation	48
14. Die Schlacht bei Reutlingen von 1377	51
15. Das Spital und die Erweiterung des reichsstädtischen Territoriums	54
16. Kaiser Maximilian I. (1459–1519) zu Besuchen in Reutlingen	57
17. Die Pest, Naturkatastrophen und die Ausweisung der Juden	59
18. Die wechselvolle Geschichte der Nikolaikirche	61
19. Die wirtschaftliche Basis der Reichsstadt Reutlingen im Mittelalter	62
20. Die demokratische Legitimation des Magistrats bis zur Mediatisierung	66
21. Das mittelalterliche Strafrecht in der Reichsstadtzeit	70
22. Aus dem Tagebuch eines Reutlinger Scharfrichters von 1563 bis 1568	72

23. Das Totschlägerasyl in der Reichsstadt Reutlingen von 1495 bis 1804   74
24. Die Eroberung Reutlingens durch Herzog Ulrich von Württemberg
im Jahre 1519   76
25. Reutlinger Buchdrucker als Pioniere der Buchdruckerkunst   78

Zweites Kapitel
Von der Reformation bis zur Barockzeit

1. Der Reutlinger Reformator Matthäus Alber   81
2. Jos Weiß – der regierende Bürgermeister während der Reformationszeit   84
3. Matthäus Beger (1588–1661) –
ein gelehrter Bürgermeister während des 30jährigen Krieges   87
4. Die verheerenden Auswirkungen des 30jährigen Krieges   89
5. Der Höhepunkt der Reutlinger Hexenprozesse
unter dem Bürgermeister Johann Philipp Laubenberger
und die Kriegsfolgen im 16./17. Jahrhundert   92
6. Der Durchzug der bayerischen Prinzessin Maria Anna Viktoria
durch Reutlingen   94
7. Der Reutlinger Goldrausch in der ersten Hälfte des 18. Jahrhunderts   96
8. Die Brandkatastrophe von 1726   99
9. „Gantwasser" und „Saufressen" – vor 250 Jahren sind Kaffee
und Kartoffeln in Reutlingen heimisch geworden   104
10. Das Erziehungswesen in der Reichsstadtzeit   108
11. Eindrücke des französischen Grafen de Serre
über seine Aufenthalte in Reutlingen zwischen 1798 und 1800   111
12. Johann Jakob Fetzer (1750–1844) –
ein mutiger und streitbarer politischer Kopf   113

Drittes Kapitel
Vom Biedermeier bis zum I. Weltkrieg

1. Der Reutlinger Außenhandel bis zur Mitte des 19. Jahrhunderts
und der Eninger Kongress   117
2. Die Mediatisierung der Freien Reichsstadt   119
3. Der Abriss der Stadtmauer und was davon übrig blieb   123
4. Eine historische Romanze auf der Achalm   125
5. Die Hungerjahre von 1811–1817   129
5. Eine Mordtat in Reutlingen im Jahre 1829   132
7. Die letzte öffentliche Enthauptung durch das Schwert
in Reutlingen 1843   133
8. Jugenderinnerungen von Hermann Kurz an Friedrich List   135
9. Die historischen Verdienste von Friedrich List (1789-1846)   140
10. Das List-Denkmal – ein Wahrzeichen der Stadt   143

Inhaltsverzeichnis 9

11. Hermann Kurz – Schriftsteller, Redakteur,
    Übersetzer und Literaturhistoriker 145
12. Erinnerungen von Hermann Kurz an die Renovierung
    des vergoldeten Engels auf der Marienkirche 148
13. Wie wurde die Revolution von 1848
    in der Reutlinger Bevölkerung aufgefasst? 149
14. Die Pfingstversammlung von 1849 und der Eisenbahnanschluss 151
15. Zwei Halstuchmörder aus Reutlingen und Eningen 153
16. Die Tradition des Reutlinger Weinbaus 154
17. Die „Huser" und einige Anekdoten 158
18. Die traditionelle Schafzucht auf der Achalm
    und die Idee von Friedrich List 161
19. Neujahrsglückwünsche aus Reutlingen vor 150 Jahren 163
20. Formulierungshilfen aus Reutlingen bei Heiratsanträgen
    im Biedermeier 166
21. Die Bedeutung des Reutlinger Textilgewerbes
    in der vorindustriellen Zeit 171
22. Gründung und Entwicklung der Webschule 174
23. Gustav Werner und die BruderhausDiakonie 177
24. Die Reutlinger Begegnung –
    Gottlieb Daimler und Wilhelm Maybach 180
25. Erinnerungen an den deutsch-französischen Krieg von 1870/71 183
26. Charakter und Ernährungsgewohnheiten der Reutlinger „Ureinwohner" 185
27. Sitten und Gebräuche in Alt-Reutlingen 188
28. Ausgestorbene Begriffe aus der Reutlinger Mundart 191
29. Eduard Lucas – ein Pionier des Garten- und Obstbaus 193
30. Impressionen eines Spaziergangs auf die Achalm vor 120 Jahren 196
31. Paul Wilhelm Keller-Reutlingen (1854–1920) –
    ein spätromantischer Maler 198
32. Besuche des letzten württembergischen Königs Wilhelm II.
    in Reutlingen 200
33. Laura Schradin – eine engagierte Politikerin der Frauenbewegung 203
34. Das Technikum für Textilindustrie – ein Reutlinger Markenzeichen 205

Viertes Kapitel
Das 20. Jahrhundert bis zur Gegenwart

1. Der I. Weltkrieg und seine Folgen 209
2. Das Gmindersdorf –
   eine architektonische Mustersiedlung für Arbeiter 211
3. Die galoppierende Geldentwertung in der Inflationszeit
   aus der Sicht eines Betroffenen 212

4. Die Straße von Metzingen nach Reutlingen als Rennstrecke
   für ein Auto- und Motorradrennen   215
5. Die Machtergreifung der Nationalsozialisten   216
6. Ludwig Finckh – der Retter des Hohenstoffeln   221
7. Wie sich mein Vater im Dritten Reich verhalten hat   223
8. Die Deportation der Juden aus Reutlingen   226
9. Die Zerstörung Reutlingens bei den Fliegerangriffen
   von Januar bis März 1945   228
10. Die Geiselerschießung in Reutlingen   231
11. Trümmerbeseitigung und Wiederaufbau   233
12. Erinnerungen an meine Kindheit und die ersten Schuljahre
    nach dem Krieg   237
13. Die Integration der Flüchtlinge und Heimatvertriebenen   240
14. Die Integration von Gastarbeitern und Zuwanderern
    mit Migrationshintergrund   241
15. Die Rathäuser der Stadt   244
16. Eingemeindungen und Bevölkerungsentwicklung   247
17. Edle Karossen aus Reutlingen   249
18. Das Medizinalwesen in Reutlingen   252
19. Aus der Region und für die Region – das Zeitungswesen in Reutlingen   257
20. „Die Achalm ist das Beste, was ich habe!" –
    HAP Grieshaber und seine Achel   259
21. Der Verlust an alten Gebäuden nach dem II. Weltkrieg –
    Lob und Tadel   262
22. Der Spaßfaktor bei der Stadtführung: die engste Gasse der Welt   264
23. Namhafte Reutlinger Unternehmen im Wandel der Zeit   266
24. Die Robert Bosch GmbH am Standort Reutlingen   273
25. Internationale Speditionsunternehmen   275
26. Städtepartnerschaften   277
27. Kostbarkeiten in den Reutlinger Museen   279
28. Zwei Raumfahrtpioniere aus Reutlingen   282
29. Zwei Medaillengewinner bei den Olympischen Spielen   285
30. Das kulturelle Spektrum von Reutlingen   287
31. Neue städtebauliche Akzente in der jüngeren Vergangenheit   289
32. Die Hochschule Reutlingen und ihre Internationalität   294
33. Zwei Reutlinger Oberbürgermeister
    als Präsidenten des Städtetages   297
34. Kabinettsmitglieder aus dem Wahlkreis Reutlingen   300
35. Die Stadthalle – ein neues kulturelles Wahrzeichen   302
36. Der Achalmtunnel – ein Weg in die Zukunft   304

Literaturverzeichnis/Buchpublikationen   307

Geleitwort von Barbara Bosch

Schon lange ist nicht mehr der Versuch unternommen worden, die Reutlinger Lokalgeschichte von der städtischen Besiedlung bis in die Gegenwart im Rahmen einer historischen Veröffentlichung in den Blick zu nehmen. Professor Dr. Dr. Eugen Wendler hat diesen Schritt gewagt und ihm ist ein großer Wurf gelungen. In über 100 Etappen hat er einen Streifzug durch mehr als eineinhalb Jahrtausende Stadtgeschichte unternommen, von der alemannischen Siedlungsnahme bis zu den jüngsten Entwicklungen. Dabei wird ein reichhaltiges Kaleidoskop an historischen Themen, an Geschichten, Fakten und Episoden mit recht unterschiedlicher Gewichtung ausgebreitet von der Reichsstadt bis zur Großstadt, von der Verleihung der Stadtrechte bis zu den Präsidenten des Städtetags, von den Achalmgrafen bis zum Achalmtunnel, wobei die beiden letzten Kapitel bereits in die Zukunft weisen. So ist ein Geschichtsbuch entstanden, das unterhaltsam und lehrreich zugleich ist, eine historische Publikation – sachkundig recherchiert, aber alles andere als trocken, zum Teil geradezu spannend. Die Mischung von fundierten wissenschaftlichen Darlegungen eines historischen Fachmanns, von quellennahen Auszügen aus zeitgenössischen Chroniken und längst vergriffenen Heimatbüchern und von – für die jüngere Zeit – persönlichen Erfahrungen und Einschätzungen des Autors sorgt für eine eigene Dynamik und ist das besondere Merkmal dieser neuen Stadtgeschichte.

Eugen Wendler ist ein „waschechter" Reutlinger. Er ist am Fuße der Achalm geboren, hier aufgewachsen und hat über Jahrzehnte an der Reutlinger Hochschule gewirkt. Bei aller historischen Distanz und Ausgewogenheit spürt man aus seinen Texten die Liebe und Verbundenheit zu seiner Vaterstadt. Neben seiner Lehrtätigkeit hat sich Professor Wendler all die Jahre als kompetenter und international renommierter Fachmann um die Erforschung und Vermittlung von Leben und Werk des großen Reutlinger Sohnes Friedrich List verdient gemacht. Zahlreiche Vorträge und Aufsätze sowie mehr als ein Dutzend gewichtiger Monographien über den Reutlinger Nationalökonomen und Eisenbahnpionier entstammen seiner Feder. Im Ruhestand betätigt sich Eugen Wendler nun seit einigen Jahren nicht nur als versierter Stadtführer, sondern widmet sich auch verstärkt der Erforschung der Reutlinger Stadtgeschichte. Ein „Produkt" dieser intensiven lokalgeschichtlichen Spurensuche ist das vorliegende bemerkenswerte Buch, dessen Herausgabe der Autor zudem in eigener Regie besorgt hat.

All dies verdient große Anerkennung. Meinen Dank für dieses vorbildliche bürgerschaftliche Engagement verbinde ich mit dem Glückwunsch zu dem gelungen Werk. Ich hoffe, ja ich bin überzeugt, es wird beim historisch interessierten und Heimatverbundenen Reutlinger Publikum eine begeisterte Aufnahme finden.

Barbara Bosch
Oberbürgermeisterin der Stadt Reutlingen

Geleitwort von Dr. Nils Schmid

Die Geschichte einer Stadt ist mehr als die Ansammlung von alten Steinen, konservierten Dokumenten und überlieferten Erzählungen. Sie ist vielmehr identitätsstiftend für die Menschen, die hier und jetzt leben. Traditionen, Mentalitäten, politisches Denken – das alles wird geprägt durch das, was frühere Generationen tatsächlich erlebt haben. So auch in Reutlingen.

Wir erleben in vielen Bereichen scheinbar gegenläufige Trends: In einer Zeit, in der immer mehr Menschen beruflich oder privat um die Welt reisen und große Distanzen in immer kürzerer Zeit zurücklegen, scheinen ebenso viele Menschen ein wachsendes Bedürfnis nach „Heimat" zu haben. Diese Rückbesinnung bedeutet aber nicht, dass man sich nach den vermeintlich „guten alten Zeiten" sehnt – die so gut oft gar nicht waren, wie dieses Buch an mehreren Stellen erneut belegt. Vielmehr ist Geschichte auch eine Dokumentation des Fortschritts und des gesellschaftlichen Wandels. Wer sich seiner Herkunft bewusst ist, geht auch selbstbewusst in die Zukunft.

Für alle, die sich für ihre kulturellen Wurzeln interessieren, kommt diese Stadtgeschichte gerade recht. All jenen, die gerne anderen die Besonderheiten Reutlingens sowie seiner Bürgerinnen und Bürger nahe bringen möchten, dürfte es ein willkommenes Mitbringsel sein – sozusagen als Botschafter unserer Stadt.

Prof. Wendler hat etwas bislang Einzigartiges geschaffen: Mit dem vorliegenden Buch können sich die Leserinnen und Leser im wahrsten Sinne des Wortes ein Bild von der Reutlinger Geschichte machen. Zugleich erhalten sie mit – zum Teil sehr persönlichen – Texten eine äußerst kenntnisreiche und zugleich unterhaltsame Beschreibung der wichtigsten historischen Etappen. Es eignet sich daher zum gezielten Nachschlagen ebenso wie zum Schmökern oder kompletten Durchlesen.

Viel Freude dabei wünscht Ihnen

Dr. Nils Schmid
Mitglied des Landtags von Baden-Württemberg
Minister für Finanzen und Wirtschaft

Ansicht von Reutlingen um 1860. Im Mittelpunkt ist der 1859 in Dienst gestellte Bahnhof mit einfahrendem Zug zu sehen; Original im Besitz des Autors.

Vorwort

Um die Hintergründe dieses Buches deutlich zu machen, möchte ich zunächst meinen biografischen Werdegang skizzieren. Ich entstamme einer alteingesessenen Reutlinger Familie, wurde hier 1939 geboren, bin hier aufgewachsen und habe an der Wirtschaftsoberschule mein Abitur gemacht. Anschließend absolvierte ich eine zweijährige kaufmännische Lehre in der Maschinenfabrik zum Bruderhaus. Dann begann ich das Studium der Wirtschaftswissenschaften an der Universität Tübingen, das ich ab dem dritten Semester an der Wirtschaftshochschule (Universität) Mannheim fortsetzte. Dort studierte ich Betriebswirtschaft und Pädagogik. Im Jahre 1964 schloss ich mein Studium als Diplom-Handelslehrer ab. Ein Stipendium der Stiftung Volkswagenwerk ermöglichte mir anschließend ein Postgraduiertenstudium, in dem ich Geschichte, Philosophie und Geographie studierte.

Dann war ich sechs Jahre lang im Schuldienst tätig. Als junger Assessor bekam ich vom Oberschulamt die Aufgabe, eine zweijährige Berufsfachschule (Wirtschaftsschule) zu gründen und zu leiten. Im Mai 1972 wurde ich als Dozent für Betriebswirtschaft an die neue Fachhochschule Reutlingen berufen. Dort war ich bis zu meiner Emeritierung im Jahre 2004 tätig und in dieser Zeit bemüht, zusammen mit meinen Kollegen meinen Teil am Aufbau der „Reutlinger Betriebswirtschaft" beizutragen. Heute können alle, die an dieser Herausforderung mitgewirkt haben, mit Stolz auf das Erreichte zurückblicken.

Neben meiner Lehrtätigkeit habe ich meine betriebswirtschaftliche Dissertation abgeschlossen und wurde 1977 an der Universität Tübingen zum Dr. rer. pol. promoviert. Ein Jahr später erhielt ich an der Hochschule in Reutlingen eine Professur für Marketing, Marktpsychologie und Kommunikationspolitik. 1984 wurde ich an der Universität Konstanz zum Dr. phil. promoviert. Für meine wissenschaftlichen Arbeiten habe ich 1997 den Landespreis für Heimatforschung erhalten.

Neben meinen fachwissenschaftlichen Beiträgen habe ich mich beinahe 40 Jahre lang der Erforschung des Reutlinger Nationalökonomen und Eisenbahnpioniers Friedrich List gewidmet und das von mir an der Hochschule gegründete „Friedrich List-Institut für historische und aktuelle Wirtschaftsstudien" geleitet. Für diese Arbeit wurden mir 2004 das Bundesverdienstkreuz und 2005 die Verdienstmedaille der Stadt Reutlingen verliehen.

Seit meiner Emeritierung widme ich mich vor allem der Stadtgeschichte von Reutlingen, zumal ich seitdem als ehrenamtlicher Stadtführer tätig bin. Ich habe es als meine Aufgabe angesehen, als „alter" Reutlinger im doppelten Sinne meine Kenntnis der Stadtgeschichte aufzuschreiben und an die Nachwelt weiterzugeben. Dabei hatte ich das Ziel, eine Stadtgeschichte zu schreiben, wie sie es in ganz Deutschland noch nicht gibt. Sie beginnt mit den Anfängen der ersten Siedlung und endet in der Gegenwart. Sie sollte lebendig, spannend, lesefreundlich, umfassend, informativ, humorvoll und dennoch wissenschaftlich exakt sein. Hierzu habe ich die ganze Stadtgeschichte, wie eine Bildergalerie, in über 100 in sich abgerundete Bilder aufgeteilt und dabei auch persönliche Erinnerungen, die ich in über 65 Jahren in der Stadt gesammelt habe, mit einfließen lassen.

Ich hoffe, dass es mir gelungen ist, eine Stadtgeschichte zu schreiben, die viele Interessenten findet und die für den Leser so spannend, wie ein Kriminalroman ist, dass er das Buch erst wieder aus der Hand legt, wenn er es zu Ende gelesen hat.

Ich möchte an dieser Stelle Frau Oberbürgermeisterin Barbara Bosch und dem neuen Wirtschafts- und Finanzminister des Landes Baden-Württemberg, Herrn Dr. Nils Schmid, für ihre Geleitworte ganz herzlich danken. Besonders dankbar bin ich Herrn Dekan Dr. Mohr und meinem Freund Adolf Briegel, die mir den Weg gewiesen haben, wie ich dieses Buch in Eigenverantwortung verlegen konnte. Für die finanzielle Absicherung möchte ich Herrn Karl Heinz Danzer meinen herzlichen Dank sagen, weil er mich auch bei diesem Projekt wie bei meinen List-Publikationen wieder finanziell unterstützt und damit die Herausgabe ermöglicht hat.

Ebenfalls mit großem Dank bin ich mit meinem Freund Bruno Zeeb verbunden, der in treuer Anhänglichkeit das Lektorat des Manuskriptes übernommen und mir noch einige wertvolle Anregungen gegeben hat.

Und last but not least, gebührt meiner lieben Frau Christl ganz besonderer Dank, weil sie in den langen Jahren unseres gemeinsamen Lebensweges stets bereit war, mich mit meinen wissenschaftlichen Ambitionen zu teilen, und dabei mussten wir oft über holprige Wege gehen und manch schwierige Phasen gemeinsam durchleiden. Ohne ihr Verständnis und ihre engelhafte Geduld wäre auch dieses Buch nicht entstanden.

Deshalb möchte ich meinen beiden treuesten Weggefährten, meiner lieben Christl und Herrn Karl Heinz Danzer dieses Buch widmen.

Reutlingen, 1. Mai 2011 *Eugen Wendler*

Erstes Kapitel
Von den Anfängen bis zum späten Mittelalter

Das ala(e)mannische Dorf Rutelingin

Im Jahre 2010 haben Archäologen der Universität Tübingen auf der Schwäbischen Alb eine sensationelle Entdeckung gemacht. Sie fanden ein aus Mammutknochen bestehendes Amulett, das unter der volkstümlichen Bezeichnung die „Schwäbische Eva" bekannt geworden ist. Neben anderen aus der schwäbischen Frühgeschichte stammenden Artefakten (kleine Tierplastiken und Flöten aus Tierknochen) zählt dieser Fund zu den ältesten figürlichen Kunstwerken der Menschheit. Ihr Alter wird auf 35 bis 40 000 Jahre datiert. Darüber hinaus beweisen zahllose Gräberfunde, dass die Schwäbische Alb und das Albvorland von der mittleren Steinzeit ab bis zur Gegenwart ständig besiedelt waren. Dies ist insofern ein bemerkenswerter Befund, wenn man bedenkt, dass der nahe gelegene Schwarzwald wegen seines dichten Urwaldes erst um etwa 1000 n. Chr. von Mönchen besiedelt wurde.

Archäologische Funde aus der Mittel- und Jungsteinzeit, der Bronze- und Urnenfelderzeit, der Hallstatt- und Latènezeit, der Römerzeit und der Zeit der Merowinger belegen, dass auch das Stadtgebiet von Reutlingen, wie das gesamte Albvorland, schon in vor- und frühgeschichtlicher Zeit bis heute durchgehend besiedelt war.

Dennoch verdankt Reutlingen erst den Ala(e)mannen seine Entstehung. Diese haben im Zuge der Völkerwanderung ab dem dritten nachchristlichen Jahrhundert in zahlreichen Vorstößen den Limes überrannt und sich im mittleren und südlichen Teil des heutigen Baden-Württemberg, im Elsass, in der Nordschweiz und in Bayerisch Schwaben niedergelassen.

Einem der Anführer muss es im Echaztal so gut gefallen haben, dass er hier seine Zelte aufgeschlagen hat. Er soll der Legende nach Rutilo (= Rudolf) geheißen haben.

Die Gründung dieser ala(e)mannischen Siedlung erfolgte aber nicht im Bereich der heutigen Kernstadt, sondern etwa 800 bis 1 000 m vom Marktplatz entfernt, in nördlicher Richtung, wo sich heute der Friedhof „Unter den Linden" befindet. Dort wurde auch die erste Kirche errichtet, die den Namen Sankt Peter und Paul mit dem Beinamen „in den Weiden" hatte. Der Zusatz rührt daher, dass in unmittelbarer Nähe der Echaz auf feuchtem Boden offenbar

Das ala(e)mannische Dorf Rutelingin, Ausschnitt aus einer Radierung von Braun & Hogenberg von 1620; aus: Stadt Reutlingen, Stadtbildgeschichte, Reutlingen 1990, Seite 14.

zahlreiche Weiden wuchsen, die dort vorherrschend waren. Die Apostelkirche soll 1246 begonnen und in dreijähriger Bauzeit fertig gestellt worden sein. Sie wurde bis ins späte Mittelalter genutzt und in den Stürmen der Reformation 1538 abgebrochen.

Vermutlich wurde die Kirche aber schon sehr viel früher erbaut oder es könnte auch einen Vorläufer gegeben haben. Denn es ist bekannt, dass sich um 1170 zwei Priester, Bertolf und Konrad, die sich untertänigst „als unwürdige Priester von Reutlingen" an die bewunderte Jungfrau, die Äbtissin Hildegard von Bingen gewandt und diese um ihren Rat ersucht haben. Hildegard leitete zu dieser Zeit das von ihr 1150 bezogene Kloster auf dem Rupertsberg bei Bingen. Sie hatte schon damals als „prophetissa teutonica" (deutsche Prophetin) einen weit über das Kloster hinaus reichenden Ruf. In einem der beiden Briefe beklagt sich Bertolf: „Überdruss an meinem Leben habe ich, weil ich von Bitterkeit erfüllt bin." Deshalb trug er sich mit dem Gedanken, in eine Mönchsgemeinschaft einzutreten. In ihrem Antwortschreiben gab Hildegard den Rat: „Eilt zu Gott und lasset ab von jenem Menschen der gefesselt zu keiner Entscheidung fähig ist wegen seines Schwankens in vielen Unentschiedenheiten."

Bei der Kirche Sankt Peter gab es auch eine Gerichtsstätte, wo noch bis 1331 durch einen Landrichter Recht gesprochen wurde. Außerdem wurde dort das „Siechenhaus" eingerichtet, in dem vor allem Aussätzige und Personen mit anderen ansteckenden Krankheiten untergebracht waren.

Erstes Kapitel · Von den Anfängen bis zum späten Mittelalter

Wie kam es dann zur Verlagerung des Dorfes in den Bereich der heutigen Kernstadt? Dies dürfte sicher mehrere Gründe gehabt haben. Ein Grund könnte gewesen sein, dass es im heutigen Stadtkern und an der Peripherie mehrere ala(e)mannische Weiler gegeben hat, die im Laufe der Zeit zusammenwuchsen. Auf einen solchen Weiler, weist das Gebiet der „Hofstatt" zwischen der Katharinenstraße und der Oberen Gerberstraße hin. Dort wird ein ala(e)mannischer Gutshof vermutet, und es gehört wenig Fantasie dazu, sich diesen in Verbindung mit dem nahe gelegenen „Federsee" vorzustellen, von dem sich auch nur der Name erhalten hat.

Ein zweiter Grund dürfte darin liegen, dass die Kernstadt höher liegt als das Niveau des ursprünglichen Dorfes Rutelingin und damit gegen mögliche Überschwemmungen der Echaz besser geschützt war. Außerdem eignete sich dieses Gebiet wesentlich besser zur Anlage einer größeren Siedlung und eines Marktplatzes.

Ein weiterer Grund könnte im Bau der Burg Achalm gelegen haben. Mit Sicherheit wurden zum Bau der Festung Tagelöhner und Handwerker benötigt, die aus dem Dorf geholt wurden. Diese wollten sich möglicherweise auch in deren Schutz begeben und sind deswegen näher an den Berg herangerückt. Sie sind damit im wahrsten Sinne des Wortes zu „Bürgern" geworden, also zu Leuten, die sich am Fuße einer Burg angesiedelt haben.

Für die Verlagerung der ala(e)mannischen Siedlung spricht auch, dass das Gartentor in mittelalterlichen Quellen als „Neues Tor" und das angrenzende Stadtgebiet als „Neue Stadt" bezeichnet wurden.

In einem alten Wappenbuch aus dem frühen 16. Jahrhundert wird „Reitling" durch folgenden Vierzeiler beschrieben:

> „Reitlingen auch eine Reichstat ist,
> Am Necker wie noch wol bewist,
> Auß einem Dorff gemacht zur Statt,
> Die Freyheit sie erlanget hat."

Außerdem werden darin bereits die Stadtfarben schwarz, rot und weiß angegeben.

Natürlich erfolgte die Verlagerung vom Dorf zur Stadt nicht von heute auf morgen. Sie war vielmehr ein langsamer Prozess, der sich über mindestens zwei bis drei Jahrhunderte erstreckte.

Das Stadtwappen von Reutlingen in einem Wappenbuch aus dem frühen 16. Jahrhundert; Original im Besitz des Autors.

Die Grafen von Achalm – ein kurzlebiges Grafengeschlecht

Die Grafen von Achalm waren ein Adelsgeschlecht mit einer sehr kurzen Wirkungsgeschichte. Diese konzentriert sich auf das 11. Jahrhundert und erstreckt sich nur über zwei Generationen.

Der nachweisbare Herrenhof der Grafen von Achalm lag in Dettingen/Erms. Außerdem ist bekannt, dass sie im Neckartal, an der Echaz und an der Erms reich begütert waren. Ferner gehörten ihnen in der weiteren Umgebung zahlreiche Weiler und Dörfer. Wie sie zu diesem enormen Vermögen gekommen sind, ist unbekannt.

Von Dettingen aus erwarb ein Mitglied der Familie, Graf Egino um 1030 „gegen Hingabe eines wertvollen Landgutes sowie einer nicht unbeträchtlichen Geldsumme" den Reutlinger Hausberg, um dort an exponierter Stelle seine Höhenburg zu errichten. Erst von diesem Zeitpunkt an nennt sich die Familie nach dem Namen des Berges und begründet damit das Geschlecht der Grafen von Achalm.

Bis zum Beginn des 11. Jahrhunderts haben die alemannischen Fürsten durchweg in den Talauen gesiedelt. Ab dem 11. Jahrhundert beginnen sie, sich auf der Höhe eines Berges oder Felsens niederzulassen, was sicher mehrere Gründe hat. Sie sind wohlhabend, wollen repräsentieren, ihre Macht und ihren Reichtum zur Schau stellen; sie wollen mit einer Stammburg ein Familiengeschlecht begründen, sich vor Angreifern schützen und die wenigen Handelsstraßen beherrschen.

Graf Egino „wird als ein tüchtiger Kriegsheld geschildert, dessen Ruhm unter den Ersten gestanden hatte, den Feinden ein schrecklicher Löwe, den Freunden ein sanftes Lamm." Er muss also eine sehr ambivalente Persönlichkeit gewesen sein. Noch vor der Vollendung der Burg stirbt Egino in relativ jungen Jahren, ohne mündige und erbberechtigte Nachkommen zu hinterlassen. Er findet im Straßburger Münster seine letzte Ruhestätte.

Nach seinem Tode geht der Besitz der Achalm auf seinen Bruder Rudolf über, der den Bau der Burg vollendet hat. Die Burg Achalm gilt als eine der ältesten Höhenburgen in Süddeutschland, sie ist, wie es der ehemalige Direktor des Hauptstaatsarchivs Stuttgart, Prof. Dr. Hans-Martin Maurer, vermutet, vielleicht sogar die älteste. Er hat darauf hingewiesen, dass man bei 95 % aller Burgen und Burgruinen in Süddeutschland keine Quellen über den genauen Baubeginn besitzt. Zu den wenigen, bei denen dies der Fall ist, zähle die Achalm durch die „höchst aufschlussreichen Mitteilungen" der Zwiefalter Mönche Ortlieb und Berthold.

Die Grafen Kuno und Luithold von Achalm, die Stifter des Klosters Zwiefalten; Federzeichnung in einer Handschrift des frühen 18. Jahrhunderts; Stadtarchiv Reutlingen.

Graf Rudolf war mit Adelheid, der Erbtochter des Grafen Liuthos von Mömpelgard in Frankreich und dessen Gemahlin, der Gräfin Williburg von Wülflingen im schweizerischen Kanton Thurgau verheiratet. Ihre Familie besaß große Güter im Elsass, im Thurgau und in Graubünden. Sie war u. a. eine großzügige Wohltäterin des Straßburger Münsters. Auf diese Beziehungen dürfte es zurückzuführen sein, dass ihr Bruder und ihr Schwager Egino dort ihre letzten Ruhestätten gefunden haben und auch andere Familienmitglieder in Straßburg beigesetzt wurden.

Graf Rudolf verlegte seinen Wohnsitz von Dettingen auf die Achalm. Die Familie hatte zehn Kinder, sieben Söhne und drei Töchter. Die Söhne hießen in der Reihenfolge ihrer Geburt: Kuno, Luithold, Egino, Rudolf, Hunfried, Berengar und Werner; die Töchter Williburg, Mathilde und Beatrix.

Das Schicksal der Familie ist in erheblichem Maße mit dem Investiturstreit verbunden, der damals zwischen dem Papst und dem Kaiser herrschte, die Söhne in heftige und verlustreiche Kämpfe führte und zudem in zwei feindliche Lager spaltete, weil die einen den Papst und die anderen den Kaiser unterstützten.

Der zweitgeborene Sohn Luithold erbte die Achalm. Er vergrößerte die Burg durch die Erbauung einer Vorburg auf dem nördlichen Vorsprung des Berges. Wie sein älterer Bruder Kuno war er ein eifriger Anhänger des Papstes im Kampfe gegen Kaiser Heinrich IV.

Luithold war „mit allen seinen Kräften ein Beschützer des Friedens und galt bei seinen Zeitgenossen als beharrlich im Recht und in der Wahrheit". Er war, wie sein Bruder Kuno, „ein großer Wohltäter der Klöster". Zusammen mit ihm stiftete er 1089 das Kloster Zwiefalten. Luithold war unverheiratet und kinderlos, während Kuno mit einer Nichtadeligen drei Kinder hatte, die nicht erbberechtigt waren.

Kuno starb am 16. Oktober 1092 auf Burg Wülflingen in der Schweiz. Er wird von Zeitgenossen „als von hoher schöner Gestalt, von außerordentlicher Körperstärke und rüstiger und unerschütterlicher Kriegsmann" gerühmt, der freigiebig, stets kostbar gekleidet und bei Festlichkeiten ausgelassen gewesen sein soll. Nach seinem Tode wurde er wie sein Bruder Luithold in Zwiefalten beigesetzt.

Über die anderen Geschwister ist weniger bekannt. Egino soll ein treuer Anhänger des Kaisers gewesen und ohne Nachkommen gestorben sein. Ebenfalls ohne Nachkommen blieb der in der Nähe von Straßburg im Kampf gefallene Bruder Rudolf, während Hunfried und Berengar bereits im Kindesalter gestorben waren.

Der jüngste Bruder, Werner, wurde 1065 Bischof von Straßburg. Er zählte zu den eifrigsten Anhängern von Heinrich IV. und begleitete ihn möglicherweise im Jahre 1077 bei seinem berühmten „Gang nach Canossa". Als Dank für seine treuen Dienste erhielt Werner die Grafschaft des Breisgaus als Lehen. Er starb am 14. November 1079 eines plötzlichen Todes bei einem Kriegszug gegen das von seinen Brüdern Luithold und Kuno unterstützte Kloster Hirsau, einem Hauptstützpunkt der Anhänger des Papstes.

Von den drei Töchtern des Grafen Rudolf von Achalm war die älteste, Williburg, mit einem der vornehmsten und reichsten Grafen in den deutschen Landen, Werner von Grüningen, Reichsbannerträger, Berater und Freund von Kaiser Heinrich IV. vermählt. Die zweite, Mathilde, verheiratete sich mit dem Grafen von Lechsgmünd in Bayern und die jüngste, Beatrix, ist Nonne geworden; sie starb als Äbtissin des elsässischen Klosters Eschau.

Die Schwestern Williburg und Mathilde hatten Kinder, die möglicherweise auch Erbansprüche auf die Achalm besaßen. Diese wurden jedoch nach der Zwiefalter Chronik der Mönche Ortlieb und Berthold in einem Erbverzichtsvertrag, der in Bempflingen geschlossen wurde, auf Graf Werner von Grüningen übertragen. In diesem Vertrag, der nicht mehr im Original, sondern nur in der urkundlichen Erwähnung in der Zwiefalter Chronik überliefert ist, taucht der Name „Rutelingin" = Reutlingen zum ersten Mal auf. Da dieser Vertrag auf das Jahr 1089 datiert werden kann, nimmt man dieses Datum als Gründungsjahr für Reutlingen, weil es sich um den ersten urkundlichen Beleg handelt.

Mit dem Tode der Kinder des Grafen Rudolf hat das Geschlecht der Grafen von Achalm sein biologisches Ende erfahren. Es lebt allerdings insofern bis heute weiter, als das Wappen derer zu Achalm das heutige Wappen des Landkreises Reutlingen bildet.

Zur Baugeschichte der Ritterburg Achalm

Älteste Abbildung der Burg Achalm – Ausschnitt von einem Kupferstich von Ludwig Ditzinger von 1620; aus Stadt Reutlingen, Stadtbildgeschichte, Reutlingen 1990, Seite 37.

Der Baubeginn der Burg Achalm erfolgte um 1030 durch den Grafen Egino. Da dieser früh verstarb, setzte sein Bruder Rudolf den Bau fort und vollendete ihn um 1050. Der ehemalige Direktor des Hauptstaatsarchivs Stuttgart, Hans-Martin Maurer, bezeichnet deswegen ihre Erbauer als „Avantgardisten unter ihresgleichen."

Bis zum Ende des 13. Jahrhunderts soll die Burg in einem sehr guten Zustand gewesen sein. Die Burganlage war von einer hohen Umfassungsmauer mit hölzernen Wehrgängen und Schießscharten umgeben. Innerhalb des 20 a großen Geländes sind der Burgeingang, ein erster und zweiter Vorhof, ein Wohnhaus mit einem hoch gelegenen direkten Zugang zum Hauptturm, der Hauptturm und ein Eckturm sowie eine Zisterne und Stallungen nachweisbar. Es ist zu vermuten, dass es außer diesen noch weitere Gebäude auf dem Plateau gegeben hat.

Die einzige realistische Darstellung zeigt der Ausschnitt eines Kupferstiches von Ludwig Ditzinger von 1620. Spätere Abbildungen, vor allem aus dem 19. Jahrhundert, sind reine Fantasieprodukte.

Da der Hauptturm keinen direkten Zugang hatte, sondern nur über das Wohngebäude zu erreichen war, ist zu vermuten, dass dieser als Gefängnis diente und die Gefangenen in den tiefen Schacht hinab gelassen wurden.

Die Burg war allerdings ständig Sturm und Wetter ausgesetzt. Allein im Jahre 1278 soll der Blitz auf der Achalm neunmal eingeschlagen und dabei drei Menschen tödlich getroffen haben.

Deshalb soll die Burg schon 100 Jahre später, gegen Ende des 14. Jahrhunderts, baufällig gewesen sein; und am Ende des 15. Jahrhunderts waren die Dächer der meisten Gebäude bereits eingestürzt. Aber bis zum 30jährigen Krieg wohnten noch ein Burgvogt und ein Forstknecht auf der Burg, die dann in den Wirren dieses Krieges nahezu vollständig zerstört wurde.

Gegen Ende des 30jährigen Krieges wurden dann die noch verbliebenen Mauern abgerissen und die Zisterne zugeschüttet, sodass nur noch der Hauptturm und die Wohnung für den Forstknecht übrig blieben. Schließlich wurde auch diese Wohnung 1646 durch Brand vernichtet. „Der Verdacht fiel auf die Reutlinger, da sich diese mit den Löscharbeiten nicht beeilt hatten und höchlich darüber erbost gewesen waren, dass man im vorhergehenden Jahr eine württembergische Besatzung hinaufgelegt und ihnen gleichsam die Katz auf den Käfig gesetzt hatte'." (Gayler)

Zu Anfang des 19. Jahrhunderts war dann auch der noch vorhandene Hauptturm baufällig geworden. Der württembergische König Wilhelm I. ließ deshalb den Turm abtragen und auf den alten Grundmauern den jetzigen Aussichtsturm errichten. Dabei wurde auf historische Detailtreue kein Wert gelegt. So passen weder der spitzbogige Zugang noch die Fenster zur früheren Bauweise. Aus Sicherheitsgründen hatte man solche Bastionen entweder fensterlos oder nur mit schmalen Licht- und Luftschlitzen gebaut. Auch der beim Neubau teilweise verwendete Tuffstein entspricht nicht dem Original. Der alte Turm bestand aus Jurasteinen, die bei der Renovierung auch wieder verwendet wurden.

Auf dem Aussichtsturm dreht sich seit langem die Wetterfahne mit den Stadtfarben von Reutlingen: schwarz, rot und weiß. Denn seit Dezember 1950 gehört der bewaldete Gipfel der Achalm der Stadt und seit 2009 hat Reutlingen auch die darunter liegende Schafweide erworben, sodass ihr nun, mit Ausnahme des Eninger Anteils sowie des Hotel- und Gaststättenbetriebes, der ganze Berg gehört.

Sagen und Mythen zur Achalm

Der Reutlinger Heimatdichter und Naturfreund Ludwig Finckh schwärmt von der Achalm als schönstem Berg der Welt. Man könne hingehen, wohin man wolle, in den Schwarzwald, in die Schweiz, ja bis nach Amerika und werde keine Stadt finden, die „so in einer Mutter Schoß hineingebettet ist wie Reutlingen an die Achel." Diesen Berg würde er für nichts in der Welt eintauschen.

Man muss ja nicht unbedingt diesem Superlativ zustimmen, zumal Finckh selbst der Achalm insofern untreu wurde, als er seinen Wohnsitz nach Gaienhofen am Bodensee verlegt hatte; aber eine Naturschönheit der besonderen Art ist die Achalm allemal.

Dies haben die Menschen sicher schon in grauer Vorzeit so empfunden. Deshalb lässt die Oberamtsbeschreibung von 1893 keinen Zweifel daran, dass der Berg einst eine Kultstätte gewesen sei. Lediglich die Frage, wem sie geweiht war, erschien fraglich. Es könne sich entweder um den Sonnengott Fro, den Gott der Liebe und Fruchtbarkeit und Beschützer der Ehen oder um Donar, den Gott des Gewitters und Ackerbaues gehandelt haben. Letzteres sei wahrscheinlicher, weil sich das Volk erzählte, dass um den ganzen Berg eine goldene Kette gelegt sei, innerhalb deren kein Hagel niedergehe und kein Blitz Unheil anrichte.

Die Symbolik ist eindeutig: sie betrachtet die Achalm als ein Juwel, das in eine goldene Fassung gehört und dadurch noch wertvoller erscheint.

Der Chronist Martin Crusius berichtet 1587, dass das alte Heiligtum abgebrochen und an anderer Stelle wieder aufgebaut worden sei. Deswegen habe der Berg seinen göttlichen Schutz verloren und von da ab habe es an der Achalm häufig Blitz und Donner und schwere Unwetter mit Bergrutschen gegeben.

Eine andere Sage überliefert, dass im Berg unermessliche Schätze vergraben seien, die von zwei schwarzen Pudeln bewacht werden. Zu diesen Schätzen gehörten eine Menge schwarzer Pfeile, – offensichtlich ein Symbol für erbeutete Waffen. Wenn nun in naher Zukunft mit dem Bau des Achalmtunnels begonnen wird, müssen die Mineure wohl damit rechnen, dass die schwarzen Pudel, wenn sie ihrer gewahr werden, häufig bellen und vielleicht auch beißen werden.

Ebenfalls in den Bereich der Legende gehört die Kunde, dass es von der Achalm bis zur Innenstadt von Reutlingen einen unterirdischen Gang gäbe. Dieser sagenumwobene Gang gleicht einer Nabelschnur – ein Symbol für die enge schicksalhafte Verbindung von Burg und Stadt über Jahrhunderte hinweg.

Es gehört nicht viel Fantasie dazu, einen solchen Gang zu vermuten, wenn man z.B. in einem privaten Gebäude am Weibermarkt in den Keller steigt. Dort gibt es einen Kellerdurchbruch in Richtung Marienkirche. Er verläuft quer zur Kirche und ist mit Geröll und Steinschutt angefüllt. Er zeigt in Richtung Achalm und lässt einen solchen Gang vermuten, der natürlich höchstens als unterirdischer Durchgang bis zur Stadtmauer, aber niemals bis auf die Achalm gereicht hat.

Eine weitere Sage, die hier allerdings etwas umgedeutet wird, erzählt von einem Riesen, der in grauer Vorzeit auf der Albhochfläche gelebt hat. Sein Lieblingsplatz war der Mädchenfelsen, von dem er gerne Ausschau hielt und seine langen Beine ins Arbachtal hinunterbaumeln ließ. Die prächtigen Sonnenaufgänge über der Achalm und die nicht minder reizvollen Untergänge der Sonnenscheibe im Westen begeisterten ihn stets aufs Neue. Aber der Riese fühlte sich einsam und sehnte sich nach einer Lebensgefährtin, um mit ihr gemeinsam die Aussicht zu genießen.

Er hörte von einer bildhübschen Prinzessin mit Namen Ursula in einem weit entfernten Königreich und wollte in einem Brief um ihre Hand anhalten. Er reckte sich auf seinem steinernen Sitz so hoch er konnte, nahm eine Pergamentrolle in der Größe einer Kuhhaut, bückte sich über das Arbachtal, um die flache Bergkuppe der Achalm als Schreibunterlage zu benutzen. Mit einem Federkiel aus den Schwingen eines Adlers und roter Tinte aus Stierblut schilderte er dem König und der Prinzessin die endlose Weite, die vor ihm lag, die dichten Wälder an den Albbergen und im Albvorland, die saftigen Wiesen und Weiden, die von glasklaren Bächen durchzogen werden und mit üppigen Obstbäumen bestanden sind.

Der König und seine liebreizende Tochter waren von der paradiesischen Schilderung des Riesen so angetan, dass sie seinem Begehren zustimmten. Es heißt, dass der Riese und seine Prinzessin ein glückliches Paar wurden und heute noch im Übersberg und im Ursulaberg über den Tod hinaus miteinander vereint sind und auf Reutlingen hinabschauen.

Woher kommt der Name Achalm? – Erläuterungen mit einem neuen Deutungsversuch

Zu den Mythen und Sagen, die es zur Achalm gibt, gehört auch das Rätsel um die Namensherleitung. Dazu gibt es verschiedene Deutungen.

Eine wenig prosaische Erklärung besagt, dass es zur Zeit der alemannischen Landnahme im 5. und 6. Jahrhundert n. Chr. neben dem Stammesfürsten Rutilo (= Rudolf), dem Rutelingin, d.h. Reutlingen seinen Namen verdankt, einen weiteren Stammesfürsten namens Archo gegeben haben soll, auf den der Name des Berges zurückzuführen sei.

Andere Interpretationen gehen von einer Belagerung der Burg aus, bei der es den Angreifern gelang, die Burg einzunehmen und den Burggrafen mit einem Lanzenstich tödlich zu verletzen. Im Bewusstsein des nahen Todes habe dieser noch sagen wollen: „Ach Helm, ich muss dich verlassen!" oder „Ach, alles muss ich zurücklassen!", andere sagen, er habe noch Gott anrufen und „Ach, Allmächtiger!" ausrufen wollen. Bei seinem letzten Stoßseufzer habe er aber nur noch die ersten beiden Silben herausgebracht und daraus sei dann der Name „Achalm" entstanden.

Fantasiedarstellung der Ritterburg Achalm, Zeichnung von Katrin Henning, Michael H. Gross, Eningen

Der Pfarrer und Schriftsteller Gustav Schwab (1792–1850) hat diese Herleitung in einem Gedicht festgehalten:

Die Achalm

„Da steht noch Turm und Burgverlies
Vom Schloss, das ich genannt,
Doch wie es einst vor Zeiten hieß,
Ist keinem mehr bekannt.

Die alte Sage spricht es kaum
Noch halbvernehmlich nach,
Wie einst die Burg auf diesem Raum
Vor zorn'ger Fehde brach.

Der Letzte war es vom Geschlecht,
Der hier bestritten ward,
Von Arme stark, von Sinn gerecht,
Nach frommer Stammesart.

> Er schirmt' und schützte Hof und Haus
> Lang vor der stärkern Macht,
> Da trieben ihn die Flammen aus,
> Und mitten in die Schlacht.
>
> Er ließ den Bau wohl stürzen ein,
> Er sah nicht hinter sich,
> Den Boden wollt' er doch befrei'n,
> Der keinem Feuer wich.
>
> Den Pfeil, den todesträchtigen,
> Empfängt sein tapferes Herz,
> Sein Rufen zum Allmächtigen
> Verschlingt der letzte Schmerz.
>
> Doch was er tief in letzter Not,
> Das halbe Wort: Ach allm,
> Das hat gewiss getönt vor Gott
> Als wie ein ganzer Psalm.
>
> Ja selbst dem Feinde klang es schön,
> Das ernste Scheidewort,
> Er baute frisch auf diesen Höhn,
> Und hieß Achalm den Ort.
>
> Das Menschenwerk zerfallen ist,
> Der Berg steht fest und hoch,
> Achalm so heißt zu dieser Frist
> Sein Gottesname noch."

Wenn man bedenkt, dass sich das Grafengeschlecht, das die Burg errichtete, den Namen des Berges zulegte, dann wird klar, dass der Name des Berges älter ist als der Bau der Festung und dann ist die Schwab'sche Theorie von der Herleitung des Namens nicht haltbar.

Eine andere Herleitung des Namens erscheint uns erheblich plausibler. Lange bevor die Al(a)emannen unsere Gegend erobert und besiedelt haben, dürften die Römer, vielleicht sogar die Kelten die Achalm wegen ihrer herausragenden Lage als Kultstätte benutzt oder zumindest als den markantesten Berg der näheren und weiteren Umgebung geschätzt und benannt haben. Es erscheint naheliegend, den Namen aus dem Lateinischen abzuleiten. Betrachtet man die topografische Form der Achalm, so wird man unwillkürlich an den geschwungenen Verlauf der menschlichen Schulter und dem sich anschließenden Kopf erinnert. Der äußere Teil der Schulter heißt im Lateinischen „axilla"; daraus ist das deutsche Wort „Achsel" entstanden. Der Chronist Martin Crusius spricht 1587 von der „Achel" und in der von Braun und Hogenberg aus dem 16. Jahrhundert stammenden Stadtansicht von Reutlingen wird der Berg als „Agel" bezeichnet. Diese Belege können als Indiz für die Entstehung des Namens „Achalm" angesehen werden.

Auf eine ähnlich pragmatische Weise lässt sich auch der Name „Scheibengipfel" ableiten. Dazu bemerkt die Oberamtsbeschreibung von 1893: Der Name lässt sich „nicht etwa, wie man schon gefabelt hat, von einem Scheibenschießen herleiten, das auf dieser Höhe stattgefunden hätte, sondern wie der Name des Scheibenberges beim Wackerstein und des Scheibenwasens beim Roßberg von der uralten Sitte des Funken- und Scheibenschlagens, das zu Ehren Donars oder des Sonnengottes geübt wurde, und das heute noch in manchen, besonders katholischen Gegenden am ersten Fastensonntag und auch am ersten, sog. Weißen Sonntage nach Ostern geübt wird. Es war das heidnische Frühlingsfest, das die Kirche durch das Osterfest verdrängte, und es steht im Zusammenhange mit dem Johannisfeuer (24. Juni) der Sommersonnenwende, bei welchem man brennende Strohräder, Bilder der am Himmel hinabrollenden Sonne, vom Berge laufen ließ."

Kaiser Friedrich I. – Barbarossa – mit seinen Söhnen König Heinrich und Herzog Friedrich

Die Verleihung des Markt- und Stadtrechts durch die Staufer

Die Staufer waren ein berühmtes schwäbisches Herrschergeschlecht, das von 1138 bis 1254 den deutschen Kaiserthron innehatte. Die beiden herausragenden Repräsentanten dieser Dynastie waren Kaiser Friedrich I. (1152–90), genannt Barbarossa und sein Enkel Kaiser Friedrich II. (1212–1250), der das Reich vorwiegen von Sizilien aus regierte.

Friedrich I., der 1152 zum deutschen König und 1155 in Rom zum Kaiser des Heiligen Römischen Reichs Deutscher Nation gekrönt wurde, befriedete das Reich und baute die staufische Hausmacht zwischen dem Elsass und Böhmen aus. Seit 1158 war er in wechselvolle Kämpfe mit den lombardischen Städten (vor allem Mailand) und Papst Alexander III. verwickelt. Nach dem Frieden von Venedig 1177 entzog Friedrich I. seinem mächtigen Vetter Heinrich dem Löwen, der ihm auf seinem Italienfeldzug die Gefolgschaft verweigert hatte, das Herzogtum Bayern und belehnte damit Otto von Wittelsbach.

Kaiser Friedrich II. mit einem Falken

Barbarossa verkörperte das ritterliche Ideal der Zeit: Heiterkeit, Ausgeglichenheit und ausgeprägtes Rechtsgefühl. Allerdings wird ihm auch unerbittliche Härte und Strenge gegen sich und seine Feinde nachgesagt. Unter seiner Regierung beginnt sich die deutsche Kultur des Hochmittelalters zu entfalten. Auf dem von ihm angeführten dritten Kreuzzug ertrank er 1190 beim Baden in Kleinasien im Fluss Saleph.

Es spricht einiges dafür, dass der Kaiser um 1180 dem aufstrebenden Dorf Rutelingin das Marktrecht verliehen hat, auch wenn sich dies nicht in einer entsprechenden Urkunde belegen lässt.

Friedrichs Sohn und Nachfolger, Kaiser Heinrich IV. (1190–1197) brachte durch seine Gemahlin die Königreiche Neapel und Sizilien unter seine Herrschaft. Da Heinrich IV. früh verstorben ist, erbte dessen Sohn, der erst zweijährige Friedrich II. seinen Thron. Der König, der in Süditalien erzogen wurde, widmete sich zunächst dem Ausbau des mütterlichen Normannenstaates, indem er im Königreich Sizilien ein für damalige Verhältnisse fortschrittliches Machtgefüge schuf. Dieses versuchte er auf Mittel- und Oberitalien auszudehnen, was zu erbitterten Kämpfen mit dem Papsttum führte. Trotz des päpstlichen Bannes führte er einen erfolgreichen Kreuzzug (1228/9) und ließ sich dabei zum König von Jerusalem krönen.

Zur Festigung seiner Macht in Mitteleuropa folgte er 1211 einer Einladung deutscher Fürsten, nach Deutschland zu kommen, wo er sich 1215 in Aachen zum Kaiser krönen ließ. Friedrich II., der in geistiger Hinsicht der bedeutendste staufische Herrscher war und die Wissenschaft, Dichtung und Kunst pflegte, hatte eine äußerst schillernde Biografie, die durch zahlreiche militärische und politische Erfolge und Rückschläge gekennzeichnet ist.

Aus heutiger Sicht gehört zu seinen bleibenden Verdiensten die politische Vision, dass er zur Festigung seines deutschen Herrschaftsanspruches allein in Süddeutschland ca. 40 Städte gründete, d.h. bestehenden Siedlungen durch kaiserliches Dekret das Stadtrecht verliehen hat. Zu den von Friedrich II. privilegierten Städten zählt wahrscheinlich auch Reutlingen, obgleich sich davon keine Urkunde erhalten hat und somit das genaue Datum unbekannt ist. Es dürfte jedoch um 1230 erfolgt sein, weil diese Ernennung dem Beginn der Stadtbefestigung vorausgegangen sein muss.

Der Brunnen bei der Marienkirche erinnert an dieses wichtige stadthistorische Ereignis. Auf der Brunnensäule ist der Stauferkaiser Friedrich II. dargestellt. In der linken Hand hält er eine Pergamenturkunde, welche die Stadterhebung symbolisiert.

Insofern ist Reutlingen zwar eine al(a)emannische Siedlung, aber eine staufische Stadt.

Die Befestigungsanlagen der Reichsstadt Reutlingen

Mit der Verleihung des Stadtrechtes war das Recht verbunden, eine Stadtbefestigung anzulegen. Dieses Recht besaß Reutlingen spätestens seit 1235.

Nach ihrer Vollendung im ausgehenden 14. Jahrhundert bestand die Stadtbefestigung aus dem inneren Mauerring mit dem hölzernen Wehrgang und den Maueröffnungen als Schießscharten und sechs mittelalterlichen Stadttoren, 4 Haupt- und 2 Nebentore. Davor lag der Zwingergraben, der wiederum von einer wesentlich niedrigeren Zwingermauer umgeben war.

Das Ganze wurde vom Stadtgraben umschlossen, der wohl zunächst durch einen Kanal von der Echaz mit Wasser gespeist wurde, bevor darin einige „Weiher mit verschiedenen Fischgattungen" angelegt waren. (Memminger) Diese wurden später trocken gelegt und durch Gärten ersetzt. In der Mitte des Grabens waren dann die Gärten von einem Stadtbach durchflossen. In die Zwingermauer fügten sich ca.14 kleinere Türme ein. Weitere Türme wurden am

Erstes Kapitel · Von den Anfängen bis zum späten Mittelalter 33

Der ursprüngliche Zustand der Stadtbefestigung; aus: Keim, K.: Alt-Reutlingen, 2. Auflage, Reutlingen 1975, Seite 6

Stadtgraben sowie in der Tübinger und Oberen Vorstadt errichtet. Der Zwinger war am oberen Ledergraben und im Bereich der heutigen Karlstraße durch ein Bollwerk zusätzlich gesichert

Der Stadtgraben hatte eine Breite von ungefähr 25 bis 30 m. Zu und von den Stadttoren führten sechs steinerne Brücken. Zwischen dem Stadtgraben und der Echaz wurden von den Handwerkern einige Gebäude gebaut, die vorwiegend als Werkstätten genutzt worden sind. Das wichtigste Haupttor war das Mettmannstor, das 1817 in Tübinger Tor umbenannt wurde; der Name Mettmann rührt von einer Esslinger Patrizierfamilie her. Welche Beziehungen diese zu Reutlingen hatte, ist allerdings unbekannt. Noch heute erinnert die benachbarte Mettmannsgasse an den ursprünglichen Namen. Die beiden anderen Haupttore waren das Obere und das Untere Tor. Das Obere Tor hieß später auch Albtor. Das vierte Haupttor war das Neue Tor, das seit 1817 Gartentor heißt. Die beiden Nebentore waren das Obere Mühltörle, das sich neben dem Oberen Bollwerk befand sowie das Untere Mühltörle oder Gerbertörle zwischen dem Gerbersteg und dem Gerberviertel.

Das Tübinger Tor gilt als ältester Teil des inneren Mauerrings. Sein Baubeginn wird von Tilmann Marstaller zwischen 1235 und 1245 angesetzt. Der hölzerne

Oberstock lässt sich aufgrund der dendrochronologischen Untersuchung auf 1330 datieren. Der Turm wurde als Schalenturm konzipiert, d.h. an den Außenseiten wurde zunächst nur der massive Turmschaft hochgezogen. Die Fachwerkfüllung erfolgte erst 1531 und wurde 1949 bei der grundlegenden Renovierung des Turmes erneuert. Bei dieser Sanierung hat sich der federführende Maler Anton Geiselhart in einem der vier unteren Fachwerkfelder verewigt und in den drei anderen die neben der Weingärtnerzunft wichtigsten Reutlinger Zünfte: die Tuchmacher, die Gerber und die Färber dargestellt. Über dem Westportal des Tübinger Tores ist in einem Dreipass die Kreuzigung Christi dargestellt; sie dürfte in ihrer ursprünglichen Form auf das 14. Jahrhundert zurückgehen. Vor dem Tübinger Tor befand sich bis 1892 das Torwärterhaus mit dem Schlagbaum. Hier musste sich jeder Fremde bis 1802 ausweisen, der in die Stadt hinein wollte.

Das Gartentor spielte in der Reichsstadtzeit nur eine untergeordnete Rolle. Es blieb bis 1700 geschlossen. Noch heute sind im Torbogen die Spitzen des alten Torgatters zu sehen. Auf dem Dach hat sich das Eisengestell für ein Storchennest erhalten. Bis 1906 haben auf dem Gartentor regelmäßig Störche genistet.

Die Turmaufsätze der Haupttore dienten als Türmerwohnung. Aufgabe der Türmer war es, bei etwaigen Belagerungen oder ausbrechenden Bränden möglichst frühzeitig Alarm zu schlagen. Dazu diente auch das auf dem Tübinger Tor aufgesetzte Glockentürmchen. Die Türmerwohnung auf dem Tübinger Tor wurde nach dem II. Weltkrieg von der Schweizer Studentenverbindung „Helvetia", deren Studenten am Technikum studierten, zu einem romantischen Verbindungsheim ausgebaut. Als sich die Verbindung aufgrund des Mitgliederschwundes vertagte, übernahm die Stadt die ehemalige Türmerwohnung, die einen traumhaften Ausblick auf die Altstadt bietet. Die Türmerwohnung des Gartentores hat der Männerverein übernommen, der die Reutlinger Fasnachtstradition pflegt.

Die mittelalterliche Stadtbefestigung war bis 1818 vollständig erhalten; 1820 wurde der Stadtgraben zugeschüttet und mit dem Abriss der Türme und Mauern begonnen, der sich über das ganze 19. Jahrhundert hinweg erstreckte. Der Abriss erfolgte in der Weise, dass einzelne Mauerabschnitte an private Interessenten verkauft und von diesen als Baumaterial verwendet wurden.

Der Grundriss der Altstadt hat eine rechteckige bis ovale Form. Die Längsachse misst ungefähr 750 m und die Querachse ca. 450 m. In diesem Siedungsareal hatten rund 900 Gebäude Platz. Die ovale Form ist ein typisches Grundmuster für staufische Stadtanlagen.

Die Belagerung der Stadt durch den thüringischen Gegenkönig Heinrich Raspe IV. im Jahre 1247

Die erste Bewährungsprobe musste die Stadtbefestigung im Jahre 1247 bestehen, als marodierende Soldaten des thüringischen Landgrafen Heinrich Raspe IV. Reutlingen belagerten. Der Beiname „Raspe" bedeutet der „Rauhe" oder der „Tapfere".

Heinrich Raspe war seit 1227 Landgraf von Thüringen. Er unterstützte Böhmen gegen die einbrechenden Mongolen und wurde 1242 Reichsverweser für den unmündigen Konrad, den Sohn Kaiser Friedrichs II. Nach der Absetzung Friedrichs 1245 durch Papst Innozenz IV. wechselte Heinrich Raspe die Seiten und wurde auf Drängen des Papstes mit Unterstützung der Erzbischöfe von Mainz und Köln 1246 von einer Minderheit der deutschen Fürsten zum König gewählt. Wegen dieser Wahlhilfe und darüber hinausgehender finanzieller Zuwendungen Roms erhielt er schon bald den Beinamen „Pfaffenkönig". Mit päpstlichen Geldern sammelte er ein Heer und schlug seinen Gegner Konrad am 5.8.1246 in einer Schlacht bei Frankfurt a. M.

Wegen des wachsenden Widerstandes gegen sein Königtum, sah sich Raspe gezwungen, gegen die staufischen Schwaben zu Felde zu ziehen. Während der Belagerung Ulms soll er bei einem Gefecht verletzt und auf seinen Stammsitz auf der Wartburg zurückgebracht worden sein, wo er am 17.2.1247 verstorben ist.

Seine Söldner zogen allerdings weiter über die Schwäbische Alb und hatten die Absicht, Reutlingen einzunehmen. Als Waffe führten sie einen Sturm- oder Rammbock mit sich, den sie als Mauerbrecher einsetzten. Diese Waffe kannten schon die Römer und nannten sie Aries. Sie bestand aus einem 20 bis 40 m langen Balken oder Baumstamm, der an der Spitze mit einem eisernen Widderkopf versehen wurde. Ursprünglich von Soldaten getragen, wurde er später in einem Gerüst in der Schwebe aufgehängt, oft an seinem hinteren Ende zur Verstärkung der Wucht mit Steinen beschwert und dann im Schwunge gegen die Mauer gestoßen. Meistens wurde der Sturmbock zum Schutz der Bedienungsmannschaft mit einer auf Rädern ruhenden Überdachung versehen.

Die Belagerten versuchten, den Sturmbock durch Feuer zu zerstören oder durch über die Mauer heruntergelassene Decken die Wirkung des Stoßes abzuschwächen bzw. durch Schlingen und Haken den Sturmbock aufzufangen.

Die Reutlinger Bürger leisteten „langen und mutigen Widerstand" und gelobten, wenn sie diese Belagerung heil überstehen würden, würden sie zu Ehren der Jungfrau Maria eine „Kapelle" bauen. Ihr Gegenangriff hatte Erfolg; es gelang ihnen, die Söldner in die Flucht zu schlagen und den Sturmbock zu erbeuten.

Die Reutlinger lösten noch im selben Jahr ihr Gelöbnis ein und begannen mit der Planung des Kirchenbaues. Die Länge des Längsschiffes soll der Länge des Sturmbockes entsprochen haben, der dann in das Kirchenschiff eingemauert wurde.

Sturmbock oder Aries, aus: Meyers Conversations-Lexikon, 5. Auflage, Band I, Leipzig und Wien 1895, Seite 878

Der Chronist Gayler gibt als ursprüngliche Länge des Sturmbockes „126 Werkschuh" an, und dass der Balken mit 74 Eisenringen besetzt gewesen sei. Wenn man von der durchschnittlichen Länge eines Schuhs von 30 cm ausgeht, dann hatte also der Reutlinger Sturmbock eine Länge von ca. 38 m.

Als Kaiser Maximilian I. zum Ende des 15. Jahrhunderts mit seinem Gefolge dreimal die Stadt besuchte und natürlich auch die Marienkirche besichtigte, bemängelte er, dass ein Kriegsgerät in einem Gotteshaus unangebracht sei und bezeichnete wegen des Sturmbocks die Marienkirche auch als „Bockstall."

Diese Rüge nahmen sich die Reutlinger zu Herzen und entfernten 1517 den Rammbock aus dem Gotteshaus. Da es am Westportal wegen der Bürgerhäuser an der Kramergasse zu wenig Platz gab, wurde zur Entfernung des Sturmbockes im Chor eine Öffnung herausgebrochen. An der linken Seite des Heiligen Grabes und am entsprechenden Platz an der Außenfront ist noch die Stelle markiert, an der der Rammbock aus der Kirche wieder herausgenommen wurde. Allerdings sind die Jahreszahlen widersprüchlich.

Der aus der Kirche entfernte Sturmbock wurde dann gekürzt und als Trophäe an der Außenwand des Renaissancerathauses auf dem Marktplatz aufgehängt, wo er dann 1726 zusammen mit dem Rathaus dem großen Brand zum Opfer fiel.

Zur Erinnerung an diese stadtgeschichtliche Episode hat der Reutlinger Holzschneider HAP Grieshaber 1966 aus einem 13 m langen afrikanischen Edelholzstamm einen modernen Sturmbock geschaffen, in dem einzelne Szenen aus der Stadtgeschichte dargestellt sind. Dieser ziert heute das Foyer des Reutlinger Rathauses, und eine kümmerliche Nachbildung des Originals ist vor der Südseite des Chores der Marienkirche aufgestellt.

Die Marienkirche – das Wahrzeichen von Reutlingen

Der Hohenheimer Professor Willi A. Boelke bezeichnet die Marienkirche „als die wundervollste Bauschöpfung während der etwa sechs Jahrhunderte umspannenden Reichsstadtzeit, in ihrer architektonischen Substanz eine ‚ausschließlich reichsstädtische Leistung' (Schahl). Sie entstand in den heroischen Jugendjahren der Stadt, gewissermaßen als Symbol und Monument für den Aufbruch in eine neue Zeit, die in der Architektur von der französischen Gotik geprägt wurde.

Nach der überstandenen Belagerung durch die Soldateska Heinrich Raspes lösten die Reutlinger ihr Versprechen ein und begannen zügig mit dem Bau der „Marienkapelle". Der Baubeginn dürfte um 1250 erfolgt sein. Bruno Kadauke, der sich eingehend mit der Baugeschichte der Marienkirche beschäftigt hat, unterscheidet sieben Bauphasen bis zur Fertigstellung des Reutlinger Gotteshauses, die aber hier nicht näher aufgeführt werden sollen.

Einige Kunsthistoriker vermuten, dass auf dem Baugrund der Kirche schon vorher mit einem Kirchenbau begonnen wurde. Dazu schreibt Memminger: „Betrachten wir das herrliche Bauwerk zuerst von innen und zwar nach den einzelnen Teilen seiner Entstehungszeit. Zwischen dem rechteckigen einschiffigen Chor und dem dreischiffigen von Säulen getragenen Langhaus stehen eingebaut als Schluss der Seitenschiffe die Unterbauten zweier Osttürme, je eine kreuzgewölbte Halle bildend. Dies ist der älteste Teil der Kirche;" was sicherlich richtig ist. Ob der älteste Teil aber, wie Memminger vermutet, auf die zweite Hälfte des 12. Jahrhunderts, also 60 bis 80 Jahre vor den Tagen des Sturmbocks in seinen Grundfesten entstanden ist, erscheint nach den bisherigen archäologischen Grabungen unwahrscheinlich. Sicher ist jedoch, dass die Reutlinger Bürgerschaft nach der Belagerung dazu motiviert war, die Kirche zügig und konsequent im Stil der Gotik zu erbauen und den Bau auch in der Gotik fertig zu stellen. Das Besondere am Turm der Marienkirche ist, dass er nach rund 96jähriger Bauzeit am 5. August 1343 vollendet wurde.

Nach Kadauke ist die Marienkirche das erste Bauwerk des Oberen Neckartales, das nach Anfangsphasen im spätromanisch-frühgotischen Übergangsstil in der Form der Hochgotik weitergebaut wurde. Durch sie wurde „die Stadt unverkennbar in eine neue Welt einbezogen, in die europäische Epoche der Kathedralen. Kathedralen waren Ausdruck einer gewandelten Religiosität, einer veränderten Theologie; sie verherrlichen erstmals die Krönung Mariae, waren Gottesstadt, Zuflucht, sicherer Ort, Garnison der himmlischen Heerscharen und vor allem keine Klosterschulen mehr." (Boelke)

Die Westfassade des Straßburger Münsters und der Reutlinger Marienkirche; Vergleich mit verschiedenen Maßstäben; aus: Kadauke, B.: Die Marienkirche in Reutlingen, Reutlingen 1987, Seite 126

Erstes Kapitel · Von den Anfängen bis zum späten Mittelalter 39

Reutlingen, Obere Wilhelmstraße mit Lindenbrunnen und Marienkirche, Tonlithographie von Robert Stieler, 1878; aus: Stadt Reutlingen, Stadtbildgeschichte, Reutlingen 1990, Seite 132

Der Kirchenbau war gleichzeitig ein Wahrzeichen des bürgerlichen Aufstiegs und dessen selbstbewusster Darstellung. Wenn man bedenkt, dass der Bau der Marienkirche zeitgleich mit dem Bau der Stadtbefestigung erfolgte, staunt man über die gewaltige Gemeinschaftsleistung, die dafür nötig war. Diese Leistung nötigt uns allergrößten Respekt ab, weil die Stadt damals nur etwa 3000 Einwohner hatte, die ausschließlich von der Landwirtschaft und vom Handwerk lebten. Trotz modernster Technik wäre heute jedes Gemeinwesen mit einer vergleichbaren Einwohnerzahl nicht in der Lage, eine solche Leistung auch nur ansatzweise zu vollbringen.

Unter den nicht wenigen prächtigen gotischen Kirchen in Württemberg vermögen nach Memminger „nur drei mit der Reutlinger Marienkirche um die Palme zu ringen." Das Münster zu Ulm, die Heiligkreuzkirche in Schwäbisch Gmünd und die Esslinger Frauenkirche. „Die Reutlinger Kirche ist die älteste davon, zeigt die Gotik in noch strengerer Art, ist in dieser Beziehung noch bedeutsamer und Aufschluss gebender, zudem berührt sie sich eng mit der Gmünder Heiligkreuzkirche." Bruno Kadauke betont, dass die Marienkirche an der Entwicklung des selbstständigen Typs einer Bürgerkirche in Schwaben entscheidend mitbeteiligt gewesen sei. Und der frühere Stuttgarter Oberkirchenrat Georg Kopp bezeichnet den 74 m hohen massiven Turm der Marienkirche „als unvergleichlich schön". Da er nicht, wie etwa das Freiburger Münster „in durchsichtiges Stabwerk aufgelöst und überziert ist", sei er „schwäbisch und reutlingisch kernhaft". Nicht umsonst wurde die Marienkirche 1990 zum nationalen Kulturdenkmal erklärt.

Kunsthistoriker weisen bei der kulturgeschichtlichen Einordnung der Marienkirche darauf hin, dass sie fast gleichzeitig mit dem Straßburger Münster begonnen wurde. Auch wenn die Größenverhältnisse nicht vergleichbar sind, so weisen doch beide Gotteshäuser hinsichtlich der Westfassade mit den drei mit Wimpergen gekrönten Portalen, der Rosette, dem leichten Gitterwerk, das die Fläche bedeckt, den Strebepfeilern und den Strebebögen nicht zu leugnende Parallelen auf. Auch die Grundrisse beider Gotteshäuser haben Ähnlichkeiten miteinander, wenn auch die Marienkirche wesentlich kleiner ist.

Es ist nicht ausgeschlossen, dass von Straßburg aus direkte Einflüsse Eingang in die Reutlinger Bauarchitektur gefunden haben. Schon Memminger äußerte 1893 die Vermutung: „Kann da nicht von der nahen und befreundeten Reichsstadt ein Hauch von Erwin von Steinbachs Geist, durch den die gotische Kunst eine Freiheit, Zartheit und geniale Pracht erfahren hat, wie nirgends zuvor und nirgends nachher, der damals das Wunderwerk der Straßburger Münsterfassade vollbrachte, über den Schwarzwald hinweggeweht sein?"

Der Turmengel der Reutlinger Marienkirche

„Meint ihr, ich wolle einen Engel, gegen einen Gockeler eintauschen?" Mit diesen Worten bekräftigte eine selbstbewusste Reutlingerin ihre Weigerung, sich nach auswärts zu verheiraten. Denn auf den meisten Kirchtürmen sind Hähne zu sehen, während der Reutlinger Engel einmalig ist.

Aus dieser Anekdote, die Klaus Amann überliefert hat, spricht der ganze Stolz der Reutlinger über ihren vergoldeten Engel, der am 5. August 1343 auf die Spitze des Kirchturms der Marienkirche gesetzt wurde und damit im wahrsten Sinne des Wortes den krönenden Abschluss des Kirchenbaues bildete.

Der Engel misst vom Scheitel bis zum Rocksaum 1,32 m und hat ein Gewicht von 35 kg. Er hat damit die Größe eines 15 bis 16jährigen Knaben. Die Figur ist nicht gegossen, sondern sie besteht aus einzelnen gehämmerten und getriebenen Kupferplatten, die mit Nieten zusammen gefügt und dann außen vergoldet wurden.

Kopf, Hals, Oberkörper samt Oberarmen und der Rock von den Hüften abwärts sind je aus einem vorderen und hinteren Stück zusammengesetzt; die Unterarme und die rechte Hand sind angestückt.

In der linken Hand hält der Engel die Kreuzesfahne, die hoch über sein Haupt ragt. Besonders eigenartig ist es, dass der Engel nur einen Flügel hat. Ursprünglich besaß er aber zwei Flügel. (Fizion).

Der Engel ist auf eine eiserne Achse aufgesteckt, um die sich der Engel dreht. Sie fußt in den Steinen der Turmspitze, strebt, sich stets verjüngend, durch ein Loch im Metallboden der Figur ins hohle Innere, durchstößt eine zweite Blechplatte im Halse des Engels und endet in einer kleinen Öffnung des Schädeldaches. Der Metallboden ruht beweglich auf einem Eisenring, der um die Achse gelegt ist. Durch Hochheben lässt sich die Figur von der Achse abnehmen. (Amann)

Der Engel ist ein „Windengel". Der auf den Flügel und die Fahne einwirkende Wind bewegt die ganze Figur, nicht etwa bloß die Fahne. Ein Gegengewicht zum Flügel bildet der ausgestreckte Arm, der massiv ist. Wahrscheinlich wurde der Engel zunächst ohne Wetterfahne auf die Spitze der Marienkirche gesetzt. Die Wetterfahne, so wird vermutet, dürfte erst später dazu gekommen sein.

„Das Haupt des Engels hat fast die Form einer Kugel, aus der das ovale breitwangige Gesicht herausgeschnitten ist. Das Antlitz ist grob gearbeitet. Unter der fliehenden, schmalen und niederen Stirn stehen die halbkreisförmigen Augenbrauen, die unmittelbar in den geraden Nasenrücken übergehen. Die hervorquellenden schiefen Augen sind nahe aneinandergerückt und blicken schräg nach unten. Ein derber Mund mit vorspringenden Lippen und ein starkes Kinn über dem kräftigen Hals vollenden die männlichen Züge. Weich wirken die schweren Locken, die wohl stilisiert in breiten Strähnen bis zur Kinnhöhe herabfallen."

An dieser Beschreibung von Julius Amann fällt auf, dass er wie schon Fizion in seiner Reimchronik von 1623 schreibt: „In Engelsgestalt ein Mann schön glitzt!" Dem Erzengel Gabriel, den die Figur vermutlich darstellen soll, wird also ein männliches Geschlecht zugedacht. Und das Gesicht erscheint ebenso geheimnisvoll wie das der Mona Lisa.

Der Engel hat bis jetzt 750 Jahre Wind und Wetter, Brand und Erdbeben getrotzt. Allerdings musste er nahezu in jedem Jahrhundert gerettet und repariert werden. So z.B. am 20.6.1494, als der Blitz in den Hauptturm der Marienkirche einschlug und die Spitze zertrümmerte. In diesem Zusammenhang wurde der Engel abgenommen und am 11.3.1495 wieder aufgesetzt.

Am 31.7.1726, acht Wochen vor dem Stadtbrand, holte der aus Heidelberg stammende Schieferdecker Johann Jakob Stierlin vor den Augen einer schaulustigen Menge den Engel herunter. Er sollte neu vergoldet und ausgebessert und namentlich die vor vielen Jahren abgefallene rechte Hand, welche drei Finger zum Schwur erhebt, wieder befestigt werden.

Dies war eine überaus mutige und waghalsige Tat; denn es gab ja kein Gerüst und der Dachdecker hatte stellenweise sicher nur eine Hand zur Verfügung, um die 35 kg schwere Figur aus ihrer Verankerung hochzuheben und herunter zu holen. Vier Tage später, am 3. August 1726 war der Engel repariert und vergoldet und musste wieder an seinen angestammten Platz gebracht werden. Hierüber berichtet der Chronist Memminger, dass „Stierlin unter Jauchzen und Frohlocken der ganzen Bürgerschaft den Engel wieder an seine Stelle" befördert habe. Auf der obersten Spitze, also in einer Höhe von 255 Fuß (= 71 m) „trank er 15 Gesundheiten, schoss bei jeder eine Pistole los und warf die Gläser herunter, die nur zum Teil zerbrachen. Ebenso warf er seine Schuhe und Strümpfe herunter und zog die ihm verehrten neuen an. Das Schauspiel dauerte bis 7 Uhr." Wir wissen nicht, welches Maß „eine Gesundheit" war, aber wir nehmen an, dass es sich um ein Reutlinger Viertele gehandelt hat. Der gute Dachdecker hat also in luftiger Höhe knapp vier Liter Wein zu sich genommen und damit seine Heldentat gefeiert. Dies war in der Tat eine Glanzleistung, die höchst wahrscheinlich am frühen Morgen ihren Anfang nahm und den ganzen Tag bis abends in Anspruch genommen hat.

Erstes Kapitel · Von den Anfängen bis zum späten Mittelalter

Merkwürdigerweise wurde der Engel beim Stadtbrand verschont, obwohl die ganze Marienkirche vom Brand erfasst wurde. Auf den damaligen Bettelbriefen, die den Raub der Flammen veranschaulichten, ist dieses heil gebliebene Wahrzeichen überdimensional dargestellt.

Hermann Kurz berichtet in seinen Denkwürdigkeiten von einem anderen mutigen Helden, der den Engel zur Reparatur heruntergeholt hat, ohne uns allerdings das Jahr und den Namen dieses Mannes zu überliefern. Es könnte sich um den Reutlinger Weingärtner Hohloch (genannt Duppeler) gehandelt haben, der es 1830 gewagt hat, den Engel zur Reparatur abzunehmen und wieder an seinen Platz zu bringen. Diese köstliche Geschichte wird in einem späteren Beitrag wiedergegeben.

Am 16.2.1867 kletterten zwei Reutlinger Schieferdecker dreimal zum Engel empor, putzten ihn, ölten die Achse, feilten und kitteten ihn. Auch diese Helden wurden wieder mit Wein und Pistolenschüssen gefeiert.

Der Turmengel der Marienkirche von 1343; Foto: Hermann Schäfer.

Am 14.7.1927 hatte ein Blitzschlag ein Stück aus der großen Kreuzblume herausgeschlagen. Damals waren der Tübinger Dachdecker Peetz und sein Kollege Max Kienle oben beim Engel. Bereits 1933 waren wiederum Reparaturarbeiten am Engel erforderlich, zu denen sich zwei andere mutige Dachdecker, Fritz Hänel und Wilhelm Mang, bereit fanden. Im Jahre 1943 wurde der Engel vom Blitz getroffen und stürzte in die Wilhelmstraße herunter. Dadurch hat er wenigstens die Fliegerangriffe einiger maßen heil überstanden, denn er wurde erst wieder nach dem Kriege auf den Turm aufgesetzt. Im Jahre 2009 wurde der Engel komplett restauriert und neu vergoldet. Dabei stand den Dachdeckern allerdings ein sicheres Gerüst zur Verfügung.

Klaus Amann, dem wir viele interessante Hinweise über den vergoldeten Engel verdanken, kommt abschließend zu folgender Bewertung: Auch wenn der Engel kein „großes Kunstwerk" sei, so sei er schon deswegen ehrwürdig wegen seines hohen Alters und um seiner echt Reutlinger Zähigkeit willen.

Mittelalterliche Kunstwerke in der Marienkirche

Bilderstürmer in der Reformationszeit und der große Stadtbrand von 1726 haben die einst reiche künstlerische Ausgestaltung der Marienkirche aus der Zeit der Gotik weitgehend zerstört. Nur wenige der ursprünglichen Kunstwerke sind in mehr oder weniger originalem Zustand erhalten geblieben. Es sind dies, mit Ausnahme des vergoldeten Engels auf der Turmspitze, vor allem der gotische Taufstein von 1499, das Heilige Grab, das „Kätterle", ein gotischer Doppelpult, einige Kelche und Messgewänder sowie möglicherweise die Feldhauser Madonna.

Der mit filigranen Reliefs reich geschmückte Taufstein ist achteckig. Das Oktogon ist in der christlichen Religion das Symbol für ein langes Leben. Der Figurenschmuck besteht im oberen Fries aus 8 Apostelfiguren, und in den Nischen sind die sieben Sakramente der katholischen Kirche dargestellt: Taufe, Abendmahl, Buße, Firmung, Ehe, Ordination und Letzte Ölung.

Die Bildernischen sind mit Rankwerk und tierischen Darstellungen reich verziert. Der Taufstein hat im Lauf der Jahrhunderte nur wenig Schaden genommen und musste deswegen kaum restauriert werden.

Der berühmteste Täufling, der an diesem Taufstein getauft wurde, war Friedrich List. Er erhielt am 6.8.1789 in der Marienkirche seinen kirchlichen Segen.

Weder am Taufstein noch am Heiligen Grab sind Steinmetzzeichen zu finden. Es wird aber vermutet, dass beide Kunstwerke zumindest aus derselben Werkstatt, wahrscheinlich sogar vom selben Künstler geschaffen wurden, der aber leider unbekannt ist.

Die Grablegung Christi besteht aus dem Sarkophag, der von zwei schlafenden Wächtern „bewacht" wird. Hinter dem mit drei Porträts geschmücktem Sarkophag stehen vier Figuren, links der Apostel Johannes, der Lieblingsjünger von Jesus sowie drei schmerzbewegte Frauen, die den Tod von Christus beweinen. Die drei Frauen sind die heilige Barbara (Kelch), die heilige Katharina (Schwert) und die heilige Dorothea (Korb). Über diesen türmt sich ein reich verzierter Baldachin mit fünf Fialen auf. In der mittleren Fiale ist wahrscheinlich Johannes der Täufer dargestellt, dem die Apostel Petrus, Paulus, Bartholomäus und Andres zur Seite gestellt sind.

Während der untere Teil des Heiligen Grabes mit Johannes und den drei Frauen, dem Sarkophag und den Wächtern die Jahrhunderte relativ unbeschadet

Heiliges Grab um 1500 in der Reutlinger Marienkirche; Foto: Matthias Just

überdauerte, musste der obere Teil bei der grundlegenden Restaurierung der Marienkirche zwischen 1893 und 1901 erheblich ergänzt und ausgebessert werden.

Die einzige aus dem Mittelalter stammende und erhalten gebliebene Originalskulptur ist die der Heiligen Katharina, liebevoll „s'Kätterle" genannt. Die Heilige wurde als eine der 14 Nothelfer der katholischen Kirche verehrt. Die ca. 150 cm große, aus Dettenhauser Sandstein geschaffene Figur dürfte um 1270 entstanden sein. Sie stammt damit aus der ersten Bauphase der Kirche und ist somit das älteste Kunstwerk in der Marienkirche. Ihr ursprünglicher Platz war am SO-Eckstrebepfeiler der Kirche. Wegen ihrer starken Verwitterung wurde die Figur 1992 von ihrem angestammten Platz genommen und durch eine Kopie ersetzt. Das restaurierte Original befindet sich jetzt im südlichen Seitenschiff der Marienkirche über dem Eingang zur Taufkapelle.

Außerdem haben sich aus dem mittelalterlichen Besitz der Marienkirche ein gotischer Doppelpult mit eingegrabenen Ornamenten erhalten, der heute im Heimatmuseum ausgestellt ist, sowie einige zierliche gotische Kelche und Messgewänder aus Damaststoffen mit figürlich bestickten Kreuzen.

Aus den Händen der Bilderstürmer wurde möglicherweise die sog. Feldhauser Madonna gerettet. Sie soll der Legende nach aus der Reutlinger Marienkirche stammen. Ein Holzhändler aus Feldhausen bei Gammertingen, der mit einem Fuhrwerk nach Reutlingen kam, um hier sein Holz zu verkaufen, sei gerade dazu gekommen, als diese Madonna zerhackt werden sollte. Der Holzbauer gebot Einhalt, indem er einen Tausch vorgeschlagen haben soll. So entging die heute in der katholischen Pfarrkirche St. Nikolaus in Feldhausen aufgestellte Madonna ihrer Zerstörung.

Außerdem haben sich in der Sakristei ein reicher Bilderzyklus mit der Verehrung der Heiligen Katharina und über dem Ausgang des Brautportals mittelalterliche Fresken aus dem 14. Jahrhundert erhalten.

Hugo Spechtshart von Reutlingen – in herausragender Gelehrter im Mittelalter

Hugo Spechtshart ist etwa um das Jahr 1285 in Reutlingen geboren. Er hat seine Jugendzeit in Reutlingen verbracht und muss hier eine Kloster- oder Lateinschule besucht haben, in der er sich die Kenntnisse erwarb, die ihn zu einem bedeutenden Theologen, Musiker, Historiker und Lateinlehrer werden ließen.

Erstes Kapitel · Von den Anfängen bis zum späten Mittelalter

Spätestens 1329 muss er Pfarrer in Reutlingen geworden sein und wahrscheinlich ist er um 1359/60 in seiner Heimatstadt auch gestorben. Er war nach Prof. Dr. Eberhard Stiefel, der dessen Leben und Wirken erforscht hat, „ein in Glaubensdingen unanfechtbarer, sehr ernst zu nehmender Geistlicher, dem das Wort Gottes Mittelpunkt des Denkens und Richtschnur für alle Verhaltensweisen bedeutete."

Hohes Ansehen erlangte er durch seine vier Lehrwerke, die er in erster Linie für den geistlichen Nachwuchs in den Lateinschulen der Scholastik verfasste. Weiteste Verbreitung fanden seine „Flores Musicae", die sogar am Ende des 15. Jahrhunderts noch gedruckt wurden und nach Stiefel, „bis heute ihren gewissen Stellenwert innerhalb der Geschichte der Musiktheorie besitzen."

Von außerordentlicher Bedeutung für die Religionsgeschichte und noch viel mehr für die Musikwissenschaft ist Hugos Dokumentation der Geißlerbewegung im Pestjahr 1349. Diese europaweite Bewegung wird aus der Unmittelbarkeit eigenen Erlebens heraus eindringlich und in allen Einzelheiten dargestellt, auch die Geißelungsliturgie und die dabei gesungenen Lieder.

Die Geißler entstanden als religiöse Bewegung aus den verheerenden Folgen der Pestjahre. Die Menschen waren in der Erwartung der Endzeit. Ihre Angst und Not trieb sie in die Bußübung der Geißelung, um die Vergebung der Sünden zu erlangen. Sie zogen im ganzen Lande umher und peinigten grausam ihre Leiber. Sie traktierten sich mit Geißeln, in die dicke Knoten geknüpft waren und schlugen sich und andere damit blutig, in der Hoffnung durch die eigene Kasteiung gegen die Pest und das Höllenfeuer immun zu sein. Während der Geißelung sangen sie mehr oder weniger eintönige Lieder. Dabei bewegten sie sich im Kreise mit nackten Füßen, die Scham bedeckt und vom Nabel bis zu den Knöcheln in ein armseliges Tuch gehüllt. Besonders wertvoll ist, dass Hugo Spechtshart nicht nur die Texte, sondern auch die Noten der Geißlerlieder überliefert und damit ein einmaliges historisches Dokument geschaffen hat.

Hugo von Spechtshart äußerte sich auch kritisch, indem er darauf hinwies, dass sich viele Schwindler und Narren unter die Geißler mischten, die es nur auf das Geld der gepeinigten Leute abgesehen hätten.

Sämtliche seiner vier Schriften sind in lateinischen Hexametern verfasst. Eine Handschrift, das „Chronicon" befindet sich heute in der Russischen Bibliothek in St. Petersburg."

Es handelt sich um ein Geschichtswerk, in dem Hugo Spechtshart die historische Entwicklung von den Römern bis ins Mittelalter beschreibt. Eine Stelle aus dem „Chronicon" erscheint uns besonders bemerkenswert. Darin schreibt Spechtshart über „Die Geschichte des weiblichen Papstes" folgendes: „Im Jahre 834 ereignete sich Wunderbares; zu dieser Zeit war eine Frau drei Jahre lang Papst. Allerdings war es keinem bekannt, dass die folgende Sache sich so zutrug, dass der Papst (die Päpstin) wie eine Frau niedergeworfen und geschwängert wurde. Ein Dämon hatte damals in Rom den ansonsten Ehrenwerten bedrängt, ließ nicht von ihm ab und verlangte, dass der Papst, sich mit ihm verbinde. Gemeinsam mit der Leibesfrucht starb die Päpstin. Der Dämon aber machte sich davon. Kein anderer Papst hat jemals solches Schicksal ertragen müssen. Der Name des Papstes war Johanna (Johannes). Sie stammte aus Anglia und hatte mehrere Jahre in Athen Glaubenslehre studiert."

Dieses Zitat ist für uns eine Sensation, weil es für den berühmten Roman von Donna Woolfolk Cross „Die Päpstin" eine historisch fundierte Quelle darzustellen scheint. Auch Cross nennt die Päpstin „Johanna" und gibt als Geburtsjahr 814 an. Auch dies entspricht der zeitlichen Angabe von Hugo Spechtshart, dessen „Chronicon" zwischen 1347 und 1349 verfasst wurde.

Klöster und Klosterhöfe in Reutlingen bis zur Reformation

Bis zur Reformation gab es in Reutlingen ein Männerkloster und zwei Frauenklöster. Das einzige Männerkloster der Stadt war das Barfüßer- oder Minoritenkloster. Die Barfüßer bildeten keinen eignen Orden. Es handelte sich vielmehr um Franziskanermönche, die in strenger Askese lebten und entweder ganz auf eine Fußbekleidung verzichteten oder bloß Sandalen bzw. mit Riemen befestigte Sohlen trugen. Als Begründung für ihre gelebte Armut und Entsagung bezogen sich diese Bettelmönche auf Matth. 10 Vers 10 sowie auf Luk. 10 Vers 3.

Das Barfüßerkloster befand sich auf dem Gelände des heutigen Friedrich-List-Gymnasiums. In der Reformationszeit zählte es 40 Mönche. Bereits 1523 trat eine Anzahl dieser Mönche aus dem Kloster aus und nahm die evangelische Lehre an. Im Jahre 1535 wurde dann das Kloster unter der Bedingung aufgelöst, dass die verbliebenen Mönche von der Stadt eine jährliche Rente von 50 Gulden bekamen, damit sie in Frieden bis zu ihrem Tode hier leben konnten. Das Kloster wurde dann abgerissen und in der jetzigen Form wieder aufgebaut.

Die beiden Nonnenklöster waren ein Franziskanerinnen- und ein Beginenkloster. Der vom heiligen Franz von Assisi (1181/82 bis 1226) gegründete Franziskanerorden breitete sich im 13. Jahrhundert rasch im deutschsprachigen Raum aus, sodass es zum Ende des Jahrhunderts ca. 200 Konvente gegeben hat; in ganz Europa waren es ca. 1 200.

Als Beginen wurden ab dem 13. Jahrhundert die Angehörigen einer Gemeinschaft christlicher Frauen bezeichnet, die ein frommes und keusches Leben in ordensähnlichen Hausgemeinschaften führten. Beginen legten nur ein Gelübde auf Zeit ab, das in der Regel jährlich erneuert wurde. Im Gegensatz zu den Ordensschwestern war es den Beginen gestattet, wieder aus der Gemeinschaft auszutreten, zu heiraten und ein bürgerliches Leben zu führen. Allerdings mussten sie in diesem Fall ihr Vermögen zurücklassen. Aus diesem Grund lebten in der Blütezeit der Bewegung nur ältere Frauen in den Beginenhäusern, und es wurde Usus, dass eine unverheiratet Frau nicht vor dem 40. Lebensjahr Begine wurde.

Das Eingangstor zum ehemaligen Bebenhäuser Hof, nach einer Bleistiftzeichnung von Müller; aus: Keim, K.: Alt-Reutlingen, 2. Auflage, Reutlingen 1975, Seite 51

Neben diesen klösterlichen Niederlassungen gab es in der Reichsstadt zumindest bis zur Reformation fünf Klosterhöfe, sog. Pfleg- oder Zehnthöfe. Der Begriff „Pfleghof" bezeichnet den Sitz eines Klosters, von dem aus die Besitzungen verwaltet und der Zehnte einkassiert wurde. Gleichzeitig waren sie Vorratsspeicher, in denen die auf ihren Gütern erzeugten landwirtschaftlichen Produkte sowie gewerbliche Waren aus der Umgebung eingelagert und z.B. an nicht bäuerliche Stadtbewohner weiterverkauft wurden. Dementsprechend waren die Klosterhöfe auch mit Mönchen und Knechten besetzt.

Die fünf Klosterhöfe waren der Zwiefalter, der Bebenhäuser, der Salmansweiler (d.h. Salemer), der Obermarchthaler sowie der Königsbronner Klosterhof.

Der bedeutendste war der Zwiefalter Klosterhof, der sich in der Metzgergasse auf dem Gelände des jetzigen Parkhauses befand. Lediglich das Eingangsportal hat sich davon erhalten; es befindet sich nun im Garten des Heimatmuseums. Die Stadt tolerierte diese Niederlassung auch nach der Reformation bis zum Reichdeputationshauptschluss. Der Bebenhäuser Hof lag in der Hofstatt an der heutigen Bebenhäuserhofstraße. Er existierte lediglich bis zur Reformation. Der Salemer Klosterhof war in der heutigen Nürtingerhofstraße untergebracht. Er wurde 1738 an das Nürtinger Spital verkauft, was den Straßennamen erklärt. Das spätbarocke Gebäude, das heute einen städtischen Kindergarten beherbergt,

Beginen bei der Arbeit; Holzschnitt aus dem 15. Jahrhundert; in: Reutlinger Weibsbilder, Reutlingen 1999, Seite 28

sowie der anschließende Torbogen erinnern noch an diesen ehemaligen Klosterhof. Der Marchthaler Hof befand sich in der heutigen Oberamteistraße. Von diesem hat sich noch die spätgotische Kapelle von 1427 erhalten, die sich heute im Besitz einer Freimaurerloge befindet.

Der schönste und heute noch weitgehend erhaltene Klosterhof war der Königsbronner Hof in der Oberamteistraße; es war eine Niederlassung der Zisterzienserabtei Königsbronn. Das Hauptgebäude besteht aus einem Steinhaus aus dem 14. Jahrhundert (um 1378), in dem man die gleichen Steinmetzzeichen fand, wie in der Marienkirche und einem angrenzenden Fachwerkgebäude von 1537. Beide Gebäude wurden dann unter einem gemeinsamen Giebeldach vereinigt. Nach der Reformation bildete der Königsbronner Pfleghof zunächst noch „eine altgläubige Insel in der reformierten Reichsstadt", ehe er Mitte des 16. Jahrhunderts in württembergischen Besitz überging und ab 1810/11 für mehr als sechs Jahrzehnte Sitz des neu geschaffenen königlich württembergischen Oberamtes wurde. Seit 1938/39 dient dieses mittelalterliche Kleinod als Reutlinger Heimatmuseum.

In dem idyllischen Garten befindet sich das Lapidarium der Stadt. Außerdem steht darin eine hübsche spätgotische Kapelle. In dem reizvollen Garten werden im Sommer Leseabende und Konzerte veranstaltet, und die Kapelle wird seit einiger Zeit für Trauungen genutzt.

Die Schlacht bei Reutlingen von 1377

Von 1344 bis 1392 war Graf Eberhard der Greiner, d.h. der „Zänkische", regierender Fürst der Grafschaft Württemberg. Zwischen ihm und den nach Unabhängigkeit strebenden Reichsstädten kam es immer wieder zu Streitigkeiten und Machtproben. Um sich dagegen zu schützen, haben sich 1376 14 schwäbische Städte zu einem Bündnis, dem Schwäbischen Städtebund, zusammengeschlossen; darunter Ulm, Konstanz, Ravensburg, Rottweil und Reutlingen. Bald darauf brach mit der Belagerung Ulms im Mai 1377 der erste bewaffnete Konflikt aus, bei dem sich das Bündnis bewähren konnte.

Zur gleichen Zeit war der Sohn des Grafen Eberhard, Graf Ulrich, mit einer stattlichen Zahl von Rittern und Knechten auf der Achalm stationiert, um den Reutlingern die beliebten Beutezüge ins benachbarte württembergische Gebiet unmöglich zu machen. Mehr als 250 Grafen und Ritter mit Knechten und Rossen sollen damals auf die Achalm verlegt gewesen sein.

Die Reutlinger ließen sich allerdings von dieser Bedrohung nicht abschrecken und unternahmen in der Nacht vom 13. auf den 14. Mai 1377 mit etwa 700 Bürgern der Stadt einen Beutezug ins Uracher Tal. Dort raubten sie eine Herde mit etwa 300 Stück Vieh, setzten Dettingen in Brand und töteten Bauern, die sich ihrem Raubzug widersetzten. Als sie auf dem Rückzug das gestohlene Vieh vor sich hertrieben und durch Eningen kamen, eilte ihnen Graf Ulrich mit seinen Rittern entgegen. Er wollte den Reutlingern den Rückzug versperren und ihnen die Beute wieder abjagen.

In der Gegend des heutigen Leonhardsplatzes kam es zu einer blutigen Schlacht, bei der die Reutlinger schonungslos mit den Rittern umgegangen sind. Nach der blutigen Auseinandersetzung zählte man 86 tote Grafen, Freiherren, Ritter und Knechte, während auf der Seite der siegreichen Reutlinger nur 16 Getötete und 8 Verwundete zu beklagen waren. Wie brutal es bei dieser Schlacht zugegangen sein muss, kann man daran ermessen, dass es nur einen Gefangenen gegeben hat. Graf Ulrich wurde zwar ebenfalls verwundet; es gelang ihm aber mit seinem Pferd auf die Achalm zu entkommen. Bei diesem Gefecht erbeuteten die Reutlinger zahlreiche Rosse, Sturmhauben, Harnische und Schuppenpanzer. Acht Tage nach der Schlacht berichtete die Stadt ihren Sieg nach Rottweil und an die anderen Verbündeten des Städtebundes. Dabei bekannten sie etwas kleinlaut, dass es bei der Schlacht „ein wenig grausam zugegangen" sei.

Der Vater des Grafen Ulrich, Graf Eberhard der Greiner, soll über die bittere Niederlage seines Sohnes so aufgebracht gewesen sein, dass er, als dieser zum ersten Male wieder an seinem Tisch mit ihm speiste, das Tischtuch zwischen ihm und seinem Sohn zerschnitten habe. Elf Jahre später hat der inzwischen auf über 40 Mitglieder angewachsene Städtebund bei der Schlacht bei Döffingen am 23.8.1388 gegen das Fürstenheer eine schwere Niederlage erlitten, bei der allerdings Graf Ulrich gefallen ist.

Die Schlacht bei Reutlingen von 1377 ist durch eine Ballade von Ludwig Uhland literarisch berühmt geworden:

„Zu Achalm auf dem Felsen, haust manch kühner Aar,
Graf Ulrich, Sohn des Greiners, mit seiner Ritterschar;
Wild rauschen ihre Flüge um Reutlingen, die Stadt,
Bald scheint sie zu erliegen, von heißem Drange matt.

Doch plötzlich einst erhoben die Städter sich zur Nacht,
Ins Urachtal hinüber sind sie mit großer Macht,
Bald steigt von Dorf und Mühle die Flamme blutig rot,
Die Herden weggetrieben, die Hirten liegen tot.

Herr Ulrich hat's vernommen; er ruft im grimmen Zorn:
‚In eure Stadt soll kommen kein Huf und auch kein Horn!'
Da sputen sich die Ritter; sie wappnen sich mit Stahl,
Sie heischen ihre Rosse, sie reiten stracks zu Tal.

Ein Kirchlein stehet drunten, Sankt Leonhard geweiht,
Dabei ein grüner Anger, der scheint bequem zum Streit.
Sie springen von den Pferden, sie ziehen stolze Reih'n,
Die langen Spieße starren, wohlauf! Wer wagt sich drein?

Schon zieh'n vom Urachtale die Städter fern herbei,
Man hört der Männer Jauchzen, der Herden wild Geschrei.
Man sieht sie fürder streiten, ein wohlgerüstet Heer;
Wie flattern stolz die Banner! Wie blitzen Schwert und Speer!

Nun schließ dich fest zusammen, du ritterliche Schar!
Wohl hast du nicht geahnet so dräuende Gefahr.
Die übermächt'gen Rotten; sie stürmen an mit Schwall,
Die Ritter steh'n und starren wie Fels und Mauerwall.

Zu Reutlingen am Zwinger, da ist ein altes Tor,
Längst wob mit dichten Ranken der Efeu sich davor,
Man hätt' es schier vergessen, nun kracht's mit einmal auf,
Und aus dem Zwinger stürzet, gedrängt, ein Bürgerhauf'.

Erstes Kapitel · Von den Anfängen bis zum späten Mittelalter

Die Schlacht bei Reutlingen; Zeichnung von F. Weegmann; aus: Ein Streifzug durch die Stadtgeschichte, Reutlingen 1999, o.S.

>Den Rittern in den Rücken fällt er mit grauser Wut,
>Heut will der Städter baden im heißen Ritterblut.
>Wie haben da die Gerber so meisterlich gegerbt!
>Wie haben da die Färber so purpurrot gefärbt!
>
>Heut' nimmt man nicht gefangen, heut' geht es auf den Tod,
>Heut' spritzt das Blut wie Regen, der Anger blümt sich rot.
>Stets drängender umschlossen und wütender bestürmt,
>Ist rings von Bruderleichen die Ritterschar umtürmt.
>
>Das Fähnlein ist verloren, Herr Ulrich blutetet stark,
>Die noch am Leben blieben, sind müde bis ins Mark.
>Da haschen sie nach Rossen und schwingen sich darauf,
>Sie hauen durch, sie kommen zur festen Burg hinauf.
>
>‚Ach Alm'– stöhnt einst ein Ritter; ihn traf des Mörders Stoß –
>Allmächt'ger! Wollt er rufen – man hieß davon das Schloss.
>Herr Ulrich sinkt vom Sattel, halbtot, voll Blut und Qualm.
>Hätt' nicht das Schloss den Namen, man hieß es jetzt A c h a l m

Das Spital und die Erweiterung des reichsstädtischen Territoriums

Die früheste soziale Einrichtung der Stadt war das Spital für arme, alte und „sieche", d.h. gebrechliche Leute. Die erste urkundliche Erwähnung geht auf das Jahr 1313 zurück. Die älteste Armenanstalt befand sich in der Nähe des Metmannstores; im 15. Jahrhundert wurde dann eine zweite am Marktplatz errichtet. In beiden Alten- und Pflegeheimen wurden auch Aussätzige versorgt, die in Quarantäne gehalten werden mussten.

Der Wappenschild am Spital mit dem Reichsadler, dem Stadtwappen und dem Wappen des Spitals; Foto: E. Wendler

Beide Spitäler wurden durch Vermögensübertragungen der Bewohner sowie durch Stiftungen finanziert, wobei nicht nur Geld und Immobilien, sondern vielfach auch Brot, Fleisch, Wein und andere Lebensmittel gespendet wurden.

Während der Fastenzeit bekam jeder Bewohner täglich einen Hering und ein oder zwei Eier zu essen. Ansonsten gab es Brot, Eier, Käse, Hühner und pro Tag zwei Liter Wein, - also die Flüssigkeitsmenge, die ein älterer Mensch täglich zu sich nehmen sollte. Wer begütert war, durfte „aus dem eigenen Schüsselchen essen", hatte also einen eigenen Teller. Wer arm war, musste sich aus dem Gemeinschaftstopf verköstigen. An das Heilig Geist Spital am Marktplatz wurde die Spitalkirche angebaut, deren spätgotischer Spitzbogenzugang noch erhalten ist.

Über dem Rundbogenzugang zum „Spital" befindet sich ein Wappenschild mit dem Reichsadler, dem Symbol für die Reichunmittelbarkeit der Stadt. Gleichsam im Schutz dieses Wappentieres stehen das Stadtwappen (schwarz, rot, weiß) und das Wappen des Spitals (zwei gekreuzte Krücken). Über dem Wappenschild findet man eine Taube, das Symbol für den Heiligen Geist.

Rechter Hand des Torbogens ist ein Fenster, ebenfalls mit einem Rundbogen, eingelassen. An dessen Stelle befand sich früher der Pranger der Stadt. Über dem Pranger dürfte „das scheußliche Götzenbild" (Memminger) angebracht gewesen sein, das heute unterhalb des Dachgesimses eingemauert ist und sich dort so seltsam zusammenhanglos ausnimmt. Der Grund dafür ist darin zu sehen, dass auch das Spital beim großen Brand von 1726 in Schutt und Asche gelegt

Erstes Kapitel · Von den Anfängen bis zum späten Mittelalter 55

Das Prangerbild am Spitalhof; aus: Beschreibung des Oberamts Reutlingen, Stuttgart 1893, 2. Teil, Seite 34

wurde. „Aber alsbald wurde auch, wie es die Not erforderte, der Wiederaufbau in Angriff genommen." Dabei setzte man das Prangerbild an seine jetzige Stelle.

Die Symbolik dieses Bildes ist insofern unklar, weil es keine Erklärung für den Schriftzug „Marcus" gibt. Die drei Figuren stellen Mann und Frau und in der Mitte, die gehörnte Figur, vermutlich den Teufel dar. Letzterer bildete das Vorbild für die Reutlinger Fasnachtsmaske: das Schandele, das 1987 aus der Taufe gehoben wurde. Der Name „Schandele" rührt davon her, dass wer an den Pranger gestellt wurde, auf sich und seine Familie Schande geladen hatte. Der letzte Missetäter, der in Reutlingen am Pranger stand, war eine Frau (!) im Jahre 1802.

Das Spital war darüber hinaus zumindest teilweise auch dafür maßgebend, dass die Stadt ihr Territorium erweitern konnte und in den Besitz von nahe gelegenen Siedlungen und landwirtschaftlichen Nutzflächen kam. Wohlhabende Bürger vermachten ihren Besitz dem Spital und dieses wiederum der Stadt oder die Stadt konnte diese Besitzungen direkt erwerben. Das Vermögen des Spitals war Sondervermögen, das dem Zugriff von Gläubigern der Stadt, etwa von Württemberg entzogen war. So musste die Stadt, z.B. bei Kontributionen im Kriegsfalle nicht auf das Vermögen des Spitals zurückgreifen.

Als erstes Dorf kam Ohmenhausen, auch Omenhausen, Ummenhusen und Humenhusen genannt, 1358 in den Besitz der Stadt, wobei widersprüchliche Angaben vorliegen, ob dieser Gebietszuwachs über das Spital oder durch direkten Erwerb erfolgte. Als nächstes Dorf kam Wannweil im Jahre 1467 hinzu, das auf dem Umweg über das Spital an das Gebiet der Reichsstadt angeschlossen wurde. Etwa zur gleichen Zeit dürfte Betzingen, auch Bezzingen geschrieben, in den Besitz der Stadt gekommen sein. Wann und wie es in den Besitz der Stadt kam, lässt sich aber nicht mehr feststellen. (Memminger)

Nach der Oberamtsbeschreibung von 1893 kam im Jahre 1437 Bronnweiler, auch Brunnenwiler oder Brinenwiler genannt, zum reichstädtischen Gebiet hinzu. Dann folgten Gomaringen, auch Gomeringen geschrieben, mit den dazugehörenden Weilern Ziegelhausen und Hinterweiler sowie die ebenfalls bei

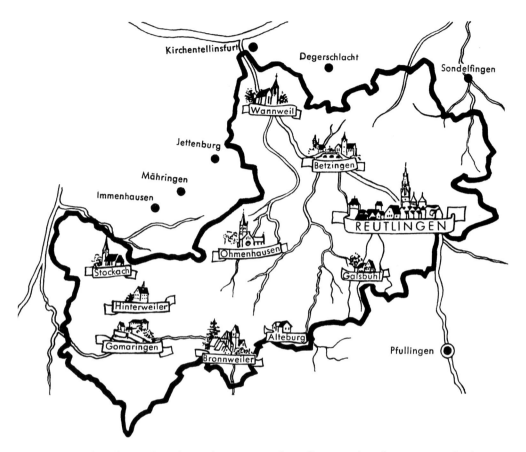

Das Gebiet der Reichsstadt Reutlingen; aus: Bahnmüller, K. und Müller, A.: Heimatbuch, 6. Auflage, Reutlingen o.J., o.S.

Gomaringen liegende Gemeinde Stockach. Das Reutlinger Spital dürfte um 1482 oder etwas früher in den Besitz eines Teiles von Gomaringen gekommen sein. Am 5.12.1491 kaufte dann die Stadt Reutlingen den restlichen Teil sowie die Weiler Ziegelhausen und Hinterweiler und die Siedlung Stockach.

In seiner größten Ausdehnung umfasste das Gebiet der Freien Reichsstadt Reutlingen eine Fläche von ungefähr 50 km². Aber bereits nach 150 Jahren musste die Stadt, um die enorme Schuldenlast des 30jährigen Krieges abzutragen, am 11.12.1648 das Dorf Gomaringen mit den beiden Weilern und allem Zubehör für 30 000 Gulden an das Herzogtum Württemberg verkaufen.

Kaiser Maximilian I. (1459–1519) zu Besuchen in Reutlingen

Kaiser Maximilian I., der 1493 auf den kaiserlichen Thron gelangte, war als deutscher König und Kaiser des Heiligen Römischen Reiches Deutscher Nation in zahlreiche Konflikte, Gefechte und Kriege verwickelt, die aber hier nicht im Einzelnen aufgeführt werden sollen. Sie haben ihm den Beinamen „der letzte Ritter" eingebracht, weil mit ihm die Zeit der mittelalterlichen Ritterheere allmählich zu Ende ging und Feuerwaffen an die Stelle von Lanzen und Speeren traten. Maximilian I. wird als gebildeter König geschildert, der mehrere Sprachen beherrschte und an den Wissenschaften und Künsten regen Anteil genommen hat. Er beschäftigte sich viel mit Mathematik und Geschichte und pflegte die Malerei, Musik, Poesie und Baukunst.

In seiner Eigenschaft als Kaiser besuchte Maximilian dreimal die Stadt Reutlingen. Der erste Besuch fand vom 26. bis 28. Mai 1495 statt. Das kaiserliche Gefolge bestand aus mehreren Herzögen, Bischöfen und Fürsten und insgesamt 500 Reitern. Der amtierende Bürgermeister Jakob Becht bereitete den Besuchern einen herzlichen Empfang. Am nächsten Tag versammelten sich der Kaiser und sein Gefolge nach der Messe in der Marienkirche auf dem Marktplatz, wo ihnen der Magistrat der Stadt und die Bürger huldigten. Als Gastgeschenk erhielt der Kaiser einen silbernen Becher, der mit 1100 Gulden in Form von Golddukaten gefüllt war, 100 Stück Fischen (vermutlich Forellen aus der Echaz), 60 Sack Hafer (als Futter für die Pferde), 9 Eimer Wein und 2 gemästete Ochsen.

Dieses Geschenk war nicht selbstlos. Dahinter steckte der Wunsch der Stadt, in den Besitz der Achalm zu gelangen oder wenigstens die mit der Achalm verbundenen Rechte als Lehen zu erhalten, um damit die volle Souveränität über das reichsstädtische Territorium ausüben zu können. „Ganz wurde freilich Reutlingens Wunsch nicht erfüllt", wie Gayler treffend bemerkt. Denn das Herzogtum Württemberg war nicht bereit, den Berg samt Festung aufzugeben. Aber den Bemühungen des Kaisers war es zu verdanken, dass Württemberg sich dazu bereit erklärte, seine Pfandrechte an der Achalm, „als da sind, Schultheißenamt, Zoll, Umgeld, Frevel und etliche Mühlen" für 12 000 Gulden an Reutlingen abzutreten. Bis zu diesem Zeitpunkt lag das Schultheißenamt als Recht auf der Achalm und damit in den Händen des Herzogs von Württemberg. Es war ein vom Herzog ernannter Beamter, der für die niedere Gerichtsbarkeit in Strafsachen, für alle Zivilsachen sowie für die freiwillige Gerichtsbarkeit (Kauf-, Schenkungs- und Tauschverträge) die Rechtsprechung ausübte. Mit „Umgeld" war die Steuerhoheit für die Erhebung der Steuern und Abgaben und mit „Frevel" die Gerichtsbarkeit zur Aburteilung von Strafsachen gemeint.

Der Einzug Kaiser Maximilians I. in Reutlingen; Zeichnung von F. Weegmann; aus Rommel, K., Heimatbuch, 6. Auflage, Reutlingen 1999, Seite 35

Mit der Übertragung dieser Rechte ist die Reichsstadt Reutlingen eigentlich erst im rechtlichen Sinne zur *„Freien Reichsstadt"* geworden. Insofern war der erste Besuch des Kaisers Maximilian I. ein voller Erfolg und das großzügige Gastgeschenk eine lohnende Investition.

Der zweite Besuch des Kaisers fand vom 4. bis 7. Juli 1499 mit einem Gefolge von 400 Reitern statt. Das Gastgeschenk viel diesmal „weit dürftiger" aus; es bestand lediglich aus 3 Eimern Wein, 18 Scheffel Hafer und 50 Stück Fisch. Bei den Verhandlungen mit dem Magistrat stand diesmal die Neuordnung des Erbrechts im Vordergrund.

Fünf Jahre später weilte der Kaiser ein drittes Mal in der Stadt. Er kam am 22.7.1504 mit einem Gefolge von 200 Reitern und blieb 5 Tage bis zum 26. Juli. Bei diesem Besuch ging es vor allem um die Reutlinger Zollhoheit. Dabei erhielt Reutlingen das Recht, seine landwirtschaftlichen und gewerblichen Produkte weitgehend zollfrei auszuführen und die wichtigsten Lebensmittel ebenfalls zollfrei einzuführen. Für die jeweiligen Ausnahmen wurde ein ermäßigter Zollsatz festgelegt.

Kaiser Maximilian I., der für viele Zeitgenossen das Ideal des Kaisers verkörperte, aber gleichwohl viele in ihn gesetzte Erwartungen nur zum Teil erfüllen konnte, hat aber für Reutlingen eine durchaus segensreiche Bedeutung erlangt.

In einem Restitutionsedikt von 1576 hat Kaiser Maximilian II. (1527–1576) kurz vor seinem Tode die Rechte Reutlingens als Freie Reichsstadt noch einmal bestätigt. Er war der Sohn von Kaiser Ferdinand I. und in seiner Regierungszeit von 1562 bis 1576 ein relativ friedliebender Monarch, der lediglich bei den Türkenkriegen in militärische Auseinandersetzungen verwickelt war. Maximilian sympathisierte mit den protestantischen Fürsten ohne allerdings zum lutherischen Glauben überzutreten, weil er die von seinem Vater angedrohten politischen Folgen fürchtete. Aus Dankbarkeit für sein Restitutionsedikt setzte ihm die Reutlinger Bürgerschaft 1570 mit dem Marktbrunnen und dem etwas zu klein geratenen Standbild des Kaisers ein ehrenvolles Denkmal.

Die Pest, Naturkatastrophen und die Ausweisung der Juden

Im 14. und 15. Jahrhundert wütete in ganz Europa die Pest. Der Reutlinger Chronist Memminger beschreibt 1893 diese „verheerende Seuche", die auch der „schwarze Tod" genannt wurde, mit folgenden Worten: „Die Seuche fing mit heftigem Fieber, Kopfschmerz, Irrewerden, schwarzer Zunge an und ging in Zersetzung des Blutes, das aus Brust und Nase floss und in allgemeinen Brand über. Daher der Name. Kranke von gröberer Konstitution fielen oft plötzlich, wenn sie noch ihren Geschäften nachgingen, tot nieder; andere von feinerer Organisation gerieten hie und da vor dem Tod in Extase oder Verklärung, worin sie bereits die himmlische Herrlichkeit zu schauen versicherten und nicht nur ihre, sondern auch anderer Todesstunde mit Sicherheit angaben. Gewöhnlich starb man am dritten Tage, und die Seuche dauerte an einem Orte 5 bis 6 Monate."

Beißender Verwesungsgeruch breitete sich über ganz Europa aus und raffte stellenweise bis zu zwei Drittel der Bevölkerung dahin. Besonders schlimm wütete die Pest in den Jahren von 1347 bis 49 in den deutschen Landen. Im Jahre 1482 starben in Reutlingen täglich 30 Menschen an der Pest, 1577 raffte die Seuche insgesamt 728 Menschen in der Stadt dahin, 1578 28 Erwachsene und 150 Kinder, und 1635 starben in Reutlingen 453 Personen an der Pest; – und dies bei einer Gesamtbevölkerung von ungefähr 3 000 Personen.

Hinzu kamen noch außerordentliche Naturkatastrophen, vor allem Erdbeben, Meteoriteneinschläge und Unwetter, die Erdspalten aufrissen, Quellen versiegen oder entstehen ließen, Überschwemmungen und Fischsterben auslösten und Bäche blutrot färbten.

Die Folge davon war, dass genuesische Kaufleute die Kunde in Umlauf brachten, dass insbesondere die Pest durch die Brunnenvergiftung der Juden verursacht worden sei: „ein Wahn, welcher auch hier Jammer und Elend über sie brachte" – wie der Reutlinger Chronist Gayler 1840 mitfühlend schreibt und von einer „grässlichen Judenverfolgung" spricht.

Im 14. und 15. Jahrhundert hätten sich auch in Reutlingen die Juden „stark eingenistet". Die heutige untere Kanzleistraße von der Oberamteistraße bis zum Marktplatz hieß noch bis ins 19. Jahrhundert hinein die Judengasse und im damaligen Zunfthaus der Schuster hatte sich eine Synagoge befunden. Es habe auch einige Judenbäder, sog. Mikwes gegeben. Memminger berichtet, dass „1840 noch ein solches unterirdisches Gewölbe mit Quellwasser" existierte, in dem früher geheime Waschungen vorgenommen worden seien.

Die Juden sicherten sich außerdem einen beträchtlichen Anteil am wirtschaftlichen Aufschwung der mittelalterlichen Reichsstadt. Allerdings wurden die Juden von Anfang an diskrimitiert. Sie durften keine christlichen Dienstboten halten, nicht mit Christen in Schankwirtschaften und Bädern verkehren, Christen durften keine Einladungen von Juden annehmen und die Juden mussten zu ihrer Kennzeichnung spitze, gehörnte Kappen tragen. Dies war allerdings keine Reutlinger Besonderheit, sondern seit 1267 kanonisches Recht. (Bernd Seger)

All diese Gründe führten dann dazu, dass der Reutlinger Magistrat ein Statut erließ, das Bürgern untersagte, sich bei einem Juden zu verdingen. Wer dagegen verstoße, habe „Bürgerrecht und Wohnung" verwirkt, wurde also aus der Stadt ausgewiesen. Dann wurden viele Juden „nackt und bloß von Haus und Hof verjagt". Andere Grausamkeiten scheinen aber nicht an ihnen verübt worden zu sein, wie dies in anderen Reichsstädten, z.B. in Augsburg, Ulm, Konstanz, Esslingen und Schwäbisch Hall der Fall war, „wo viele Juden verbrannt und ihre Häuser und Kirchhöfe zerstört wurden". (Gayler)

Schließlich verfügte Kaiser Maximilian I. auf dem Reichstag zu Worms auf Drängen u.a. des Reutlinger Magistrats am 5.10.1495, dass die Juden, die in der Stadt wohnhaft waren, „beurlaubt", d.h. auf die Dauer von 10 Jahren ausgewiesen wurden. Zwanzig Jahre später hat der Kaiser auf dem Reichstag in Augsburg am 22.10.1516 diese „Befreiung" „für alle Zukunft" ausgedehnt und die Verfügung erlassen, wonach ein Jude oder eine Jüdin, die in der Stadt Geschäfte machen wollen, (dies waren vor allem Händler mit Rohstoffen und Gebrauchtwaren) sich als solche kennzeichnen müssen, indem sie am Oberkleid einen gelben Ring zu tragen haben. Die ausgewiesenen Juden dürften zumindest teilweise den Herkunftsnamen „Reitlinger" angenommen haben.

Das kaiserliche „Privileg" blieb bis zur Mediatisierung Reutlingens in Kraft. Über die Jahrhunderte hinweg ist nur insofern eine Ausnahme bekannt, als 1763 eine Judentaufe stattgefunden hat und der Getaufte das Bürger- und Aufenthaltsrecht der Stadt erhielt. Sein ursprünglicher Name war Perez Levi. Da er von Frankfurt aus regen Handel mit Holland betrieben hatte, wechselte er seinen Namen und nannte sich Gebhart Holländer. Er kam in der Absicht nach Reutlingen, sich mit einer aus Genkingen stammenden Strickerin zu verheiraten, die in Reutlingen wohnhaft war. Deshalb wollte er sich in der Stadt niederlassen und ist deswegen zum Christentum konvertiert. Bei seiner Taufe am 20.11.1763, die unter großer Anteilnahme der Einwohner vollzogen wurde, hat Holländer dann den Namen Christian Gottlieb Bleibtreu angenommen. Die geplante Ehe kam allerdings nicht zustande. Stattdessen verheiratete sich Bleibtreu 1765 mit der Witwe Maria Sabina Göbel. Die Ehe blieb kinderlos und Bleibtreu verstarb 79jährig im Jahre 1788 in Reutlingen.

Die wechselvolle Geschichte der Nikolaikirche

Die Nikolaikapelle wurde nach überstandener Pest als Dank an den Heiligen Nikolaus in der unteren Kramergasse (Untere Wilhelmstraße) im 14. Jahrhundert errichtet. Sie ist erstmals 1359 urkundlich erwähnt. Es wird vermutet, dass sie vom Baumeister Peter von Reutlingen erbaut wurde. Dieser hat wohl auch an den Prachtbauten des Klosters Bebenhausen, insbesondere am herrlichen Sommerrefektorium, mitgearbeitet. Er scheint auch am Bau der in der Marienkirche an den Chor angebauten Sakristei sowie am Bau der Stiftskirche von Herrenberg beteiligt gewesen zu sein.

Die gotische Architektur ist in den einfachen Formen des 14. Jahrhunderts gehalten. Auffallend ist das Fenstermaßwerk, das, sofern es nicht neueren Ursprungs ist, noch an ältere Vorbilder erinnert. Die Glasfenster stammen aber erst aus den 60er Jahren des 20. Jahrhunderts. An den vier Ecken des Traufgesimses befinden sich Fratzen anstatt der sonst üblichen Wasserspeier. An der Außenseite des Chores ist der Kirchenheilige Sankt Nikolaus dargestellt. Dieser wurde mit Vorliebe an Gewässern verehrt, was auf die nahe liegende Gegend „am Federsee" hindeutet. (Gayler) Der Heilige nimmt sich der Armen und Fremden an und gilt als Kinderfreund. Die jetzige Figur ist allerdings erst ca. 100 Jahre alt.

Ursprünglich besaß die Kirche einen Turm in Form eines Dachreiters, der aber bereits 1538 entfernt wurde.

Nach der Reformation diente die Nikolaikirche nur noch für Leichengottesdienste. Die Trauerfeier für Erwachsene war auf 15 Uhr und für Kinder im Winter auf 14.30 Uhr und im Sommer auf 6 Uhr Morgens terminiert.

Am 23.9.1726 brach in dem gegenüberliegenden Haus eines Schusters, an dessen Stelle sich heute der „New Yorker" befindet, der große Stadtbrand aus. Die Nikolaikirche war das einzige Gotteshaus, das vom Brand verschont geblieben ist. Deswegen wurde sie nun wieder für regelmäßige Gottesdienste verwendet.

Noch über 100 Jahre lang wurde der auf den 23.-25. September folgende Sonntag wegen der Brandkatastrophe in Reutlingen als Fastensonntag begangen. Der dazu gehörende Gedenkgottesdienst fand dann traditionell in der Nikolaikirche statt. An diesem Gedenktage aß und trank man den ganzen Tag nichts. Erst abends genehmigte man sich ein kleines Stück trockenes Brot, trank einen Schluck Wein und ging dann zu Bett.

In seinen Lebenserinnerungen von 1832 schreibt Johann Jakob Fetzer, dass dieser jährliche Bußtag, der mit großer Andacht begangen wurde, nach der

Mediatisierung Reutlingens allmählich ausgestorben sei, „weil die tonangebenden württembergischen Beamten von dieser Feier keine Kenntnis nahmen." Außerdem sei die Zahl derer, deren Eltern jenes große Brandunglück erlebt haben, von Jahr zu Jahr geringer geworden.

Als nach dem Reichsdeputationshauptschluss sich auch Katholiken in der Stadt angesiedelt haben, wurde die Nikolaikirche ab 1823 der katholischen Pfarrgemeinde überlassen, bis diese 1910 mit der St. Wolfgangskirche ein eigenes Gotteshaus bekam.

1945 brannte die Nikolaikirche beim Fliegerangriff völlig aus, wurde zwar 1949/50 wieder hergestellt, aber seit den 60er Jahren nicht mehr regelmäßig für Gottesdienste genutzt.

Seit 1996 ist die Kirche Vesperkirche, in der in der kalten Jahreszeit im Januar und Februar regelmäßig Essen an Bedürftige ausgegeben wird. Seit 2005 steht die Kirche in der Zeit außerhalb der Vesperkirche jedermann zum Gespräch, zur spirituellen Atempause und zum Essen und Trinken im Café Nikolai offen.

Die wirtschaftliche Basis in der Reichsstadt Reutlingen im Mittelalter

„Seit dem 13. Jahrhundert behauptete Reutlingen unbestritten den Rang einer Stadt mit zentralörtlichen Funktionen im geographischen Sinne, trieb Handel mit dem Umland und ferneren Regionen und zog selber viele Menschen, Güter und Geld aus nah und fern in seine Mauern." (Willi A. Boelke) Dabei bildeten die Echaz und die landwirtschaftlichen Nutzflächen außerhalb der Stadtmauer und des räumlichen Einzugsgebietes über Jahrhunderte hinweg bis in die zweite Hälfte des 20. Jahrhunderts hinein die Lebensader und die wirtschaftliche Basis der Stadtentwicklung.

Die Echaz lieferte das Wasser und die Wasserkraft für die gewerbliche Nutzung der sog. Ackerbürger. In der relativ kleinen und nicht besonders wohlhabenden Reichsstadt gab es so gut wie keine reichen Patrizier, wie etwa in den großflächigen Handelsmetropolen Augsburg, Nürnberg, Frankfurt oder Esslingen. Stattdessen lebte die Reutlinger Bevölkerung vom Handwerk und von der Landwirtschaft. Die selbständigen, in den Zünften organisierten Handwerker besaßen alle Äcker, Gärten, Wiesen und Weinberge in der näheren Umgebung; vor allem an der Achalm und am Georgenberg und waren dadurch Selbstversorger.

Von Anfang an stellte die Echaz das gewerbliche Rückrat der Stadt dar. An ihren Ufern wurden Mühlen errichtet, Stauwehre, Stege und Kanäle angelegt, an denen sich das Gewerbe etablieren konnte. Die älteste urkundlich erwähnte Mühle dürfte um 1138 entstanden sein; im Laufe der Zeit kamen weitere etwa 22 Mühlen und Mahlwerke hinzu. Das größte Wehr wurde in Höhe des Metmannstores errichtet und bildete später das idyllische sog. „Kleine Venedig" der Stadt.

Ein Bäcker in Reutlingen, Reformationstraktat von 1524; aus: Duncker, C.: Matthäus Alber – Reformator aus Reutlingen, Weinsberg, o.D., Seite 59

Die Gewerbetreibenden waren wie in allen Städten in Zünften organisiert. „Jede dieser Zünfte bildete ein abgeschlossenes Gemeinwesen, eine gleichsam selbständige Körperschaft, aus einem Zunftmeister mit elf Zunfttrichtern bestehend, welcher die Zunftangelegenheiten und die Aufsicht über das Zunftvermögen anvertraut war." (J. J. Fetzer)

Bis zur Mitte des 14. Jahrhunderts gab es in Reutlingen folgende 8 Zünfte: Karcher (d.h. Ackerbauern und Fuhrleute; das Wort kommt vom Lateinischen carruca = Pflug und carrucarius = Pflüger), Weingärtner, Binder (d.h. Böttcher oder Küfer), Kürschner, Gerber, Kramer, Bäcker und Metzger. Danach erhöhte sich ihre Zahl auf 12. Im Jahre 1374 bestanden folgende Zünfte: Bäcker, Gerber, Karcher, Kramer (d.h. Kaufleute), Küfer, Kürschner (mit Leinenweber und Färber), Metzger, Schmiede, Schneider, Schuhmacher, Tucher (d.h. Weber) und Weingärtner. Bei den Gerbern wurde zwischen Rot- und Weißgerbern unterschieden. Die Rotgerber verarbeiteten Felle von Ochsen und Kühen und stellten braunes Leder für Taschen, Sättel und Schuhe her, während die Weißgerber für die Felle von Schafen, Ziegen, Rehen und Hirschen zuständig waren und feineres, helles Leder für Handschuhe, Taschen und Trachtenbesatz erzeugten. Die Rotgerber bildeten eine eigene Zunft; die Weißgerber waren dagegen Mitglieder der Kramerzunft.

Die Rotgerber waren vor allem im Gerberviertel zwischen der Unteren und Oberen Gerberstraße sowie in „Klein-Venedig" ansässig. Sie besaßen mit dem Unteren Mühltörle, auch Gerbertörle genannt, einen eigene Zugang zur Echaz. Dort errichteten sie den teilweise heute noch erhaltenen Gerbersteg, der den Gerbern zum Wässern der Felle diente. Auf der rechten Seite des Eingangstores zum Gerbersteg hat sich noch eine Altarnische mit Christuskopf erhalten, an der die Gerber, wenn sie zur Arbeit gingen, zumindest bis zur Reformation ihre Gebete verrichteten. Von den typischen Gerberhäusern mit ihren malerischen Trockengalerien zum Trocknen der Felle gibt es in Reutlingen leider nur noch zwei Beispiele.

Die Weißgerber hatten ihre Werkstätten vor allem an der südlichen Echaz in der sog. Oberen Wässere; dort befand sich auch die Weißgerberei von Lists Vater. In „Klein-Venedig" waren sowohl Gerber als auch Färber angesiedelt.

Die Gerber und Binder sind namentlich in der sog. „Schönbuch-Gerechtigkeit" von 1310 erwähnt, einer vertraglichen Vereinbarung zwischen der Stadt Reutlingen und dem Grafen Rudolf, dem Scherer, von Tübingen. Darin sicherte sich die Stadt das Recht, ihren Holzbedarf aus dem Schönbuch zu einem vereinbarten Preis zu beziehen. Dazu gehörte auch die von den Gerbern zum Betreiben der Lohmühlen erforderliche Eichenrinde. Bemerkenswert ist, dass in diese Vereinbarung ausdrücklich auch Juden eingeschlossen waren. 1554 erneuerte die Stadt diesen Vertrag durch eine entsprechende Vereinbarung mit dem Herzogtum Württemberg und erst 1830 verzichtete die Stadt auf dieses Privileg.

Eine weitere wichtige Zunft bildeten die Schmiede; zu dieser zählten Messerschmiede, Nagel- und Hufschmiede, Hammer- und Kupferschmiede; Kannen- und Zinngießer, Glockengießer und Schlosser. Die heutige Schmiedstraße erinnert noch an das Wohnviertel dieses Berufsstandes.

Die Bäcker, Metzger und Weingärtner waren die maßgeblichen Lebensmittelhandwerker; sie konzentrierten sich in der Metzger- und Weingärtnerstraße. Die Reutlinger Bäcker waren besonders kreativ, indem sie mit der Mutschel, dem Kimmicher, der Fleischpastete und dem Vochezenplatz, einem Flammkuchen mit Speck und Zwiebeln, originelle Gebäcke hervorbrachten, die ihren Ruf als „Stadt der großen Becken und als große Beckenstadt" (C. Bames) begründeten.

Einem Reformationstraktat von 1524 verdanken wir die bildliche Darstellung eines Reutlinger Bäckers. In der Szene ist dargestellt, wie zwei Bettelmönche zu „Hanns Staygmayer" einem „Bek zu Reytlingen" kommen, um Ostereier für ihr Kloster zu sammeln. Weil der Bäcker diese Bitte abgeschlagen und dafür eine Begründung geliefert hatte, antworteten die Mönche: „Ihr Lutherischen wollt gut evangelisch sein, und doch will keiner mehr ein Opfer bringen." Daraus soll sich ein Streitgespräch über das Thema entwickelt haben, dass Gott barmherzig ist und auf Opfer keinen Wert lege. Dabei zeigte sich der Bäcker offenbar in der Kenntnis der Heiligen Schrift so beschlagen, dass die Mönche schließlich überzeugt waren und sich dankend verabschiedeten. (Christoph Duncker). Vielleicht kam aber auch die aus „höchster Instanz" abgeleitete Begründung dem Bäcker gerade gelegen, um die für Reutlinger nicht gerade unübliche Einstellung „Mir gäbet nix" zu rechtfertigen.

In Reutlingen wurde im Mittelalter auch ein besonderer Käse hergestellt, der als „Rutelinger" weit über die Grenzen der Stadt hinaus zu einem Markenartikel wurde. Leider ist die Rezeptur nicht überliefert.

Zur Herstellung der Trachten, Borten und anderer Textilien dienten die Tuchmacher, die Kürschner und die Schuster. „Reutlinger Tuche, Zeug und Barchent behaupteten bis ins 17. Jahrhundert in Württemberg eine marktführende Stellung." (Memminger) Die Tucher bezogen ihren Rohstoff Wolle aus der ausgedehnten Schafhaltung, die in der näheren Umgebung seit alters her betrieben wurde.

Der Karcher am Zunftbrunnen in der Oberamteistraße, Foto: E. Wendler

In der Kramergasse, der heutigen Wilhelmstraße, waren die Händler ansässig, welche die reichsstädtischen Erzeugnisse entweder selbst oder mit Hilfe von Eninger und Pfullinger Händlern vermarkteten.

Obwohl ein reiches Patriziat fehlte, waren die Reutlinger Ackerbürger schon im 13. und 14. Jahrhundert so begütert und wohlhabend, dass sie mit ihren Steuern und Abgaben den Bau der außerordentlich aufwändigen Stadtbefestigung und den nicht minder teueren Bau der Marienkirche bis zu ihrer Vollendung finanzieren konnten; eine aus heutiger Sicht unvorstellbare Leistung!

Die demokratische Legitimation des Magistrats bis zur Mediatisierung

Mit der Erhebung Reutlingens zur Reichsstadt war das persönliche Recht der Bürger verbunden, die zünftischen und kommunalen Organe der Selbstverwaltung durch eine demokratische Mitwirkung zu wählen. Wahlberechtigt waren nur Männer und zwar nur solche, die das Bürgerrecht besaßen; also z.B. keine Knechte und Dienstboten

Seit 1282 sind für Reutlingen „consules", d.h. gewählte Räte bezeugt und seit 1292 ist das Amt des Bürgermeisters belegt. Seit 1343 wurden die Leitungsgremien der Gemeinde gewählt und am 9. Oktober 1374 wurde von Kaiser Karl IV. eine Wahlordnung bestätigt, die bis zur Mediatisierung im Großen und Ganzen weitgehend unverändert ihre Gültigkeit hatte. Danach bestand der Magistrat aus den Bürgermeistern sowie aus dem Großen und dem Kleinen Rat. Das Stadtoberhaupt bestand in der Regel aus vier Bürgermeistern (vier Räten oder Senatoren), wovon einer der regierende Bürgermeister war. Der Kleine Rat bestand bei der Mediatisierung aus 26 Mitgliedern: 12 Zunftmeister, 12 Zunftrichter und 4 Räte); der Große Rat umfasste 162 Personen, und zwar alle Mitglieder des Kleinen Rates plus weitere Zunftrichter und zusätzliche Bürger, die nicht Mitglieder von Zünften waren.

Die Mitglieder dieser Gremien wurden jedes Jahr in einem komplizierten Wahlverfahren bestimmt, wobei die Zünfte, die gleichzeitig ihre Zunftmeister und Zunftrichter wählten, das Sagen hatten. Der regierende Bürgermeister und die Mitglieder des Kleinen Rates mussten nach Ablauf der einjährigen Amtsperiode in der Regel für mindestens zwei Jahre pausieren, ehe sie wiedergewählt werden konnten. Dieselbe Regel galt auch für die Zunftmeister. Sie wurde aber nicht immer eingehalten.

Bürgermeister und Kleiner Rat waren für die laufenden Amtsgeschäfte zuständig. Der Große Rat trat bei außergewöhnlichen Entscheidungen zusammen, z.B. bei Städtebündnissen, dem Abschluss von Schirmverträgen mit Württemberg, Verhalten im Kriegsfalle, Annahme der Reformation, Erhöhung der Steuern und Abgaben usw.

Im Mittelalter fanden die Wahlen „acht Tage vor oder nach Jacobi (25. Juli)" und seit dem 16. Jahrhundert in der Woche nach Sankt Ulrich (4. Juli) statt. Der anschließende Sonntag wurde dann mit einem feierlichen Ritual als Schwörtag begangen, an dem die neu gewählten Ratsherren, Zunftmeister und Zunftrichter (insgesamt etwa 175 Personen) vereidigt wurden und geloben mussten, die

Erstes Kapitel · Von den Anfängen bis zum späten Mittelalter 67

Sitzung des Kleinen Rates in Reutlingen, an der rechten Wand hängt das Richtschwert; aus: Ein Streifzug durch die Stadtgeschichte, Reutlingen, 1999, o.S.

reichsstädtische Verfassung zu achten und ihre ganze Kraft zum Wohle der Bürgerschaft einzusetzen. Vom Wahltag bis zum Schwörtag waren alle Verpflichtungen von Nicht-Bürgern aufgelöst, und die Sittenstrenge trat kurzfristig außer Kraft.

Über den Ablauf des Schwörtages gibt es unterschiedliche Aussagen. So berichtet Johann Jakob Fetzer in seiner Autobiographie von 1832: „Am ersten Sonntag nach St. Ulrich versammelten sich die Zünfte vormittags um 11 Uhr, jede auf ihrem eigenen Zunfthause. Die Zunftfahnen wurden ausgehändigt zum Zeichen, dass die Zünfte ihre Rechte auszuüben im Begriff waren. In einem komplizierten Verfahren wurden die Zunftmeister, Zunftrichter, Ober- und Unterrechner, Ober- und Unterstubenherr, Fähnrich und Fahnenjunker bestimmt."

Davon abweichend, schreibt Christoph Friedrich Gayler 1840 in seinen „Historischen Denkwürdigkeiten": Am Schwörtag versammelten sich die Ge-

Der ehemalige Schwörhof vor dem heutigen Friedrich-List-Gymnasium, Lithographie von Robert Geissler um 1880; aus: Stadt Reutlingen: Stadtbildgeschichte, Reutlingen 1990, Seite 167

wählten um 5 Uhr morgens im großen Saal des Schwörhauses, dem heutigen Friedrich List-Gymnasium und die Bürger auf dem davor liegenden Schwörhof. Alle Personen waren festlich gekleidet. Die Mitglieder der Zünfte trugen schwarze Mäntel und folgten ihren Zunftfahnen. Im Schwörhof wurden die Namen der gewählten Personen verkündet. Dem frisch gewählten Amtsbürgermeister wurden dann von seinem Vorgänger der Schwörstab und das Amtssiegel ausgehändigt. Nach einer kurzen Rede musste dieser mit drei erhobenen Fingern der rechten Hand den Amtseid ablegen. Die Schwörformel hatte ungefähr folgenden Wortlaut: „Ich schwöre zu Gott, mein Amt getreulich und mit Fleiß zu tragen und zu verwalten, meiner Stadt in Treue und Wahrheit zu dienen, sie vor Schaden zu warnen und zu behüten, ihren Nutzen und ihr Frommen (Wohl) zu fördern und nach meinem Vermögen das Beste dafür zu tun und zur besten Verständigung getreulich beizutragen."

Hierauf gelobten alle Magistratspersonen, sowohl des Kleinen als auch des Großen Rates, dem neu gewählten Amtsbürgermeister in allen Ge- und Verboten in Haus und Feld jederzeit Gehorsam zu leisten und ohne alle Parteilichkeit nach bestem Vermögen und Verständnis dem Gemeinwesen zu dienen.

Schließlich trat der „Hochedelgestrenge und Hochgeachtete" Bürgermeister mit dem Senat vor die versammelte Bürgerschaft und forderte diese auf, mit den drei vorderen Fingern der rechten Hand einen Eid „zu Gott dem Allmächtigen zu schwören und dem Bürgermeister jederzeit untertänig und gehorsam zu sein und zum Nutzen und zur Wohlfahrt der Stadt getreulich beizutragen." Nachdem die Bürgerschaft diese Eidesformel nachgesprochen hatte und den Gewählten huldigte, entließ sie der Syndikus mit den Worten: „So gehet denn hin im Frieden! Fürchtet Gott, ehret den Kaiser und eure Obrigkeit!"

Anschließend zog die ganze Gemeinde in die Marienkirche zum Festgottesdienst. Der Schwörtag endete mit einem Volksfest, bei dem die Kinder auf Kosten der Stadt eine Mutschel erhielten und die neu gewählten Mandatsträger geleiteten den Amtsbürgermeister feierlich nach Hause. Damit klang der „Tag demokratischen Frohsinns", wie ihn Gayler bezeichnete, aus.

In seinen historischen Denkwürdigkeiten lobte Hermann Kurz die reichstädtische Verfassung und den Schwörtag als ein „seltenes Beispiel der reinsten Demokratie." Friedrich List, der noch als 13jähriger Junge den letzten Schwörtag in der Reichsstadt erlebte und „die Beförderung der bürgerlichen Freiheit immer als das wichtigste Mittel der Politik" betrachtete, würdigte die Verfassung seiner Vaterstadt trotz „mancher kurioser gotischer Schnörkel" als „ein äußerst schönes demokratisches Munizipalgebäude", das sich durch eine über 500jährige Dauer erprobt und bewährt habe. Noch in der Rückschau seines amerikanischen Exils erinnerte er sich an diese Zeremonie, und er meinte, dass sich der Genfer Philosoph Jean-Jacques Rousseau für seine Ideen vom „contrat social" eine süddeutsche Reichsstadt wie Reutlingen als Vorbild hätte nehmen können.

Und Johann Jakob Fetzer meinte gar: keine andere Reichsstadt habe eine ähnlich reglementierte demokratische Verfassung wie Reutlingen gehabt, „in welcher der Grundsatz von Freiheit und Gleichheit dem Gemüte überall eingeprägt war."

Frau Oberbügermeisterin Barbara Bosch ist es zu verdanken, dass die Schwörtagstradition in Reutlingen seit einigen Jahren wiederbelebt wurde und sich in der Bevölkerung wachsender Beliebtheit erfreut.

Das mittelalterliche Strafrecht in der Reichsstadtzeit

Schon zu Anfang des 14. Jahrhunderts hatte Reutlingen ein eigenes Strafrecht; genauer gesagt, die älteste Strafrechtsordnung der Stadt stammt vom 24.8.1340. Dabei stand die Friedenssicherung des Gemeinwesens im Vordergrund. Friede und Recht waren gleichbedeutende Begriffe. Hierbei spielte der Grundsatz „Auge um Auge, Zahn um Zahn" eine wichtige Rolle.

Wer einen Mord begangen hatte, wurde kurzer Hand hingerichtet. Gelang dem Täter die Flucht, mussten sein Weib, seine Kinder oder die Erben eine Geldstrafe bezahlen und die Stadt für immer verlassen. Verletzte ein Täter mit einer bewaffneten Hand, einem Messer, Schwert oder Spieß einen anderen, so musste dieser ebenfalls eine Geldstrafe bezahlen und die Stadt für ein Jahr verlassen. Schlug ein Bürger einen anderen mit einem Stecken, einem Stein oder einer Keule, so dass er blutete, so musste auch dieser eine Geldbuße bezahlen, allerdings war diese niedriger als im vorausgegangen Falle, und er wurde ebenfalls für ein Jahr lang aus der Stadt ausgewiesen. Wenn einer einem anderen die Haare ausgerissen oder ihn mit unbewehrter, d.h. mit bloßer Hand bedroht hatte, so musste auch dieser eine Geldstrafe entrichten und die Stadt einen Monat lang meiden. Hatte jemand einen anderen zu einer Straftat angestiftet, so bekam dieser ebenfalls eine Geldstrafe und wurde zudem ein Jahr lang ausgebürgert. Wer einen Gast blutig geschlagen hatte und geschworen hat, dass er unschuldig sei und der Gast ihn bedroht habe, wurde freigesprochen. Wer einen anderen beleidigte und böse über ihn sprach, der wurde zur Strafe auf ein Rad gekettet, d.h. gerädert und ebenfalls mit einer Geldstrafe belegt. Dasselbe galt auch bei Diebstahl. Wer einen Meineid leistete, musste eine Geldstrafe entrichten. Wer bei Gericht gegen einen Richter aufbegehrte, wurde ebenfalls zu einer Geldstrafe verurteilt.

Ein Zunftrichter durfte auch ein Vergehen eines Zunftmitgliedes mit einer Geldstrafe belegen, die aber auf 5 Schilling begrenzt war.

Wer einen anderen mit einem Messer bedrohte, musste ebenfalls eine Geldstrafe bezahlen und die Stadt ein halbes Jahr lang meiden.

Welche Strafen bei welchen Vergehen verhängt wurden, möge auch die folgende kleine Auswahl von Beispielen zeigen: Wegen Beleidigung des Amtsbürgermeisters erhält ein Weibsbild acht Tage Gefängnis, mit einer Kugel am Fuß, bei Wasser und Brot. Ein hartnäckiger Leugner erhält eine tüchtige Tracht Prügel. Eine zum zweiten Mal ertappte Diebin wird eine halbe Stunde in einem Halseisen an den Pranger gestellt und dann aus der Stadt hinausgejagt. Eine andere, die Garn gestohlen hatte, wird zwei Tage auf den Marktplatz gestellt und muss nachher drei Wochen lang mit der Kugel am Fuß im Waisenhaus arbeiten. Dem Vater eines

Zimmergesellen, der in einem Gartenhaus ein Kästchen entwendet hatte, wird geraten, seinen Sohn einige Jahre auf die Wanderschaft zu schicken. Eine Ehebrecherin wird mit Arrest belegt und an drei Markttagen mit einer Tafel am Hals, worauf das Wort „Ehebrecherin" steht, durch die Stadt geführt. (Votteler)

An Sonn- und Feiertagen war es verboten, während des Gottesdienstes in der Stadt oder auf dem Felde herum zu laufen; ebenfalls war es verboten, in dieser Zeit vor dem Haus zu sitzen. An Sonn-, Feier- und Bettagen waren die Stadttore geschlossen; ebenso die Bäcker- und Metzgerläden. Die Verrichtung von handwerklichen Arbeiten war an Sonn- und Feiertagen ebenfalls untersagt. Diesem Verbot unterlag auch das Spielen der Kinder auf dem Zimmerplatz, auf dem das städtische Bauholz gelagert war.

Das Kartenspielen und Kegeln in den Wirts- und Bäckerhäusern war an Sonn- und Feiertagen ebenfalls verboten, wie das „unanständige Umherlaufen von ledigen Weibspersonen zur Nachtzeit". Ledige Männer mussten des Nachts spätestens um 23 Uhr zu Hause sein. Wer des Nachts auf der Straße herumlief, musste eine Laterne bei sich führen. Alle derartigen Verstöße wurden mit einer Geldbuße bestraft. (Votteler)

Der Chronist Memminger kommentiert die Strafpraxis in Reutlingen mit den Worten: „Man sieht, wie geschickt die bekannte reichsstädtische Nüchternheit und Berechnung das Unangenehme mit dem Nützlichen zu verbinden wusste. Überblickt man nämlich diese Strafen, wie sie entweder auf Tod oder Verbannung oder ‚Zahlen', meist aber auf das letztere erkennen, während sich von einer Freiheitsstrafe noch keine Spur findet, so erhält man den Eindruck, als ob die reichsstädtische Kriminalität mehr, als es sich mit unseren modernen Strafrechtstheorien und sittlichen Anschauungen verträgt, nicht nur als ein gemeines Übel, sondern auch als eine öffentliche Einnahmequelle betrachtet worden sei, aus der man nach Möglichkeit zu schöpfen suchte."

Übrigens besaß das in das reichsstädtische Territorium einverleibte Betzingen zunächst noch ein eigenes Strafrecht, das im Allgemeinen mildere Strafen vorgesehen hat, als das Reutlinger. Deshalb beschwerte sich die Stadt 1497 auf dem Reichstag zu Worms über diesen unhaltbaren Zustand und erreichte, dass das Dorf unter die strafrechtliche Hoheit von Reutlingen gestellt wurde.

Mit dem Anschluss an Württemberg wurde 1806 auch dieses alte städtische Sonderrecht beseitigt.

Eine besonders eigentümliche strafrechtliche Institution war das Reutlinger Asylrecht für Totschläger, dem wir aber einen eigenen Beitrag widmen.

Aus dem Tagebuch eines Reutlinger Scharfrichters von 1563 bis 1568

In den „Württembergischen Vierteljahrschriften für Landesgeschichte" von 1878 ist das Fragment des Tagebuches eines Reutlinger Scharfrichters aus der Zeit von 1563 bis 1568 abgedruckt. Es stammt aus einer alten Abschrift, die sich heute im Besitz des Staatsarchivs befinden dürfte. Wir zitieren dieses Tagebuchfragment, wobei wir es in unserer Sprache und Schriftweise wiedergeben. Es handelt sich dabei um das Tagebuch des Reutlinger Scharfrichters Georg Martyri Volkmar; seines Zeichens „reisstädtischer Blutrichter und Meister vom breyten Schwerdt", der fest davon überzeugt war, dass er sein „Schwerdt zu Gottes Ehr und Gnad geführet und gerichtet" hat. Darin heißt es:

„Am 3. Mai 1563 wurde Martin Rösch gefangen genommen und in zwei Tagen dreimal verhört, ohne dass er seine Schuld eingestanden hätte. Da erhängte er sich mit einem Gürtel und wurde unter dem Galgen begraben.

Am 4. Februar 1564 erstach Martin Zindel den Ulrich Lamparter mit einem Brotmesser. Zwei Tage später wurde er gehängt.

Am 13. Dezember 1564 wurde der Übeltäter Hans Seeger gefasst. Ich habe ihn mit glühenden Zangen angefasst. Da hat er Gott im Himmel verflucht. Da habe ich ihm die Zunge abgeschnitten und ihn lebendig ins Feuer geworfen.

Am 14. Juli 1564 habe ich einen Mönch gefangen genommen, welcher der Begerin ein Kind gemacht und auch mit Michael Müssels Weib Unzucht getrieben hat. Dieser musste 30 Gulden Strafe bezahlen. Die Frauen wurden mit Ruten ausgepeitscht und fortgejagt. Sie sind Huren geblieben.

Am 25. August 1564 habe ich zwei Männer gehängt, Jakob Göttner und Michael Hipp, die fünf Diebstähle begangen und sich an mehreren Weibern vergriffen haben. Ich habe jeden mit glühenden Zangen angefasst. Sie sind erbärmlich gestorben.

Am 27. August 1564 habe ich Ludwig Michlen und Hans Schlayer wegen Diebstahls und anderer bösen Vergehen den Kopf abgeschlagen. Also habe ich in drei Tagen vier Bürger geköpft.

Am 22. Juni 1565 habe ich Wendlers Weib verbrannt.

Am 29. Juli 1565 verbrannte ich die Krautbärbel; sie hat lange nicht sterben wollen.

Am 10. Dezember 1565 verbrannte ich drei Hexen: Jörg Othen's Weib, der Totengräber war, und Martin Sandherrns Mutter. (Die dritte Frau wird nicht namentlich erwähnt)

Am 17. Dezember 1565 hängte ich den Schlossergesellen Bastian Bardtenschlager.

Am 13. April 1566 erwischte man vier Paare beim Ehebruch: Conrad Schmelzer mit Anna Heydin; Georg Braun, ein Rotgerber, mit des Bäckers Jakelins

Weib; Hans Vogt, ein Großgarnweber mit seiner Magd und Hans Keller, ein Zimmergeselle mit der Tochter des Beegen. Sie riefen den Teufel um Hilfe an und wurden alle an einem Tag geköpft.

Am 14. April 1566 wurde der Fuhrmann Hans Hecker verbrannt, der Sodomie mit einer Mähre getrieben hat.

Am 20. Januar 1567 wurde Abraham Schirm aus Betzingen verbrannt, der sein eigenes Kind umgebracht hat und auch seine Mutter umbringen wollte. Vorher wurde er mit glühenden Zangen arg gepfetzt.

Am 7. Mai 1567 wurde ein junger Weingärtner, Jakob Werholz, von mir gehängt. Er soll einen Studenten erschlagen haben.

Am 29. September 1567 ist Hans Neckers Sohn von zwei Knechten übel zugerichtet worden, die dann ins Zuchthaus kamen.

Am 12. Oktober 1567 ist Georg Keck, ein Hausmeister im Armenhaus, wegen Unzucht übel ausgepeitscht worden.

Am 22. November 1567 wurde Heinrich Baumann wegen eines kleinen Diebstahls ein Ohr abgeschnitten und übel ausgepeitscht.

Am 5. Dezember 1567 ist Hans Geckeler aus Sondelfingen wegen Unzucht mit lebendigem Leib verbrannt worden.

Am 3. Februar 1568 sollte ein Knabe aus Oferdingen gehenkt werden, der aber nicht viel angestellt hatte. Deshalb wurde er nicht gehängt, sondern ich musste ihm den Kopf abschlagen.

Am 17. April 1568 wurde die Erzhexe Anna Helbin ertränkt. Sie schwamm wie ein dürres Scheit Holz. Meine drei Knechte brauchten eine halbe Stunde. Sie hat jämmerlich geschrien.

Am 28. Juni 1568 hat Matthias Raichlen in der Oberen Mühle eingebrochen und mit Eseln zu tun gehabt. Er wurde mit den Eseln in Stücke gehauen und zu Pulver verbrannt.

Am 13. Juli 1568 habe ich einen Mann verbrannt, der 8 Gulden gestohlen hatte.

Am 31. Juli 1568 habe ich einen 16jährigen Knaben gehängt, der 31 Gulden gestohlen hatte.

Am 13. August 1568 habe ich Peter Manz gehängt, der einen Mord und 22 Diebstähle begangen und auch Feuer gelegt hatte. Er wurde langsam gerädert und lebendig ins Feuer geworfen. Er hat fürchterlich geschrien und gerufen."

Man kann also wirklich nicht behaupten, dass der Reutlinger Scharfrichter unterbeschäftigt gewesen sei.

In der Folgezeit war das Amt des Scharfrichters in den Händen der Familie Deigendesch, in der es von Generation zu Generation weitervererbt wurde. Erst beim letzten Scharfrichter von Reutlingen ging das Amt auf Johannes Kratt über, der 1862 im hohen Alter hier verstorben ist.

Das Totschlägerasyl in der Reichsstadt Reutlingen von 1495 bis 1804

Einem heutigen Zeitgenossen muss es als grotesk erscheinen, dass Reutlingen bis zu seiner Mediatisierung das „kaiserliche Privileg" besaß, Totschlägern in ihren Mauern Asyl zu gewähren und sie auf diese Weise vor einer Verurteilung zu schützen. Die Personen, die diesen Schutz im Laufe der Jahrhunderte in Anspruch nahmen, waren keineswegs nur Angehörige der unteren Schichten. Adlige, Pfarrer, Beamte, Studenten waren ebenso dabei wie Handwerker, Soldaten oder Knechte.

Die von diesen verursachten schweren Verletzungen oder Tötungen waren ebenfalls verschiedener Natur. Unfälle, Wirtshausprügeleien, Streitereien zwischen Verwandten und Eheleuten, Duelle und Notwehr. Als Tatorte kamen vor allem Wirtshäuser oder die Heimwege von diesen in Betracht.

Die Rechtsgrundlage des Totschlägerasyls bildete ein Privileg, das Kaiser Maximilian I. am 27. 1. 1495 in Mechelen erlassen hatte. Es gestand allen „ehrlichen" Totschlägern zu, sich auf das reichsstädtische Territorium zu retten. Aber schon vorher war die Stadt Zufluchtsort für solche Totschläger, d.h. für Mörder, die nicht mit Vorsatz einen anderen umgebracht hatten.

Das kaiserliche Dekret machte aus diesem Gewohnheitsrecht lediglich eine Rechtsgrundlage. Während des Aufenthaltes in Reutlingen musste das Verfahren außerhalb der Stadt ruhen oder, wenn bereits ein Urteil gesprochen war, so hatte dieses keine Gültigkeit bzw. eine aufschiebende Wirkung.

Reutlingen hatte übrigens im Heiligen Römischen Reich Deutscher Nation nicht das einzige Totschlägerasyl. Es gab auch noch andere solche Zufluchtsorte: z.B. Neuenbürg, Pfullingen oder die Insel Reichenau, die aber längst keine so große Bedeutung hatten, wie das Reutlinger Asyl.

Heutzutage fällt es schwer, den Grund für dieses kaiserliche Privileg nachzuvollziehen. Der Grund ist darin zu sehen, dass im Mittelalter, wie z.B. bis ins 20. Jahrhundert in Sizilien oder in Albanien die Blutrache praktiziert wurde. Diese mörderische Selbstjustiz sollte mit dem Asyl verhindert werden.

Allerdings hatte die Stadt mit diesem Privileg häufige Scherereien, insbesondere mit Württemberg. So kam es nicht selten vor, dass auch vorsätzliche Mörder Zuflucht suchten und Reutlingen wegen des entsprechenden Auslieferungsbegehrens in Schwierigkeiten geriet. Außerdem stellte das Asyl für die Bewohner der Stadt einen Unruhefaktor dar.

Allein zwischen 1515 und 1564 haben über 1 100 Personen in der Stadt Asyl erhalten. Das absolute Spitzenjahr war 1547, in dem 52 Straftäter aufgenommen wurden. Danach ging die Zahl erheblich zurück; sie übersteigt nur noch selten mehr als fünf Beschuldigte pro Jahr. Aber bis zum Ende der Reichsstadtzeit haben etwa 2 500 Totschläger in Reutlingen Aufnahme gefunden. Dabei kamen die meisten aus dem württembergischen Kernland bzw. aus den umliegenden Reichsstädten, aber auch aus Baden und Bayern kamen Delinquenten nach Reutlingen.

Problematisch war die Frage, ob auch Duellanten Asyl erhalten sollten und was mit Personen zu geschehen hatte, wenn sich der Totschlag auf Reutlinger Territorium zugetragen hatte. Eine klare Antwort darauf gibt das „Tagebuch eines Reutlinger Scharfrichters".

Das Aufnahmeprozedere war formal festgelegt. Es umfasste drei Teile: erstens die Anfangsformel, d.h. das offizielle Ersuchen des Totschlägers, zweitens die Schilderung des Tatherganges und drittens die Schluss- bzw. Aufnahmeformel mit der Eidesleistung des Täters.

In der Asylantenordnung war es den Totschlägern erlaubt, in Reutlingen auch Lohnarbeiten zu verrichten; sie waren also billige Arbeitskräfte, die notdürftig ihren Aufenthalt finanzieren konnten. Es gab aber auch viele mittellose, die kaum die Aufnahmegebühr aufbringen konnten. Andere wiederum konnten es sich leisten, in Privathäusern oder Gasthöfen Unterkunft zu finden. Ob es ein bestimmtes Asylantenheim gegeben hat, ist nicht ganz geklärt.

Die Dauer des Aufenthaltes war, wenn er einmal gewährt worden war, unbegrenzt. Der Totschläger konnte nur dann wieder ausgewiesen werden, wenn er gegen die Ordnung der Stadt verstieß oder wenn sich herausstellte, dass seine Tat ein vorsätzlicher Mord war. Es gab aber auch Fälle, in denen der Täter in dem vermeintlichen Glauben nach Reutlingen flüchtete, dass er seinen Kontrahenten getötet, in Wirklichkeit aber nur schwer verletzt hatte. Viele Asylanten stellten sich dem Kaiser, z.B. bei den Türkenkriegen als Soldaten freiwillig mit einem sicheren Geleit zur Verfügung oder verließen aus anderen Gründen wieder die Stadt.

Ralf Reck kommt in seiner Dissertation über das Reutlinger Totschlägerasyl zu dem Ergebnis, dass die Stadt durch dieses Privileg mehr Anfeindungen, insbesondere aus Württemberg, als Danksagungen erfahren hat. Weshalb sie dennoch bis 1804 an diesem Privileg festgehalten hat, konnte aber auch Reck nicht plausibel erklären. Er vermutet, dass die Stadt vor allem um ihre Selbständigkeit gegenüber Württemberg zu dokumentieren, an diesem Recht festgehalten hat.

Zur Beruhigung der alten Reutlinger Familien zieht Reck folgendes Fazit: „Die Tatsache, dass nur wenige Asylanten dauerhaft in der Stadt blieben, dämpft sicherlich die Schadenfreude der Auswärtigen und die Befürchtungen der Reutlinger selbst, dass nämlich auf vielen ihrer Ahnentafeln Totschlägerasylanten auftauchen könnten."

Die Eroberung Reutlingens durch Herzog Ulrich von Württemberg im Jahre 1519

Obwohl die Freie Reichsstadt am 29.5.1505 einen Schutz- und Schirmvertrag mit dem Herzogtum Württemberg abgeschlossen hatte, war das Verhältnis immer schwieriger geworden. Auf Betreiben Kaiser Maximilians I. wurde 1498 der erst 11jährige Herzog Ulrich in die Herrschaft über Württemberg eingesetzt und ebenfalls auf Drängen des Kaisers 1511 mit der Prinzessin Sabina von Bayern vermählt. Die Hochzeit wurde mit einem für die damalige Zeit kaum vorstellbaren Pomp gefeiert. Das Fest dauerte 14 Tage und mehr als 7 000 Gäste waren geladen. Rund um das Stuttgarter Schloss wurden die Bürger umsonst verköstigt. Die Hochzeit war aber keine Liebeshochzeit. Ulrich hatte auch andere Affären, und beide Ehegatten werden als jähzornig und aufbrausend beschrieben.

Einige aufwändige Kriegszüge und der prunkvolle höfische Lebensstil verschlangen Unsummen, sodass die Staatskasse große Defizite aufwies. Unter diesen Umständen ist es nicht verwunderlich, dass der Herzog beide Augen auf Reutlingen richtete und der Stadt Daumenschrauben anlegte.

Er erschwerte die Ausfuhr von Reutlinger Wein und beschuldigte die Reutlinger, dass sie in seinen Fischwassern fischten und in seinen Wäldern wilderten.

Die Spannungen eskalierten, als zwei Reutlinger Papiermacher mit dem Burgvogt der Achalm, der mit seiner Frau den Gasthof zum Bären besuchte, in Streit gerieten und er von diesen erstochen wurde.

Diesen Tod nahm der Herzog zum Anlass, um wenige Tage später die Reichsstadt zu belagern und mit Geschützen und Brandkugeln zu bombardieren. 600 Steinkugeln, jede mit einem Gewicht von 78 Pfund, gingen auf die Stadt nieder. Acht Tage später, am 28.1.1519, kapitulierte die Stadt, nachdem es den Angreifern gelungen war, eine große Bresche in die Stadtmauer zu schlagen und einen Mauerturm zu zerstören. 17 schwangere Frauen erlitten vor Schreck eine Fehlgeburt.

Als der Herzog mit seinem Gefolge in die Stadt einrückte, verlangte er die Auslieferung der beiden Papiermacher. Diese entkamen jedoch nach Rottweil, denn während der Herzog zum einen Tor hereinkam, wurden die beiden Übeltäter zu einem anderen hinausgelassen.

Herzog Ulrich ließ die Bevölkerung auf dem Marktplatz ihm huldigen. Dann beschlagnahmte er die Geschütze und Waffen der Stadt sowie die Stadtkasse, während er das private Vermögen der Bürger schonte. Er machte Reutlingen zu einer württembergischen Landstadt und ließ eine Besatzung von 3 000 Mann zurück, fast beinahe so viele wie die Stadt Einwohner hatte.

Herzog Ulrich von Württemberg (geboren am 8. Februar 1487 im elsässischen Reichenweiher, gestorben am 6. November 1550 in Tübingen) regierte Württemberg von 1498–1519 und von 1534–1550. Der hier wiedergegebene Holzschnitt zeigt den Herzog in der Zeit nach der Wiedereroberung des Landes im Jahr 1534.

Nun griff aber der Schwäbische Bund ein, dem ja Reutlingen auch angehörte. Schon knapp drei Monate nach der Besetzung, wurde die Stadt am 13. 4. 1519 wieder befreit. Unter der Führung des Herzogs Wilhelm von Bayern, Ulrichs erbittertem Schwager, wurde der Herzog besiegt und außer Landes gejagt, wo er in der württembergischen Besitzung Mömpelgard Zuflucht fand. Das ganze Herzogtum fiel jetzt unter habsburgische Herrschaft und blieb es, bis Herzog Ulrich 1534 wieder nach Württemberg zurückkehren und erneut die Macht übernehmen konnte.

Die habsburgische Herrschaft war durch einen Kommissar namens Has vertreten, der mit seinen Beamten, dem sog. „Hasenrat", eine frühzeitige Einführung der Reformation in Württemberg verhinderte. Unmittelbar nach seiner Rückkehr führte dann Herzog Ulrich im Herzogtum Württemberg die Reformation ein. Die Messe wurde abgeschafft, die Heiligenbilder wurden in geordneter Weise entfernt und die entbehrlichen sakralen Gegenstände in den Kirchen eingezogen.

Reutlinger Buchdrucker als Pioniere der Buchdruckerkunst

Ohne die Erfindung der Buchdruckerkunst wäre die Reformation undenkbar. Johannes Gutenberg hat dadurch die Voraussetzung für die rasche Verbreitung von Luthers Thesen geschaffen und ein neues Zeitalter eingeleitet. Die Geburtsstunde des Buchdruckes beginnt mit der 42zeiligen lateinischen Bibel Gutenbergs um 1455. Bis 1462 beschränkte sich der Buchdruck auf Mainz. Dann folgten Köln, Lübeck, Straßburg und Augsburg. Zu den frühesten Druckorten im deutschsprachigen Raum zählt auch Reutlingen. Das früheste in Reutlingen gedruckte Werk stammt von 1482.

Bücher, die vor 1500 gedruckt wurden, bezeichnet man als Wiegendrucke oder Inkunabeln.

Der älteste Buchdrucker von Augsburg, welcher der Stadt ihre Bedeutung als erste schwäbische Inkunabelstadt verschafft hat, war Günter Zainer. Dieser war ein gebürtiger Reutlinger und man vermutet, dass er die Buchdruckerkunst in Mainz erlernt hat. Ab 1468 war er in Augsburg ansässig. Seine Drucke ähneln in Bezug auf Schrifttypen, Papier und sauberer Arbeit den Mainzer Druckwerken. Günter Zainer stellte die fünfte und sechste Ausgabe der von Luther übersetzten deutschsprachigen Bibel her. Er dürfte um 1478 gestorben sein.

Ein Bruder oder ein Sohn von ihm, jedenfalls ein Verwandter, war der Reutlinger Johannes Zainer, der sich in Ulm niedergelassen hat und dort lange Zeit bis etwa 1523 der erste Wiegendrucker war. Sein Buch „Boccacio de claris mulieribus" von 1473 ist insofern das früheste typografische Prachtwerk, als es das Titelblatt mit Zierleisten umrahmte und die Initialen bei den Kapitelanfängen gleich eindruckte, anstatt deren nachträgliches Einfügen von Hand sog. Rubrikatoren zu überlassen. Außerdem druckte er die älteste deutsche Chronik. Ferner hat er das Verdienst, dass er 1474 den ältesten gedruckten Kalender herstellte. Trotz großer Rührigkeit soll er sich aber oft in finanziellen Nöten befunden haben.

Zu den Städten mit den frühesten Druckerwerkstätten (Offizinen) gehört, wie gesagt, auch Reutlingen. Hier besaß Johannes Otmar zwischen 1482 und 1497 eine eigene Offizin. Otmar war akademisch gebildet und besorgte bei vielen seiner Drucke auch die Korrekturen selbst, eine Aufgabe, welche einen wissenschaftlich gebildeten Mann erforderte, der lesen und schreiben konnte und die lateinische Sprache beherrschte. Auch wenn seine Werke in typografischer Hinsicht keine besonderen Prachtleistungen darstellen, so sind sie doch den meisten anderen Wiegendrucken in Ausführung und Ausstattung ebenbürtig. Zu Otmars Druckwerken zählen vor allem Predigtsammlungen, Erläuterungen des Messkanons, Kommentare zu biblischen Büchern und eine kleine Zahl von Schulbüchern für den Lateinunterricht. Im Jahre 1497 übersiedelte Johannes Otmar nach Tübingen und 1501 nach Augsburg, wo er ebenfalls Offizinen gründete und noch bis 1517 am Leben war. Dort beteiligte er seinen Sohn Silvanus am Geschäft, der wie kein anderer süddeutscher Buchdrucker durch den Nachdruck Lutherischer Schriften zur Verbreitung der Reformation beigetragen hat.

Ein anderer Reutlinger Drucker, Erhard Oeglin (Aickelin), ging ebenfalls nach Augsburg, wo er mit Johannes Otmar zusammenarbeitete und wohl auch eine eigene Offizin besaß, in der er als Erster im deutschen Sprachraum beim Druck von Musiknoten bewegliche Lettern einsetzte.

Der zweite Reutlinger Drucker, der in seiner Vaterstadt eine eigene Werkstätte eingerichtet hat, war Michael Greyff. Seine Wirkungszeit reicht nachweislich von 1486 bis 1509. Auch

Ausschnitt aus der Deutschen Bibel des Augsburger Erstdruckers Günther Zainer (Reutlingen) 1475. – Die Genesis beginnt mit der Initiale „I". Gottvater hält eine runde Scheibe, auf der Sonne, Mond und Sterne, Pflanzen und Tiere, Berge sowie eine Stadt dargestellt sind und in einem Garten abgezäunt Adam und Eva mit dem Baum der Erkenntnis.
Exemplar der Stadtbibliothek Reutlingen.

Greyff hat, wie Otmar, Handbücher für Geistliche, Schulbücher und Volksbücher gedruckt. Doch hat er sich mehr als sein Vorgänger auf Schulbücher verlegt und damit vermutlich kein schlechtes Geschäft gemacht, wie mehrfache Auflagen belegen. Michael Greyff hat 1490 den ersten Reutlinger Kalender gedruckt und damit die lange Tradition hiesiger Kalenderdrucke begründet.

Die Söhne von Michael Greyff Franz, Johannes und Sebastian waren unternehmungslustige Leute, die ihr drucktechnisches Können in fremde Länder getragen und in Paris, Venedig und Lyon ihre Pressen aufgestellt haben. Der in Lyon tätige Sebastian war besonders erfolgreich; von ihm sind über 200 Druckwerke, darunter vor allem Ausgaben von lateinischen Klassikern, bekannt.

Reutlingen hat aber nicht nur beim Wiegendruck eine Vorreiterrolle gespielt. Auch das hierfür erforderliche Papier wurde an den Ufern der Echaz hergestellt. Von 1486 bis 1859 sind mehrere, teilweise bis zu sechs gleichzeitig bestehende Papiermühlen belegt.

Die am längsten existierende Papiermühle befand sich in der Nähe des Gerbersteges. Sie gehörte 1823 Braun & Müller, die damals an zwei Bütten sechs Arbeiter beschäftigten. 1833 wurde in diesem Betrieb eine Papiermaschine aufgestellt. Im Jahre 1858 hat Gustav Werner die Anlage gekauft und aufwändig renoviert. Wegen der häufigen Verschmutzung der Echaz durch die Färber und der unregelmäßigen Wasserführung hat Werner die Fabrik aber schon 1859 wieder aufgegeben und nach Dettingen/Erms verlegt.

Königlich Württembergischer Kalender für 1848, gedruckt bei Fleischhauer und Spohn in Reutlingen; Original im Besitz des Autors.

Im 18. und 19. Jahrhundert hat das Druckgewerbe in Reutlingen eine zweite Blütezeit erlebt. In mehreren Druckereien wurden zahlreiche Traktate, Kalender und Raubdrucke hergestellt und durch Buchkrämer in den deutschen Landen vertrieben.

Johann Justus Fleischhauer erwarb zu Anfang des 19. Jahrhunderts das Monopol für den amtlichen württembergischen Kalender, von dem jährlich 220 000 bis 230 000 Exemplare abgesetzt wurden.

Zweites Kapitel
Von der Reformation bis zur Barockzeit

Der Reutlinger Reformator Matthäus Alber

Alber war der Sohn eines Reutlinger Goldschmieds; er wurde am 4.12.1495 geboren. Die Familie muss sehr wohlhabend gewesen sein, denn Matthäus Alber erhielt seine Schulbildung in Schwäbisch Hall, Rothenburg ob der Tauber und Straßburg. Danach war er als Hilfslehrer in Reutlingen tätig, ehe er an der Universität Tübingen Theologie studierte. Dort war er Schüler von Philipp Melanchthon, dem neben Martin Luther wichtigsten Vordenker der Reformation.

Luther hatte am 31.10.1517 seine 95 Thesen an die Schlosskirche zu Wittenberg angeschlagen und damit die Reformation in Gang gesetzt. Matthäus Alber, der 1518 seinen Magister in Tübingen erhalten hatte und anschließend in Freiburg i. Br. weiterstudierte, kam dadurch sehr früh mit Luthers Ideen in Berührung.

Matthäus Alber, Kupferstich von 1571; aus: Duncker, C.: Matthäus Alber – Reformator von Reutlingen, Weinsberg, o.D., Seite 29.

Nachdem er in Konstanz die Priesterweihe erhalten hatte, kehrte Alber als Kaplan und Prediger in seine Vaterstadt zurück und wurde 1519 Prediger an der Marienkirche. Er war von Luthers Schriften angezogen und dadurch schon frühzeitig bekannt geworden. Bereits 1523 korrespondierte er mit dem Schweizer Reformator Ulrich Zwingli, der ihn als „frommen Gottesdiener" lobt. In einem Brief vom 19.3.1523 schreibt ihm Zwingli in lateinischer Sprache: „Gepriesen sei dein Mut! Sieh zu, dass du ja nicht von dem eingeschlagenen Weg ablässt. Dies allein ist der Kampf, der dir zur Ehre gereicht; er macht dich bei Christus doch endlich angenehm, auch wenn du bei den Menschen möglicherweise in Ungnade fällst. Christus, welcher der Allerbeste ist, bewahre dich unversehrt. Leb wohl!

Du wirst gewiss Gott auch für mich bitten, dass Er unsere Schritte leiten wolle. Empfehle mich deinen Brüdern im Glauben." Um diese Zeit hat Alber auch die lateinische Predigt in der Marienkirche abgeschafft und einen evangelisch-deutschen Gottesdienst eingeführt. Der Gottesdienst bestand jetzt nur noch aus der Predigt, dem Lied und der Schriftlesung. Auf dem Altar lag nur noch die Heilige Schrift, aber es wurden dort keine Kerzen mehr aufgestellt.

1524 hat Matthäus Alber noch vor Luther den Zölibat gebrochen und die Reutlinger Bürgerstochter Klara Bayer geheiratet. Im selben Jahr kam es auf dem Marktplatz in Reutlingen zu einer großen Bürgerversammlung, bei der sich die Bürger offenbar mit großer Mehrheit zu der neuen Glaubenslehre bekannten und durch einen Markteid den Magistrat der Stadt dazu verpflichteten, sich für diese auch außerhalb der Stadtmauer einzusetzen.

Dies blieb für Alber nicht ohne Folgen. Noch im Sommer 1524 wurde er vor das Reichskammergericht nach Esslingen zitiert. Zahlreiche treue Anhänger begleiten ihn dabei und harrten aus, bis er wieder zurückkehren durfte. Drei Tage lang musste er vor Fürsten, Grafen und Gesandten Rede und Antwort stehen und befürchten, als Ketzer verbrannt zu werden. Aber Alber verteidigte sich geschickt und konnte „mit Recht als der schwäbische Luther gepriesen werden."

Am 4.1.1526 schrieb Martin Luther selbst einen Brief an Matthäus Alber; er richtete ihn an „den Mann Gottes Matthäus Alber, dem treuen Prediger zu Reutlingen, seinem Bruder in Christo." Darin schreibt Luther, er freue sich, dass sich Alber so sehr an ihm „erbaue", und zwar „nicht allein durch seinen Glauben und seine Frömmigkeit, sondern auch durch seine guten Nachrichten aus Reutlingen." Seinem Brief fügte er einen Glaubensaufruf an die Reutlinger Bürger bei, indem er sich „an alle Christen zu Reutlingen, meinen lieben Herrn, Freunden, Brüdern in Christo" wandte. Darin erläuterte Luther seine Glaubenslehre und legte abschließend den Reutlingern ans Herz: „Lasst euch euren Matthäus Alber und seine Mitarbeiter als eure treuen Hirten an euren Seelen, herzlich befohlen sein."

Matthäus Alber setzte sich allen Anfeindungen mutig zur Wehr. Vergebens wird über ihn der Kirchenbann, die Exkommunikation und die Acht verhängt. Seine Eheschließung brachte nicht nur ihm, sondern auch der Stadt manche Schwierigkeiten und Widerwärtigkeiten, bei denen aber beide standhaft blieben.

Matthäus Alber hat besonnen auf die aufrührerischen Bauern und Wiedertäufer reagiert. Außerdem setzte er sich für einen Kompromiss in der strittigen Abendmahlsfrage zwischen Luther und Zwingli ein. Er beschwor die Freiheit des Evangeliums, die aber weder mit Gewalt noch mit Waffen erstritten werden dürfe. 1536 predigte Alber sogar in Wittenberg vor Martin Luther.

Der Markteid von 1524; Zeichnung von F. Weegmann 1914; aus Rommel, K.: Heimatbuch, 6. Auflage, Reutlingen 1999, Seite 50.

Alber sprach sich auch gegen radikale Bilderstürmer in der Marienkirche aus; er konnte aber nicht verhindern, dass damals u.a ein großes hölzernes Christusbild zerstört wurde, das im Umland als der „Herrgott von Reutlingen" bekannt war. Er predigte auch gegen „die unmenschliche Verfolgung von Hexen".

Nach der Reformation in Württemberg im Jahre 1534 nahm auch Herzog Ulrich seine Dienste in Anspruch; 1537 erhielt er die Ehrendoktorwürde der Universität Tübingen. Er wurde nun erster Stiftsprediger und viel beschäftigter geistlicher Rat in Stuttgart. Alber hatte dabei auch enge Kontakte zu dem württembergischen Reformator Johannes Brenz, der sein freundlicher Gönner war.

Wiederholte Aufforderungen von Reutlingen, als Prediger wieder in seine Heimatstadt zurück zu kehren, lehnte er mit Rücksicht auf seine Verpflichtungen in Württemberg, freundlich dankend ab.

Alters- und amtsmüde zog er sich 1563 in die Klosterschule nach Blaubeuren zurück, wo er am 1.12.1570 auch verstorben ist.

Matthäus Alber hatte in Jos Weiß einen kongenialen Partner. Während der eine als Prediger und Theologe für die geistliche Lehre zuständig war, hat der andere als Bürgermeister die politischen Geschicke Reutlingens geleitet und der kleinen Stadtrepublik eine über die Zeit weit hinausgehende Bedeutung verschafft.

Neben Alber gab es in Reutlingen noch zwei andere bedeutende Reformatoren, die in der Kirchengeschichte eine gewisse Rolle spielen: Johannes Schradin und Ludwig Hierter; der eine Theologe, der andere Jurist. Beide setzten sich vor allem außerhalb Reutlingens für die Eintracht der evangelischen Stände ein und bekämpften Spaltungstendenzen.

Jos Weiß – der regierende Bürgermeister während der Reformationszeit

Gedenkplatte für Joß Weiß am Denkmal vor den Stadtmauerhäusern; Foto: E. Wendler.

Der regierende Bürgermeister während der Reformation, Jos (oder Jodokus) Weiß war Mitglied der angesehenen Weingärtnerzunft. Bevor er Bürgermeister wurde, war er Spendenpfleger und als Senator Mitglied des Kleinen Rates. Im Jahre 1530 wurde er zum Reutlinger Stadtoberhaupt gewählt, und diese Funktion hatte er bis zu seinem Tode mehrfach inne. Er war, wie es Christoph Memminger formulierte: „ein selfmade man". Mit einer kindlichaufrichtigen, biederen, religiösen Gesinnung verband er einen offenen Blick für die weltbewegenden Fragen seiner Zeit, zu denen er mit einem gesunden praktischen Urteilsvermögen, das ihm den Mangel an gelehrter Bildung ersetzte, Stellung bezog. Erfahrung und aufmerksame Beobachtung lehrten ihn auch schwierige Verhältnisse in einer Weise zu überschauen und richtig zu würdigen, wie man sie von einem Manne seiner Zeit und seines Standes kaum erwarten konnte. Der Sondelfinger Stadtpfarrer Gratianus lobte ihn 1830 mit den Worten: Jos Weiß habe „den Boden seiner Vaterstadt als das Paradies gesetzmäßiger Freiheit über alles geliebt."

Seine Briefe, mit kräftiger Hand geschrieben, verraten einen ruhigen und aufgeklärten Geist. Wenn der Magistrat der Stadt in jener Anfangsperiode der

Reformation die Forderungen der Altgläubigen maßvoll zurück weist und sich der Gefahr von Sanktionen der österreichischen Regentschaft in Stuttgart mutig entgegenstellt, wenn Reutlingen gegenüber den aufrührerischen Bauern und den Wiedertäufern seine Tore verschließt, wenn die Reichsstadt geschickt zwischen den Klippen des Fanatismus und des Umsturzes hindurch gesteuert wird, so gebührt ein großer Teil dieser Verdienste dem weisen und besonnenen Handeln von Jos Weiß.

Aber noch wichtiger war eine andere Seite seiner Tätigkeit. 14 Jahre lang vertrat er seine Vaterstadt neben Kurfürsten und Fürsten ohne Furcht und Tadel und zu deren Ehre auf den Reichstagen. Im Jahre 1529 unterzeichnete Weiß auf dem Reichstag zu Speyer die sog. „Protestation" der evangelischen Stände. Hierbei wandten sich diese gegen das Edikt von Worms, das lediglich den bereits reformierten Fürstentümern und Reichsstädten erlaubte, am lutherischen Glauben festzuhalten, aber keine weiteren Übertritte mehr zulassen wollte. Dagegen protestierten der Kurfürst von Sachsen, der Markgraf von Brandenburg, die Herzöge von Lüneburg, der Landgraf von Hessen, der Fürst von Anhalt und 14 Reichsstädte. Durch diesen Einspruch ging der Name „Protestanten" bald auf alle Anhänger der Reformation über.

Ein Jahr später war Jos Weiß noch mutiger, indem er 1530 auf dem Reichstag zu Augsburg, die von Philipp Melanchthon ausgearbeitete „Confessio Augustana" – das Augsburger Glaubensbekenntnis der Protestanten im Namen der Reichsstadt Reutlingen unterzeichnete.

Hierzu hielt sich Jos Weiß über 5 Monate in Augsburg auf und nahm an den zähen Verhandlungen mit Melanchthon, den Fürsten und dem Kaiser teil. Obwohl Papst Clemens den Kirchenbann auf die ganze Stadt ausdehnte und diese noch durch die Reichsacht verschärft wurde, blieb der „fromme, einfache, aber hochherzige und freisinnige Mann" unbeirrt. Zudem war die Situation für Reutlingen insofern bedrohlich, als der habsburgische König Ferdinand im Besitz des Herzogtums Württemberg war, welches das ganze Stadtgebiet umschlossen hat.

Als Martin Luther von der mutigen Unterzeichnung der „Confessio Augustana" durch Reutlingen erfuhr, soll er Philipp Melanchthon verwundert gefragt haben: „Was ist dieses vor (für) eine Stadt? Wie groß ist sie? Und wie mächtig und feste, dass sie so fest und unbeweglich im evangelischen Glauben beharrt?" (Gratianus)

Die „Confessio Augustana" gliedert sich in zwei Teile. Im ersten Teil werden in 21 Artikeln die Grundsätze der evangelischen Lehre abgehandelt und im zwei-

Verlesung und Unterzeichnung der „Confessio Augustana" vor Kaiser Karl V. (links auf dem Thron) am 25. 6. 1530 in der Kapelle des bischöflichen Palastes in Augsburg.

ten Teil die Haltung der Reformierten zu den sieben Sakramenten der katholischen Kirche dargestellt. Das Dokument wurde wieder von denselben Fürsten unterschrieben, die sich bereits zu der Speyrer Protestation bekannt haben. Aber nur noch zwei Reichsstädte, nämlich Nürnberg und Reutlingen, waren mutig genug, auch dieses Dokument zu unterzeichnen. Dies war für Reutlingen insofern nicht ungefährlich, als das Herzogtum Württemberg damals noch „altgläubig" war und erst nach der Rückkehr Herzog Ulrichs 1534 protestantisch wurde. Deshalb musste Reutlingen einen ähnlichen Überfall wie 1519 befürchten.

In den folgenden Jahren war Jos Weiß auf den Städtetagen in Biberach, Schmalkalden, Ulm, Frankfurt und Schweinfurt um ein enges Bündnis der protestantischen Stände bemüht. Außerdem setzte er sich wegen des Eheprozesses von Matthäus Alber für diesen beim Reichskammergericht in Speyer ein. Weiß wirkte auch 1532 beim Religionsfrieden in Nürnberg mit. Auf diesem Reichstag sagte er dem Kaiser auch eine Unterstützung beim Kampf gegen die Türken zu, indem er sich für Reutlingen zur Bereitstellung von 12 Reitern und 112 „Fußgängern" verpflichtete.

All diese Bemühungen bedeuteten für Jos Weiß, wie er in einem Brief schreibt, viele aufreibende „Marterwochen". Das letzte Mal vertrat er Reutlingen auf dem Reichstag zu Speyer 1542. Wenige Monate danach ist er am 11.8.1542 auf dem

Ritt zum Reichstag nach Nürnberg im Dienste seiner Vaterstadt an einem Herzinfarkt verstorben.

Seit der Reformation ist Reutlingen bis zum Reichsdeputationshauptschluss eine rein protestantische Stadt geblieben. Wer hier Bürgerrecht erlangen wollte, musste evangelisch sein. Und auch in den Jahrzehnten nach 1802 zogen nur wenige Katholiken in die Stadt. Bis zur Mitte der Jahrhundertwende gab es praktisch nur unter den Dienstboten Katholiken. Neben den protestantischen Reichsstädten gab es in Württemberg auch drei katholische Reichsstädte: Rottweil, Schwäbisch Gmünd und Weil der Stadt. Die Vorfahren des Autors stammen aus letzterer; sie mussten, weil sie evangelisch waren, im Verlauf des 30jährigen Krieges unter Zurücklassung ihres Vermögens die Stadt verlassen und sind damals nach Reutlingen ausgewandert.

Matthäus Beger (1588-1661) – ein gelehrter Bürgermeister während des 30jährigen Krieges

Matthäus Beger war der Sohn eines Tuchscherers. Er besuchte in Reutlingen zunächst die lateinische und wechselte dann auf die deutsche Schule. Nach der Schulzeit ging er nach Ulm, um dort das Tuchschererhandwerk zu erlernen. Nach Beendigung der Lehre kehrte er wieder nach Reutlingen zurück, um sich hier niederzulassen. Er verheiratete sich 1607 mit Barbara Gayler aus einer „der angesehensten und vermögendsten Reutlinger Familien, durch die ihm beträchtliche Mittel zugeflossen sind." Seine Ehe wurde von schweren Schicksalsschlägen nicht verschont. Von den 12 Kindern starben 6 schon im frühen Kindesalter. Vier Kinder verlor er in den Kriegsjahren 1632 und 1635, davon drei während der Pestepidemie von 1635. So blieben ihm nur zwei Söhne: Matthäus und Johann Georg, an denen er viel Freude hatte. (Johann Jakob Sommer)

Als begabter Autodidakt eignete sich Matthäus Beger umfangreiche Kenntnisse in verschiedenen wissenschaftli-

Matthäus Berger (1588–1661), Stadtarchiv Reutlingen.

chen Disziplinen an, vor allem in den Naturwissenschaften, in Astronomie und Astrologie, in Medizin und Waffentechnik. Um die einschlägige Literatur im Original lesen und teilweise auch übersetzen zu können, lernte der Universalgelehrte außer Latein und Englisch noch Französisch, Italienisch und Niederländisch.

„Das stoffliche Gebiet reicht dabei von der Geometrie und Algebra, der Körper- und Winkellehre bis hin zur Logarithmenrechnung, den Winkelfunktionen, dem Wurzelziehen und den Grundlagen der modernen Mechanik und Astronomie wie Schwerkraft, Schwerpunkt der Körper, Bewegung der Planeten und Bestimmung ihrer Bahnen; geographische Ortsbestimmungen nach Länge und Breite. Dazu kommen die Anwendungsgebiete von Vermessungskunde und Technik: Vermessung von Gebäuden, Städten, Festungen, Bastionen und Feldlagern mit Planzeichnen, Konstruktion und Errichtung von Sonnenuhren, Bestimmung von Geschossbahnen (Geschütz-, Armbrust- und Katapulttechnik), Berechnung von Schiffskursen, perspektivischem Zeichnen, Theorie der Uhrwerke. Ferner optische und physikalische Probleme, wie Lichtbrechung, Luftdruck, Körpergewicht, Körpervolumen und Instrumentenkunde. Schließlich beschäftigte sich Beger auch mit Astrologie, Musiktheorie, Buchhaltung und mit dem gesamten Kriegswesen (Schlachtpläne, Strategie, Kriegsordnung, Exerzierreglement, Artillerie und Feuerwerkerei, Festungs- und Lagerbau sowie Kriegsgeschichte)." (Johann Jakob Sommer)

Entsprechend reichhaltig und wertvoll war seine Bibliothek. Dabei ist es ein Rätsel, wie er diese angesichts der Wirren und der Verarmung der Bevölkerung während des 30jährigen Krieges zusammentragen konnte.

Um 1640 hat Beger eigenhändig einen über 650 Seiten langen Katalog seiner Bibliothek erstellt. Sie umfasste mehr als 3000 Titel. Mit einer Stiftungsurkunde von 1652 hat er seine wertvolle Bibliothek der Stadt Reutlingen überlassen und zusätzlich 300 Gulden zu deren Ausbau vermacht. Dadurch legte er den Grundstock für die heutige Stadtbibliothek, die übrigens zu den best sortierten Stadtbibliotheken in ganz Deutschland zählt.

Der besondere Wert der Beger'schen Kostbarkeiten besteht vor allem darin, dass sie nicht nur „Theologica", sondern vor allem Literatur aus anderen Wissensgebieten enthalten, allein 20 wertvolle Erstdrucke von Johannes Kepler.

Die Verdienste von Beger um die Bildung und Wissenschaft wurden auch von Kaiser Ferdinand III. gewürdigt, indem er Beger auf Bitten des Magistrats ein besonderes Familienwappen verliehen hat. In der Verleihungsurkunde werden dessen Verdienste in der Mathematik und in den Fremdsprachen lobend erwähnt.

Zweites Kapitel · Von der Reformation bis zur Barockzeit   89

Eine ähnliche Wertschätzung erfährt Beger durch den Chronisten Memminger, der ihn als eine in wissenschaftlicher und praktischer Hinsicht „gleich treffliche Persönlichkeit" würdigt, die sich in den schweren Zeiten des 30jährigen Krieges „hoch verdient um das Gemeinwesen der Stadt" gemacht habe.

Während des Krieges hatte Beger neben vielen anderen Funktionen den verantwortungsvollen Posten eines Schützenkommandanten inne. Er war also auch für die Verteidigung der Stadt verantwortlich. Außerdem war er Spitalschreiber und somit für die Verwaltung dieser wichtigen Institution zuständig. Ferner bekleidete er mehrfach das Amt des regierenden Bürgermeisters. Er muss auch ein geschickter Verhandlungsführer gewesen sein, weil er 1631 durch seine Klugheit mit dem kaiserlichen General Egon von Fürstenberg eine für die Stadt vorteilhafte Kapitulation aushandeln konnte.

Für seine Verdienste wollte ihm die Stadt Reutlingen ein Dutzend silberne und vergoldete Becher schenken, von denen er aber lediglich zwei für seine beiden Söhne angenommen hat, was für seine Bescheidenheit und seinen Gemeinsinn spricht.

In dem Ölporträt, das ein Jahr nach Begers Tod (1661) von einem unbekannten Künstler gemalt wurde, erfährt dieser eine letzte Anerkennung als Ratgeber und Ordner des Reutlinger Staatswesens und als Bibliotheksgründer.

Die verheerenden Auswirkungen des 30jährigen Krieges

Der 30jährige Krieg dauerte von 1618 bis 1648 und wurde mit dem Friedensschluss von Münster und Osnabrück beendet.

Der Krieg war von unvorstellbaren Gräueltaten begleitet und hat das Heilige Römische Reich Deutscher Nation bis ins Mark getroffen. Die Verwüstungen und die Leiden der Menschen waren grauenvoll.

Von diesem Krieg ist auch die Freie Reichsstadt Reutlingen nicht verschont geblieben, obwohl sie insofern noch relativ gut davon kam, weil die Stadt zwar mehrfach verwüstet, aber von den einquartierten Truppen wenigstens nicht abgefackelt wurde.

Aber auch so waren die Schäden und finanziellen Belastungen immens. Die zahlreichen Einquartierungen, welche die Bürger über sich ergehen lassen mussten, sollen hier nicht im Einzelnen aufgeführt werden. Zudem musste sie eine bewaffnete Mannschaft von ausgerüsteten und kampfbereiten Soldaten dem

Herzog von Württemberg zur Verfügung stellen und hohe Kriegskontributionen an die durchziehenden Heere bezahlen. Die Gewalttätigkeiten und die Einquartierungen verschlangen Unsummen.

Die Seelenzahl der reichsstädtischen Bevölkerung betrug zu Beginn des Krieges 5650 Personen; am Ende des Krieges waren es noch 3834 Personen; das entspricht einer Abnahme von einem Drittel.

Die gesamten Kosten des Krieges für die Stadt beliefen sich auf etwa 1 Million Gulden. Diese Summe muss damit ins Verhältnis gesetzt werden, dass die Stadt zur Begleichung ihrer Schulden keinen anderen Ausweg sah, als sich von Gomaringen, Ziegelhausen und Hinterweiler zu trennen und diesen Teil ihres Territoriums samt Inventar für 30 000 Gulden an Württemberg zu verkaufen.

„Noch größer aber, als der materielle, war der sittliche Schaden. Denn die kaiserlichen, bayerischen, französischen und schwedischen Kriegsvölker, die der Reihe nach ihr Quartier in den Mauern der Stadt aufschlugen, haben unter den Bewohnern, namentlich unter der weiblichen Bevölkerung enormen Schaden angerichtet. Dies sollte sich später an dem Gräuel der Hexenprozesse zeigen, die um 1660 hier wahrhafte Orgien feierten. Immer häufiger wurden auch die Klagen über den schwachen Besuch der Gottesdienste sowie über die über Hand nehmende Genusssucht und die sittlichen Ausschweifungen." (Memminger)

Große Verwüstungen hat der 30jährige Krieg auch in den Teilgemeinden der Reichsstadt hinterlassen.

Besonders hart betroffen war Betzingen. Bei mehreren Einquartierungen und Plünderungen flüchtete die ganze Dorfbevölkerung nach Reutlingen. Ähnlich erging es Ohmenhausen und Wannweil.

Wannweil wurde 1630 von 1 000 Kroaten heimgesucht, die „barbarisch und tyrannisch gehaust und alles verderbt" haben. Sie hätten die Gemarkung so zugerichtet, dass „nicht einmal ein Gräslein auf dem ganzen Grund und Boden mehr aufrecht stand."

Auch Bronnweiler wurde von den Franzosen ausgeplündert. Die Entvölkerung war so groß, dass in den zehn Jahren zwischen 1639 und 1648 lediglich 17 Kinder geboren wurden.

Gomaringen wurde von den Gräueln des 30jährigen Krieges ebenfalls hart getroffen. Allein 1638 wurde das Dorf sechsmal von Kroaten heimgesucht, die es plünderten und die wenigen verbliebenen Einwohner marterten.

Zweites Kapitel · Von der Reformation bis zur Barockzeit

Und, obwohl es darüber keine genaue Kunde gibt, dürfte auch der Weiler Stockach in ähnlicher Weise in Mitleidenschaft gezogen worden sein.

Nachdem die Krieg führenden Heere sowie die Städte und Gemeinden völlig ausgeblutet waren, kam es endlich zum Westfälischen Frieden von Münster und Osnabrück. Für die katholische Seite war Münster und für die protestantische Osnabrück zuständig. Auf dem Friedenskongress in Münster und Osnabrück war auch die Freie Reichsstadt Reutlingen vertreten und zwar durch den Abgeordneten von Lindau, Valentin Hayder, „einem trefflichen Mann und Rechtsgelehrten", der am 24. 10. 1648 auch im Namen von Reutlingen den Friedensvertrag des Westfälischen Friedens unterzeichnete. Hayder hatte in Straßburg, Tübingen und Altdorf Rechtwissenschaft studiert und war in Osnabrück einer der Wortführer des protestantischen Lagers. Neben Lindau und Reutlingen vertrat er noch sechs weitere Reichsstädte.

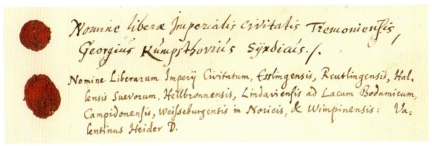

Unterzeichnung des Westfälischen Friedens durch Valentin Hayder für die Freie Reichsstadt Reutlingen; aus: Faksimile des französischen Vertragstextes im Besitz des Autors.

Nach dem Friedensschluss hörten die Drangsale aber noch keineswegs auf. Die Franzosen und Schweden zogen nur langsam ab. Es gab also auch danach noch Einquartierungen. Außerdem waren die Stadt und ihre Bewohner völlig verarmt und die Auswirkungen dieses Aderlasses waren noch über das ganze 17. Jahrhundert hinweg zu spüren.

Der 30jährige Krieg brachte auch einen starken Sittenverfall mit sich. „Allein die Rohheit, jetzt Unzucht genannt und das Laster der eigentlichen Unzucht, der Hurerei, erreichten ein schauderhaftes Maß", wie Gayler berichtet. Zum ersten Mal seit der Reformation habe es in der Stadt auch wieder „Lohndirnen" gegeben. In diesem Zusammenhang wurde 1669 auch die Fastnacht verboten. „Das teuflische Fressfest der Fastnacht, samt allen bisherigen üblen Gewohnheiten, übermäßigem Essen, Trinken, Tanzen, Springen, neben Saitenspiel, auch aller Mummenschanzerei, Unzucht und Üppigkeit soll abgeschafft sein; die Kinder sollen statt des Umherlaufens in die Schule gehen."

Der Höhepunkt der Reutlinger Hexenprozesse unter dem Bürgermeister Johann Philipp Laubenberger und die Kriegsfolgen im 16./17. Jahrhundert

Johann Philipp Laubenberger war der Sohn eines Stadtpfarrers, der während des 30jährigen Krieges aus Aalen nach Reutlingen eingewandert war. Er selbst war von Beruf Schuster und als solcher Mitglied der Reutlinger Schuhmacherzunft.

Einerseits soll Laubenberger einen scharfen Verstand gehabt haben, aber andererseits soll er von völlig übersteigertem Ehrgeiz besessen gewesen sein. Er „konnte niemand über oder neben sich dulden" und strebte rücksichtslos das Amt des Bürgermeisters an.

Der einzige in der Stadt, der ihm dieses Amt streitig machen konnte, war der Apotheker Efferen. Deshalb versuchte Laubenberger diesen Rivalen mit brachialer Gewalt mundtot zu machen.

In jener Zeit waren die Hexenprozesse sehr populär, und es gab kein besseres Mittel, die Gunst des Volkes zu erringen, als diese Prozesse rasch und hartnäckig zu betreiben.

Als Laubenberger 1665 sein Ziel erreicht hatte und Stadtoberhaupt wurde, nutzte er diese Stellung schamlos aus. Zusammen mit einem anderen Stadtrichter leitete er auch die Hexenprozesse. Zwischen 1550 und 1680 wurden in Reutlingen insgesamt 54 Frauen und Männer als Hexen zum Tode verurteilt und hingerichtet. Aber unter dem Regiment von Johann Philipp Laubenberger wurden im Verlauf von nur 1½ Jahren allein 14 Personen, nämlich 11 Weiber, 2 Männer und ein 19jähriger Jüngling teils lebendig, teils nach der Hinrichtung durch das Schwert, auf dem Scheiterhaufen verbrannt.

Da Laubenberger seinem Rivalen Efferen kein direktes Vergehen anhängen konnte, hatte er es auf dessen Frau abgesehen und versucht, diese als Hexe zu verurteilen. Die Frau des Apothekers konnte jedoch nach Tübingen fliehen.

Da Laubenberger alles daran setzte, um Württemberg zur Auslieferung der Beschuldigten zu bewegen, sah sich auch der Apotheker schließlich dazu gezwungen, sein Bürgerrecht in Reutlingen aufzugeben und zunächst nach Cannstatt und dann ebenfalls nach Tübingen auszuwandern.

Er war immerhin 30 Jahre lang Apotheker in Reutlingen gewesen und fast ebenso lange Mitglied des Kleinen oder des Großen Rates.

Mit brutaler Gewalt führte Laubenberger das Szepter in der kleinen Stadtrepublik. Er setzte die reichsstädtische Verfassung außer Kraft, legte sich mit dem Pfarrer der Marienkirche an und bereicherte sich schamlos aus der Stadtkasse, aus der eh nur wenig zu holen war.

Wie übersteigert seine Prunksucht war, zeigt sich daran, dass er mit einer achtsitzigen Kutsche, die er sich aus der Stadtkasse genehmigte, in sein Gütle fuhr. Als weiteres Zeichen legte sich der kleine Diktator den ungewöhnlichen Titel „Präsident" zu. Von den großen Herrschern seiner Zeit soll er sich abgeguckt haben, „wie man sich räuspert und wie man spuckt." Er ließ sich aus dem Spital beköstigen und eignete sich Güter von Steuerschuldnern an. (P. Schwarz und H. D. Schmid)

Als er am 2.7.1684 verstarb, war die Erleichterung groß. Seine Erben mussten dann wegen seiner Erpressungen und Unterschlagungen noch ca. 14 000 Gulden Strafe an die Stadt bezahlen.

In die absolutistische Regierungszeit von Laubenberger fällt auch der Beginn des Absolutismus des französischen Sonnenkönigs, d.h. die Eroberungskriege von Ludwig XIV. Von diesen und den Türkenkriegen wurde auch Reutlingen wieder hart betroffen. Es gab zahlreiche Einquartierungen, die mit hohen Kontributionen für die Verpflegung der jeweiligen Besatzung und der Bereitstellung von bewaffneten Bürgerkontingenten verbunden waren. Der anschließende pfälzische und spanische Erbfolgekrieg brachten neue Beschwernisse für die Stadt. Die Zeiten waren trostlos. Mitunter mussten die Einwohner Ölkuchen, Malven, Brennnessel und andere unnatürliche Speisen essen, – so groß war die Not!

Zum Elend der Kriegszeiten kamen noch kleinere Feuersbrünste und Naturkatastrophen hinzu. 1708 zerstörten faustgroße Hagelkörner die Ernte; 1709 herrschte eine solche Kälte, dass die Eichenbäume splitterten. Dann versengte der Frost die Weinberge; schließlich entwurzelten Hagel und Stürme den Stadtwald und heftige Regengüsse führten bei den Weinbergen zu Überschwemmungen und Bergrutschen an der Achalm und am Georgenberg. Dies wiederum hatte eine zunehmende Teuerung zur Folge.

Mit dem Zerfall des Wohlstandes und des Vermögens ging, wie schon im 30jährigen Krieg, eine zügellose Sittenlosigkeit einher. Die Einquartierungen führten zu sexuellen Ausschweifungen, Rohheit, Aberglauben und Gewalttaten aller Art. „Die materielle Not erzeugte im Verein mit dem verführerischen Beispiel einer müßigen und zuchtlosen Soldateska eine moralische Verwilderung, gegen die der Magistrat vergebens durch Edikte und die Geistlichen durch Reden von der Kanzel" anzukämpfen versuchten. (Memminger)

Der Durchzug der bayerischen Prinzessin Maria Anna Viktoria durch Reutlingen

Im Jahre 1680 verzeichnete die Freie Reichsstadt einen hohen Besuch. Die Tochter des bayerischen Kurfürsten Ferdinand Maria, die Prinzessin Maria Anna Viktoria, die dem präsumtiven Thronerben von Frankreich als Gattin versprochen war, machte mit ihrem Gefolge auf dem Weg nach Paris für eine Nacht in Reutlingen Station.

Für ihre Zeit war die bayerische Prinzessin umfassend gebildet; sie sprach Französisch und Italienisch und konnte fließend Latein lesen. Sie konnte zeichnen, auf vornehme und anmutige Art tanzen, vorzeigbar singen und Cembalo spielen. Liselotte von der Pfalz, die sie am französischen Hof kennenlernte, bezeichnete sie als sehr geistvoll, liebenswürdig und von natürlichem Wesen. Allerdings wird auch einhellig berichtet, dass die Prinzessin keine Schönheit war. Wenn man beim Betrachten ihres Bildes bedenkt, dass dieses zur Verbesserung ihrer Chancen auf dem Heiratsmarkt sicher geschönt war, dann kann man dieses Urteil durchaus nachvollziehen.

Ihr Ehegatte, der französische Thronerbe, auch Dauphin genannt, war der Sohn von Ludwig XIV. (1638–1715) und seiner Gemahlin Maria Theresia, der Tochter des Königs Philipp IV. von Spanien. In dieser Ehe wurden sechs Kinder geboren, von denen die fünf jüngeren früh verstarben. Lediglich der älteste Sohn, der Dauphin Ludwig, erreichte das Erwachsenenalter. Und dieser sollte sich mit der bayerischen Prinzessin vermählen.

Sie war am 26. Januar 1680 mit ihrem Tross in München aufgebrochen und am 4. Februar von Münsingen kommend auf dem Weg nach Reutlingen. Offenbar war man auf den hohen Besuch nicht vorbereitet. Die Ankunft mit entsprechenden Bestellungen für die Einquartierung sollte zwar vom Kurfürsten dem Magistrat mitgeteilt werden. Aber das Schreiben wurde irrtümlich nach Riedlingen zugestellt und von dort wieder zurückgeschickt.

Die Vorhut des Gefolges traf bereits um 9 Uhr in der Stadt ein. Dann musste so rasch als möglich ein geziemender Empfang improvisiert werden. Gegen 12 Uhr waren dann die Bürger mit Gewehren und „möglichst sauberer Montur" in einem Spalier vom Albtor bis zum Rathaus angetreten, und auf dem Turm der Marienkirche hatte man zwei Zinken und drei Posaunenbläser postiert. Der Amtsbürgermeister Baur, Bürgermeister Laubenberger und der Syndikus Jung fuhren mit Laubenbergers vierspänniger Kutsche bis zur Stadtgrenze von Pfullingen der Prinzessin entgegen, wobei sie von 50 bewaffneten Reitern eskortiert wurden.

Gegen 16 Uhr erreichte dann die Kutsche der Prinzessin von einem Maultier gezogen und einem Knecht geleitet, das Empfangskommité. Die Reutlinger Abordnung machte ihre Reverenz und die Kavallerie neigte das Gewehr. Dann entfernte sich die württembergische Begleitung, die sie bis zur Stadtgrenze durch ihr Hoheitsgebiet geleitet hatte.

Nun wurde der fürstliche Zug mit Trompetenmusik zum Rathaus auf den Marktplatz geführt, wo man der Prinzessin Glück wünschte und ihr ein Präsent überreichte. Sie erhielt 24 Scheffel Hafer, 6 Eimer Wein und eine Wanne Fisch mit 50 großen Karpfen.

Prinzessin Maria Anna Viktoria (1661–1690)

Das ganze Gefolge der Prinzessin bestand aus 400 bis 500 Reitern und mehreren Hofdamen. Allein 12 Köche sorgten für deren Verpflegung.

Zur Verköstigung der Prinzessin und ihrer Hofdamen wurde rasch ein samtrotes Zelt mit einem Baldachin aufgestellt. Aber nur wenige Reutlinger sollen sich dafür interessiert haben, was auf der Tafel aufgetischt wurde. Als die Nacht hereingebrochen war, wurden überall Pechpfannen angezündet, und eine starke Bürgerwehr hielt Nachtwache.

Am nächsten Morgen wurden die Bürger mit Trommelwirbel geweckt und aufgefordert, sich zum Weibermarkt zu begeben und wiederum ein Spalier von der Marienkirche bis zum Metmannstor zu bilden.

Die Prinzessin bestieg nun eine schöne grün bemalte und vergoldete Kutsche mit drei Hofdamen und einem kleinen Hündchen auf dem Arme. Wiederum in Begleitung der reichsstädtischen Kavallerie ging es bis nach Wannweil zur Stadtgrenze. Dort wurde das Gefolge wieder von württembergischen Abgesandten in Empfang genommen und nach Tübingen geleitet. Von dort ging es dann nach Rottenburg weiter.

In Rottenburg wurde die Prinzessin von einem Jesuiten gefragt, wie es ihr denn in Reutlingen gefallen habe. Darauf antwortete sie: „Gar wohl!". Der Jesuit erwiderte darauf: „Aber dort gibt es doch viel böse Leute!". Darauf antwortete Anna Maria Viktoria: „Sie könne aber nur Liebes und Gutes über die Reutlinger sagen."

Nach ihrer Heirat nahm Maria Anna Viktoria nach der Königin den zweiten Rang am Hof des Sonnenkönigs ein. Aber trotz der guten Wünsche in Reutlingen wurde sie in Versailles nicht glücklich. Der Dauphin soll zahlreiche Affairen mit seinen Mätressen gehabt haben, und die Thronfolgerin wird als devot und melancholisch beschrieben.

Da ihr Ehemann bereits 1711; d.h. vor seinem Vater gestorben war, konnte dieser nicht als Ludwig XV. den Thron besteigen. Seine Gemahlin starb schon vorher 1690 im Alter von 29 Jahren.

Der Reutlinger Goldrausch in der ersten Hälfte des 18. Jahrhunderts

In den unsicheren Zeiten der Gegenwart ist ein zunehmendes Interesse an Gold festzustellen, das sich im steigenden Goldpreis widerspiegelt.

Auch in Reutlingen ist – wie es das Heimatbuch berichtet – einmal das Goldfieber ausgebrochen. Und das kam so: „Im Jahre 1716 fand ein Reutlinger auf seinem Acker beim Breitenbach goldglänzende Steine. Er zeigte sie seinen Freunden und Bekannten in der Stadt. Eine große Aufregung entstand, denn wenn man seinen Augen trauen konnte, so hatte dieser Glückspilz wahrhaft Gold gefunden. Und während man ihn zu seinem Fund beglückwünschte, nahm sich nun jeder vor, selbst die Augen aufzumachen und solche Goldsteine zu suchen. Und siehe da, es ging leichter als man dachte. In der Gegend von Sondelfingen, in Betzingen und in Wannweil fanden sich ebenfalls solche kostbaren Steine. Warum hatte man diese nicht schon früher entdeckt? Leider ließ sich der Glücksfund nicht geheim halten, und so kamen schon bald Leute von auswärts, um von dem Reutlinger Goldsegen zu profitieren. Das aber wollten die Reichsstädter nicht dulden, denn es war ihre Gemarkung, auf der man die kostbaren Steine gefunden hat, und brauchen konnte man das Geld, denn noch immer hatte man an den Lasten des Dreißigjährigen Krieges zu tragen. Deshalb habe sich der Magistrat dazu entschlossen, ein Bergwerk anzulegen, um daraus das ‚goldhaltige' Gestein zu fördern." Soweit die Schilderung im Heimatbuch.

In der Chronik von Christoph Friedrich Gayler „Historische Denkwürdigkeiten der ehemaligen freien Reichsstadt Reutlingen" von 1845 sind dazu noch folgende Ausführungen zu finden: Der erste Spatenstich zum Bergwerk erfolgte am 8. August 1716, übrigens mit geistlichem Segen und einem Gedenkgottesdienst vor Ort. Das Bergwerk wurde an der Stelle am Scheibengipfel errichtet, die heute noch den Namen „Goldloch" trägt. Außerdem wurde am 10. September 1716 eine städtische Verordnung herausgegeben, in der folgendes Verbot erlassen wurde: „Weil in der Stadt Gebiet allerhand silber- und goldreiche Steine sich erfinden lassen, teils an den Tümpeln am Breitenbach, oberhalb der Ohmenhausener Weinberge bei Betzingen, teils gegen Sondelfingen, Wannweil, auch an der Föhrgasse bis an das Teufelsbrückle, sowohl außerhalb der Erde, als unter derselben, so darf jeder Bürger, aber nur ein solcher und nur Donnerstags und Samstags Mittag lesen, muss sie aber auf's Bürgerhaus bringen, wo er für jedes Pfund einen Kreuzer bar erhält. Wer sie aber außer der Stadt trägt, wird um 5 Kreuzer bestraft."

Zugang zum Ur-Stollen im Frankonenkeller mit Sinterbildung, Foto: Barbara Krauß

Weiter erfahren wir aus Gaylers Chronik, dass man eine fast senkrechte Spatmine gefunden habe, die aber nur wenig Erz enthalten hätte. Man sei deswegen in fünf Schächten auf 80 Klafter niedergestiegen und dort hätten die Bergknappen ein noch schwächeres Äderchen gefunden. Dabei sei auch brennbares Gas ausgetreten, das beim Entzünden einen schwachen Feuerschein abgegeben habe. „Etliche Monate lang wurde die Sache als ein nützliches Spiel behandelt, denn die Knappen zündeten ihre Pfeifen daran an; sie zeigten die Erscheinung um ein Trinkgeld den häufig zulaufenden Fremden. Endlich aber begann die Flamme stärker zu werden, die Luft außer und über der Mine zu ergreifen, ja im ganzen unteren Schachte sich auszubreiten, hauptsächlich, wenn die Graber eine Zeit lang von ihrer Arbeit geruht hatten." Schließlich kam es zu einem tödlichen Unfall, als die Flammen auf einen Knappen übergriffen und ihn jämmerlich verbrannten. Daraufhin wurde die Grube wieder aufgegeben, ohne dass bereits eine Förderung von erzhaltigem Gestein erfolgt wäre. Dann ist der Schacht, mit Ausnahme des Flurnamens, in völlige Vergessenheit geraten.

Aus der Jugendzeit kann der Autor – er war damals 6 oder 7 Jahre alt – zur Erhellung des Reutlinger „Bergwerks" noch ein eigenes Erlebnis beitragen: An einem nicht mehr zu bestimmenden Tag in den Jahren zwischen dem Ende des II. Weltkrieges und der Währungsreform, war unser Gütlesnachbar, Herr Lamparter, wie fast täglich in seinem Gütle im „Goldloch". In unmittelbarer Nähe der Grundstücksgrenze befand sich eine Hütte, in der er gerade beim Vesper saß, als plötzlich unter ihm die Erde nachgab und sich das Ganze wie ein schwaches Erdbeben anfühlte. Er stürzte aus der Hütte heraus und stellte fest, dass der Boden vor und teilweise auch unter dem Häuschen eingebrochen war. Sofort war ihm klar, dass es sich um den Schacht des längst vergessenen Bergwerks handeln musste. Der Schacht war seinerzeit mit Holzbalken und einer Bodenschicht abgedeckt worden. Das Holz war dann im Laufe der Zeit durchgefault und brüchig geworden.

Herr Lamparter hat seine Hütte daraufhin abgebaut und an benachbarter Stelle wieder neu errichtet. Dann zeigte sich das Ausmaß des Stollens, dessen Durchmesser ich heute auf vier bis fünf Meter schätzen würde. Mit seinem Neffen hat er damals den Schacht mit Hilfe einer Leiter näher untersucht und dabei festgestellt, dass er – wie von Gayler geschildert – senkrecht in fünf terrassenförmigen Etagen angelegt war. Die Etagenhöhe entsprach der Höhe einer normalen Leiter, d.h. man „fuhr" nicht in das Bergwerk ein, sondern stieg die Leiter hinunter und zog den Abraum in Körben hoch. Eine weitere Untersuchung ist aufgrund der damaligen Zeitumstände unterblieben. Im Laufe der Zeit wurde dann das Loch mit Gartenabfällen der angrenzenden Nachbarn befüllt, sodass man heute nur noch die groben Umrisse erahnen kann.

Das Goldloch war übrigens nicht die einzige Stelle in Reutlingen, an der nach „Gold" gegraben wurde. Um die gleiche Zeit suchte man auch in unmittelbarer Nähe des Stadtkerns unterhalb der heutigen „Uhlandhöhe" nach Erz. Hierzu wurde ein Stollen gegraben, der später als Frankonenkeller bekannt geworden ist und an die ehemalige Freie Burschenschaft Frankonia zu Reutlingen – eine Studentenverbindung am ehemaligen Staatlichen Technikum für Textilindustrie – erinnert. Ein kleiner etwa 7 m langer Teil dieses Ur-Stollens hat sich nach einem Hinweis von Fritz Krauß, dem einzigen ehrenamtlichen Denkmalpfleger von Reutlingen, erhalten. Der nicht öffentliche Zugang befindet sich im Gebäude des am Fuße der Uhlandhöhe gelegenen Gasthofes. In dem Stollen hat die Natur eine bemerkenswerte Sinterbildung hervorgebracht, die jedem Geologen das Herz höher schlagen lässt. Diese hat sich vor allem in dem von den Nationalsozialisten gebauten Stollen, der mit dem Urstollen verbunden ist, wie in einer Tropfsteinhöhle gebildet und farbenprächtige und formschöne Ausprägungen hervorgebracht.

Man darf übrigens nicht glauben, dass die Reutlinger bei dieser Geschichte nicht darüber im Bilde waren, dass es sich nicht um Gold, sondern in Wirklichkeit nur um Schwefelkies (Pyrit) gehandelt hat. Aber auch dieses Erz hätte, wenn es ein entsprechendes Vorkommen gegeben hätte, durchaus eine lohnende Förderung versprochen. Denn den Schwefel benötigte man zur Herstellung von schwefliger Säure, zur Herstellung von Schießpulver und Feuerwerkskörpern, zum Einpudern der Weinstöcke gegen die Traubenkrankheit sowie zum Schwefeln der Fässer gegen Bakterienbefall.

Die Brandkatastrophe von 1726

Am 23. September 1726 zwischen 20 und 21 Uhr, ist im Haus des Schusters Friedrich Dürr in der Kramergasse, direkt gegenüber der Nikolaikirche, wo sich heute das Textilgeschäft „New Yorker" befindet, ein verheerender Brand ausgebrochen, der die ganze Stadt in Schutt und Asche gelegt hat. Eine bei dem Schuster angestellte Dienstmagd, die „mit ihrem heimkehrenden Galane" beschäftigt war, hatte eine brennende Kerze fallen lassen. Diese ist durch den spaltigen Boden hindurch gefallen und hat das dort lagernde Heu und Stroh sofort lichterloh entzündet.

Zunächst versuchten die Bewohner, das Feuer selbst zu löschen, was angesichts der Holzböden und des Fachwerks unmöglich war, zumal ein starker Wind das Feuer anfachte. Da die Nachbarhäuser so dicht gedrängt aneinander standen, dass sich die Bewohner beinahe die Hände reichen konnten, breitete sich die Feuersbrunst in Windeseile über die ganze Stadt aus.

Die Abwasserbäche, die unkanalisiert durch die Straßen führten, waren mit Unrat derart angefüllt, dass man daraus kein Löschwasser gewinnen konnte. Der letzte Abwasserbach in der Katharinenstraße wurde übrigens erst 1924 zugedeckt. Obwohl in der Stadt seit Menschengedenken Feuerspritzen hergestellt wurden, standen beim Brand nur wenige zur Verfügung, und diese waren gleich zu Anfang durch das „kotige Wasser" so verschmutzt, dass sie auch nicht eingesetzt werden konnten.

So kam es, dass sich der Brand in rasender Geschwindigkeit ausbreitete und bis zum 25. September gegen Mittag wütete. Der Feuerschein und der Rauch sollen so stark gewesen sein, dass man sie noch im Bodenseegebiet und in der Nordschweiz wahrnehmen konnte. (Wir erinnern uns an die verheerenden Waldbrände, die im Herbst 2010 in Russland wüteten und Moskau wochenlang mit einer dichten Rauchwolke überzogen haben)

Über den verheerenden Brand schreibt Hermann Kurz: „Die Gassen waren eng, die Giebel vorspringend, so dass sie einander über die Strasse beinahe berührten, die Gebäude fast alle aus Holz, die Stuben getäfelt, die Böden mit schlecht gefugten Brettern belegt, alle Stockwerke vollgepropft mit dem Hausrat einer eng zusammen gedrängten Bevölkerung, alle Häuser angefüllt mit den Gaben des Jahres, mit Frucht, Futter, Stroh und Holz: Speise im Übermaß für jenes Ungeheuer, das nur hungriger vom Fressen wird. Und es fraß nach allen Richtungen der Stadt: abwärts die kurze Strecke gegen das Untere Tor und aufwärts die lange Zeile gegen das Obere Tor. Wenn das Feuer eine Straße durchrast hatte, dann drehte sich der Wind, als ob er eigens dazu bestellt wäre und jagte die Lohe wieder in eine andere Straße hinab. Umsonst versuchte man durch Niederreißen von Häusern dem Glutstrom seine Nahrung zu rauben."

Ungefähr 900 Gebäude, etwa 90 % der mittelalterlichen Bausubstanz, sind dem Brand zum Opfer gefallen. Lediglich im Westen der Stadt verschonte der Brand einige herausragende Gebäude; z.B. das Spendhaus, das heutige Friedrich-List-Gymnasium und den Königsbronner Klosterhof. Weniger als 150 Häuser sind unversehrt geblieben und dies waren ausgerechnet „die schlechtesten Häuser". Das Inferno hat rund 7 000 Bürger obdachlos gemacht.

Zunächst hoffte man, dass wenigstens die Marienkirche vom Brand verschont werde und lagerte dort überhastet Hab und Gut ein. Aber auch diese Hoffnung erfüllte sich nicht, denn die Marienkirche wurde auch ein Raub der Flammen und brannte völlig aus. Die sechs Glocken des Hauptturmes und die drei des Grünen Turmes stürzten „mit entsetzlichem Krachen herab." Allein die größte Glocke hatte ein Gewicht von 90 Zentnern. „Sie läuteten sich selbst zu Grabe und sind im Feuerofen zerschmolzen. Lediglich die kleinste Glocke, die sog. Stundenglocke hat den Brand überstanden. Bei dem Brand wurden auch „die herrliche Kanzel" und der alte katholische Hochaltar, „der von lauter Gold angestrichen war" und dessen „ausgezeichnete Schönheit gepriesen" wurde und auf dem „die Geburt, das Leiden und die Auferstehung Christi" dargestellt war, ein Raub der Flammen Der Sachschaden, der allein an der Marienkirche entstanden war, wurde mit 50 000 Gulden angegeben.

Der Personenschaden war dagegen gering. Es ist nur bekannt, dass der 85jährige Schreiner Johannes Buckh in den Flammen umgekommen ist und, dass es einige Früh- und Totgeburten gegeben hat. Aber viele konnten nur ihr nacktes Leben und die Kleidung, die sie gerade am Leibe trugen, retten. Sie waren dann angesichts des beginnenden Herbstes Wind und Wetter ausgesetzt und sind infolgedessen noch nachträglich erkrankt und teilweise auch gestorben. Ein glücklicher Umstand war allerdings, dass das Wetter bis Weihnachten noch relativ mild war und auch die Weinlese einen ausgezeichneten Jahrgang bescherte.

Aber der Sachschaden war unvorstellbar groß. Durch diese Heimsuchung sind die Bewohner in eine unbeschreibliche Armut geraten. Die meisten fanden

Zweites Kapitel · Von der Reformation bis zur Barockzeit   101

Prospekt zum Stadtbrand von 1726, Radierung mit Kupferstich von 1727; aus: Stadt Reutlingen, Stadtbildgeschichte, Reutlingen 1990, Seite 50.

in Garten- oder Weinberghäuschen eine notdürftige Unterkunft. Deshalb musste auch der Wiederaufbau mit sehr einfachen Mitteln erfolgen, und man konnte sich keinen aufwändigen Fassadenschmuck leisten. Wegen der äußersten Armut gab es auch keinen planmäßigen Wiederaufbau. Jeder baute so, wie er konnte. Wozu dies führte, lässt sich noch in der Spreuerhofgasse und der dortigen engsten Gasse der Welt nachvollziehen.

In diesem Zusammenhang ist es interessant, Reutlingen mit Schwäbisch Hall zu vergleichen, das nur zwei Jahre nach Reutlingen 1728 ebenfalls von einem großen Brand heimgesucht wurde, dem zwei Drittel der Altstadt zum Opfer gefallen sind.

Aber während dort der Wiederaufbau mit teilweise reichem und kunstvoll gestaltetem Fachwerk erfolgte, war in Reutlingen äußerste Sparsamkeit angesagt. Der Unterschied ist mit dem Salzhandel zu erklären, der Schwäbisch Hall einen beachtlichen Wohlstand bescherte.

Unmittelbar nach dem Stadtbrand wurde am Echazufer eine Sägemühle gebaut und 1727 fertig gestellt. Sie war damals für den Wiederaufbau von enormer

Bedeutung. Der Platz an der Echaz war günstig gelegen, denn gleich nebenan, dort wo heute die alte Feuerwache steht, lag früher der städtische Zimmerplatz, auf dem das Bauholz gelagert wurde.

Nach dem II. Weltkrieg leistete diese Sägemühle wiederum einen wichtigen Beitrag zum Wiederaufbau der Stadt, wenn auch nicht im gleichen Umfang wie beim großen Stadtbrand.

Die Sägemühle hat die Zeiten überdauert. Sie ist heute noch die einzige von 21 Mühlen und Mahlwerken, die es früher im Reutlinger Abschnitt der Echaz gegeben hat. Sie befindet sich im Besitz der Familie Wegst und wird seit 1984 noch als Schaumühle betrieben.

Natürlich liegt auch unter den alten Gebäuden, die in der Altstadt erhalten geblieben sind, an den Außenseiten Balkenfachwerk, das allerdings relativ schmucklos ist und, von Isolierungsproblemen abgesehen, deswegen auch nicht unbedingt freigelegt werden sollte. Weshalb es nach dem Wiederaufbau mit Mörtel verputzt wurde, ist darauf zurück zu führen, dass man die Verblendung als Brandschutzmaßnahme betrachtete, weil sich das Holz nicht so rasch entzünden würde.

Die Stadt wurde, wie es Hermann Kurz formulierte, „in völliger Sorglosigkeit vom Schicksal getroffen". Allerdings erinnerte man sich jetzt an die Predigten in der Marienkirche, in denen der Pfarrer jeden Sonntag gegen die mit Sünden beladene Stadt gedonnert und jede seiner Predigten mit den Worten geschlossen hat: „Aber es wird dereinst ein Feuer kommen, das niemand löschen kann."

Die Brandkatastrophe wurde deswegen von den Einwohnern der Stadt als Strafe Gottes für ihre Sünden aufgefasst. Dafür war der Lebenswandel des Schusters Friedrich Dürr ein sprechendes Beispiel: Der Schuster sei schon in frühester Kindheit vom Schicksal gezeichnet gewesen. Sein Vater sei eines Tages mit dem Kind im Arm im Obergeschoss seines Hauses am Fenster gestanden. Er habe sich mit dem Kind zu weit hinaus gelehnt und dabei das Gleichgewicht verloren und sei mit dem Kind auf die Gasse hinuntergestürzt. Dabei habe sich das Kind ein Ärmchen gebrochen, was man jetzt nach dem Stadtbrand als böses Omen wertete. Außerdem soll der Schuster beständig in Saus und Braus gelebt, an Sonn- und Feiertagen gearbeitet, schrecklich geflucht und gesoffen haben und stets leichtsinnig mit offenem Feuer und brennenden Kerzen umgegangen sein. Deshalb wurde er auch als der moralische Missetäter des Brandes angesehen und zur Strafe sechs Jahre aus der Stadt verbannt. Was mit der Dienstmagd passierte, ist dagegen unbekannt.

Nach dem Brandunglück wurden Bettelpläne mit der Überschrift: „Dein Sünd, o Reutlingen, dein Brand" gedruckt und durch Spendensammler verteilt.

Die Kollektensammlung wurde bis in die Schweiz und von Ungarn bis ins Elsass, ja bis nach Holland, Hamburg, Dänemark, Schweden, das Baltikum, St. Petersburg und Moskau, nach Österreich und Kärnten, nach Böhmen und Schlesien, nach Sachsen und Brandenburg ausgedehnt.

Allerdings war der Erfolg mäßig. Die katholischen Stände waren kaum bereit, die protestantischen Reutlinger mit Spenden zu unterstützen. Wegen des „Brandslogans" wurden die Spendensammler z.B. in Straßburg von einem Geistlichen mit der Bemerkung abgefertigt, die Reutlinger müssten doch recht gottlose Leute sein, wenn Gott sie mit einer solchen Brandkatastrophe strafe und deshalb verdienten sie auch keine Unterstützung.

Die größten Spenden bekam die Stadt von dem Augsburger Patrizier Johann Thomas von Rauner und dem Nürnberger Patrizier Wolf Christoph von Mohrenfels, die beide 1 000 Gulden zur Verfügung stellten. Damit war es möglich, das alte Lyzeum am Weibermarkt wieder aufzubauen, in dem die deutsche und die lateinische Schule untergebracht waren. Damit konnten nach dem Stadtbrand die Kinder wenigstens wieder in die Schule geschickt werden. Heute ist in dem Gebäude das Naturkundemuseum untergebracht. An der Frontseite ist ein Wappenschild angebracht, auf dem die Nürnberger Spende verzeichnet ist, mit dem Hinweis darauf, dass die Stadt Reutlingen als einzige neben Nürnberg die „Confessio Augustana" unterzeichnet habe. Insofern darf die Spende auch als nachträgliche Sympathiebezeugung verstanden werden.

Insgesamt sollen durch die Kollekte etwa 20 000 Gulden zusammen gekommen sein, was noch nicht einmal annähernd zur Wiederherstellung der Marienkirche ausreichte. Obwohl diese Summe nicht viel mehr als ein Tropfen auf den heißen Stein war, kam es wegen der Verteilung des Geldes zu Streit in der Bevölkerung.

Außer der Spendensammlung wurden auch Brandlotterien veranstaltet, durch die etwa 6 000 Gulden in die Stadtkasse geflossen sind.

Der Gesamtschaden der Katastrophe wird aber auf mindestens 500 000 Gulden geschätzt

Insgesamt wurden 12 387 Gulden an 571 brandgeschädigte Familien verteilt. Dabei hatte das Volk den Verdacht, dass es bei der Verteilung nicht immer gerecht zugegangen sei und einige auf Kosten anderer besser weggekommen seien. Zu welchen menschlichen Enttäuschungen es dabei auch gekommen ist, schildert Hermann Kurz an einem Beispiel. Sein Großvater, ein reichsstädtischer Glockengießer, hatte beim Stadtbrand sein ganzes Vermögen verloren. Zu den wenigen Habseligkeiten, die er retten konnte, gehörte etwas Gold und Silber.

Dieses gab er einem langjährigen Freund in Verwahrung. Als er es wieder einforderte, leugnete der Freund, je etwas von ihm anvertraut bekommen zu haben.

Auch dazu gibt es aus anderen Notzeiten sicher viele ähnliche Beispiele. So berichtete der Vater des Autors, dass er während des II. Weltkrieges bei einem Bauern in Bleichstetten Möbel eingelagert hatte. Als er diese nach dem Kriege wieder abholen wollte, weigerte sich der Bauer diese wieder herauszugeben, weil mein Vater dafür zwei Laib Brot erhalten habe. Da unsere Wohnung von der französischen Besatzungsmacht beschlagnahmt war und wir vier Jahre lang in zwei Dachkammern hausen mussten, hätten wir die Möbel gut gebrauchen können.

Auch heute noch, nach fast 300 Jahren, kann man an der Stadtmauer am Kesselturm noch die rußgeschwärzte Mauer und die Brandhitze erkennen, die aus dem großen Stadtbrand von 1726 herrühren.

In seinen Erinnerungen weist Johann Jakob Fetzer darauf hin, dass es damals noch keine Brandversicherungen gegeben hat und dass auch seine Eltern von der Brandkatastrophe betroffen waren, was bei ihnen zu „einer lange andauernden Kümmerlichkeit" geführt habe. Die „zur Gewohnheit gewordene Sparsamkeit" der Reutlinger führt er auf diese Notzeit zurück.

„Gantwasser" und „Saufressen" – vor 250 Jahren sind Kaffee und Kartoffeln in Reutlingen heimisch geworden

Die Heimat des Kaffees ist bekanntlich Arabien. Von dort aus ist das braune Getränk über das osmanische Reich und die Venezianer im 17. Jahrhundert in Europa bekannt geworden. Zwischen 1670 und 1690 entstanden die ersten Kaffeehäuser in Marseille, Paris, Wien und Nürnberg. In Stuttgart wurde das erste Kaffeehaus 1712 eröffnet. Von dort aus breitete sich der Kaffeegenuss langsam auf ganz Württemberg aus. In manchen Gegenden Württembergs, insbesondere auf dem Land, dauerte es allerdings noch über 100 Jahre bis auch dort der Kaffee bekannt geworden ist.

Zunächst wurde der Kaffee nur an den deutschen Fürstenhöfen und in wohlhabenden Privathäusern getrunken, denn er blieb lange wegen seines hohen Preises eine Delikatesse für Reiche. Erst um die Mitte des 19. Jahrhunderts lernte man den Kaffee als kaltes Getränk bei der Feldarbeit zu schätzen, wobei man dem Kaffeepulver etwas Zimt, Weingeist und Zucker beimischte. Memminger schreibt in seiner Chronik von 1824, dass der Kaffee in manchen Gemeinden der Schwäbischen Alb, z.B. in Genkingen erst 1817 durch die Hungerjahre bekannt geworden ist.

Zeitungsanzeige zur Eröffnung des Kaffee-Geschäfts Emil Tengelmann im Listhaus um 1890; Original im Besitz des Autors

In Reutlingen verbreitete sich der Kaffeegenuss bereits zwischen 1760 und 1770 und wurde vor allem bei den älteren Leuten und bei Besuchen immer beliebter. Allerdings bekam er wegen des hohen Preises die Bezeichnung „Gantwasser". Gant bedeutet so viel wie Konkurs. Man wollte damit zum Ausdruck bringen, dass der teure Kaffeegenuss den Genießer in den Ruin treibt.

In seinen historischen Denkwürdigkeiten berichtet der Chronist Christoph Friedrich Gayler 1845, dass der Kaffee in Reutlingen nicht nur bei Frauen, sondern auch bei Männern rasch beliebt wurde und es nicht ungewöhnlich war, davon zwei bis sechs Tassen zu trinken. Um 1790 sei dann der Brauch aufgekommen, den Kaffee auch zum Frühstück zu trinken.

Der Kaffeesatz fand weitere Verwendung. Man benutzte ihn, um Gänse und Kapaunen zu mästen. Die Tiere sollen davon fett und das Fleisch sehr schmackhaft geworden sein. Man benutzte den Kaffeesatz auch zum Reinigen der Nachttöpfe und zum Fegen von braun gestrichenen Fußböden. Außerdem wurde er mit Sodalösung und unter Zusatz von Alaun als Malerfarbe verwendet.

Bereits um 1733 hatte man auch in Reutlingen damit begonnen, aus Weizen, Hafer und Gerste Surrogate herzustellen, indem die Körner gekocht wurden bis sie weich waren, ohne aufzuspringen. Dann wurden sie getrocknet, geröstet und gemahlen. Der Chronist Egmont Fehleisen berichtet, dass 1874 ein Herr Dünkelmayer in Reutlingen sogar eine Zichorienfabrik gegründet habe, um dort Kaffeeersatz herzustellen; die Fabrik ist allerdings schon bald wieder eingegangen.

Um 1890 wurde, wie es die abgebildete Anzeige bestätigt, im Listhaus eine Verkaufsstelle für „Tengelmann's Plantagenkaffee" eingerichtet und unter das Motto gestellt: „Wer nicht probiert – verliert!"

Kulturgeschichtlich noch wichtiger war die etwa zeitgleiche Verbreitung der Kartoffel. Das aus Peru und Chile stammende Knollengewächs kam in der zweiten Hälfte des 16. Jahrhunderts durch die Spanier nach Italien und Burgund. In Italien nannte man es wegen seiner Ähnlichkeit mit den Trüffeln „Tartufoli", woraus Anfang des 17. Jahrhunderts das deutsche Wort „Tartuffel" und daraus „Kartoffel" entstanden sind. Zunächst verbreitete sich die Kartoffel als exotische Pflanze nur sehr langsam. Erst unter der Not und dem Elend der Hungerjahre verfügte der preußische König Friedrich der Große nach 1770 zwangsweise in Pommern und Schlesien den Kartoffelanbau. Und von dort aus lernte man auch in Württemberg die Erdbirne, auch Grundbirne oder Erdapfel genannt, zu schätzen.

Der erste Reutlinger Bürger, der die Kartoffel kennen lernte, war der Apotheker Heinrich Efferenn. Dieser berichtete 1728, dass er in Stuttgart Kartoffel mit Rindfleisch gegessen habe. Vielleicht war dies der Anfang des Gaisburger Marsches, der sich zu einem schwäbischen Nationalgericht entwickeln sollte.

Egmont Fehleisen berichtet, dass Efferenn ein großer Gartenliebhaber gewesen sei und von Holland eine Kartoffelpflanze erhalten habe, deren Blüte ihm sehr gut gefiel. Nachdem diese Pflanze Samenknollen getrieben hatte, lud er seine Freunde ein, um diese zu kosten. Er schälte die Kartoffeln, zerteilte sie und servierte sie zunächst kalt mit Essig und Öl, was den Freunden verständlicherweise überhaupt nicht schmeckte. Beim Schälen der Kartoffeln war dann eine in das offene Feuer gefallen. Diese sprang auf und verbreitete einen angenehmen Geruch. Sie erwies sich als genießbar, ja sogar als wohlschmeckend. Dennoch fand die Kartoffel wenig Anklang. Eines Tages soll dann ein Geschäftsreisender Efferenn besucht haben. Der Apotheker erzählte ihm von der neuen Frucht, welche dieser noch nicht kannte. Efferenn ließ ihn eine gesottene Kartoffel probieren. Obwohl der Gast den Geschmack positiv bewertete, „brach sich die Kartoffel", so Fehleisen, „nur langsam Bahn."

Zwischen 1750 und 1760 wurde dann die Kartoffel hierzulande vor allem als Schweinefutter verwendet. Deshalb wurde sie auch als „Saufressen" abgewertet. Armen Kindern, welche Kartoffeln aßen, drohten Schläge, weil dies anfänglich verboten war.

Der erste, der Mitte des 18. Jahrhunderts in Reutlingen Kartoffeln anbaute, war der Bäcker Jakob Lumpp, der sie auf den Bösmannsäckern „zuerst im Großen gepflanzt haben" soll. Er konnte damit allerdings nicht reich werden; er soll 1814 im Armenhaus gestorben sein.

Ab 1843 hat sich in allen deutschen Fürstentümern und in vielen europäischen Ländern die Kartoffelkrankheit als schreckliche Seuche ausgebreitet und zu verheerenden Hungersnöten geführt. Von dieser Epidemie blieb auch Reutlingen nicht verschont. Der Reutlinger Chronist Carl Bames berichtet darüber, dass die Kartoffelkrankheit 1846 auch hier „in ihrer vollen Größe" ausgebrochen ist: „Nach einigen Regengüssen wurden die Kartoffelkräuter und Stangen (d.h. die Stängel) über Nacht ganz schwarz, wie die dürren Saubohnenstängel und verbreiteten in der ganzen Atmosphäre einen eigentümlichen Gestank. Die Kartoffeln selbst bekamen verhärtete Stellen, die ringförmig immer weiter um sich fraßen und die ganze Knolle zerstörten; und selbst im Keller machte die Krankheit fort, indem die Kartoffeln daselbst schimmelten und verfaulten."

Dadurch kam es erneut zu großen Hungersnöten und zu einer allgemeinen Teuerung der Lebensmittel; und dies über einen Zeitraum von 20 Jahren hinweg. Besonders schlimm wütete die Kartoffelfäule damals in Irland, wo ein Drittel der Bevölkerung an Hunger starb oder nach Amerika auswanderte. Erst 1865 konnte Bames wieder davon berichten, dass die Kartoffeln sehr gut gediehen sind, „wie nie seit 20 Jahren, und alle waren gesund."

Das Erziehungswesen in der Reichsstadtzeit

Ob es vor der Reformationszeit in Reutlingen bereits eine Schule gegeben hat, ist urkundlich nicht belegt. Es ist zu vermuten, dass damals in den fünf reichsstädtischen Klosterhöfen, vielleicht auch in den drei Klöstern Unterricht erteilt wurde.

Seit der Reformation dürfte es dann eine deutsche und eine lateinische Schule gegeben haben. In der deutschen Schule gab es eine Knaben- und eine Mädchenschule. Bei der deutschen Schule betrug die maximale Schulzeit 6 Jahre und bei der lateinischen Schule 4 Doppeljahre, also insgesamt 8 Jahre. Allerdings gab es keine Jahrgangsklassen, sondern in jeder Klasse waren Schüler verschiedensten Alters. Die Kinder wurden mit 6 oder 7 Jahren eingeschult und spätestens mit 14 Jahren war die Schulzeit beendet. Dann begann die berufliche Ausbildung in einem Handwerk oder anderen Gewerbe.

1802 waren bei der Mediatisierung in der lateinischen Schule einschließlich des Rektors 4 Lehrer und bei der Knaben- und Mädchenschule je 3 Lehrer beschäftigt.

Im Sommerhalbjahr begann der normale Unterricht um 7 Uhr und im Winterhalbjahr um 8 Uhr; er dauerte bis 10 Uhr und nachmittags von 13 bis 15 Uhr. Von 10 bis 11 Uhr und von 15 bis 16 Uhr war Repetitionsschule zur Wiederholung des Lehrstoffes.

Die meisten Kinder mussten aber noch vor Unterrichtsbeginn, z.B. in der Landwirtschaft, im Haushalt oder im Handwerk mindesten ein bis zwei Stunden mitarbeiten. So berichtete der Vater des Autors, der aus einem gut bürgerlichen Hause stammte, dass er noch Anfang des 20. Jahrhunderts jeden Morgen vor der Schule etwa 1 bis 2 Stunden „heimgeben" musste; d.h. die Familie machte täglich eine Menge Heimarbeit, die stets am Morgen abgeliefert und durch neue Rohware ersetzt werden musste.

Die normale Schule kostete vierteljährlich 12 und die Repetitionsschule 20 Kreuzer. Für die Armen war der Unterricht kostenlos. Aber es bestand keine Schulpflicht, und es ist auch nicht bekannt, wie hoch der Prozentsatz der Kinder war, die keine Schule besuchten. Aus einer Bemerkung von Gayler von 1840 ist lediglich überliefert, dass die Eltern ihre Kinder „gar nachlässig in die Schule schickten." Sie glaubten, es sei genug, wenn die Kinder ihren Namen schreiben und lesen konnten.

Als Schulgebäude diente das alte Lyzeum gegenüber der Marienkirche, in dem heute das Naturkundemuseum untergebracht ist.

Die Lehrer waren miserabel bezahlt und hatten demzufolge auch einen mangelhaften Unterricht erteilt. Die meisten waren kaum motiviert und konnten die Schüler wenig begeistern, weil sie pädagogisch einfallslos waren.

Der Unterricht beschränkte sich im Wesentlichen auf Religion, Latein, Geographie, Geschichte, Rechnen und Geometrie sowie die Anleitung, Briefe zu schreiben und andere schriftliche Zeugnisse abzufassen. Johann Jakob Fetzer schreibt dazu: „Das Gedächtnis füllte sich mit Namen, von richtigen Begriffen blieb der Kopf leer, und so fehlte auch die Angewöhnung zum Selbstdenken und Vergleichen." Deshalb sprach er von „übel bestellten Schulen in Reutlingen."

Den Lehrern der Lateinschule fehlte es, wie Fetzer kritisierte, an „Lebensklugheit, Menschenkenntnis, Welterfahrung, Freisinnigkeit und vielseitiger wissenschaftlicher Bildung sowie an philosophischen Studien". Unverrückt blieben sie an den hergebrachten, von den Vätern und Großvätern ererbten Lehrbüchern hängen, in welchen man das unverfälschte Luthertum zu finden glaubte. Dabei vergesse man aber oder wolle nicht begreifen, dass emsige Schriftforschung, welche freilich ohne tiefe exegetische und gründliche Kenntnis der hebräischen und griechischen Sprache keine gedeihlichen Fortschritte machen kann, von den ersten Reformatoren selbst geübt und von denselben nur der erste Anstoß zum Fortschreiten gegeben worden sei. Der Protestantismus dürfe aber nie stille stehen; stets müsse er in allseitigem Wissen und Forschen vorwärts schreiten. Jene Herren aber, welche den Geist der Reformation nicht erfasst hätten, suchten das Heil ihrer Schüler und Pfarrgemeinden in unverrücktem Stillestehen und Verharren beim Alten. Das Neue, obgleich das Bessere, sei ihnen ein Gräuel; den Gebrauch der Vernunft würden sie ächten, um selbst nicht vernünftig werden zu können und so sei es auch erklärlich, dass viele zum Pietismus und Mystizismus neigten und die Welt nur durch ihr gefärbtes Glas betrachteten, welche ihnen dann notwendig als der Inbegriff alles Verderbens erscheinen müsse, das man nicht stark genug reglementieren könne.

Es gab, wie gesagt, kaum geeignete Lehrbücher und schon gar keinen Lehrplan. Zum Lesen lernen diente der Brenz'sche Katechismus und das Lesebuch war das Neue Testament. Die Lektionen mussten stur auswendig gelernt werden. Das Unterrichtsziel bestand darin, dass die Schüler zu „Gottesfurcht, Fleiß, Gehorsam vor Obrigkeitspersonen und Geistlichen" erzogen werden. Der Stadtpfarrer, d.h. die Geistlichkeit, führte zugleich die Oberaufsicht über die Schule. Die Schüler mussten auch in den Chören der Gottesdienste mitwirken; d.h. am Samstagnachmittag proben und am Sonntag den Gottesdienst mitgestalten.

Insgesamt war der Unterrichtserfolg so dürftig, dass ein erwachsener Reutlinger Bürger kaum in der Lage war, einem Bürger in einer anderen Stadt eine schriftliche Mitteilung zu machen.

Vielfach ließ auch die Disziplin in der deutschen und der lateinischen Schule zu wünschen übrig. Trotz strenger Schulordnung fehle es an Disziplin, Zucht, Ordnung und Ehrbarkeit der Schüler. Besonders die Knaben verhielten sich ganz ungesittet; sie würden in- und außerhalb der Schule immer frecher werden; vor allem beim Gottesdienst, wobei es die „in der oberen lateinischen Schule am ärgsten" trieben.

Außerhalb der Schulordnung stand die Neben- oder Nachtschule, auch Stümpelschule genannt. Wahrscheinlich war diese Abendschule für Analphabeten gedacht, die als Erwachsene noch Lesen und Schreiben lernen wollten. Vermutlich, weil diese einträglicher war, als die normale Schule, wurde sie von den Lehrern der deutschen und der lateinischen Schule argwöhnisch als „Krebsschaden" betrachtet und entsprechend bekämpft.

Unter diesen Umständen war die Mediatisierung Reutlingens durch Württemberg nicht nur in wirtschaftlicher, sondern auch in schulischer Hinsicht ein Segen. Kurfürst Friedrich ordnete auch bald „die Vermehrung der Schullokale" und eine Erhöhung des Lehrergehaltes an, um die Schulverhältnisse in Reutlingen zu verbessern und in einen blühenden Zustand zu versetzen.

Um das Bildungsdefizit der Bürger etwas zu mildern, wurde 1828 mit der Gründung der „Bürgergesellschaft" ein literarischer Verein ins Leben gerufen, „in dem sich ledige Bürgersöhne zum Zwecke anständiger Geselligkeit und nützlicher Unterhaltung durch Lesen von Zeitschriften und Büchern" ihren dünnen Schulsack etwas vergrößern konnten. Bald darauf sind auch verheiratete Bürger in den Verein eingetreten. Um den Vereinszweck zu erfüllen, mietete die Bürgergesellschaft ein Vereinslokal an, in dem ein Lesezimmer und eine Bibliothek eingerichtet wurden. Das Lesezimmer wurde im Winter, „wenn es überhaupt nötig war" beheizt und beleuchtet. Dort herrschte eine strenge Ordnung; es durfte darin „weder geraucht, noch gesprochen, noch eine Erfrischung genossen werden." Diese Bildungseinrichtung bestand über 100 Jahre lang, bis die Vereinsbibliothek 1932 aufgelöst wurde. Zum Schluss hatte die Bibliothek einen Bestand von 1 500 Schriften. Darunter befanden sich etwa 960 Einzelwerke (vor allem Romane und Erzählungen), 420 größere Sammelwerke und gerade einmal 25 Jugendschriften. Außerdem konnten 10 Zeitungen und eine Anzahl von Karten eingesehen werden. Aber das Bedürfnis nach einem solchen Lesestoff war immer noch verschwindend gering. Das Lesezimmer und die Bibliothek wurden lediglich von ca. 50 Vereinsmitgliedern regelmäßig genutzt, und es wurden jährlich nur etwa 3 000 Ausleihungen getätigt.

Erst nach der Reichsgründung 1870/71 wuchs langsam das Bedürfnis nach einer höheren Allgemeinbildung und erst nach heftigen Widerständen wurde die alte Lateinschule, das Lyceum, am 15.10.1886 zu einem vollwertigen Gymnasium erhoben. Bis zum I. Weltkrieg war es, verglichen mit dem heutigen Friedrich List-Gymnasium, aber nur eine relativ kleine Anstalt. Die jährliche Schülerzahl ist damals nie über 200 gestiegen. (Heinrich Betz)

Bezüglich des Bildungsstandes seiner Mitbürger zieht Johann Jakob Fetzer 1832 folgendes Fazit: „Selten siedelte sich ein Reutlinger auswärts an, weil er die reichsstädtische Freiheit über alles schätzte, und ebenso selten wurde einem Fremden das Bürgerrecht zu Teil. Zu keiner Zeit gab es in Reutlingen Edelleute oder Patrizier; man duldete sie so wenig als die Juden. Dies hatte eine gewisse abstechende Einförmigkeit zur Folge, die man schon in der Sprache und Kleidung erkannte. Es ist auch nicht in Abrede zu stellen, dass Reutlingen zwar nicht in Biederkeit und echtem deutschen Sinn, doch in Bildung und Aufklärung hinter seiner Umgebung zurückstand."

Eindrücke des französischen Grafen de Serre über seine Aufenthalte in Reutlingen zwischen 1798 und 1800

In den Wirren der Französischen Revolution sind ca. 6 000 Adlige ins benachbarte Ausland emigriert. Dazu zählte auch der aus Lothringen stammende Graf Pierre-François-Hercule de Serre (1776–1824). Hierbei weilte de Serre zwischen 1798 und 1800 auch zeitweilig in Reutlingen, wo er von dem Konditormeister Wucherer und dessen Frau aufgenommen und sehr gastfreundlich behandelt wurde. Über seine Eindrücke berichtet er in einigen Briefen, deren Passagen hier nur insoweit zitiert werden sollen, als sie das Leben in Reutlingen betreffen und einen Einblick in die Lebensweise und Mentalität der damaligen Bevölkerung geben.

Pierre-François-Hercule de Serre um 1790, als der junge Adlige mehrfach in Reutlingen Zuflucht fand; aus: Junger, G.: Graf de Serre, Reutlingen, 1989.

Das Leben sei hier nicht teuer; für einen Louis d'or erhalte er Unterkunft und Verpflegung. In dieser kleinen Stadt, in der alle politisch gleichgestellt seien, gelte die Arbeit als Ehre, und wer nützlich sei, sei auch geachtet. Die Sitten dieser Leute gefielen ihm sehr; sie seien einfach, rechtschaffen und ungekünstelt. Es gäbe hier keinen Luxus und folglich auch überhaupt keine Ausgaben für Kleidung.

Zur Finanzierung seines Aufenthaltes bemühe er sich, in Reutlingen Schüler zu finden, denen er Französischunterricht erteilen wolle. Dies sei aber recht schwierig; denn, so schreibt de Serre: An einem Ort, wo jeder Arbeiter oder Handwerker ist, werde jede Art von Erziehung, die nicht unverzüglich Geld einbringt, so stark vernachlässigt, dass das Höchste für ihn wäre, eine irgendwie geartete Beschäftigung zu finden, um nicht unnütz zu erscheinen. Deswegen versuche er seinen Bekanntenkreis zu erweitern; wobei er mit viel Lob feststellt, dass er überall herzlich aufgenommen werde. Die Weinlese gehe zu Ende und man habe ihm überall Traubenkonfitüre und süßen Wein angeboten.

Auch mit dem Essen scheint er sehr zufrieden gewesen sein. Die Sauberkeit und Qualität lasse nichts zu wünschen übrig und alles, was er benötige oder wozu er Lust verspüre, würde man ihm besorgen.

Schließlich gelingt es dem Grafen auch, einige Schüler zu finden. Dabei stellt er erschreckende Bildungsdefizite fest. Dazu bemerkt er: Die Wahrheit ist, dass die Erziehung in dieser Stadt, die vollständig aus Arbeitern, Handwerkern und Händlern besteht, in höchstem Maße vernachlässigt werde, vor allem was die geistigen Gaben angehe. Die Klugen werden hier weder geachtet, noch ordentlich bezahlt; sie suchten ihr Glück woanders. Die Kinder verlassen mit 14 Jahren in gröbster Unwissenheit die Schule und man schicke sie gewöhnlich in die Fremde, in eine Werkstatt oder in ein Kontor, um dort eine Lehre zu machen.

Die großen Veränderungen, die seit einigen Jahren in Europa geschehen sind, hätten die Bewohner zwar ein wenig aus ihrer dumpfen Gleichgültigkeit aufgeweckt und sie ahnen lassen, dass ihr alter Schlendrian bei den neuen Verhältnissen wohl nicht mehr ausreicht. Sie hätten andere Menschen gesehen und empfinden nun, was ihnen fehlt, aber sie seien doch nicht stark genug, um sich anzustrengen und Opfer zu bringen, sich das Fehlende anzueignen. Er sei davon überzeugt, dass es in Reutlingen nur sehr wenige Eltern gäbe, die bei der hier herrschenden Sparsamkeit und Gewinnsucht dazu bereit seien, ihren Kindern eine gute Erziehung und eine ordentliche Ausbildung zu ermöglichen, die ihnen die Chance gäbe, ihr Vermögen zu nutzen und zu genießen: Unablässig erwerben und anhäufen ohne Geld auszugeben, das sei der Lebensstil der Reutlinger Bevölkerung.

Die Kunst des gesellschaftlichen Lebens, der Lebensgenuss als Kunst, steckten hierzulande noch in den Kinderschuhen. Anmut, Geschmack und Vergnügungen geistiger wie leiblicher Art seien unbekannte Dinge. Fast immer sei ein Scherz grobschlächtig oder unanständig und eine Unterhaltung führe fast immer zum Streit. Man komme nur bei Taufen, Beerdigungen usw. zusammen oder bei förmlichen Besuchen und die meiste Zeit werde gegessen und getrunken. Die Frauen seien immer unter sich und die Männer träfen sich in der Wirtschaft bei einer Flasche Wein.

Nach der Machtübernahme durch Napoleon konnte de Serre wieder nach Frankreich zurückzukehren. In der Zeit der Restauration wurde er für kurze Zeit Präsident der Abgeordnetenkammer, dann für einige Jahre Justizminister und schließlich französischer Botschafter in Neapel.

Johann Jakob Fetzer (1750–1844) – ein mutiger und streitbarer politischer Kopf

Johann Jakob Fetzer wurde am 23.8.1760 als Sohn des gleichnamigen Küferzunftmeisters und dessen zweiter Ehefrau Marie-Agnes in Reutlingen geboren. Im Gegensatz zu den meisten anderen Eltern, legten die Fetzers auf die Schulbildung ihres Sohnes großen Wert. Noch im hohen Alter konnte Fetzers Vater „lateinisch sprechen". Außerdem besaß er „viele gute Bücher."

Johann Jakob Fetzer (1760–1844); Bürgermeister und Publizist; Ölgemälde von K. G. Schweikart, 1797, Heimatmuseum Reutlingen.

Bereits im Alter von vier Jahren wurde der intelligente und aufgeweckte Junge auf die Schule geschickt, Durch die Förderung des Stadtpfarrers konnte er die Lateinschule besuchen; neben dem Latein lernte er durch Selbststudium u.a. Hebräisch, Syrisch und Arabisch. Nach dem Abschluss der Lateinschule begann er 1778 mit dem Studium der Theologie an der Universität Tübingen. Aber bald wechselte er das Studienfach und studierte Jurisprudenz. In Tübingen erlebte Fetzer wie die württembergischen Studenten auf den „plumpen Reichsstädter gar vornehm herabblickten." Seinen Fakultätswechsel begründete er damit, dass er nichts für wahr und wichtig halten könne, was der gesunden Vernunft entgegenstehe. Im Rahmen seines Jurastudiums begeisterte sich Johann Jakob Fetzer vor allem für deutsches Staatsrecht und Strafrecht. Sein Studium schloss er mit einer Dissertation über das Reutlinger Totschlägerasyl ab. Da dem betreuenden Professor das Thema offenbar zu heiß war, wurde Fetzer die sonst übliche Disputation (Thesenverteidigung) erlassen. Dennoch durfte er den Doktortitel führen.

Weil seine Vaterstadt auch nach über 50 Jahren immer noch unter den fatalen Folgen des Stadtbrandes von 1726 zu leiden hatte, verfasste Fetzer nach seinem Studium eine Abhandlung „Über Brandversicherungsanstalten, eine patriotische Vorsehung in Reichsstädten", worin er zeigte, „wie jede Reichsstadt von einiger Bedeutung eine eigene Assekuranz errichten und damit eine Leihanstalt (gemeint ist eine Kreditanstalt) verbinden könnte."

Seine politische und publizistische Tätigkeit in Reutlingen verwickelte ihn nach den Worten des Chronisten Memminger „in lebhafte Streitigkeiten mit dem Magistrat, die er jedoch ohne günstigen Erfolg bis vor den Reichshofrat in Wien verfolgte". Vier Jahre, von 1784 bis 1788, brachte er aus Anlass dieses Prozesses in Wien zu. Im Auftrag von Kaiser Josef II., dem er persönlich vorgestellt wurde, gab er den „Österreichischen Toleranzboten für alle Religionsgesellschaften in den k.und k. Erblanden heraus; d.h. einen Reichskalender für alle Religionen. Die erste Ausgabe erfolgte 1786 und wurde über 30 Jahre lang von Fetzer fortgeführt. Der „Toleranzbote" enthielt nebeneinander gestellt, einen katholischen, protestantischen, griechischen, russischen, jüdischen und türkischen Kalender. Außerdem verfasste Fetzer in Wien weitere Schriften, z.B. über „Das Lotto-Spiel", mit einer Schilderung der Gefahren des genuesischen Zahlenlottos.

Nach einem vierjährigen Aufenthalt in der Metropole des habsburgischen Kaiserreiches kehrte Johann Jakob Fetzer in seine Vaterstadt zurück, ehelichte 1788 seine erste Frau Wilhelmine Friederike Memminger, deren Familie nach seinen eigenen Worten „zu den ersten in der Stadt gehörte." Für den noch minderjährigen Bruder seiner Ehefrau leitete Fetzer vorübergehend das Handelsgeschäft seines verstorbenen Schwiegervaters und lebte im stattlichen Haus seiner Schwiegermutter am Marktplatz 5.

Schließlich erwarb das junge Paar ein eigenes Haus in der Kramergasse; (heute das Eckhaus Wilhelmstraße/Begerstraße), das für Jahrzehnte seinen Lebensmittelpunkt darstellen sollte. Bald darauf hat der neue Eigentümer das Haus vollständig umgebaut und erweitert. Sämtliche Umbaumaßnahmen hatte Fetzer selbst entworfen und dabei zahlreiche Ideen verwirklicht, die er in der österreichischen Hauptstadt kennen gelernt hatte. Deshalb konnte er in seinen Memoiren stolz vermelden, dass sein umgebautes Wohnhaus „zu den musterhaftesten" in Reutlingen zählte und er durch das vorbildliche Gebäude auch beim Bauwesen auf guten Geschmack geachtet und damit den Schönheitssinn in der Stadt geweckt habe.

Wegen der Brandkatastrophe von 1726 legte er auf die Feuersicherung seines Hauses großen Wert, die er u.a. durch den Bau von zwei feuersicheren Kellergewölben wesentlich verbesserte. Herzstück des Hauses war eine mit Hohlräumen versehene Treppe, von der er in seinen Lebenserinnerungen schreibt: „Die erste schwebende Treppe, durch die man nötigen Falls vermittelst einer Schlauchspritze das Wasser durch alle Stockwerke bis unter das Dach hinaufführen kann, habe ich hergestellt. Seither wurden nach diesem Muster viele eingerichtet."

In Besitz des Autors befindet sich ein „Rißbüchlein" von Johann Jakob Fetzer vom 21. Mai 1799. Darin übte er sich in der Abbildung von geometrischen Figuren. Diese Übungen stellte er unter das Motto: „Lust und lieb zu allen Dieng, macht alle Müh und Arbeit rieng (d.h. gering). Alles mit Gott und nichts mit den Menschen", von denen er offenbar genug Ärger erfahren hat.

Bereits nach vierjähriger Ehe verstarb Fetzers Frau im August 1792. Sie hinterließ einen Knaben namens Gustav, der beim Tod der Mutter erst ein Jahr alt war. Über ihn schreibt Fetzer 1832 in seiner Autobiografie: „Seiner mag ich hier nicht weiter erwähnen, weil er mir neben ungeheuren Kosten nur Verdruss, Bekümmernis und Kränkungen bereitete. Der größte Teil meines Vermögens ging durch seine Verschwendung und regellosen Lebenslauf in Rauch auf. Sich selbst hat er unglücklich gemacht."

Schon im folgenden Jahr verheiratete sich der Witwer mit Jakobine geb. Schreyvogel, die ihm weitere 11 Kinder gebären sollte.

In dieser Zeit betätigte sich Fetzer in seiner Vaterstadt als Jurist und Mitglied des Magistrats; 1796 wurde er Mitglied des Kleinen Rates, 1797 Bürgermeister und 1798 zum Amtsbürgermeister gewählt. In diesen Funktionen habe er, wie Memminger schreibt, sich viele Feinde geschaffen: „Ein gescheiter, aber unruhiger Kopf, leidenschaftlichen und gewalttätigen Sinnes, entfaltete er in diesen Stellungen eine wenig ersprießliche Tätigkeit und trug zum größten Teil schuld daran, dass gegenseitiges Misstrauen, Verleumdung und die unerquicklichen Injurienhändel die Bürgerschaft der kleinen zu Ende gehenden Republik in Aufregung hielten." Die Folge davon war, dass sieben Reutlinger Bürger an den kaiserlichen Reichshofrat in Wien eine Beschwerde richteten, die schließlich zur Amtsenthebung Fetzers führte. Nach „einigem Sträuben", so Memminger, fügte er sich diesem Beschluss.

Fetzer hatte aber in Reutlingen nicht nur Feinde, sondern auch treue Anhänger; so z.B. den Vater von Friedrich List, den Weißgerber Johannes List. Dieser setzte sich bei dem neuen Landesherrn, Herzog Friedrich, zusammen mit einigen anderen Reutlinger Bürgern dafür ein, dass Johann Jakob Fetzer, als der fähigste der drei studierten Reutlinger Juristen, nach der Mediatisierung als

Oberamtmann mit der Leitung des neu geschaffenen Oberamtes betraut werden sollte. Der Herzog lehnte dieses Ansinnen jedoch ab und setzte stattdessen den württembergischen Oberamtmann Dr. Friedrich August Sattler ein.

Gegen die harsche Kritik und die Verleumdungen, die Fetzer in Reutlingen zuteil wurden, nimmt ihn auch sein fast 30 Jahre jüngerer Landsmann Friedrich List in Schutz; an seine Frau Karoline schreibt er: „Fetzer ist arg verleumdet; ich will damit keineswegs alles als Unwahrheit darstellen, was man ihm nachsagt; aber vier Fünfteile davon kommen nun ganz gewiss auf Rechnung des Hasses, den die Beamten gegen ihn hegen."

Unter der württembergischen Herrschaft setzte Fetzer seine politische Agitation in oppositioneller und liberaler Richtung fort. Er war z.B. der Verfasser einer 1817 an den König eingereichten Klageschrift der Bürgerschaft gegen ihren Oberamtmann Veiel. Die Klageschrift wurde als unbegründet zurückgewiesen und Fetzer jede weitere Einmischung in die kommunalen Angelegenheiten der Stadt, sei es mit Rat oder schriftlichen Aufsätzen bei empfindlicher Strafe sowohl für ihn selbst, als für diejenigen, die sich an ihn wenden, untersagt.

Als List 1824 von der württembergischen Regierung gezwungen wurde, in die Vereinigten Staaten auszuwandern und dafür einen Bürgen benötigte, wandte er sich in einem Brief vom 24.11.1824 vom Hohenasperg aus an seinen Gesinnungsfreund Fetzer. Da Lists Verwandte eine entsprechende Bitte abgelehnt hatten, weil sie für sich selbst davon Nachteile befürchteten, entsprach Fetzer dieser Bitte. Als Lists Frau Karoline von dieser Absicht erfuhr, soll sie entsetzt gewesen sein und befürchtet haben: „Das werde einen Stein des Anstoßes geben." Darauf antwortete ihr Mann, dass er in Württemberg schon viel erlebt habe, dennoch glaube er nicht, dass Fetzers Name ihm neue Nachteile bringen werde. Fetzer war die Problematik durchaus bewusst. Deswegen fügte er seinem Antwortschreiben ironisch hinzu: die württembergische Regierung werde gewiss die Bemerkung machen, List könne ihn auch gleich mitnehmen. „Wäre ich jünger", so bekannte er offen, „das Meer sollte mich nicht schrecken."

In seiner letzten Lebensphase hat Fetzer noch zahlreiche größere und kleinere Schriften verfasst, die sich teilweise auf die Geschichte und Verfassung seiner Vaterstadt beziehen und vielfach die Ergebnisse seiner persönlichen Kämpfe sind. Im Jahre 1830 hat er sein zweibändiges Hauptwerk über das Thema „Teutschland und Rom" veröffentlicht, das eine starke rationalistische und antipäpstliche Tendenz aufweist. 1832 hat Fetzer das Manuskript einer Autobiografie verfasst, das dankenswerter Weise von dem ehemaligen Stadtarchivar Dr. Paul Schwarz transkribiert und veröffentlicht wurde. Im hohen Alter von 84 Jahren ist Johann Jakob Fetzer am 20.2.1844 in Reutlingen gestorben.

Drittes Kapitel
Vom Biedermeier bis zum I. Weltkrieg

Der Reutlinger Außenhandel bis zur Mitte des 19. Jahrhunderts und der Eninger Kongress

Bis zur Mitte des 19. Jahrhunderts konnte sich der Reutlinger Außenhandel nicht mit anderen Reichsstädten wie Esslingen, Rottweil, Augsburg oder Nürnberg messen. Die Stadt war vom Nachbargebiet weitgehend abgeschlossen, die württembergischen Straßen, die zum Stadtgebiet führten, waren schlecht. Die Schlagbäume und Zollstationen befanden sich in geringer Entfernung, – nur eine halbe oder eine Stunde Fußmarsch vom Stadtkern entfernt.

Reutlingen lag deswegen oft mit dem Herzogtum Württemberg wegen seiner Handelsinteressen im Streit. Als Beispiel für seine beengte Lage sei folgendes erwähnt: Im Jahre 1595 hatte Herzog Friedrich den Vogteien Urach, Tübingen, Nürtingen und Neuffen untersagt, irgend etwas auf die Wochen- und Jahrmärkte nach Reutlingen zu liefern. Die Reutlinger sollten ihren Bedarf im württembergischen Pfullingen decken.

Diese Umstände nutzten die Bewohner von Eningen, indem sie sich auf den Markt- und Hausierhandel

Betzinger Trachten; aus: A. Kretschmer: Das große Buch der Volkstrachten, Chromlithografie um 1890.

spezialisierten. Im 17. und 18. Jahrhundert haben über zwei Drittel der Eninger Bevölkerung mit dem Handel ihr Brot verdient. Bis etwa 1770 waren sie vorwiegend als Agenten für die Reutlinger Kramer tätig. Danach machten sich viele selbständig und handelten auf eigene Rechnung.

Die Eninger Kramer ließen sich in drei Gruppen einteilen. Die erste Gruppe waren Händler, die Waren in großem Stil einkauften und damit ein bedeutendes Vermögen machten. Einige davon besaßen florierende Handelsniederlassungen in der Schweiz, in Österreich und in Bayern. Die zweite Gruppe waren die Landkrämer, die ihren Bedarf bei Zwischenhändlern, z.B. in Reutlingen deckten und in Württemberg und den Nachbarländern die Märkte besuchten. Deswegen wurden die Waren, obwohl sie aus Reutlingen stammten, unter der Bezeichnung „Eninger Artikel" bekannt. Die dritte Gruppe waren die eigentlichen Hausierer, sog. „Kistenkrämer", die ihre Artikel z.B. Druckschriften und Kalender in Kisten, die sie auf dem Rücken trugen, von Markt zu Markt, von Ort zu Ort und von Haus zu Haus feilgeboten haben.

Die wichtigsten Ausfuhrartikel von Reutlingen bildeten damals Leder, Leim, Druckschriften, Reutlinger Spitzen, gestickte Geldbeutel, Bortenwirkwaren, gestickte Hauben, Barchent und Tücher, wozu noch Schuh- und Secklerwaren und Kutschen kamen.

Die Eninger Händler kamen von ihren Wanderungen nur zweimal im Jahr, an Jacobi und Weihnachten, in die Heimat zurück, um ihre finanziellen Angelegenheiten zu regeln und neue Ware einzukaufen. Zu beiden Terminen reiste eine große Anzahl von fremden Händlern herbei, die den Eninger Krämern ihre Waren anboten.

Diese zweimal jährlich wiederkehrenden Messen sind unter der Bezeichnung „Eninger Kongress" bekannt geworden. Bei diesen Versammlungen vollzog man die Abwicklung der abgeschlossenen Geschäfte, die Zahlung fälliger Rechnungen und den Abschluss neuer Geschäfte. Dabei wurden oft mehr als eine Million Gulden umgesetzt.

Durch die Mediatisierung Reutlingens und anderer Reichsstädte und durch den Anschluss des Königreichs Württemberg an den Zollverein von 1834 brach auch für Reutlingen die Zeit der Industrialisierung an, die zu einem enormen Aufschwung und zu wirtschaftlicher Blüte führte. Damit hat sich, wie der Chronist Memminger 1893 anerkennend bemerkte, die Vision bewahrheitet, was „Reutlingens großer Sohn Friedrich List mit prophetischem Auge vorausgesehen hatte und ihre Rückwirkung auch auf den Oberamtsbezirk ausübte."

Die Mediatisierung der Freien Reichsstadt

Der Friede von Lunéville am 9. Februar 1801 verschaffte Napoleon die Möglichkeit, auf der deutschen Staatenkarte eine „Flurbereinigung" vorzunehmen; denn in Artikel 7 dieses Vertrages war festgelegt worden, dass jene deutschen Fürsten, die auf dem linken Rheinufer Gebiete abtreten mussten, dafür mit rechtsrheinischen Territorien entschädigt werden sollten. Die geistlichen Gebiete wurden säkularisiert, d.h. aufgehoben und die weltlichen Gebiete (Reichsstädte und Reichsritterschaften) wurden von wenigen Ausnahmen abgesehen mediatisiert, d.h. größeren Territorien einverleibt. So schmolz die Zahl der deutschen Teilstaaten von über 300 auf ganze 39 zusammen. Diese Flurbereinigung ist auch als „Reichsdeputationshauptschluss" in die Geschichte eingegangen.

Neben Preußen wurden vor allem Bayern, Württemberg und Baden wesentlich vergrößert. Zudem belohnte Napoleon seine süddeutschen Bundesgenossen mit großzügigen Rangerhöhungen. Bayern und Württemberg wurden zu Königreichen und Baden zum Großherzogtum erhoben.

Am 12.7.1806 schlossen sich dann 16 west- und süddeutsche Reichsfürsten im „Rheinbund" zusammen und verpflichteten sich, an der Seite Napoleons zu kämpfen. Damit war neben Preußen und Österreich das „Dritte Deutschland" entstanden. Diese Konstituierung veranlasste den habsburgischen Kaiser Franz II. die Kaiserkrone des „Heiligen Römischen Reichs Deutscher Nation" niederzulegen und nur noch die österreichische Kaiserkrone zu tragen.

Von diesen geopolitischen Umwälzungen war auch das kleine Reutlingen betroffen. Nachdem der württembergische Regierungsrat Wächter am 8. September 1802 die bevorstehende Okkupation in Reutlingen verkündete, rückte einen Tag später der württembergische Hauptmann Eugen von Röder mit einer Kompagnie von 136 Mann in die Stadt ein und hielt sie bis zum 12.12.1802 besetzt. Wie die neuen Machthaber auftraten, schildert Johann Jakob Fetzer: „Oberst von Röder, sonst Raugele genannt, durchritt die Straßen der Stadt, als ob er Feinde aussuchen oder zu verfolgen gekommen wäre, mit einer Miene, als wolle er sagen: Nahet euch nur, ihr Unterjochten; wir werden euch in den Staub treten und zermalmen." Fetzer beschreibt die Haltung des neuen Landesherrn so: „Als seine Werkzeuge bediente er sich der Altwürttemberger, welche sich hoch geehrt fühlten, mit Stolz auf die Neuwürttemberger herab zu blicken und diese zu ihren erhabenen Füßen zappeln zu sehen."

Bereits am 23.11.1802 war der endgültige Anschluss Reutlingens an Württemberg vollzogen und Reutlingen zur Oberamtsstadt erklärt worden. Damit gehörte Reutlingen zu den neun schwäbischen Reichsstädten, die durch den Reichsdeputationshauptschluss ihre relative Souveränität verloren haben.

Das Reutlinger Inventar, das nun nach Württemberg eingebracht wurde, umfasste das engere Stadtgebiet mit 911 Häusern, 345 Scheunen, Werkstätten, Stallungen und anderen Gebäuden und einer Einwohnerzahl von 7798 Seelen; zweitens Betzingen mit 147 Häusern, 27 Scheunen und 959 Einwohnern; drittens Wannweil mit 64 Häusern, 24 Scheunen und 632 Einwohnern; viertens Bronnweiler mit 25 Häusern, 10 Scheunen und 119 Einwohnern und fünftens Stockach mit 25 Häusern, 22 Scheunen und 144 Einwohnern. Insgesamt also 1249 Häuser, 479 Scheunen und andere Gebäude und eine Seelenzahl von 10057 Einwohnern. Die Gesamtfläche dieses Territoriums umfasste 44,2 km.

Der erste Oberamtmann, den Herzog Friedrich mit der Leitung des Oberamtes betraute, war der Jurist Dr. Friedrich August Sattler, der als „ein Mann von energischem Geist, kenntnisreich und unbestechlich und streng in der Handhabung der Gerechtigkeit" gelobt wurde. Deshalb konnte er sich bei den neuen württembergischen Untertanen rasch Achtung verschaffen.

Der Herzog selbst ließ sich Zeit, um die persönliche Huldigung der Neuwürttemberger entgegen zu nehmen. Erst über 8 Monate nach der Besitzergreifung ließ sich der nun zum Kurfürst avancierte, gnädig dazu herab, der Stadt einen offiziellen Besuch abzustatten. Dabei kam er nicht in erster Linie wegen Reutlingen in die Stadt, sondern sein Hauptmotiv war der Besuch der Nebelhöhle, die aus diesem Anlass mit Fackeln hell beleuchtet war, und dieses Spektakel wollte sich der Kurfürst nicht entgehen lassen.

Der erste Besuch des neuen Herrschers erfolgte am 4. August 1803. Es war nur ein kurzer Aufenthalt von wenigen Stunden. Der Kurfürst wurde vor den Toren der Stadt von einer Abordnung empfangen und mit Musik in die Stadt geleitet. In Höhe des Metmannstores war ein hölzerner Triumphbogen aufgebaut, durch den der Herrscher und sein Gefolge die Stadt betraten. Dort waren die Zünfte sowie die Bürger und die Schuljugend in festlicher Kleidung versammelt und ließen den Kurfürsten hoch leben. Dabei soll er zu dem Oberamtmann gesagt haben: „Sagen Sie den Bürgern, dass ich mit ihnen zufrieden bin."

Dann ging es Richtung Albtor, wo ein zweiter Triumphbogen errichtet war, und dann weiter zur Nebelhöhle. Auf dem Rückweg hat der Herrscher nochmals in Reutlingen einen kurzen Halt eingelegt und ist dann nach Tübingen weitergereist.

Der Chronist Memminger kommentierte 90 Jahre später die Mediatisierung der Stadt mit den Worten: „Wohl musste für die kleine Republik der Verlust der Reichsfreiheit wenigstens zu Anfang schmerzlich sein; allein die Wandlung war notwendig. Der winzige Staat, dessen Schlagbäume sich eine oder eine halbe

Stunde entfernt von der Stadt erhoben, war weder den Anforderungen noch den Stürmen der Zeit gewachsen. Das ganze 18. Jahrhundert war für die Stadt größtenteils nur eine Schule des Leidens, eine Zeit vielfachen Rückgangs und eines immer erneuten Kampfes um die Existenz. Dazu kam, dass das kleine Gemeinwesen namentlich gegen Ende des Jahrhunderts durch innere Kämpfe, durch den Geist der Verleumdung und Verfolgung in seinen tiefsten Grundlagen erschüttert war. So kann man es als eine für Reutlingen wohltätige und heilsame Fügung des Schicksals bezeichnen, wenn es jetzt einem durch Stammesgleichheit, Religion und langjährige politische Berührung verwandten größeren Staatengebildes einverleibt wurde, wie solches damals unter der kraftvollen und energischen Regierung Friedrichs von Württemberg sich zu bilden anfing."

Friedrich List, der als 14jähriger die Huldigung der Bürger miterlebte, teilte diese Meinung, wenn er schreibt, dass seine Vaterstadt damals ein „kurioses Gebilde" war, das in seinen Strukturen „versteinert" und „vermoost" war und wie die anderen Reichsstädte zu „einer halben Mumie" geworden sei.

Wie haltlos die Zustände in der Reichsstadt geworden sind, zeigt sich u.a. daran, dass Reutlingen gegenüber Württemberg andere Gewichts-, Längen- und Hohlmaße hatte. Ebenso war das jährliche Wahlprozedere für den Magistrat und die Zünfte viel zu umständlich und kontraproduktiv. Auch das Zunftwesen und die wirtschaftliche Abschottung waren überholt. Das Erziehungs- und Medizinalwesen waren völlig unzureichend und der Bildungsstand der Bevölkerung sehr niedrig.

Aber es gab auch Stimmen, die sich vom württembergischen Vorgehen unterjocht fühlten. So mussten alle reichsstädtischen Symbole, nicht zuletzt die Reichsadler entfernt werden. Hermann Kurz bezeichnete diesen Bildersturm als „schreckliche Ausrottungsjagd". Diesem Dekret viel u.a. auch der Reichsadler über dem Torbogen des Spitals zum Opfer. Er wurde übertüncht und erst später wieder aufgemalt. Der einzige Reichsadler, der diesen Bildersturm überlebte, befindet sich im obersten Schlussstein der Taufkapelle in der Marienkirche über dem Taufstein. Da dieser unerreichbar war oder zumindest nicht die Mühe lohnte, blieb er bis heute erhalten. Hermann Kurz berichtet, wie sehr er sich und seine Freunde über dieses reichsstädtische Überbleibsel freuten.

Ähnliches berichtet Johann Jakob Fetzer in seinen Lebenserinnerungen: „Wo die württembergischen Kommissionäre einen Adler erblickten, musste dieser weggerissen werden. Auf dem Rathause befand sich ein solcher am Dachfahnen. An einem Sonntage, während des Nachmittagsgottesdienstes, musste ein Maurer hinauf steigen, um denselben herunter zu holen. Die in Stein gehauenen, mussten zertrümmert werden. Es war, als sollte jedes Andenken an vorige Zeiten verwischt werden. Dem Amtsbürgermeister Fleischhauer wurde sogar das Taschensiegel abgenommen, weil ein Adler darauf war." Ferner mussten die beiden Ratsdiener ihre roten Röcke mit schwarzen Aufschlägen und weißen Westen, welche den drei Stadtfarben entsprachen, ablegen und gegen gelbe eintauschen.

Allerdings änderte sich in den ersten beiden Jahrzehnten durch die neue Verwaltung nicht viel; manches verschlechtere sich sogar. So wurde z.B. durch die Einschränkung der Pressefreiheit die Arbeit der Reutlinger Buchdrucker wesentlich erschwert.

Die beiden Oberamtmänner, die nach Dr. Sattler nach Reutlingen abgeordnet wurden, waren krasse Fehlbesetzungen. Der erste, Johann Jakob Gunzenhäuser, der von 1807 bis 1810 das Oberamt leitete, wurde nach Reutlingen strafversetzt und dessen Nachfolger, Johann Jakob Veiel, war ein ebenfalls schwieriger und aufbrausender Charakter, der zudem die Zügel in der Verwaltung und insbesondere bei den Steuereinnahmen schleifen ließ. Unter seiner Amtsführung sind die Steuerrückstände auf 10 Jahre angewachsen. Ferner betrieb Veiel „Vetterleswirtschaft" und war sicher auch nicht unbestechlich. Er war mitverantwortlich, dass die Familie von Friedrich List von schweren Schicksalsschlägen betroffen wurde.

Lists Bruder, Johannes, benötigte für die geplante Eheschließung eine behördliche Bescheinigung, welche ihn vom Militärdienst befreite. Diese hätte ihm Veiel kostenlos oder gegen eine geringe Gebühr ausstellen können. Der Oberamtmann weigerte sich jedoch bzw. zeigte sich nur dann dazu bereit, wenn Lists Bruder 10 Louis d'or „springen lasse". Da sich dieser nicht darauf einließ, musste er nach Stuttgart reiten, um sich die Bescheinigung beim Militärdepartement ausstellen zu lassen. Auf dem Rückweg stürzte er vom Pferd und wurde dabei so schwer verletzt, dass er zwei Tage später unter qualvollen Schmerzen verstarb. Der Vater war von diesem Verlust so tief betroffen, dass auch er wenige Wochen später aus Gram verstorben ist. Als seine Frau wegen des Erbes eine unbedeutende Anordnung des Oberamtes missachtete, ließ sie Veiel wie eine Schwerverbrecherin von der Polizei in ihrem Haus abholen und auf das Oberamt bringen. Dort wurde sie in brutalster Weise von dem Oberamtmann abgekanzelt. Er schrie die arme Frau an und sagte zu ihr, dass er „ihren himmelsakramentischen reichsstädtischen Hochmut schon noch austreiben werde." Diese demütigende und beleidigende Behandlung sowie der Tod ihres Mannes und ihres Sohnes haben der eingeschüchterten Frau so zugesetzt, dass auch sie kurze Zeit später aus Kummer an einem „Nervenschlag" gestorben ist.

Dieser Vorgang zeigt, wie aus den selbstbewussten Reisstädtern durch die Mediatisierung württembergische Untertanen geworden sind.

Der Abriss der Stadtmauer und was davon übrig geblieben ist

Spätestens seit 1803 als Reutlingen die Funktion einer Freien Reichsstadt verloren hatte und württembergische Oberamtsstadt wurde, hatte die Stadtbefestigung ihren Sinn verloren. Denn jetzt gab es praktisch keinen potenziellen Feind mehr. Aber im Grunde genommen war sie schon seit dem ausgehenden Mittelalter aufgrund der veränderten Wehrtechnik veraltet und nutzlos geworden.

Deshalb wurde sie auch von den Bürgern zweckentfremdet und ihrem Schicksal überlassen. Auf den Wehrgängen häufte sich allerlei Unrat; außerdem wurden diese als Lagerplatz, insbesondere für Brennholz benutzt, weil in den engen Gassen und in den Häusern dafür nicht genügend Platz war. Außerdem wurden die witterungsbedingten Schäden nicht mehr ausgebessert, sodass die Stadtmauer zu Begin des 19. Jahrhunderts an vielen Stellen marode und baufällig war.

Partie an der Stadtmauer, Bleistiftzeichnung von Luise Hufnagel von 1856, aus: Stadt Reutlingen; Stadtbildgeschichte, Reutlingen 1990, Seite 169.

Man sieht, wie brüchig und baufällig das Mauerwerk der Stadtmauer in der ersten Hälfte des 19. Jahrhunderts war. Der Wehrgang ist eingebrochen und mit Gras überwuchert. Im Bild sind zwei Anwohnerinnen im sog. „Gassensitz" zu sehen, die mit der Herstellung von Häkel-, Strick- oder Klöppelarbeiten vor ihrer Behausung beschäftigt sind.

Der noch nicht aufgefüllte Stadtgraben mit dem Eisturm; im Hintergrund das Vortürmlein zu dem schon abgerissenen Mühltor; aus: Schwarz, P. und Schmid, H.-D: Reutlingen – aus der Geschichte einer Stadt, Reutlingen 1973, Seite 162.

Dies waren auch für Friedrich List die Gründe, auf die Gefahren der Stadtbefestigung aufmerksam zu machen, als er 1816 vom württembergischen Innenministerium den Auftrag erhielt, sich nach Reutlingen zu begeben, um sich mit dem Bürgermeister und dem Magistrat der Stadt über die vorhandenen Missstände und Schwachstellen in der Gemeindeverwaltung zu beraten und Verbesserungsvorschläge auszuarbeiten.

Bei diesen Beratungen kam neben vielen anderen Punkten auch die Stadtbefestigung zur Sprache. List gab zu bedenken, dass der Unterhalt der Tore, Türme, Mauern und Vorwerke sehr kostspielig sei. Der ursprüngliche Zweck der Bauwerke sei weggefallen und sie schadeten jetzt der Gesundheit und Bequemlichkeit. Ganz besonders zu beanstanden, weil sehr feuergefährlich für die ganze Stadt, sei die hölzerne Bedeckung der Stadtmauer durch das dort gelagerte Brennmaterial. Er befürchte ein ähnliches Unglück wie 1726, zumal es in der Stadt auch danach immer wieder kleinere Brände gegeben hatte.

Bürgermeister Wunderlich, der die Diskussion leitete, pflichtete diesen Argumenten bei. Er sehe die Gefährlichkeit der Sache ein, und man habe schon öfters mit dem Magistrat darüber gesprochen; man habe eine Strafe darauf gesetzt, dass niemand etwas auf der Stadtmauer lagern solle. Aber dies alles habe nicht den gewünschten Erfolg gebracht. Er sei deshalb auch mit dem Abbruch der Holzbedeckung einverstanden.

So weit wollte List aber nicht gehen. Er plädierte dafür, zunächst einen Bausachverständigen mit der Ausarbeitung eines Planes für dieses Vorhaben zu beauftragen und – was für ihn besonders wichtig war – den Plan der Bürgerschaft bekannt zu machen; d.h. nicht über die Köpfe der Bürger hinweg eine Entscheidung zu treffen. List sprach sich also für ein behutsames Vorgehen aus.

Als vier Jahre später mit dem Zuschütten des Stadtgrabens und mit dem Abriss der Mauer begonnen wurde, spielte Lists Diskussionsbeitrag keine Rolle mehr. Die politische Verantwortung für die Beseitigung der Stadtbefestigung, die sich über das gesamte 19. Jahrhundert erstreckte, kommt damit faktisch den damaligen Entscheidungsgremien der Stadtverwaltung zu.

Lediglich drei Türme des inneren Mauerrings, das Tübinger Tor, das Gartentor und der Kesselturm sowie zwei der ca. 20 Zwingertürme, der Eisturm und der Runde Turm sowie kleinere Teile des Wehrganges an der Stadtmauerstraße und am Oberen Bollwerk sind vom Abriss verschont geblieben.

Dass das Tübinger Tor nicht auch dem Abriss zum Opfer gefallen ist, ist keine Selbstverständlichkeit. Zwischen 1860 und 1890 gab es von den Anwohnern der Katharinenstraße immer wieder die Forderung, auch dieses alte „Glomb" abzureissen; es sei finster, kahl, verwittert und baufällig. Es behindere die Stadterweiterung und werde nachts als Pissoir verwendet. Außerdem fielen ständig Ziegel, Fensterläden und Mörtel herab.

Die Gegner des Abbruchs gaben zu bedenken, dass die Reutlinger schon wegen des Feuersignals und des Uhrenschlages nicht auf das Tübinger Tor verzichten könnten. Die Abrissbefürworter konterten mit dem Argument: Im Jahre 1865 habe man ja an der Tübinger Straße die Frauenarbeitsschule gebaut und auf dem Dach einen kleinen Uhrturm errichtet. Die Reutlinger könnten nun dort sehen, wie viel Uhr es ist.

Schließlich wurden Unterschriften für den Abriss gesammelt, wobei 411 von den Anwohnern der Katharinenstraße zusammen kamen. Letzten Endes haben dann das allmähliche Interesse an „Altertümern" und denkmalpflegerische Gesichtspunkte dazu beigetragen, dass das Tübinger Tor erhalten geblieben ist.

Eine historische Romanze auf der Achalm

Die lieblichen Spaziergänge an der Achalm, die beglückende Natur, die zauberhaften Ausblicke auf das Echaztal und die anmutige Kulisse der Schwäbischen Alb sind dazu geschaffen, romantische Gefühle zu wecken und die Herzen zu öffnen. Unzählige Bekanntschaften sind dort zu Freundschaften geworden, viele Liebespaare haben dort zu einander gefunden und nicht wenige haben sich auf der Achalm das Ja-Wort zum gemeinsamen Lebensweg gegeben.

Eine solche Verlobung ist von dem späteren Arzt und Dichter Justinus Kerner (1786–1862) überliefert, der als Dichter des Textes der Schwäbischen Nationalhymne unsterblich geworden ist: „Preisend mit viel schönen Reden ihrer Länder Wert und Zahl, saßen viele deutsche Fürsten einst zu Worms im Kaisersaal – Eberhard, der mit dem Barte, Württembergs geliebter Herr, sprach: ‚Mein Land hat kleine Städte, trägt nicht Berge silberschwer – Doch ein Kleinod hält's verborgen; dass in Wäldern noch so groß, ich mein Haupt kann kühnlich legen, jedem Untertan in Schoß!' – Und es rief der Herr von Sachsen, der von Bayern, der vom Rhein: Graf im Bart, Ihr seid der reichste; Euer Land trägt Edelstein!"

Kerner studierte in Tübingen Medizin und hat sich dort mit Ludwig Uhland und Karl Mayer befreundet. Alle drei haben sich als schwäbische Schriftsteller und Dichter einen Namen gemacht. Kerner hat sich später als Arzt in Weinsberg niedergelassen und ist wegen seines ausgeprägten Interesses für Mystik und okkulte Erscheinungen (Somnambulismus und Spiritismus) wie auch durch seine volksliedhafte Lyrik und seine Romane bekannt geworden. Uhland hatte schon als Student wegen seiner Lieder und Balladen einen Namen und Karl Mayer ist später als ein Meister kleiner sinniger Naturlieder hervorgetreten.

Am 26. April 1807 unternahmen die drei Freunde eine Wanderung von Tübingen auf die Achalm. Man feierte Uhlands 20. Geburtstag. Als sie auf dem Gipfel des Reutlinger Hausberges angekommen waren, trafen sie dort einige junge Damen an. Man flirtete miteinander und unterhielt sich gut gelaunt. Lediglich eine der Damen zeigte sich ernst und in Gedanken verloren. Es war Friedericke Ehmann, die kurz zuvor ihren Vater und schon in ihrer Kindheit die Mutter verloren hatte und jetzt bei Verwandten in Tübingen lebte.

Kerner, dem das traurige Gemüt der Dame auffiel, sprach sie mit den Worten von Johann Wolfgang v. Goethe an:

„Wie kommt's, dass du so traurig bist,
Da alles froh erscheint?
Man sieht Dir's an den Augen an,
Gewiss hast Du geweint.

Die angesprochene Friedericke antwortete sogleich mit der zweiten Strophe des Goethegedichtes:

„Und hab ich einsam auch geweint,
So ist's mein eig'ner Schmerz,
Und Tränen fließen gar so süß,
Erleichtern mit das Herz."

Gäste im Kernerhaus in Weinsberg; von links: der Sohn Theobald Kerner, der Dichter Nikolaus Lenau, der Bruder des Königs Graf Alexander von Württemberg, der Dichter Karl Mayer, der Arzt und Dichter Justinus Kerner, Friederike Kerner, der Dichter Ludwig Uhland und der Schriftsteller Karl August Varnhagen von Ense; zeitgenössische Lithografie.

Der junge Medizinstudent war über diese prompte Antwort so entzückt, dass er sich noch auf der Achalm im Beisein seiner Freunde mit Friedricke Ehmann verlobte. Die von Kerner liebevoll „Rickele" Genannte ist später als die „Doktorsfrau" und außerordentlich großherzige Gastgeberin in die schwäbische Geistesgeschichte eingegangen.

Was der junge, damals mittellose Medizinstudent Justinus Kerner auf jener denkwürdigen Wanderung empfunden hat, beschreibt er in einem Vierzeiler:

> „Über den Fildern, über den Bäumen
> auf der Achalm hohen Haupt
> Sah ich sie im Gold des Morgen,
> Hat sie mir das Herz geraubt."

Im Hochgefühl des Glücks hat Justinus Kerner seiner Friedericke einen Verlobungsring anfertigen lassen, in den er auf der Innenseite die Worte: „Liebe –

Treue – Glauben." und auf dem Schilde das Wort „Achalm" eingravieren ließ. Später haben sich die drei Freunde noch oft an diesen denkwürdigen Tag erinnert.

Während Kerner ein kauziger Sonderling war, der mit selbstsicherer, fast weltmännischer Unbefangenheit gegen jedermann aufgetreten ist und zahllose Patienten behandelt hat, aber mit Gelddingen nicht umgehen konnte, war sein Rickele, die ihren Hausstand mit heiterem Gleichmut führte, die Stütze der Familie. Im Laufe ihres Lebens hat sie in ihrem offenen Haus über 1 000 Besucher und Gäste aus allen Schichten der Bevölkerung und zahlreiche Gäste aus dem Ausland empfangen und freigiebig bewirtet. Viele Grafen und andere hochgestellte Persönlichkeiten gaben sich im Kernerhaus ein Stelldichein.

Als das Rickele 1854 verstarb, war auch Justinus ein gebrochener Mann. Acht Jahre später folgt er ihr in das gemeinsame Grab, das unter einem Baum einen einfachen Stein mit der Aufschrift trägt: „Friedericke Kerner und ihr Justinus".

Zu den zahlreichen Besuchern, die im Kernerhaus verkehrten, zählte auch Friedrich List. Über seine besondere Beziehung zu Justinus Kerner berichtet dessen Sohn Theobald: „Ich erinnere mich aus frühester Kindheit, dass mein Vater und List sich immer mit ‚Er' anredeten. ‚Alle Welt nennt sich ‚Du' oder ‚Sie', wir wollen uns ‚Er' titulieren, hatte einst List gesagt."

Theobald fügt noch folgende nette Geschichte hinzu: „Einst fuhr List im Einspänner meines Vaters mit dem späteren Gemahl Bettinas, Achim von Arnim, nach Heilbronn. Mein Vater kutschierte. List und Arnim hatten schon in Weinsberg einen heißen politischen, nationalökonomischen Streit miteinander gehabt, den sie in der Chaise des Doktors fortsetzten. Plötzlich kam ein Gewitter mit starkem Platzregen. Mein Vater flüchtete sich vom Bock in die Chaise und kutschierte von da aus. List und Arnim, der Volkstribun und der Patrizier, mussten sich abwechselnd auf den Schoß nehmen.

Ich weiß noch, wie mein Vater erzählte: Im Anfang saß List auf Arnim und zwar aus lauter Gutmütigkeit. Er machte sich in seinem grauen Flaus nichts daraus, dass der Regen auf ihn einspritzte und wollte dem fein gekleideten Arnim sozusagen als Spritzleder dienen. List war aber in der Lebhaftigkeit des Gesprächs so unruhig, bald aufspringend von Arnims Schenkel, bald wieder prall auf denselben niederfallend, dem Freiherrn quasi a posteriori die Richtigkeit seiner nationalökonomischen Ansichten beweisend, dass Arnim es bald vorzog, sich auf den Schoß von List zu setzen, von dessen Arm umspannt, er sanft ruhte und dafür aber auch wieder bärenhaft gedrückt wurde. Beide waren froh, als die kleine Kutsche sich in Heilbronn am Gasthof ‚Zur Sonne' zum Aussteigen öffnete; aber das Liebe an der Geschichte war, dass sie als recht gute Freunde schieden und dankbar Gottes gnädige Fügung anerkannten, der durch direkten Einfluss des Himmels die nord- und süddeutschen widerstrebenden Elemente so gründlich zu einem einigen Deutschland amalgamiert hatte."

Achim v. Arnim war ein preußischer Edelmann. Er hatte Jura, Mathematik, Physik und Chemie in Halle studiert und 1799 seine erste Schrift über den „Versuch einer Theorie elektrischer Erscheinungen" veröffentlicht. Später war er Schriftsteller und Mitherausgeber der berühmten Volksliedsammlung „Des Knaben Wunderhorn".

Die Hungerjahre von 1811 bis 1817

Die napoleonischen Kriege und die Befreiungskriege seiner Feinde haben im zweiten Jahrzehnt des 19. Jahrhunderts ganz Europa ins Elend getrieben. Verschärfend kamen noch die Hungerjahre von 1811 bis 1817 hinzu. Davon blieb auch Reutlingen nicht verschont.

Bereits 1811 herrschte im Juni und Juli starkes Regenwetter, sodass das Heu auf den Wiesen verdarb und die Feldfrüchte regelrecht im Regen „versoffen" sind. Man konnte deshalb nur eine magere Ernte einfahren.

Das folgende Jahr war noch schlechter. Es war ein kaltes und nasses Jahr mit viel Frost und Hagelschlag. Ebenso das nächste Jahr 1813, in dem die Wein- und Obstblüte im Frühjahr erfroren war. Außerdem war der Sommer so nass, dass viele Weinberge abrutschten. Aber es sollte noch schlimmer kommen. Der Winter 1814/15 war bitterkalt, sodass die Bäume und Weinstöcke durch den Dauerfrost schwer geschädigt wurden. Im April wurde dann die magere Blüte durch erneuten Frost stark geschädigt. Deshalb ist die Ernte fast vollständig ausgefallen.

Das grenzenlose Elend erreichte 1816/17 seinen Höhepunkt. Vom Mai bis zum Juli 1816 regnete es ununterbrochen 75 Tage lang. Wiesen und Äcker waren vom Regen überflutet. Frost, Hagelschlag und Überschwemmungen traten noch verschärfend hinzu. Am 31. Juli 1816 schneite es auf der Schwäbischen Alb, und in der Schweiz musste das Vieh von den Almen abgetrieben werden. Da es kein Grünfutter und kein Heu gab, musste das Vieh seine eigene Milch saufen.

Bereits am 22. Oktober gab es starken Reif; die spärliche Traubenernte wurde in Säcken eingefahren und mit dem Rollstein zu Most zermahlen. Viele Weingärtner verzichteten aber auf eine Ernte, was sie später bereuten, weil die anderen doch noch einen brauchbaren Haustrunk daraus herstellen konnten.

Es war nun das fünfte Jahr, in dem die Ernte fast vollständig ausgefallen war. Deshalb herrschten überall Jammer und große Not.

Bei den Feldfrüchten sowie beim Gras und Heu war die Situation kaum besser. Zu allem Unglück gab es auch noch eine große Mäuseplage. Die Mäuse durchwühlten die Fruchtäcker und füllten ihre unterirdischen Vorratskammern mit den wenigen Feldfrüchten. Viele arme Leute suchten mit der Hacke nach diesen Speichern, um etwas Essbares zu finden.

Die jahrelange Missernte führte zu einer beispiellosen Hungersnot und zu einer enormen Verteuerung der Nahrungsmittel. Sehr viele Menschen ernährten sich von ungewöhnlichen Speisen; man versuchte, Gras zu kochen und Brot aus Kleie und Baumrinde zu backen. Viele kochten sogar Schnecken und Rossfleisch und aßen Habermauchen und Brennnesseln anstelle von Spinat. Den Bauern war es noch nicht einmal erlaubt, in den herrschaftlichen Wäldern „Laubstreu" zu rechen; sie mussten zur Streckung der Futtermittel sogar Weinlaub verfüttern.

Die Teuerung erstreckte sich über den größten Teil von Europa. Für die deutschen Staaten wurde viel russisches Getreide aufgekauft; aber wegen des weiten Transportweges vom Schwarzen Meer ließen die Lieferungen lange auf sich warten. Ein Zweikreuzerwecken war nun noch so groß wie ein Hühnerei. Viele Leute verkauften Hausrat und Betten, um für sich und ihre Kinder etwas Brot zu ergattern, um das man sich beim Bäcker reißen musste. Viele Bauern versteckten ihre bescheidenen Vorräte unter dem Heu und unter Fässern, um später noch höhere Preise zu erzielen.

Die Not und Verarmung setzte sich bis zum Sommer 1817 fort. Auch das Frühjahr dieses Jahres war noch so nass, dass wieder zahlreiche Weinberge abrutschten. Dennoch brachte dieser Jahrgang „das beste Getreide, dessen man sich nach vielen Jahren erinnern konnte, nebst dem, dass alle Arten von Gemüse und Hülsenfrüchten im Übermaß gediehen sind, so dass man sich wieder auf das allerherrlichste mit Speisen erquicken und sättigen konnte," – wie es in einem in Reutlingen gedruckten zeitgenössischen Flugblatt formuliert wurde.

Am 23. Juli 1817 wurde in Reutlingen der erste Erntewagen mit Wintergerste eingefahren. „Der festlich bekränzte Wagen wurde vor der Stadt von der Schuljugend und ihren Lehrern mit Fahnen, Blumenkränzen und Gesang, sowie von einer Masse Volks mit bleichen, abgemagerten, oft aufgedunsenen Gesichtern unter Tränen des Danks und der Freude empfangen und zur Kirche begleitet, wo ein herzliches Dankfest gefeiert wurde." (Bames)

Drittes Kapitel · Vom Biedermeier bis zum I. Weltkrieg

Feierlicher Einzug des ersten Erntewagens nach den Hungerjahren von 1811–1817; kolorierter Einblattdruck aus Reutlingen; Original im Besitz des Autors.

Außerdem wurde zu diesem Anlass ein Sinnspruch gedruckt, indem die Güte Gottes gelobt und die Dankbarkeit für seinen Segen zum Ausdruck gebracht wird. Dieser lautet:

„Herr, gib uns täglich Brod
Aus Gnaden immerdar!
Vor Mangel, theurer Zeit
Uns fernerhin bewahr.

Lobe den Herrn!
der dein
Leben vom Verderben errettet."

Sinnspruch aus Reutlingen zur Beendigung der Hungerjahre; Original im Besitz des Autors.

Eine Mordtat in Reutlingen im Jahre 1829

Am 18. Juli 1829 wurde der Mörder Joseph Brehm auf dem an der Alteburgstraße, jenseits des Breitenbaches gelegenen Richtplatz, von dem Reutlinger Scharfrichter Kratt mit dem Schwert enthauptet. Dies war die vorletzte öffentliche Enthauptung in Reutlingen. Ab 1850 wurden die Todesstrafen im Königreich Württemberg mit dem Fallbeil am Sitz des Schwurgerichtes und des Gerichtshofes in Tübingen vollstreckt.

Brehm wurde nach seiner Verurteilung in einer alten Chaise vom Rathaus aus in Begleitung von zwei Geistlichen zum Richtplatz geführt sowie von der Stadtgarde und 60 Landjägern (d.h. Polizisten) eskortiert. Dabei muss es einen ungeheuren Volksauflauf gegeben haben, der nach den Worten des Chronisten Carl Bames, in doppeltem Sinne so viel Staub aufgewirbelt hat, „dass man glaubte, die Stadt brenne." Gegen 10 Uhr morgens wurde das Urteil vollstreckt und danach der Leichnam in die Anatomie nach Tübingen gebracht.

Joseph Brehm war Pfarrverweser an der Marienkirche in Reutlingen. Er wurde am 5.1.1790 in Neuenstadt an der großen Linde geboren. Sein Vater war Wundarzt und Geburtshelfer. Der Sohn besuchte in Stuttgart das Gymnasium und anschließend das evangelische Seminar in Tübingen. Nach seiner Ausbildung zum Vikar war er in Plochingen, Heiningen und Zuffenhausen tätig, ehe er am 2.3.1816 als zweiter Pfarrhelfer in Reutlingen angestellt wurde.

Dort verheiratete er sich am 19.8.1821 mit einer der angesehensten Töchter der Stadt, der Tochter des verstorbenen Stadtpfarrers Kamerer. Der Ehestand muss aber für die kaum 18jährige, sanftmütige Frau die Hölle gewesen sein. Denn unmittelbar nach der Hochzeit zeigten sich der niedere Charakter und der schmutzige Geiz des Vikars. Die Ehefrau ertrug das Martyrium nicht ganz 5 Monate und kehrte dann in das mütterliche Haus zurück. Erst drei Jahre später, am 15.1.1825, konnte die Ehe geschieden werden.

Brehm nahm daraufhin die Tochter „eines ganz armen hiesigen Weingärtners" als Dienstmagd in seine Wohnung. Diese soll „einäugig und auch sonst äußerlich hässlich" gewesen sein.

Schon bald darauf verbreitete sich das Gerücht, dass die Dreißigjährige schwanger sei und niemand anderes als der Pfarrhelfer der Vater sein könne. Dieser und die werdende Mutter leugneten dies jedoch beharrlich.

Als die Magd am 27. und 29.8.1828 das Haus nicht verlassen hatte, schöpften die Nachbarn Verdacht, dass sie niedergekommen sei. Dieser wurde am 30. August zur Gewissheit, als man Spuren einer Geburt und dann den Leichnam des Kindes im Keller des Brehm'schen Wohnhauses gefunden hat.

Zunächst nahm die Magd alle Schuld auf sich, ehe der Vater überführt werden konnte. Er hatte den Säugling der Mutter weggenommen und ihn 17 Stunden lang ohne „Nahrung, Pflege und Bekleidung" liegen lassen und ihn, nachdem er „dennoch nicht verschmachtet" war, mit einem Tuch um den Mund erstickt. Dann verscharrte er das Kind im Keller seines Hauses und sagte der Mutter, dass es gestorben sei.

Der Reutlinger Chronist Carl Bames kommentierte diese Mordtat mit den Worten: „Wie leicht hätte Brehm der Magd eine Summe Geldes geben und sie aus dem Haus schicken können. Und auch noch nach der Geburt hätte er mit Geld bewirken können, dass sie seinen Namen verschwiegen hätte und aus dem Hause gegangen wäre mit dem Kinde. Der Geldgeiz hatte ihn geblendet, die Wurzel allen Übels, der Mammon. Er hatte 2 000 Gulden bares Geld nutzlos daliegen und hinterließ 20 000 Gulden Vermögen."

Sowohl vom königlichen Gerichtshof in Reutlingen als auch vom Obertribunal in Tübingen wurde Joseph Brehm wegen Totschlags zum Tode durch das Schwert verurteilt und am 18.7.1829 seiner Strafe zugeführt.

Die letzte öffentliche Enthauptung durch das Schwert in Reutlingen im Jahre 1843

Am 16. Februar 1843 wurde in Pfullingen eine Krämersfrau von einem ledigen Burschen, dem aus Gönningen stammenden Michael Häußler, zwischen 18 und 19 Uhr aus ihrer Wohnung in den Laden geläutet. Dieser war einige Tage vorher bereits im selben Laden und hatte bei der Frau zwei Fünffrankentaler wechseln lassen. Beim erneuten Besuch des Ladens gab er vor, ein Päckchen Tabak kaufen zu wollen. Aber keines wollte ihm zusagen, so viel man ihm auch anbot. Schließlich drängte er die Frau in eine Ecke des Ladens „und versetzte ihr mehrere derbe Faustschläge ins Gesicht und auf den Kopf."

Die Krämersfrau setzte sich jedoch energisch zur Wehr. Sie hatte 1812/13 mit ihrem Mann den Russlandfeldzug von Napoleon mitgemacht und gehörte zu den wenigen, die den unheimlichen Strapazen dieses Krieges widerstehen konnten und heil nach Württemberg zurückgekehrt sind.

In ihrer Not schrie die Frau so laut sie konnte um Hilfe. Da versetzte ihr Häußler mit einem Messer, das er vorher bei einem Bäcker in Pfullingen gestohlen hatte, einen Stich in die Herzgegend. Diesen konnte die Frau noch so abwehren, dass das Messer zwei Zoll tief in ihren Arm eindrang und darin stecken blieb. Daraufhin ist der Täter geflohen.

Die verletzte Frau kannte aber den Täter, weil er längere Zeit als Knecht bei einem Bauern in Pfullingen gearbeitet hatte. Deshalb war es für die Polizei relativ einfach, diesen schon nach wenigen Stunden in Gönningen zu fassen und gegen 1 Uhr in der Nacht in Ketten nach Pfullingen abzuführen.

Bei der Vernehmung stellte sich dann heraus, dass er erst vier Wochen vorher aus dem Zuchthaus entlassen worden war, weil er dort wegen Diebstahls eine Haftstrafe zu verbüßen hatte.

Zwei Tage nach dem Überfall auf die Krämersfrau fand man zwischen Bronnweiler und der Gönninger Mühle auf offenem Felde die Leiche eines Mannes, der erschlagen und in einen Graben gelegt worden war. Die Leiche war bereits in Verwesung übergegangen.

Sofort fiel der Verdacht auf Michael Häußler; denn woher hatte dieser die zwei Fünffrankentaler, die er bei der Krämersfrau wechseln ließ? Das Wechselgeld hatte er in der Zwischenzeit verjubelt, sodass er nun durch die Ermordung der Frau wieder zu Geld zu kommen hoffte.

Nach längerem Leugnen gestand der Täter den Mord an dem gefundenen Leichnam und, dass er ihm noch einige Kleidungsstücke ausgezogen und diese an sich gebracht habe.

Der Ermordete war ein Uhrenhändler aus dem badischen Schwarzwald, den Häußler in Mössingen kennen gelernt hatte. Nachdem er bei diesem drei Fünffrankentaler entdeckte, begleitete er ihn bis nach Bronnweiler. Dort hatte er den Mann an eine Quelle geführt; während dieser arglos seinen Durst löschen wollte, hat er ihn dann erschlagen und beraubt.

Der königliche Gerichtshof in Reutlingen verurteilte den Mörder zum Tode durch das Schwert. Am 22.11.1843 wurde Häußler „unter einem ungeheuren Volkszulauf" auf dem an der Alteburgstraße, jenseits des Breitenbaches, gelegenen Richtplatz öffentlich enthauptet. Dies war die letzte öffentlich Enthauptung durch das Schwert in Reutlingen.

Von 1850 an wurde in Württemberg die Guillotine eingeführt und die Todesstrafe am Sitz des Schwurgerichtes und des Gerichtshofes in Tübingen vollstreckt.

Jugenderinnerungen von Hermann Kurz an Friedrich List

Das Geburtshaus von Hermann Kurz (1813–1873) befindet sich schräg gegenüber vom Geburtshaus von Friedrich List (1789–1846) in der Wilhelmstraße in unmittelbarer Nähe zur Marienkirche. Der 24 Jahre jüngere Kurz kam als 14jähriger 1827 in die Klosterschule von Maulbronn, einer der vier württembergischen Kaderschmieden für das theologische Stift in Tübingen. Dort verbrachte er vier Jahre bis 1831. Während dieser Zeit kehrte er in den Ferien in das elterliche Haus nach Reutlingen zurück. Wie er dort mit Lists Ideen in Berührung kam und wie es ihm dabei erging, schildert der aufmüpfige Schüler in seinen „Erzählungen" von 1859.

„Damals ist aus mir auch der Weltverbesserer ausgetrieben worden. Unterschiedliche alte Basen, männlichen und weiblichen Geschlechts, riefen, da sie von meinen Neuerungsversuchen hörten, mit zusammengeschlagenen Händen aus: ‚Oh Herr, meine Güte!' – oder vielmehr ohne Komma und mit verlegtem Akzente, denn so wird diese gelinde Schreckensformel gesprochen: ‚Oh Herr meine Güte, das gibt einen zweiten List!'

Man enthalte sich jedoch, etwa zu glauben, dass der Glanz, der jetzt auf diesem Namen ruht, schon damals meine Eitelkeit zu berauschen die Kraft gehabt hätte. Oh nein! Der Name List war zu jener Zeit in seiner und meiner Vaterstadt, wenigstens bei der großen Mehrzahl nichts. Vielmehr bezeichnete er in ihrem Munde einen unruhigen Projektemacher, der alles bewährte Alte ‚umzuorgeln' suche und sich und andere, die ihm nachfolgen, nur in Schaden bringe. Hatte er doch schon als Knabe am Schabbaum seines Vaters, des dicken Weißgerbermeisters, den ‚überhirnischen' Einfall gehabt, zu behaupten, das Häuteschaben sei keine Arbeit für Menschen. Man sollte das durch Maschinen verrichten lassen und diese durch das vorbeiziehende Flüsschen Echaz in Bewegung setzen. Was Wunder, dass einer, der seine Häute durch die Echaz schaben lassen wollte auf den ersten Blick, besonders im Auge alter Basen, als verrückter Geist erscheint.

Ich habe die ungeahnte Ehre dieses Vergleichs auch in meinen späteren Knabenjahren, nachdem ich längst auf alle Weltvervollkommnungspläne verzichtet hatte, noch aus einem anderen Grunde über mich ergehen lassen müssen. Wenn ich nämlich Miene machte, mich nicht in die Welt fügen zu wollen, so hieß es von derselben Seite, von der ich erstmals mit dem verkannten Ehrentitel beschenkt worden war: ‚Gib nur Acht, dir wird's noch gehen wie dem List!'. Er war inzwischen, ‚weil er sich auch nicht in die Welt fügen wollte', auf der Festung Hohenasperg gesessen, und diese politische Strafe galt in jenen unpolitischen Tagen, nicht bei den Wenigen, sondern bei den Vielen, für eine non levis notae macula, d.h. als einen nicht zu beseitigenden Makel.

Erste Seite der „Reutlinger Petition" von Friedrich List von 1821; aus: Goeser, K. und Sonntag, W. v.: Friedrich List: Schriften, Reden, Briefe, Band I/2, Berlin 1933, Seite 688.

Auch recht gut ist sie mir erinnerlich, jene einst so berüchtigte Reutlinger Petition, die ihn ‚auf den Asperg gebracht hat'; und zwar kenne ich sie noch in ihrer ursprünglichen Form., obwohl nicht von der Zeit ihres Ursprungs her, zu welcher Zeit ich noch in den Kinderschuhen gegangen war. Manches Jahr war seitdem verflossen und die meisten gedachten nicht mehr des Mannes, den in Amerika die Sehnsucht nach dem undankbaren Deutschland verzehrte. Da saß ich eines Sonntagmorgens, aus dem Kloster in die Ferien heimgekehrt, über allerlei Reliquien meines verstorbenen Vaters. Das Herz war mir voll geworden im Anblick der hellen und dunklen Bilder, die aus dieser Hinterlassenschaft aufstiegen, als mir ein Bogen mit gedruckter Kursivschrift, eine sehr primitive Lithografie, in die Hände fiel und mich durch seinen Inhalt alles andere vergessen machte.

Wie aus einem Traum wachgerufen war ich, als ich auf dem Bogen von bürgerlicher Freiheit und Selbstverwaltung las und, dass es keinen Oberamtmann und keinen Kameralverwalter mehr geben sollte; – Würdenträger, die ich täglich über den Klosterhof gehen sah. Welch eine Überraschung war mir das, aber mehr noch überraschte es mich, dass in unserer Zeit von einem Ding die Rede sein konnte, das ich höchstens in den alten Republiken suchte oder vielmehr mit ihnen begraben glaubte, nämlich von einer Einwirkung des Bürgers auf den Staat. Ich wusste nicht, von wem der Entwurf herrührte und was er unter meines Vaters Papieren zu schaffen hatte; doch das bloße Dasein dieser Beschwerden und Forderungen sprach mächtig zu mir und eröffnete mir einen Blick in eine neue Welt.

In diesem Augenblick kam meine Mutter aus der Kirche, sah die Lithografie in meinen Händen und erschrak: ‚Tu das Unglückspapier weg!' rief sie, es hat den List unglücklich gemacht und dein Vater, der Feuer und Flamme davon war, hat auch keine Seide damit gesponnen. Tu's weg, ich bitte dich!'

So erfuhr ich die Geschichte der Petition und ihres Verfassers. Er war damals so gut wie vergessen. Aber so weit die öffentliche Stimmung in der einen Zeit zurückweichen kann, so weit und noch weiter kann sie in einer anderen wieder vorwärts gehen, denn im öffentlichen Leben wechseln Ebbe und Flut.

Ich gehorchte meiner Mutter und tat den Bogen weg, aber ich tat ihn in gute Verwahrung, denn ich gedachte ihn mit in das Kloster zu nehmen und meinen Freunden zu zeigen. Als ich jedoch mein Ränzlein dort auspackte, war die Petition verschwunden. Meine gute Mutter hatte sie vor dem Abschied heimlich wieder herausgenommen, um das ‚Unglück' von mir fern zu halten."

In Lists letztem Lebensjahr 1846 beabsichtigte Hermann Kurz, seinen berühmten Landsmann in Karlsruhe persönlich kennen zu lernen. Das Treffen kam aber nicht zustande.

Über die Hintergründe und den Inhalt dieser sog. „Reutlinger Petition" sei noch folgendes angefügt: In seiner Eigenschaft als Deputierter der württembergischen Ständeversammlung kam Friedrich List über Weihnachten 1820 nach Reutlingen, um sich mit den Bürgern und dem damaligen Bürgermeister Merkh über deren Anliegen und Wünsche an das Parlament zu beraten. Das Ergebnis dieser Besprechungen war die „Reutlinger Petition", ein anonymes Flugblatt, das List in einer Auflage von 1 000 Exemplaren bei einer Stuttgarter Steindruckerei auf eigene Kosten drucken ließ

In dieser „Petition" geißelte er in scharfen Worten die Missstände in der Verwaltung und Gesetzgebung des Königreichs Württemberg, „die das Mark des Landes verzehren und die bürgerliche Freiheit vernichten." Sein kämpferisches Temperament trieb ihn zu heftigen Angriffen gegen die Bürokratie, die Rechtspflege und die Staatswirtschaft. In der entsprechenden Präambel wagte er folgende Formulierungen: „Eine von dem Volk ausgeschiedene, über das ganze Land ausgegossene, in den Ministerien sich konzentrierende Beamtenwelt unbekannt mit den Bedürfnissen des Volkes und den Verhältnissen des bürgerlichen Lebens, in endlosem Formenwesen kreisend, behauptet das Monopol der öffentlichen Verwaltung. Wo man hinsieht nichts als Räte, Beamte, Kanzleien, Amtsgehilfen, Registraturen, Aktenkapseln, Amtsuniformen; Wohlleben und Luxus der Angestellten bis zum Diener herab. Auf der anderen Seite Unwert der Früchte, Stockung der Gewerbe, Fallen der Güterpreise, Klagen über Geldmangel und Abgaben, Steuerpresser, Gantungen (d.h. Konkurse), bittere Beschwerden über unredliche Magistrate, gewalttätige Beamte, geheime Berichte, Mangel an Unparteilichkeit der Oberen, Jammer und Not überall. Nirgends Ehre, nirgends Einkommen, nirgends Fröhlichkeit, denn allein in dem Dienstrock. – Die Verwaltungsbehörden ohne Kenntnis des Handels, Gewerbes und Ackerbaus und, was noch schlimmer ist, ohne Achtung für die erwerbenden Stände; auf tote Formen und veraltete und unpassende Bürogesetze versessen, die Nationalindustrie meist mehr hemmend als befördernd. – Die Rechtspflege kostspielig, endlos , unbeholfen, aller Öffentlichkeit und einer gesunden Gesetzgebung ermangelnd, häufig von Männern verwaltet, welche, statt an dem reinen und frohen Quell der gesunden Vernunft und des praktischen Lebens zu schöpfen, ihre Weisheit aus einer längst versunkenen Welt heraufholen. – Die Staatsfinanzwirtschaft endlich in ihrem durch die schwülstige Verwaltung verursachten Aufwand alle Verhältnisse übersteigend, in ihrem Einkommen den Verkehr erschwerend, die Indstrie hemmend, Unterschleife (d.h. Unterschlagungen) begünstigend, kostspielig und unbehilflich in der Erhebung, ohne Gleichheit in der Entrichtung, das Ganze ohne Plan und staatswirtschaftliches Prinzip. – Dies ist ein kurzer, aber getreuer Abriss unserer Verwaltung."

Lists Anklage gipfelte in 40 Einzelforderungen, die zur Beseitigung der Missstände von der Regierung verwirklicht werden sollten. Dazu zählen u.a. die Verringerung der Anzahl der Beamten, Trennung von Justiz und Verwaltung in den Gemeinden; Wahl des Gemeinderates alle 3 Jahre; keine Abwahl der von der Bürgerschaft zu wählenden Gemeinderichter, öffentliche Rechtspflege, Vereinfachung des Steuersystems, Aufstellung von Finanzplänen, Privatisierung von unrentablen Staatsbetrieben mit Ausnahme des Berg- und Hüttenwesens.

Noch ehe das Flugblatt von der Druckerei ausgeliefert wurde, eilte ein dort beschäftigter Litograph zur Polizei, um List beim König zu denunzieren. Daraufhin hat die Polizei alle verfügbaren Exemplare beschlagnahmt. Obwohl List in drei scharfsinnigen Verteidigungsreden die Rechtmäßigkeit der „Reutlinger Petition" und ihre Vereinbarkeit mit dem geltenden Pressegesetz zu beweisen versuchte, wurde er in der entscheidenden Sitzung des Parlaments am 24.2.1821 nach nur zweimonatiger Zugehörigkeit zum Landtag mit 56 gegen 36 Stimmen ausgeschlossen. Außerdem beschäftigten sich die Polizei und der Kriminalgerichtshof in Esslingen mit seinem Fall. Am 6.4.1822 erging in Esslingen das Urteil; es lautete wegen Ehrenbeleidigung und Verleumdung der Regierung, der Gerichts- und Verwaltungsbehörden und Staatsdiener Württembergs sowie Übertretung des Gesetzes über die Pressefreiheit auf „zehnmonatige Festungshaft mit angemessener Beschäftigung innerhalb der Festung und Bezahlung von $^{11}/_{12}$ der Untersuchungskosten."

Das Entscheidende war nicht die Zeitstrafe, sondern der Zusatz „mit angemessener Beschäftigung", weil dieser als ehrenrührig galt und List alle Chancen auf eine spätere politische Betätigung in Württemberg und anderswo verbaute. Deswegen kann man gut verstehen, dass die Mutter von Hermann Kurz in größter Sorge war, als ihr Sohn, dieses gefährliche Dokument in die Finger bekam und verhinderte, dass er dieses mit seinen Kameraden in Maulbronn diskutieren konnte.

List selbst betrachtete das gegen ihn ergangene Urteil als „Justizmord" weil er von Anfang an befürchtete, dass es außer dem bürgerlichen Tod auch die Möglichkeit in sich berge, ihn durch anhaltende Kränkungen körperlich und geistig zu vernichten.

Die historischen Verdienste von Friedrich List (1789–1846)

Friedrich List (1789–1846), Nationalökonom und Eisenbahnpionier; Original im Besitz des Autors.

Es kann hier nicht der wechselvolle Lebenslauf des bedeutendsten Sohnes der Stadt und sein politisches und ökonomisches Gedankengebäude dargestellt werden. Dies würde die Konzeption dieses Buches sprengen. Wir wollen hier lediglich seine wichtigsten Verdienste zusammenfassen.

Die Jahre zwischen 1813 und 1817 waren in ganz Europa mehr oder weniger stark ausgeprägte Hungerjahre. Besonders hart betroffen war Württemberg, wo die Hungersnot fast mittelalterliche Ausmaße erreichte. Viele Bewohner mussten damals ihre Heimat verlassen und nach Amerika auswandern. Sie versammelten sich in Heilbronn, von wo ab der Neckar schiffbar war. Von dort aus ging es neckar- und rheinabwärts in die Neue Welt. König Wilhelm I., der am 1.11.1816 an die Macht kam, war das Wohl seiner Untertanen nicht gleichgültig. So stiftete er als Folge der bitteren Armut die „Centralstelle für Landwirtschaft", das landwirtschaftliche Hauptfest (als „Volksfest" bekannt) und die „Centralstelle des Handels- und Gewerbsvereins". Außerdem wollte er in Erfahrung bringen, welche Gründe die Auswanderer dazu bewogen, ihre Heimat zu verlassen. Deshalb wurde Friedrich List, der damals als Rechnungsrat im Innenministerium tätig war, damit beauftragt, sich nach Heilbronn, Weinsberg und Neckarsulm zu begeben und dort eine Meinungsbefragung durchzuführen. List befragte über 200 Personen, die 600 bis 800 Auswanderer repräsentierten nach ihren Beweggründen. Dabei handelt es sich um die älteste Meinungsforschung in der Welt, d.h. damit beginnt die Demoskopie.

Im gleichen Jahr übersandte List dem württembergischen Kultminister von Wangenheim den Vorschlag, an der Universität Tübingen eine staatswirtschaftliche Fakultät zu gründen, um dort qualifizierte höhere Beamte auszubilden, die dazu beitragen sollten, aus dem rückständigen Agrarstaat Württemberg eine fortschrittliche Wirtschaftsregion zu machen. Nach einigem Zögern stimmte König Wilhelm I. diesem Ansinnen zu; und so entstand am 17.10.1817 die älteste dauerhaft bestehende Wirtschaftswissenschaftliche Fakultät auf deutschem Boden. Damit öffnete sich gleichzeitig die Universitas Litterarum der vier klassischen Disziplinen Theologie, Philosophie, Medizin und Rechtswissenschaft um die fünfte Disziplin: die Staatswirtschaft, auch Politische Ökonomie, Nationalökonomie oder Volkswirtschaftslehre genannt.

Obwohl List keine wissenschaftliche Ausbildung besaß, wurde er vom König auf einen der ersten drei Lehrstühle dieser Fakultät berufen. In den Osterferien von 1819 unternahm der junge Professor eine Reise nach Frankfurt a. M. Dort fand die traditionelle Frühjahrsmesse statt, zu der Tausende von Kaufleuten aus allen 39 deutschen Teilstaaten zusammen kamen und ihre Waren feilboten. Dabei beklagten die Wortführer der Kaufleute, dass die deutschen Waren gegenüber den Billigimporten aus England und Frankreich nicht wettbewerbsfähig seien und zudem erschwerten und verteuerten die vielen innerdeutschen Zollschranken die wirtschaftliche Entwicklung. Wer von Hamburg in die Schweiz Handel treiben wollte, musste mindestens 10 Staaten durchqueren, 10 Zollschranken mit ihren bürokratischen Hindernissen passieren und zehnmal Zoll bezahlen.

Im Auftrag der Kaufleute verfasste List eine Petition an die in Frankfurt tagende Bundesversammlung, – die lose Interessenvertretung der deutschen Territorialstaaten. Diese Petition war ein politisches Meisterstück, das von den Kaufleuten mit großem Beifall aufgenommen wurde. Im Hochgefühl dieses Erfolges rief List noch in Frankfurt den „Allgemeinen deutschen Handels- und Gewerbsverein" ins Leben, der bei den deutschen Fürsten die Abschaffung der Binnenzölle und die Errichtung eines gemeinsamen Außenzolltarifs mit Nachdruck einfordern sollte. Dabei handelt es sich nach der mittelalterlichen Hanse um die erste Interessenvertretung deutscher Kaufleute (heute vergleichbar mit dem Bundesverband der deutschen Industrie – BDI).

Als List aber nach Württemberg zurückkehrte, wurde er im Auftrag des Königs scharf zurechtgewiesen, „weil er ohne ausdrückliche Erlaubnis, eine seinem Amte fremde öffentliche Geschäftsführung übernommen habe, und dies sogar in einem auswärtigen Staate." (!) Auf Druck des Königs musste List seine Lehrkanzel in Tübingen aufgeben; von nun an widmete er sich mit ganzer Kraft zwei Jahre lang als Geschäftsführer den Forderungen des Handels- und Gewerbsvereins. Damit kamen die langwierigen Verhandlungen in Gang, die schließlich 1834 zur Gründung des Zollvereins, also zur deutschen Wirtschaftsunion führten. Dies geschah allerdings ohne Lists Mitwirkung, denn schließlich musste auch er auf Druck von König Wilhelm I. in die USA auswandern.

Dort betätigte er sich zunächst als Redakteur, ehe er in den Blauen Bergen von Pennsylvania ein großes Anthrazitkohlevorkommen entdeckte. Nun hatte er die Idee, dieses Vorkommen auszubeuten und die Kohle mit Hilfe einer 22 Meilen langen Eisenbahn zum nächsten Hafen zu transportieren. Unter unvorstellbaren technischen und finanziellen Schwierigkeiten gelang es ihm, 1832 dieses Projekt zu realisieren. Es war eine der ersten Eisenbahnlinien in der neuen Welt, die knapp 4 Jahre vor der ersten deutschen Eisenbahnstrecke, der nur 6 km langen Ludwigsbahn von Nürnberg nach Fürth, in Dienst gestellt wurde.

Obwohl List das amerikanische Bürgerrecht erhalten hatte, trieb ihn das Heimweh nach Europa zurück. Die Rückkehr wurde dadurch ermöglicht, dass ihn der amerikanische Präsident zum Konsul für das Königreich Sachsen ernannte. In Leipzig propagierte List dann den Bau der ersten deutschen Ferneisenbahn, der sächsischen Eisenbahn von Leipzig nach Dresden und versuchte, die Leipziger Kaufleute von der Notwendigkeit dieses Projektes zu überzeugen. Er sah darin das wichtigste Teilstück eines europäischen Eisenbahnnetzes von Cadiz bis Moskau und erwartete von der Stecke Leipzig-Dresden, dass sie die rentabelste Linie werde und somit einen Dominoeffekt bewirke. Auch diese Bemühungen waren äußerst aufwändig, mühevoll und Kräfte zehrend. Aber als das erste Teilstück 1837 fertig gestellt wurde, bekam List als Ausländer nicht die erhoffte Anstellung im Direktorium.

Er emigrierte noch einmal und verbrachte drei Jahre in Paris. Dann kehrte er wieder zurück und engagierte sich in Thüringen ebenfalls beim Eisenbahnbau. Obwohl seine Bemühungen auch dort sehr hilfreich waren, wurde er ebenfalls nicht im Direktorium berücksichtigt. Die einzige Anerkennung, die ihm zuteil wurde, war die Verleihung der Ehrendoktorwürde der Universität Jena.

List übersiedelte nun nach Augsburg, wo er sein volkswirtschaftliches Lehrbuch „Das Nationale System der Politischen Ökonomie" verfasste. Nach dem Buch „Das Kapital" von Karl Marx wurde Lists Werk zum wichtigsten internationalen Klassiker der Nationalökonomie im deutschen Sprachraum im 19. Jahrhundert. Es wurde in zahlreiche Fremdsprachen übersetzt und auch von Karl Marx und Friedrich Engels intensiv studiert und kritisch kommentiert.

Im Jahre 1846 unternahm List auf eigene Kosten eine Reise nach London. Er unterbreitete der englischen Regierung eine Denkschrift für eine deutschenglische Allianz. Diese hätte für England den Vorteil, seine ökonomische Vormachtstellung in der Welt zu erhalten und England sollte Deutschland im Gegenzug nach der Wirtschaftunion nun auf friedlichem Weg zur politischen Union, d.h. zur Gründung des Deutschen Reiches verhelfen.

Da List kein politisches Mandat hatte und England zudem auf dem Freihandel beharrte, während List einen temporären Protektionismus predigte, musste dieser Vorschlag scheitern. Aber er war ein wesentlicher Teil von Lists Visionen zur europäischen Integration.

Wegen seiner angegriffenen Gesundheit wollte er noch im November 1846 zur Kur nach Südtirol reisen. Wegen des schlechten Wetters blieb er jedoch an der deutsch-österreichischen Grenze in Kufstein hängen, wo er sich ausweglos und tief verzweifelt am 30.11.1846 das Leben genommen hat.

Das List-Denkmal – ein Wahrzeichen der Stadt

Die Nachrufe auf Lists Tod am 30. 11. 1846 waren überwältigend. Sein Leben und Wirken wurde in zahlreichen Kommentaren in der deutschen und ausländischen Presse ausführlich gewürdigt. Die entsprechende Dokumentation umfasst mehr als 150 Druckseiten.

Nachdem in Stuttgart, Karlsruhe, Augsburg, Nürnberg, Ulm, Mannheim, Freiburg und Leipzig spontan List-Comitées gegründet wurden, um Spenden für Lists Witwe und seine Töchter zu sammeln und sich sowohl der bayerische König Ludwig I. als auch der württembergische König Wilhelm I. maßgeblich daran beteiligten, dämmerte auch in Reutlingen ganz langsam die List-Ehrung.

Die Initiative ging von dem amtierenden Bürgermeister Wilhelm Gratwohl aus, der mit sechs weiteren Bürgern in der Beilage des „Reutlinger und Mezinger Courirs" im Januar 1847 einen Aufruf veröffentlichte, in dem die Errichtung eines Denkmals angeregt wurde, um „das Andenken an Friedrich List auf würdige Weise zu feiern."

Das List-Denkmal von 1863

Der entsprechende Spendenaufruf verlief allerdings im Sande. Wie die Reutlinger Bürger damals über ihren Landsmann dachten, formulierte J. Kurtz in einer Leserzuschrift vom 31.1.1847 im „Reutlinger und Mezinger Courir". „Besonders unpassend erscheint mir aber ein solches Denkmal; erstens weiß von List nur eine Minderzahl von seinen Landsleuten; die meisten haben wenig auf ihn geachtet und ihn gering geschätzt. Es bleibt freilich niemand unbenommen, sein Geld zu einem Denkmal zu geben; nur rechne man dabei nicht auf allgemeine Teilnahme."

Wie berechtigt diese Skepsis war, zeigt sich daran, dass bei der Sammlung ganze 185 Gulden zusammen kamen. Deshalb konnte man die Summe nicht einmal den Hinterbliebenen aushändigen, wenn sich seine Vaterstadt nicht blamieren wollte.

So ist es zunächst um List in Reutlingen wieder ruhig geworden. Anlässlich seines vierten Todestages, am 30.11.1850, hat dann der Reutlinger Liederkranz eine zweite Initiative gestartet und insbesondere die Vereine zu Spenden aufgefordert. Gleichzeitig versprach der Liederkranz alljährlich an Lists Todestag „eine öffentliche Gesangsproduktion zum Besten für ein List-Denkmal zu geben, bis dieses zu Stande gebracht wurde."

Dieser Aufruf fand dann die gewünschte Resonanz und führte zur Gründung eines „Comitées für die Errichtung eines List-Denkmals". Diesem gelang es dann im Laufe eines Jahrzehnts, die erforderlichen finanziellen Mittel zu sammeln.

Als das von dem Dresdner Bildhauer Gustav Kietz geschaffene und von Georg Howaldt in Braunschweig gegossene Denkmal aufgestellt werden sollte, gab es zwischen dem Reutlinger Gemeinderat und dem Denkmalcomitée noch einen Streit um den Standort. Der Gemeinderat verweigerte den Marktplatz, wohin das Denkmal nach Meinung vieler hätte aufgestellt werden sollen mit der Begründung, dass es dort den Wochenmarkt behindern würde. Erst als der Bildhauer Kietz aus Dresden vom Denkmalcomitée herbeigerufen wurde und sich für den jetzigen Standort am Bahnhof aussprach, stimmten alle Beteiligten diesem Vorschlag zu.

Das Denkmal wurde dann am 6. August 1863, Lists 74. Geburtstag, unter großer Anteilnahme der Bevölkerung feierlich eingeweiht. Die Festrede hielt wieder Bürgermeister Grathwohl. Ehrenjungfrauen und zahlreiche Bürger in festlicher Kleidung, die Männer mit Zylinder behütet, bildeten dabei eine eindrucksvolle Kulisse. Außerdem ehrte man List mit einem Fackelzug. Dabei wurde die goldglänzende Bronzestatue vom Ruß so geschwärzt, dass man sie am nächsten

Morgen abwaschen musste. Dieses Ereignis inspirierte den Reutlinger Chronisten Carl Bames zu folgendem Vers:

> „Der Mann, der redlich stets gestritten,
> für Fortschritt, Recht und Volkesheil,
> der lebend so viel Schmach erlitten,
> ihm ward die Schicksalstück' zu teil,
> dass er, obwohl's ihn nicht mehr schmerzt,
> im Tod noch wurde angeschwärzt."

Der Reutlinger Liederkranz ehrt Friedrich List auch heute noch an dessen Todestag durch eine alljährliche Kranzniederlegung zusammen mit der Stadt Reutlingen in der Person des Stadtoberhauptes und des Leiters des Stadtarchivs.

Hermann Kurz – Schriftsteller, Redakteur, Übersetzer und Literaturhistoriker

„Hermann Kurz ist am 30.11.1813 zu Reutlingen geboren, der ehemaligen freien Reichsstadt, die ein Dezennium zuvor württembergisch geworden ist. Die Eindrücke, die er dort empfing, haben all seinem späteren Dichten die Grundlage gegeben," – schreibt die Dichterin Isolde Kurz über ihren Vater. Isolde war später bekannter als ihr Vater; sie hat aber nie in Reutlingen gelebt.

Hermann Kurz entstammte einer alten Gerber-, Glockengießer- und Senatorenfamilie, die in Reutlingen Rang und Namen hatte. In seinen „Erzählungen" hat Kurz „das Leben und Treiben der alten Reutlinger mit unvergleichlicher Naturtreue und liebvollem Humor geschildert".

Hermann Kurz im 30. Lebensjahr, Lithographie von Georg Engelbach; aus: „Ich bin zwischen die Zeiten gefallen"; Hermann Kurz – Schriftsteller des Realismus, Redakteur der Revolution, Übersetzer und Literaturhistoriker, Reutlingen 1988, Seite 13

Er durchlief zunächst die gewöhnliche Laufbahn eines württembergischen Theologen, indem er von 1817 bis 1831 die Klosterschule in Maulbronn und anschließend bis 1835 das Tübinger Stift besuchte.

In Maulbronn war Kurz mit Hermann Gundert, dem Großvater von Hermann Hesse, befreundet. Beide begeisterten sich zum Ärger des Schulvorstandes für die Julirevolution in Frankreich von 1830 und den polnischen Aufstand gegen Russland.

Auch im Tübinger Stift, der württembergischen Pfarrerschmiede, gehörte Kurz zu den aufmüpfigen Querdenkern. Wegen mehrerer Verstöße, z.B. zu langem Schlafen, Überschreitung des Torschlusses oder wegen verletzter Kleiderordnung wurde er öfters bestraft und in den Karzer gesteckt.

In der strengen Zucht des Stifts steigerte sich seine Abneigung „gegen die Wissenschaft, gegen alle Tätigkeit, Überdruss an allem, ja am Leben selbst". Schließlich versuchte er, sich mit Belladonnakörnern zu vergiften, was allerdings misslang.

Bis zu einem gewissen Grade gilt auch für Hermann Kurz das bekannte Wort des württembergischen Königs Wilhelm II.: „Wer im Lande etwas werden will, muss im Stift gewesen sein. Wer außerhalb des Landes etwas werden will, muss aus dem Stift geflogen sein – etwas Drittes gibt es nicht!"

Von einem damaligen Besuch des umnachteten Friedrich Hölderlin im Zimmerschen Turm in Tübingen war Hermann Kurz tief bewegt und beeindruckt.

Nach seinem unfreiwilligen Austritt aus dem Stift, konnte er sein Theologiestudium als „Stadtstudierender" an der Universität Tübingen fortsetzen und erfolgreich abschließen. Aber nur ganze zwei Monate hielt er anschließend als Vikar durch, um dann den Kirchendienst für immer zu verlassen und ihn mit einem unsteten Literatenleben zu tauschen.

Ab 1837 versuchte sich Kurz gleichzeitig als Schriftsteller, Literaturwissenschaftler, Redakteur und Übersetzer. So beschäftigte er sich u.a. mit dem berühmten Roman „Simplicissimus", dem einzigen zeitgenössischen Roman über den 30jährigen Krieg. Dieser 1669 veröffentlichte Roman erfreute sich in ganz Europa großer Beliebtheit. Allerdings war der Verfasser anonym, bis ihn 170 Jahre später Hermann Kurz als Hans Jakob Christoph von Grimmelshausen identifizieren konnte. Für diese Entdeckung und seine weiteren Forschungen über den Simplicissimus erhielt Kurz 1866 die Ehrendoktorwürde der Universität Rostock; – also doch eine Anerkennung außerhalb Württembergs.

Über sechs Jahre lang arbeitete Hermann Kurz an seinem Hauptroman „Schillers Heimatjahre", den er 1843 veröffentlichte. Als freier Schriftsteller lebte er bis 1844 in Stuttgart, wobei er mit einer Fülle von Übersetzungen aus dem Englischen, Französischen. Spanischen, Italienischen und Mittelhochdeutschen, sowie mit Novellen und Gedichten seinen kargen Lebensunterhalt verdiente. In jener Zeit pflegte er auch einen regen Briefwechsel mit den Pfarrern und Dichtern Gustav Schwab und Eduard Mörike. Beide zählen neben Ludwig Uhland und Justinus Kerner zu den bedeutendsten Vertretern der schwäbischen Romantik, die in der ersten Hälfte des 19. Jahrhunderts als Romantiker Geistesgeschichte geschrieben haben.

1843 übernahm Kurz in Karlsruhe die Redaktion der Zeitschrift „Deutsches Familienbuch zur Belehrung und Unterhaltung". In dieser Zeit wurde er mit den Wortführern der badischen Liberalen bekannt, die ihn zur politischen Agitation motivierten. Als die Zeitschrift bereits Ende 1845 ihr Erscheinen einstellen musste, war Kurz wieder ohne feste Anstellung, bis er 1848 in Stuttgart die Stelle als zweiter Redakteur der wichtigsten politischen Zeitschrift Württembergs „Der Beobachter" übernehmen konnte. Das „Volksblatt für Schwaben", wie der Untertitel lautete, erfreute sich in den Revolutionsjahren 1848/49 großer Beliebtheit. Die Forderungen des Blattes nach Demokratie und einer Republik, machten den „Beobachter" in den Augen der Regierung äußerst verdächtig. Deshalb bekam die Zeitung nach dem Zusammenbruch der Revolution die Härte der Regierung massiv zu spüren. Zahlreiche Ausgaben wurden beschlagnahmt und Kurz wegen zweier Vergehen gegen die Zensurbestimmungen zu einer achtwöchigen und einer dreiwöchigen Festungshaft auf dem Hohenasperg verurteilt.

Die Zeit der Repression durch die Beschlagnahme einzelner Ausgaben setzte sich auch über die nächsten Jahre fort. Obwohl Hermann Kurz allen Widrigkeiten trotzte, erlahmte schließlich sein Engagement für den „Beobachter". Ende 1854 legte er deshalb die Redaktion nieder und widmete sich der Vollendung seines zweiten Romans „Der Sonnenwirt".

Wiederum als freier Schriftsteller verdiente er sich von 1855 bis 1863 seinen bescheidenen Lebensunterhalt. Dabei fiel es ihm immer schwerer, sich und seine Familie über Wasser zu halten, zumal sich die Zahl seiner Kinder auf sechs erhöhte. Hinzu kam, dass ein schweres Nervenleiden seine dichterischen Schwingen lähmte.

Deswegen muss es für ihn eine große Erleichterung gewesen sein, als er 1863 die Stelle eines Unterbibliothekars an der Universität Tübingen bekam. Damit war zwar nur ein bescheidenes, aber immerhin regelmäßiges Einkommen verbunden. Vor allem seine zahlreichen weiteren Übersetzungen aus dem Spanischen und Englischen brachten ihm das dringend benötigte Zubrot.

Die zunehmende Isolation, die sich langsam abzeichnende Alkoholabhängigkeit und die Phasen der Depression führten allerdings zu häufiger Arbeitsunfähigkeit und Krankheit. Nach mehreren erneuten Anfällen wurde Hermann Kurz am 10.11.1873 vom harten Lebenskampf erlöst.

Auch wenn Hermann Kurz längst nicht die Bedeutung seines „Nachbarn" Friedrich List erreichte, hatte seine Mutter mit ihrer Befürchtung, dass aus ihrem Sohn ein zweiter List werden wird, nicht ganz unrecht. Man denkt hier unwillkürlich an das gemeinsame Schicksal, dass beide „zwischen die Zeiten" gefallen sind und von ihren Zeitgenossen verkannt und verleumdet wurden, oder, wie es Bundespräsident Theodor Heuss ausgedrückt hat, indem er beide „Schicksalsbrüder der Lebenstragik" nannte.

Erinnerungen von Hermann Kurz an die Renovierung des vergoldeten Engels auf der Marienkirche

Hermann Kurz, der Reutlinger Schriftsteller, Redakteur, Übersetzer und Literaturhistoriker, war in seiner Jugendzeit Zeuge, wie ein waghalsiger Maurer den vergoldeten Engel vom Turm der Marienkirche zur Reparierung der Schäden nach einem Blitzeinschlag herunterholte. Darüber berichtet er im zweiten Band seiner „Erzählungen" von 1859.

„Auf dem Münsterturme der alten Reichsstadt steht ein goldener Engel, der die Stelle des Hahns vertritt, indem er sich mit der Wetterfahne in den Händen nach allen Seiten im Kreise dreht. Eine dumpfe Sage will behaupten, der Engel sei eigentlich die heilige Jungfrau selbst, die erst in Folge der Reformation den Namen gewechselt habe; indessen gehört diese These zu den bestrittenen. Gewiss ist nur das, dass die Kirche einst zu Mariens Ehre gebaut worden ist und dass die Städter sie auch in der nachkatholischen Zeit immer mit Stolz ihre Frauenkirche genannt haben; und zwar mit begründetem Stolze, da sie, wenn auch zu den kleinsten, doch zu den wenigen vollendeten Münsterbauten gehört. An der etwas zu raschen Verjüngung der Turmspitze erkennt man zwar die allmähliche Ebbe der Baugelder, aber auch zugleich den körnigen Sinn unserer Vorfahren, welche lieber ein minder vollkommenes Werk fertig bringen als ein vollkommenes Bruchstück hinterlassen wollten.

Dieser Engel nun war wieder einmal im Laufe der Jahrhunderte schadhaft geworden, und man musste ihn herabholen, um ihn seiner amtlichen Berufstätigkeit zurückgeben zu können. Ein kecker Maurer, die ärmste aber lustigste Haut in der Stadt, erbot sich zu dem Unterfangen, das als ein ungeheures Schauspiel betrachtet wurde. Man hielt eine Betstunde für den Wagehals und ließ ihn dann unter großem Zulauf der Einwohner die Spitze des Turmes ersteigen. Mit sicherer Hand leitete er dort die Verrichtungen, durch welche der Engel herunter befördert wurde, worauf derselbe bei mehreren Meistern die Runde machte und auch so unter den Lötkolben des alten Senators kam." (Gemeint ist der Großvater von Hermann Kurz, der Glockengießer und Senator Johannes Kurz). Dann fährt er fort: „Da hätte ich nun Gelegenheit genug gehabt, in der Streitfrage über die Gestalt des Engels eigene Untersuchungen anzustellen; aber meine Beobachtungsgabe war noch sehr unterentwickelt und daher auch die Ehre, die mir bei diesem Anlass widerfuhr, gar wenig verdient.

Der Großvater legte nämlich zu den Urkunden, die sich im hohlen Inneren des Engels befanden, ein Blatt, worauf er nach altem Herkommen seinen Anteil an der Reparatur, sowie die Zahl und Namen seiner vielen Kinder und Enkel verzeichnete, und da ich unter den letzteren damals der jüngste war, so schlüpfte ich gerade noch mit in den Engel hinein. Die anderen, die später nachkamen, können sich dafür, dass es an ihnen ausgegangen ist, leicht mit dem Gedanken trösten, dass das Prytaneum (d.h. das Vorrecht), das wir Bevorzugte bewohnen, wetterlaunisch ist und obendrein bloß vergoldet; ich aber lasse es mir trotzdem gefallen, eine Strecke, die immerhin den Ehrgeiz beschäftigen darf, da sie auf 250 Werkschuh geschätzt wird (gemeint ist die Turmhöhe), den Sternen näher gekommen zu sein. So viel beträgt die Höhe des Turmes, und wenn ich den Engel mit einrechne, so werde ich eher noch ein paar Schuh zulegen dürfen.

Die Auffahrt (d.h. das Hinaufholen des Engels) ging gleichfalls glücklich von statten. Der fröhliche Maurer verabschiedete sich feierlich von dem wieder aufgesetzten Engel, schwang eine Fahne, leerte eine Flasche, die er sodann herunter warf und tat einige Schüsse, dass die Dohlen und Krähen entsetzt um den Turm flatterten. Hierauf trat er den Rückweg an; droben aber bei den anderen Auserwählten blieb mein Name, und es kann daher nicht dem leisesten Zweifel unterliegen, dass er auf die Nachwelt kommen wird."

Wie wurde die Revolution von 1848 in der Reutlinger Bevölkerung aufgefasst?

Die französischen Parolen der Revolutionen von 1789 und 1846: Liberté, Égalité und Fraternité (Freiheit, Gleichheit und Brüderlichkeit), fanden auch jenseits des Rheins „geneigte Ohren, um so mehr, als durch Teuerung des vorigen Frühjahres und dem Mangel an Kartoffeln große Armut eingetreten war." (Carl Bames)

Fahne der Freischärler bei der Revolution von 1848/49; Original im Besitz des Heimatmuseum Reutlingen; Foto: Weber und Gnamm; Atelier Schumann

Die allgemeine Unzufriedenheit vermischte sich mit den umstürzlerischen Ideen von Radikalen. Diese Gemengelage hatte fatale Folgen für die Stimmung in der Bevölkerung und ihr daraus resultierendes Verhalten. Allgemeine Lethargie machte sich breit. Alle Unternehmen gerieten dadurch ins Stocken. Die Arbeit und aller Verdienst hörten auf. Niemand gab mehr Kredite. Die Häuser- und Güterpreise fielen ins Bodenlose. Konkurse häuften sich.

Viele Leute glaubten, dass jetzt die Zeiten der grenzenlosen Freiheit und Gleichheit angebrochen seien. Jetzt bezahle man nichts mehr; auch keine Steuern und Zinsen. „Mancher Proletarier saß da vom frühen Morgen bis Mittag im Wirtshaus und, wenn er sein Morgenräuschchen ausgeschlafen hatte, wieder nachmittags bis in die Nacht, in der Hoffnung, jetzt komme die Freiheit und man bezahle nichts mehr. Da wurde gar scharf politisiert, auf jedem Wirtstisch, auf jeder Bank; und mancher Beamte und Kapitalist solidarisierte sich mit der Angst eines Schneiders oder Holzspalters. Jeder Volksredner fing seine Rede an: Brüder, Freunde, Bürger! Und er mochte einen Unsinn schwatzen, so dumm er sein mochte, alles wurde beklatscht und mit wiehrendem Bravo aufgenommen." (Bames)

Die Proletarier erhielten von den Besitzenden keine Arbeit mehr, „teils aus persönlicher Abneigung, teils aus Misstrauen in die Zustände." „Andererseits schaffte auch mancher Ärmere nicht mehr, sondern hatte seinen fortwährenden Rausch und zahlte weder Steuern, noch Zinsen. Alle diese Lumpen mussten es später schwer büßen und, um ihren Verpflichtungen nachzukommen, entweder ihr kleines Hab und Gut mit großem Schaden verkaufen oder ihr Heil in Amerika suchen."

Der Reutlinger Chronist Carl Bames bringt diesen unhaltbaren Zustand auf den Punkt, wenn er schreibt: „Wenn der Reiche oder der Tätige, der Intelligente heute mit dem Faulenzer und Verschwender teilen müsste, schon in 8 Tagen wäre die Gleichheit gestört und der Vorteil wieder auf Seiten der Ersteren."

Ferner berichtet er von einer Volksversammlung, die auf der Rennwiese stattgefunden hat. Dort habe man die preußische und österreichische Politik und die Politik der Paulskirche „aufs schärfste angegriffen", die schwarz-rot-goldene Fahne zerrissen und nur noch die rote Fahne wehen lassen. Aus dem Uracher Tale seien Turner mit rot gefärbten Hahnenfedern angerückt „als Zeichen der roten Republik, die viele wollten."

Nach dieser Versammlung habe „der Geist der Widerspenstigkeit und Zügellosigkeit" seinen Höhepunkt erreicht. Danach hätten viele die Bezahlung von Rechnungen in der Hoffnung auf die verheißene Gleichheit eingestellt. Stattdessen habe mancher an einem Tag mehr versoffen, als er das ganze Jahr an Steuern entrichten musste, und alle Handwerksbetriebe hätten ihre Arbeit eingestellt.

Dies war, wie Bames schreibt, die wirtschaftliche und soziale Situation in Reutlingen im Herbst 1848.

Die Pfingstversammlung von 1849 und der Eisenbahnanschluss

Im Februar 1848 brach in Frankreich die Revolution aus, die auch rasch auf die west- und süddeutschen Mittelstaaten übergegriffen hat. In Frankreich wurde König Louis Philippe zur Abdankung gezwungen; verkleidet floh er mit seiner Familie nach England. Nicht anders erging es dem mächtigen und verhassten habsburgischen Staatskanzler von Metternich, der ebenfalls abdankte und nach England flüchtete.

In der Paulskirche zu Frankfurt kam es zur Konstituierung der ersten deutschen Nationalversammlung, die im Dezember 1848 die „Grundrechte des deutschen Volkes" verkündete; z.B. Die Freiheit der Person ist unverletzlich. Jeder Deutsche hat das Recht, durch Wort, Schrift, Druck und bildliche Darstellung seine Meinung frei zu äußern. Jeder Deutsche hat volle Glaubens- und Gewissensfreiheit. Die Wissenschaft und Lehre ist frei. Das Eigentum ist unverletzlich.

Südlich der Mainlinie ging vor allem im Großherzogtum Baden das Volk auf die Barrikaden. Aber auch im Königreich Württemberg gab es Unruhen.

Den brisanten Höhepunkt in Württemberg bildete die Pfingstversammlung badischer und württembergischer Liberaler am 27. und 28. Mai 1849 in Reutlingen. Die Zusammenkunft wurde „zum Schauplatz der größten württembergischen Volksversammlung der Revolutionsjahre" (Silke Knappenberger-Jans). Hierzu kamen zwischen 12 000 und 25 000 Menschen aus Baden und Württemberg in die Stadt. Viele Teilnehmer nutzten das schöne Wetter zum Besuch der Nebelhöhle und verbanden damit ihre Teilnahme an der Volksversammlung.

Neben der Forderung nach allgemeinen, freien und geheimen Wahlen, ging es vor allem um soziale Forderungen. So sollte der Zensus abgeschafft werden, d.h. die Kopplung des Wahlrechts an das Steueraufkommen, welcher insbesondere von Kleinbürgern und Arbeitern abgelehnt wurde. Außerdem verlangte man bessere Arbeitsbedingungen, eine Verkürzung der Arbeitszeit, Pressefreiheit und die Verwirklichung der Grundrechte.

Für die Veranstalter war die Versammlung insofern ein Erfolg, als gewaltsame Ausschreitungen vermieden wurden. Außerdem wurde eine Delegation mit Vertretern von 52 Oberämtern gebildet, die der Abgeordnetenkammer ihre Forderungen vorlegen sollte.

Aber unmittelbar darauf machten wilde Gerüchte über geheime Beschlüsse die Runde. Das schwerwiegendste war, dass auch der württembergische König abdanken solle. Deshalb sei von Reutlingen eine hochverräterische Verschwörung zum gewaltsamen Umsturz ausgegangen. Richtig ist wohl, dass solche Forderungen von einigen wenigen erhoben wurden, diese aber keine breite Zustimmung fanden. Insgesamt verlief die Demonstration in geordneten Bahnen. Dennoch wurde die Delegation von Regierung und Parlament abgewiesen.

Der Reutlinger Bürgermeister Wilhelm Grathwohl war bestrebt, eine direkte offizielle Beteiligung der Stadt an dieser Versammlung in Abrede zu stellen. Reutlingen sollte keinesfalls wie Offenburg in den Ruf einer Revolutionsstadt kommen. Und der Reutlinger Landtagsabgeordnete Bantlin behauptete im Parlament, der größte Teil der Reutlinger Bevölkerung sei gegen die Beschlüsse gewesen, was aber in Wirklichkeit nicht der Fall gewesen sein dürfte.

Zwei Wochen später war der revolutionäre Spuk vorbei. Es machte sich Resignation breit und die Einsicht, die demokratischen Forderungen auf parlamentarischem Wege durchzusetzen.

König Wilhelm I. war aber über die Pfingstversammlung so empört, dass er Reutlingen als „radikale Stadt" einstufte. Er soll so erbost gewesen sein, dass er beinahe 10 Jahre lang den Eisenbahnanschluss Reutlingens verzögerte. Zunächst sollte die Bahnlinie Plochingen-Tübingen durch das Neckartal geführt werden und Reutlingen umfahren. Bürgermeister Grathwohl ist es zu verdanken, dass dies nicht geschehen ist und am 20. September 1859 die erste Eisenbahn mit der Lokomotive „Achalm" auf dem neu gebauten Bahnhof von der Bevölkerung begeistert gefeiert wurde. Damit begann der Aufstieg Reutlingens zum industriellen Mittelpunkt der Region Neckar-Alb.

König Wilhelm hatte sich aber dennoch hartnäckig geweigert, an der feierlichen Einweihung des Eisenbahnanschlusses teilzunehmen. Außerdem soll er aus dem selben Grunde das Königsträßle an der Achalm gebaut haben, um seine Domäne von einem alleinigen Zugang über die Stadt Reutlingen unabhängig zu machen.

Zwei Halstuchmörder aus Reutlingen und Eningen

Carl Bames berichtet in seiner Chronik von 1874 von einer Mordtat, die sich am 30.10.1853 gegen 23 Uhr in einem Haus in der Unteren Wilhelmstraße bei der Nikolaikirche ereignet hat. Zwei „Tagdiebe", ein lediger Schneider aus Reutlingen, Robert Fuchs, und ein lediger Sattler aus Eningen, Franz Jakob Mühleisen, beide schon wegen Bettelns, Betrugs und Diebstahls vorbestraft, haben bei der Witwe Haarer einen Raubmord verübt. Die Täter wussten, dass die Frau „einen Simri (Korb) Kronentaler" besaß, den sie erbeuten wollten, um mit dem Geld nach Amerika auszuwandern.

Nachdem sie an dem verhängnisvollen Tag in mehreren Wirtshäusern miteinander gespielt und getrunken hatten, begaben sie sich gegen 20 Uhr in das Haus der Frau Haarer, die dort ebenfalls eine Gaststätte betrieben hatte. Gegen 22 Uhr verließen sie den Gasthof und legten sich draußen auf die Lauer, während die Wirtin in ihre Schlafstube ging. Da die Frau die Haustüre abgeschlossen hatte, drangen die Täter durch den Stall und die Scheune in das Haus ein. Dort warfen sie die arme Frau zu Boden, erwürgten sie mit einem Halstuch und hängten sie an der Stubentüre auf.

Die Täter machten aber nicht die erhoffte Beute, sondern fanden nur wenige Wertsachen vor. Nach ihrem Raubmord trennten sie sich; Mühleisen floh nach Eningen und Fuchs blieb in Reutlingen..

Ein Nachbar hatte beobachtet, wie die beiden auf die Straße sprangen und, dass beide mit Röcken bekleidet waren. Gegen 23.15 Uhr kehrte der Sohn der Toten nach Hause zurück und fand dort zu seinem großen Entsetzen „die noch warme Leiche" vor. Die später herbei gerufene Tochter entdeckte dann das

Halstuch, „das noch um die Leiche geschlungen war" und erinnerte sich, dieses bei Fuchs schon gesehen zu haben.

Deshalb war es der Polizei möglich, gezielt nach diesem Mörder zu suchen; als sie ihn in seinem Hause verhaften wollte, konnte er aber zunächst die Flucht ergreifen.

Mühleisen hatte sich indessen nach Eningen abgesetzt und dort weiter gezecht. Erst nach 1 Uhr kam er, „vom Wein und seiner grässlichen Tat betäubt", nach Hause. Dort spürte ihn die Polizei auf, die bei ihm ein Gesangbuch mit dem verhängnisvollen Namen „Georg Ad. Haarer" fand und ihn sogleich verhaftete. Außerdem wurde sein Anteil an der Beute, mehrere Goldstücke, zwei goldene Ohrringe, ein goldener Ring, Teile einer goldenen Kette, vier Kaffeelöffel, ein Paar Handschuhe und ein Messer aus dem Besitz der Toten sichergestellt.

Fuchs hielt sich nach seiner Flucht mehrere Tage in den benachbarten Wäldern auf und lebte von trockenem Brot. Dann brach er im Hause eines Schneiders in Tübingen ein und tauschte dort seine Kleidung gegen eine andere. Deswegen wurde er nun landesweit in sechs Oberämtern zur Fahndung ausgeschrieben. Er wurde zwar wieder in einem Gasthof in Balingen gesichtet, „wo er gaigelte und einem Handwerksburschen sein Wanderbündel stahl"; doch es gelang ihm erneut die Flucht. Er setzte sich dann in die Schweiz ab, wo er nach einigen Wochen verhaftet und in Fesseln zurück gebracht wurde.

Beide Täter leugneten zunächst beharrlich ihr Verbrechen und schoben sich gegenseitig die Schuld zu. Schließlich gab Fuchs die Tat zu, und Mühleisen gestand vor Mitgefangenen den verübten Raubmord.

Am 18.3.1854 wurde in Tübingen vor dem Schwurgericht das Urteil gesprochen. Es lautete: „Zum Tode durch Enthauptung mit dem Fallbeil." Am 21. April wurden dann beide im Hofe der Anatomie in Tübingen mit der Guillotine hingerichtet. Sie starben, wie Bames schreibt, „mit Angst, Reue und Zerknirschung."

Die Tradition des Reutlinger Weinbaus

Sowohl an der Achalm als auch am Georgenberg war der Weinbau Jahrhunderte lang Tradition. Die erste Rebhalde, die urkundlich bereits 1217 dokumentiert ist, gehörte den Pfalzgrafen von Tübingen. Der Flurname „Pfalzgrafenhalde" und der „Pfalzgrafenweg" erinnern noch heute an den ersten Weinberg auf

Drittes Kapitel · *Vom Biedermeier bis zum I. Weltkrieg* 155

Die Achalm mit Weinbergen von der Eninger Seite, Lithographie um 1900; Original im Besitz des Autors.

Reutlinger Gemarkung. Obwohl das Weinpantschen verboten war und mit hohen Strafen geahndet wurde, dürfte es auch schon damals praktiziert worden sein. So ist es nicht ausgeschlossen, dass die Tübinger Pfalzgrafen den „Reutlinger" als Beimischung für ihren eigenen Säuerling benötigten, um diesen trinkbarer zu machen.

Bereits 1364 lässt sich der erste Zunftmeister in Reutlingen nachweisen. Im Laufe der Zeit wurde dann die Weingärtnerzunft zur zahlenmäßig stärksten Zunft in der kleinen Stadtrepublik. Ungefähr 220 Familien lebten vom Weinbau.

Nur einem Reutlinger Bürger und Angehörigen der Zunft war es in jener Zeit erlaubt, einen Weinberg zu bewirtschaften. Die Zunftmitglieder durften kein anderes Handwerk betreiben und mussten ausschließlich vom Weinbau leben.

Andere Handwerker, die es sich leisten konnten, kauften eigene Weinberge, durften diese aber nicht selbst betreiben, sondern mussten diese von einem fachkundigen Weingärtner bzw. von Tagelöhnern bestellen lassen. Dies führte dazu, dass betuchte Handwerker und Händler bald die größten Weinberge besaßen, die oft den alteingesessenen Weingärtnern günstig abgekauft wurden, wenn diese durch Missernten in finanzielle Schwierigkeiten kamen. Für die Arbeiten, welche die Weingärtner und Tagelöhner in den fremden Weinbergen verrichteten, gab es amtliche Tarife, die von der Stadt festgelegt wurden. Allerdings führte auch dies zu Problemen, wenn einzelne Weinbergbesitzer mehr, d.h. Übertarif bezahlten oder, wenn einzelne Helfer wegen der gleichen Bezahlung schlampig oder nur langsam arbeiteten.

In den Weingärtnerfamilien herrschte eine christliche Gesinnung, die sich auch in der ältesten Hüterordnung der Reutlinger Weingärtnerzunft widerspiegelt. Darin heißt es u.a.: „Wenn eine Frau mit großem Leib und schwanger wäre vor einem Weingarten ginge und Trauben abschnitte und der Weinberghüter dies gewahr werde, so solle er sich mit Räuspern bemerkbar machen und sie nicht mit rauen oder lauten Worten anfahren oder sie heftig erschrecken, sondern sie mit freundlichen Worten warnen und, wenn sie noch keine Trauben hätte, er selber einen brechen, ihr diesen geben und sie damit wegschicken solle." Ein Zeichen mitmenschlicher Gesinnung war auch der Brauch, wenn ein armer und allein stehender Weingärtner erkrankt war, so sollte die Zunft mehrere Hilfsbereite abstellen, die dem armen Manne an Sonn- und Feiertagen vor dem Gottesdienst die nötige Hilfe erweisen mussten. Ganz im Sinne des Evangeliums.

Der Schutzpatron der Reutlinger Weingärtner war das Rebenmännle; es erinnert an Papst Urban I., dessen Namenstag der 25. Mai ist. Da um diese Zeit kalendarisch die Eisheiligen liegen und in diesen kritischen Tagen Nachtfröste der Weinblüte oft stark zusetzen, hat man diesen Tag und damit auch den Namenspatron zum Schutzheiligen erhoben. Das Rebenmännle ist eine aus Holz geschnitzte Figur, die mit einer goldenen Gedenkmünze zur Unterzeichnung der „Confessio Augustana" sowie mit zahlreichen silbernen Anathemen aus dem 17. und 18. Jahrhundert reich verziert ist.

Die Figur spielte am einzigen weltlichen Feiertag in Reutlingen, dem „Rebenmännletag", auch „auselicher Metig" (ausgelassener oder lustiger Montag) genannt, bei der Prozession eine wichtige Rolle. Zum festlichen Ritual dieser Prozession gehörte auch das Fahnenschwingen, auch Fahnenflaigen genannt. Dazu gab es sogar eine Fahnenflaigerpolka in zwei Versionen und einen festgelegten Bewegungsablauf beim Fahnenschwingen. Zu der Prozession gehörte natürlich auch ein Gottesdienst. Aber das Rebenmännle musste dabei vor dem Kirchenportal abgestellt und durfte erst danach wieder weiter getragen werden.

Reutlinger Georgenberg nach einem Aquarell von 1806. Original im Besitz des Heimatmuseums; Foto: G. Trinkhaus.

Während der Reformation wurden nämlich solche Schutzpatrone als götzendienerisch angesehen und deswegen aus der Kirche verbannt. Der letzte „auseliche Metig" wurde von den Reutlinger Weingärtnern im Jahre 1932 gefeiert.

Im 16. Jahrhundert galt der Wein als medizinisches Hausmittel gegen die Pest, weil er die Menschen kräftig und somit widerstandsfähiger mache. Deshalb bekamen schwangere Frauen vor der Entbindung von den Wirten der Stadt einen sog. „Kindbett-Wein" zur Stärkung.

Die städtischen Beamten erhielten neben ihren festen Bezügen noch den sog. „Besoldungswein". Bei schlechten Jahrgängen konnten die Beamten aber verlangen, mit dem besseren Wein des Vorjahres vergütet zu werden.

Der steuerfreie Haustrunk belief sich in der Reichsstadtzeit pro Ehepaar auf jährlich 220 l; d.h. diese Menge durften die Bürger steuerfrei konsumieren bzw. käuflich erwerben. Bei Übertretung drohte ein Bußgeld, das aber praktisch nur ganz selten verhängt wurde.

Der Chronist Memminger schreibt 1805 über den Reutlinger Weinbau: „Reutlingen ist wegen seiner fruchtbaren Weinberge, aber nicht wegen der Güte des Weins bekannt. Der Wein, der vorzüglich um die Achalm und dem St. Georgenberg wächst, ist schlecht. Es gibt zwar vielen und bei fruchtbaren Jahrgängen ungemein vielen Wein, sodass der Morgen 12 bis 16 Eimer geben kann, allein der Wein ist leicht, dazu hilft nicht nur die Lage am Albgebirge und enge Pflanzung der Stöcke, sondern vorzüglich auch die schlechten Gattungen der Trauben, welche die Weingärtner pflanzen, die zwar vielen, aber schlechten Wein geben. Bisher ist für die Veredelung der Weinstöcke nichts getan worden. Dieser Wein wird zum Teil von den Wirten zum auszapfen gekauft;" d.h. „Der Reutlinger Wein wird wegen seiner Wohlfeilheit gesucht und meist von den Wirten gekauft, welche dann einen besseren Unterländer Wein darunter mischen und ihn so trinkbar machen." Im Allgemeinen dürfe man wohl sagen, dass die Reutlinger ein Gläschen Wein lieben, wobei sie in der Regel werktags mit dem „Eigenbau" vorlieb nahmen, obwohl „er einen großen Grad von Säure" habe. An Sonn- und Feiertagen würden dagegen „ausländische Weine", insbesondere Neckarweine, bevorzugt.

Die Stadt Reutlingen und ein privater Weingärtner pflegen auch heute noch die Reutlinger Weinbautradition mit einem eigenen Weinberg an der Achalm. Der städtische Wein kommt als „Reutlinger Sommerhalde" auf den Markt und kann als Weiß- oder Rotwein bei der Tourist-Information oder im Heimatmuseum gekauft werden. Der private Weinbergbesitzer ziert seinen Wein mit dem Konterfei von Friedrich List. Dass der Reutlinger Wein auch eine Spitzenqualität erreichen kann, zeigt der Jahrgang 1971 mit 87 Grad Öchsle. Er wurde als Jahrhundertwein sogar mit dem Deutschen Weinsiegel prämiert.

Bei seiner erzwungenen Auswanderung nach Amerika hat Friedrich List auf dem Weg nach Le Havre seinem Tagebuch den Satz anvertraut: „Die Natur gibt alles im Überfluss, was der Mensch bedarf, besonders Wein, diese Gottesgabe, die so sehr das gesellige Leben verschönert und die Kraft des Menschen erhöht." Als ihn dann in der Neuen Welt das Heimweh überkam, dürfte ihm u.a. auch ein Reutlinger Viertele zu seinem Wohlbefinden gefehlt haben.

Die „Huser" und einige Anekdoten

Fast allen Einheimischen und den meisten auswärtigen Besuchern ist bekannt, dass auch Tübingen eine sehr lange Weinbautradition hat, und sie kennen auch den Necknamen der Tübinger Wengerter „Googen" sowie den Ausdruck „Googenwitze". Aber keiner weiß, dass auch die Reutlinger Wengerter einen Necknamen hatten. Sie hießen „Huser", wobei unbekannt ist, woher der Name kommt und was er bedeutet. Es gibt auch in Reutlingen keine „Huserwitze", vermutlich deswegen, weil es keine Professoren gab. Aber es gibt einige Anekdoten, die historisch überliefert sind.

Ein Reutlinger Wengerter besaß an der Achalm einen Weinberg. Aus Altersgründen war er nicht mehr in der Lage, diesen zu bewirtschaften. Deswegen hatte er ihn seinem Sohn überschrieben. Dieser zeigte jedoch an der harten Arbeit im Weinberg kein Interesse und hat deshalb den Weinberg umgraben und mit Klee einsäen lassen. Den Vater ärgerte dies sehr, aber er hatte zunächst seinen Groll heruntergeschluckt. Im kommenden Jahr war dann ein besonders guter Jahrgang und da machte der Alte seinem Herzen Luft, indem er zu seinem Sohn sagte: „So, jetzt ka'scht ewig Klee saufa!"

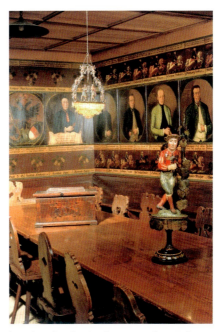

Zunftstube der Weingärtner im Heimatmuseum Reutlingen, Foto: Wolfgang Bottler, Heimatmuseum Reutlingen.

Wenn ein Weingärtner ins Fabulieren kam und eine reichere Ernte eingefahren haben will, als sein Kollege, so musste sich jener die bissige Bemerkung gefallen lassen. „Da muas offenbar an starker Wolkabruch dazu komma sei!"

Oft gab es Missernten. Von 10 Jahren brachten nur zwei oder drei mittlere Ernten und zwei oder drei gute bis sehr gute Ernten. In einem schlechten Jahr spielen die beiden folgenden Anekdoten: Ein Goog unterhält sich mit einem Huser. Der Goog klagt über die schlechte Ernte, dass die Trauben überhaupt nicht reifen und bockelhart sind. Da antwortet der Huser: „Da muascht dich halt an da Circus Hagabeck wenda; der soll dr an Elefanta ausleihe, der deine Trauba träpplt!" Da antwortet der Goog: „Des han i schau probiert, abr dr Hagabeck ka mr au et helfa. Der Elefant, der em letschta Johr en Reitlinge war, hat emmr no offene Füas!"

In schlechten Jahren hat man trotzdem noch die Trauben geerntet, in Säcke abgefüllt und versucht, mit viel Zucker oder Trester einen passablen Trank daraus zu machen. In einem solchen Jahr war ein Reutlinger Wengerter mit seinem Sohn an der Achalm. Sie hatten als Fuhrwerk ein Ochsengespann bei sich und die gefüllten Säcke darauf abtransportiert. So ging es die Sommerhalde herunter;

der Vater vorne am Ochsen, der Sohn hinten an der Migge (Bremse). Plötzlich bremste der Junge stark. Dabei fiel ein Sack herunter und wurde vom Fuhrwerk überrollt. Der Sohn hat sich darauf sofort zum Sack begeben, diesen aufgebunden und zu seinem Vater gesagt: „Vaddr s'isch no guat ganga, s'hat fascht koi Beer verdruckt!"

Eine andere Anekdote spielt in einem guten Jahr, wo die Familie bei strahlendem Sonnenschein im Weinberg war. Der Wengerter mahnte immer wieder: „Leutle, denkt dra, dia guate Traube gennt an guate Wei!" Diese Mahnung wurde von allen befolgt. Lediglich der älteste Sohn drückte sich um die Lese und futterte eine Beere nach der anderen, bis dem Vater auch hier der Kragen platzte und er zu seinem Sohn sagte; „Ja, Kerle, will'scht denn älle fressa?" Darauf antwortete der Junge: „Vaddr, s'isch schad' um jede, dia ma et frisst!"

Die Weinlese war immer ein Familienfest und in guten Jahren auch ein Freudenfest, bei dem in den Weinbergen fröhlich gefeiert wurde. So wird berichtet, dass ein Weingärtner im Jahre 1872 in seinem Weinberghäuschen ein bengalisches Feuer anzünden, also ein Feuerwerk abbrennen wollte. Dabei entzündeten sich aber die Feuerwerkskörper in seiner Hosentasche, sodass er plötzlich in Flammen stand und sich nur dadurch retten konnte, dass er sich zu Boden warf und sich talwärts wälzte, um die Flammen zu ersticken. Ein anderer soll sich bei einem solchen Weinbergfest einen Böller ins Gesicht geschossen und lebenslang eine Narbe davon getragen haben.

Böse Zungen behaupten immer wieder, dass der Reutlinger Wein ein Loch in den Magen reiße und empfehlen dann, mit derselben Menge Tübinger Wein nachzuspülen, weil dieser das Loch wieder zuziehen würde. Steht kein Tübinger Wein zur Verfügung, so müssten die Reutlinger Ehefrauen des Nachts ihre Männer umdrehen, um den Lochfraß zu vermeiden.

Und dann gibt es noch die perfide Geschichte vom Prinzen Eugen, der nachweislich auf dem Weg von Rottweil nach Kirchheim/Teck mit einem Heer von 20 000 Mann am 27. Juli 1704 für eine Nacht in Reutlingen Quartier bezogen hat. Dieser hatte einen tüchtigen Offizier namens Johann Jakob Dann, der mit einer Reutlinger Wirtstochter verheiratet war. Auch das ist historisch verbürgt. Und so wäre es denkbar, dass dieser Offizier an jenem Abend seinem Herrn Reutlinger Wein serviert hat. Prinz Eugen soll ihn in großen Zügen getrunken und dann bemerkt haben: „Er würde lieber noch einmal Belgrad einnehmen, als Reutlinger Wein trinken.". Aber dies kann insofern nicht stimmen, weil Prinz Eugen Belgrad erst 1717 eingenommen hat. Vielleicht wurde diese Legende von Tübinger Wengertern in Umlauf gebracht, um die benachbarte Konkurrenz „madig" zu machen.

Die traditionelle Schafzucht auf der Achalm und die Idee von Friedrich List

Die landwirtschaftliche Nutzung der Achalm hat sich seit alters her stets auf drei Zweige konzentriert: auf die Schafzucht, den Weinbau und den Obstbau.

Zu allen Zeiten wurde der nicht bewaldete Teil des Berges als Vieh- und vor allem als Schafweide genutzt. Besonders intensiv wurde die Schafzucht durch den württembergischen König Wilhelm I. betrieben, der 1822 die dortige Meierei zurückgekauft hatte, die alten Gebäude abbrechen und ein neues Ökonomiegebäude errichten ließ, um dort eine „blühende Schäferei" aufzubauen. Der König errichtete mit sächsischen, schlesischen und französischen Merinoschafen eine „hochfeine Schäferei". Außerdem wurden zeitweilig auch Kaschmir- und Angoraziegen gezüchtet. Nach 1870 kam es infolge der australischen und neuseeländischen Billigkonkurrenz zwar zu einem Preisverfall bei den Fleisch- und Wollpreisen; dennoch wurde die Schafzucht auf der Achalm wegen der hochwertigen Qualität weitergeführt.

Die an der Achalm gewonnene Wolle fand direkte Abnehmer bei den Reutlinger Tuchmachern, die in der Reichsstadtzeit die drittgrößte Zunft bildeten. Aus der Achalmwolle wurden u.a. Tuche und stoffliche Accessoires für die Trachten der Stadt- und Landbevölkerung hergestellt. Außerdem entwickelte sich im 19. Jahrhundert ein reger Handel mit lebenden Schafen und Hammelfleisch. Die Schafe wurden in Wagenladungen direkt bis nach Paris befördert und dort durch Kommissionäre auf den Vorstadtmärkten von Passy und La Villette zum Verkauf angeboten. Diese von 1860 bis 1885 schwunghafte Direktvermarktung hörte dann gänzlich auf, weil nur noch geschlachtete Tiere nach Paris geliefert werden durften. Deshalb schaltete man nun Metzger in Straßburg als Zwischenhändler ein.

Wenn es nach dem Reutlinger Nationalökonomen Friedrich List gegangen wäre, hätte man der Absatzkrise im 19. Jahrhundert durch den Aufbau eines zweiten Standbeines begegnen können. Bereits 1842 sprach er die Empfehlung aus, neben der Schafzucht die Zucht von Lamas und Alpakas zu betreiben. „In England ist man in der neuesten Zeit sehr auf die Vorteile aufmerksam geworden, die eine Akklimatisierung des Alpakas oder Lamas, das in Peru zu Hause ist, zur Folge haben würde, und mehrere große Gutsbesitzer haben bereits einzelne Paare davon importiert, im ganzen 79 Stück. Sie gedeihen vortrefflich und vermehren sich schnell." Man sieht, wie gut List darüber informiert war, was in der damals führenden Industrienation, der britischen Insel, als Neuerung eingeführt und propagiert wurde.

Kaschmirziegen an der Achalm, Lithographie von Friedrich Wagner von 1830; aus: Stadt Reutlingen: Stadtbildgeschichte, Reutlingen 1990, Seite 197.

Das Alpaca habe gegenüber dem Schaf, so argumentierte List, unermessliche Vorteile: „1. als Wolltier: die Wolle ist lang und glänzend und sehr geschätzt, 2. wegen seines Fleisches, das vortrefflich und sehr schmackhaft ist, 3. wegen seines sehr dichten Felles, 4. als Lasttier, indem es 100 bis 125 Pfund auf seinem Rücken trägt, 5. indem es so zahm ist, dass ein Kind es leiten kann, 6. in seinem Futter so genügsam ist, dass es sich auch da nährt, wo das Schaf zugrunde geht (von schlechtem Gras, Moos, Unkraut, Gesträuch, die es mit seinen scharfen Zähnen sucht, ohne eines Obdachs zu bedürfen). Es kommt am besten auf Hochebenen und in gebirgigen Gegenden fort, - in rauem Klima. Es ist von ungemein heiterer Natur und lebt sehr lange. An Gestalt gleicht es dem Kamel, jedoch hat es keinen Höcker. Seine Größe ist die eines Hirsches. Es gibt zweierlei Arten, die eine langhaarig, jedoch etwas weniger zum Lasttragen geeignet, die andere kurzhaarig, jedoch fähig, größere Lasten zu tragen. Die Farbe seiner Wolle ist ganz weiß oder ganz schwarz oder braun oder scheckig."

„Kein Land wäre so geeignet, von diesem Tier großen Nutzen zu ziehen, wie die württembergische Alb oder der Schwarzwald. Auch würde der württembergische Weingärtner wahrscheinlich es geeignet finden, für ihn das Tragen schwerer Lasten zu übernehmen. Überhaupt dürfte es Segen bringend sein für ein Land, wo die Menschen wegen kleinen Grundbesitzes sich zu Lasttieren zu erniedrigen genötigt sind."

Dieser Vorschlag wurde freilich nicht aufgegriffen und umgesetzt. Erst in jüngster Zeit gab es an der Achalm einen Gütlesbesitzer, der einige Lamas gehalten hat. Da ihm wohl einige Nachbarn aus unerfindlichen Gründen Schwierigkeiten machten, sah er sich genötigt, die Lamas auf die Alb zu verlegen und dort in größerem Umfange eine Lamazucht zu betreiben.

Neujahrsglückwünsche aus Reutlingen vor 150 Jahren

Freiherr Adolf Franz Friedrich von Knigge (1752–1796) ist durch sein Benimmbuch „Über den Umgang mit Menschen" von 1788 unsterblich geworden. „Knigge" steht auch heute noch sprichwörtlich für gutes Benehmen. Das Buch hat allein bis 1878 16 Auflagen erlebt.

Dass dies nicht das einzige Benimmbuch in der damaligen Zeit war, beweist das Büchlein eines unbekannten Verfassers, das den Titel trägt: „Neues Komplimentirbuch oder Anweisung in Gesellschaften und den gewöhnlichen Verhältnissen des Lebens höflich und angemessen zu reden und sich anständig zu betragen". Dieses ist bei dem Reutlinger Verleger Fleischhauer und Spohn immerhin in mindestens fünf Auflagen erschienen. Uns liegt die 5. Ausgabe von 1837 vor.

In dem Büchlein sind „Wünsche, Anreden und kleine Gedichte bei Neujahrs-, Geburts- und Hochzeitstagen; Glückwünsche bei Geburten, Kindstaufen und Gevatterschaften; Heiratsanträge; Condolenzen; Einladungen, Anreden beim Tanze und in Gesellschaften und viele andere Komplimente mit den dazu passenden Antworten und eine Anzahl Schemata zu Einladungen auf Karten und zu Anzeigen in öffentlichen Blättern" enthalten.

Außerdem enthält das Büchlein einen Anhang mit den "nöthigsten Anstands- und Bildungsregeln". Dazu zählen: „1. Ausbildung des Blicks und der Mienen, 2. Die Haltung und Bewegung des Körpers, 3. Gesetztheit, 4. Höflichkeit, 5. Ausbildung der Sprache, 6. Komplimente, 7. Wahl und Reinlichkeit der Kleidung, 8. Anständiges Verhalten bei der Tafel, 9. Das Verhalten in Gesellschaften, 10. Gesetze der feinen Lebensart, 11. Vorschriften im Umgang mit Vornehmen und Großen, 12. Höflichkeitsregeln im Umgange mit dem schönen Geschlechte."

Im Vorwort des Komlimntierbüchleins heißt es u.a.: „Wie nützlich es in den Zeiten, sowohl für jüngere, als ältere Personen jeglichen Standes ist, sich höflich und den jedesmaligen Umständen und Personen des Gesprächs angemessen auszudrücken, ist einem jeden einleuchtend und der Verfasser und Verleger hoffen und wünschen daher, durch Herausgabe dieses Handbüchelchens zu anständiger und höflicher Sprachweise vielen einen angenehmen Dienst zu erweisen und zu ihrem Fortkommen in der Welt beizutragen."

Aus diesem „nützlichen Hand- und Hülfsbuch" seien die Empfehlungen für „Glückwünsche zum Neuen Jahre" zitiert, wie sie offenbar vor 150 Jahren üblich waren.

Für den Neujahrsgruß an einen Freund oder eine Freundin wird folgende Formulierung vorgeschlagen: „Nicht etwa, um nur die Mode mitzumachen, sondern aus aufrichtigem Herzen wünsche ich Ihnen beim Eintritt in ein neues Jahr das höchste Erdenglück und bitte zugleich Gott, alle Ihre Wünsche zu erfüllen, und Sie, mich auch ferner mit Ihrer mir so schätzbaren Freundschaft zu beehren." Ein anderer Vorschlag lautet: „Mein herzlicher Wunsch ist der, Sie recht glücklich zu sehen; ich kann Ihnen daher beim Anfange des neuen Jahres nichts anderes von Gott erbitten, als: Ruhe und Zufriedenheit des Herzens, Gesundheit, Heiterkeit und Genügsamkeit, und alles dies möge Ihnen im vollsten Maße zu Teile werden."

Ein weiterer Vorschlag für eine Freundin ist folgender: „Alle Welt wünscht sich heute Glück, und auch ich habe einen ganzen Vorrat von Wünschen für Sie; aber bei Ihrem Anblicke fehlt mir aller Mut; denn keiner will passen, so schön ich auch meine Sache ausgedacht zu haben glaubte. – An Gesundheit übertreffen Sie alle Ihre Bekannten; – an Vermögen leiden Sie nicht Mangel; – Ihre Reize werden von vielen bewundert und beneidet; – einen schönen Geliebten haben Sie auch; – was soll ich noch mehr wünschen? – Jetzt fällt mir ein; ich wünsche, dass heute über's Jahr Ihr holdes Ebenbild in Ihrem Schoße spiele!"

Oder noch eine Variante: „Erfreut über das Glück, mich Ihren Freund nennen zu dürfen, ergreife ich mit Vergnügen die Gelegenheit, welche mir der Jahreswechsel darbietet, Ihnen aufrichtig und herzlich Glück zu wünschen. Der Himmel schenke Ihnen stets Gesundheit des Körpers und Heiterkeit des Geistes, damit wir noch lange das Vergnügen haben, Ihren angenehmen Umgang zu genießen."

Ein Sohn könnte seinem Vater folgende Glückwünsche geschickt haben: „Der undankbarste Mensch und selbst des schönen Sohnenamens unwert, würde ich sein, wenn ich Ihnen teurer Vater, meinem größten Wohltäter auf Erden, beim Antritte dieses neuen Jahres nicht meine Ehrfurcht und Erkenntlichkeit für Ihre große Liebe und Sorgfalt für mich zu bezeugen suchte. Nehmen Sie also, verehrter Vater, die aufrichtigen Wünsche für Ihre Gesundheit und Ihr Glück von mir an und seien Sie versichert, dass ich nie aufhören werde, Gott zu bitten, Ihr mir so teures Leben bis in die späteste Zukunft zu verlängern und dass es stets meine vorzügliche Sorge sein wird, Ihnen durch mein Betragen Freude zu machen und Ihnen für die unzähligen Wohltaten zu danken, die Sie mir erwiesen haben und noch täglich erweisen."

Die Antwort des Vaters wird gleich mitgeliefert: „Fahre fort, mein lieber Sohn, mir auch in diesem neuen Jahre durch Deinen Fleiß und Dein Betragen Freude zu machen und Dich zu einem brauchbaren Menschen zu bilden. Der Segen Gottes, meine Liebe und die Achtung aller Rechtschaffenen werden Dir dann nicht fehlen."

Ferner enthält das Büchlein Formulierungsvorschläge für die Glückwünsche des Ehemannes an seine Frau: „Mit Freuden ergreife ich die Gelegenheit, welche mir der erste Tag des neuen Jahres darbietet, Dir meinen herzlichen Dank für die Liebe und das Wohlwollen zu sagen, wodurch Du mich im vergangenen Jahr so glücklich gemacht hast, und versichere, dass ich alles anwenden werde, auch den leisesten Deiner Wünsche zu befriedigen. Gott schenke Dir noch ferner zu meiner Freud Gesundheit des Körpers und Heiterkeit des Geistes!"

Die entsprechende Antwort der Frau lautet: „Auch in dem neuen Jahre soll es mein eifrigstes Bestreben sein, Deine Liebe, in der mein ganzes Glück besteht, nach meinen Kräften zu vergelten. Sei fest überzeugt, dass ich mit Freuden jede Gelegenheit ergreifen werde, Dir das Leben zu versüßen, und dass es mein heißester Wunsch ist, dass Dich Gott auch ferner noch mit Gesundheit und vor allem irdischem Glücke segnen möge."

Als Neujahrsgrüße an eine Geliebte wird folgende Formulierung vorgeschlagen: „Der erste Tag des Jahres, in welchem ich des Glückes zu genießen hoffe, Sie meine Teuerste, durch den Segen der Kirche ganz mein zu nennen, ist besonders feierlich für mich. Ich bitte Gott, dass er Ihnen Ihre mir so teuere Gesundheit und Ihren heiteren Sinn erhalte, und dass alle Ihre Wünsche und Hoffnungen zu Ihrer Zufriedenheit erfüllt werden mögen."

Auch dafür wird wieder die Antwort gleich mitgeliefert: „Möchte Ihnen, mein Geliebter, das neue Jahr alle Freuden gewähren, die ein Mensch nur genießen kann! Möchten alle Ihre Hoffnungen und Wünsche in Erfüllung gehen! Ich bitte Gott, dass er mir Kraft und Fähigkeit verleihe, Sie ganz so glücklich zu machen, wie Ihr edles Herz es verdient!".

Wer seine Glückwünsche und die jeweiligen Antworten in Versform abgeben wollte, findet in dem Komplimentierbüchlein ebenfalls genügend Beispiele.

Formulierungshilfen aus Reutlingen bei Heiratsanträgen im Biedermeier

Im vorausgegangenen Beitrag haben wir über ein „Neues Komplimentirbuch" berichtet, das in mehreren Auflagen in der ersten Hälfte des 19. Jahrhunderts bei Fleischhauer und Spohn in Reutlingen erschienen ist. In diesem anonymen Benimmbuch findet sich auch ein Kapitel über „Heiratsanträge". Sie zeigen anschaulich, wie man im Biedermeier um die Hand einer Geliebten angehalten hat und liefert sofort positive und negative Formulierungshilfen für die Antwort mit.

Zunächst wendet sich der Freier ganz förmlich an seine Geliebte und versichert ihr: „Schon längst, meine Schöne, habe ich sehnlichst den Zeitpunkt herbeigewünscht, wo ich einmal ohne Zeugen mit Ihnen zu reden die Ehre haben könnte. Er ist jetzt da, dieser ersehnte Augenblick und mein Herz zwingt mich, eine Bitte an Sie zu wagen, von deren gütiger Gewährung mein ganzes Lebensglück abhängt. Warum sollte ich Ihnen nicht gestehen, schöne Demoiselle, dass ich vom ersten Augenblicke unserer Bekanntschaft an, die feurigste, reinste Liebe für Sie empfunden habe; meine ungewisse Lage aber und die Furcht, Ihnen vielleicht durch mein Geständnis zu missfallen, schlossen mir damals den Mund. Allein jetzt, da ich ein sicheres Auskommen habe und eine Frau anständig ernähren kann, vermag ich mich nicht länger zurück zu halten, um Ihnen mein Herz und meine Hand anzubieten und Sie inständigst zu bitten, mir als liebe Gefährtin das Leben zu versüßen, das ohne Ihren Besitz nur freudenleer für mich dahin fließen würde."

Stieß dieser Wunsch bei der Angebeteten auf Gegenliebe, so wurde in dem Komplimentierbuch für eine entsprechende Antwort folgende Formulierung vorgeschlagen: „Auch ich verhehle nicht, mein Herr, dass mir Ihr bisheriger Umgang viel Vergnügen gemacht hat, und dass ich stets die reinste Hochachtung für Sie gehegt habe. Der Schritt aber ist zu wichtig, als dass ich augenblicklich darüber sollte entscheiden können, und ich ehre und liebe meine Eltern zu sehr, um auch nur das Geringste ohne ihre Einwilligung und ihren Rat zu tun und muss Sie daher bitten, zuvor mit denselben zu reden und sich für jetzt mit dem Geständnisse zu begnügen, dass mein Herz nicht ganz gleichgültig gegen Ihre Vorzüge ist."

Nach dieser verklausulierten Zustimmung sollte ihr der Bräutigam in spe folgende Antwort zukommen lassen: „Ihre angeführten Gründe sind mir ein neuer erfreulicher Beweis Ihres vortrefflichen Herzens und erhöhen meine Achtung und Liebe für Sie noch unendlich. Entzückt durch das beglückende Geständnis, das Ihre schönen Lippen eben ausgesprochen haben, eile ich auf den Flügeln der Liebe, die Einwilligung Ihrer lieben Eltern zu erbitten."

Wie sollte der Bräutigam nun bei den Schwiegereltern um die Hand ihrer Tochter anhalten? Auch hierzu wird Formulierungshilfe angeboten: „Die Güte und Freundschaft, mit der Sie mich bisher beehrt haben, machen mich so dreist, mich in einer Angelegenheit an Sie zu wenden, von deren glücklichem Ausgange das ganze Glück meines Lebens abhängt. Schon längst nämlich hegte ich die feurigste Liebe zu Ihrer schönen Demoiselle Tochter, wagte aber nicht, dieselbe auszusprechen, weil mein Einkommen zu gering war, als dass ich eine Frau standesgemäß und bequem hätte ernähren können. Meine vor kurzem erfolgte Beförderung hat mich nun endlich in den lang ersehnten Zustand versetzt, und ich komme eben von Ihrer lieben Tochter her, welcher ich meine Liebe gestanden habe. Sie hat mich durch das beglückende Geständnis, dass ich Ihrem Herzen nicht ganz gleichgültig sei, die schönste Hoffnung und Erfüllung meiner Bitte gemacht, mich aber an Sie gewiesen, um zuvor Ihre Einwilligung zu erlangen. Ich bitte Sie daher, so dringend ich nur kann, uns Ihren elterlichen Segen nicht länger vorzuenthalten, sondern mich durch gütige Bewilligung meiner inständigen Bitte zum glücklichsten Menschen zu machen."

Waren die Brauteltern mit der angestrebten Liaison einverstanden, so konnten sie auf folgende Weise antworten: „Obgleich uns Ihr Antrag sehr überrascht, so verweigern wir Ihnen dennoch unsere Einwilligung nicht, weil unsere Tochter, der wir in Herzensangelegenheiten nichts vorschreiben, Ihnen, wie Sie sagen, nicht abgeneigt ist und weil Ihr anständiger und solider Lebenswandel uns bisher nur Freude gemacht hat. Wir wünschen, dass Sie sich nicht in einander getäuscht haben, sondern sich das Leben möglichst versüßen werden."

Postwendend folgten die Dankesworte des Bräutigams: „Sie machen, hoch geehrter Herr und Madam, diesen Tag zu den glücklichsten meines Lebens, und ich eile daher zu meiner geliebten Braut, um mit ihr vereint, Ihren elterlichen Segen zu empfangen."

Gleichzeitig wandte er sich wieder an die Braut und ließ sie wissen: „Ihre lieben Eltern sind die herrlichsten, gütigsten Menschen! Sie haben mir ihre Einwilligung nicht versagt, Ihnen aber freie Wahl gelassen, zu tun, was Ihnen beliebt. Es fehlt mir daher nichts mehr, um ganz glücklich zu sein, als die Bestätigung meines Glückes aus Ihrem schönen Munde zu vernehmen. Entscheiden Sie daher, meine Schöne, über mein Schicksal; ich bitte inständigst darum."

Jetzt war wieder die Braut mit folgender Antwort an der Reihe: „Da meine lieben Eltern Ihnen die Einwilligung nicht versagt haben, so tue ich Ihnen mit Freuden das Geständnis, dass ich Ihre Gefühle für mich längst ahnte und eben dieselben für Sie hegte. Nehmen Sie daher mit diesem ersten Kusse treuer Liebe mein Herz und meine Hand und lassen Sie uns zu unseren Eltern eilen, um denselben unseren kindlichen Dank abzustatten."

Damit waren die Förmlichkeiten eines Heiratsantrages in den bürgerlichen Kreisen erfolgreich abgeschlossen, sodass nun die Verlobung und die Hochzeit vorbereitet werden konnten.

In dem Reutlinger Benimmbuch werden auch noch andere Versionen durchgespielt; z.B. ein anderer Heiratsantrag eines Mannes an ein anderes „Frauenzimmer": „Von jeher gewährten mir nur die Gesellschaften reines Vergnügen, die Sie durch Ihre geschmackvolle Unterhaltung würzten; denn in jeder entwickelten Sie neue Reize und Annehmlichkeiten und erwarben sich durch Ihre feine Bildung, durch den Adel Ihres Herzens und durch Ihre Freundlichkeit allgemeines Lob, und jedes Herz schlug Ihnen liebevoll entgegen. Ihr liebes, holdes Bild schwebte daher auch mir wachend und träumend vor Augen und erregte Wünsche und Gefühle in mir, deren Befriedigung mir das höchste Erdenglück gewähren würde. Sie werden daher gütigst verzeihen, wenn ich es wage, Sie um Ihr Herz und Ihre Hand zu bitten, indem ich Sie versichere, dass ich mein ganzes Leben hindurch nur darauf bedacht sein werde, Ihrer Liebe immer würdiger zu werden. Wenngleich ich auch keine Reichtümer besitze, so gewährt mir doch mein einträglicher Posten ein sicheres, bequemes Auskommen."

Und die Antwort der Geliebten konnte dann so lauten: „Die Verbindung mit einem Manne von Ihren Verdiensten kann für mich nur schmeichelhaft sein. Ich versichere Sie, dass Sie mir vom Augenblicke unserer Bekanntschaft an nicht gleichgültig gewesen sind, und dass ich Sie jetzt wirklich herzlich liebe. Wie Sie aber wissen, hänge ich nicht ganz von mir ab und Sie werden daher zuvor erst die Einwilligung meiner Eltern einholen müssen."

Das entsprechende „Gesuch" an die potenziellen Schwiegereltern hat dann folgenden Wortlaut: „Sie werden mir gütigst verzeihen, dass ich Sie bitte, mir einige Minuten freundliches Gehör zu schenken. Meine häuslichen Verhältnisse erlauben nicht, dass ich noch ferner unverheiratet bleibe, weil meine Geschäfte oft meine Gegenwart außer dem Hause erfordern. Die Liebenswürdigkeit und die häuslichen Tugenden Ihrer lieben Tochter haben einen solchen Eindruck auf mein Herz gemacht, dass ich nur im Besitz derselben glücklich zu werden hoffe. Ich habe derselben daher meine Liebe gestanden und bin so glücklich gewesen, das Geständnis ihrer Gegenliebe zu erhalten. Krönen Sie daher unsere Wünsche durch Ihre gütige Einwilligung."

Sollten die Eltern mit der Hochzeit ihrer Tochter einverstanden sein, so konnten sie antworten: „Mit Vergnügen geben wir Ihnen unsere Einwilligung zu

Ihrer Verbindung mit unserer Tochter, denn es ist eine große Freude und Beruhigung für uns, dass das gute Mädchen anständig versorgt wird. Wir wünschen Ihnen von Herzen Glück und empfehlen uns Ihrer ferneren Freundschaft."

Für einen „Handwerker" wird eine andere, etwas weniger geschwollene Formulierung vorgeschlagen: „Der Tag, an dem ich das Vergnügen hatte, Ihre und Ihrer lieben Tochter Bekanntschaft zu machen, ist nicht wieder aus meinem Gedächtnisse gekommen und beständig schwebt mir das Bild Ihrer schönen Tochter vor Augen. Meine zu nehmende Nahrung und mein erweitertes Geschäft erlauben mir nicht, länger ohne Frau zu sein; und bitte ich Sie daher inständig, mich durch die Hand Ihrer lieben Tochter zu beglücken."

Standesgemäß lautete die Antwort des Vaters: „Obgleich ich es sehr gern sähe, wenn Sie mein Schwiegersohn würden, so habe ich mir doch vorgenommen, meiner Tochter in Heiratsangelegenheiten nichts vorzuschreiben. Meiner Einwilligung können Sie übrigens versichert sein; wenden Sie sich daher an meine Tochter selbst."

Dazu wird ebenfalls ein Formulierungsvorschlag mitgeliefert: „Bei unserem ersten Zusammentreffen schon machte Ihre Liebenswürdigkeit einen solchen Eindruck auf mein Herz, dass ich es seitdem für das größte Glück halte, Sie einst als Frau zu besitzen. Verzeihen Sie daher, wenn ich Ihnen hiermit sage, dass ich Sie über Alles liebe und, wenn ich Sie um Ihr Herz und Ihre Hand bitte. Und Ihr lieber Vater segnet unseren Bund, wenn Sie einwilligen."

Postwendend sollte die Braut diese Antwort geben: „Auch ich habe Sie gleich im ersten Augenblick unserer Bekanntschaft lieb gewonnen und mich auch nachher immer gefreut, wenn mein Vater etwas Gutes von Ihnen erzählte. Wenn derselbe also, wie Sie sagen, einwilligt, so gebe ich Ihnen mit Vergnügen mein Herz und meine Hand."

An diese positiven Fallbeispiele schließen sich „abschlägige Antworten auf Heiratsanträge" an; z.B. mit folgendem Wortlaut „des Vaters an den Freier": „Durch Ihre Bewerbung um meine Tochter finde ich mich zwar sehr geehrt und würde auch keinen Augenblick anstehen, meine Einwilligung zu Ihrer beiderseitigen Verbindung zu geben, wenn mich nicht schon ein anderwärtig gegebenes Versprechen bände. Meine Tochter ist nämlich schon längere Zeit im Stillen mit Herrn N.N. verlobt. Erhalten Sie mir Ihre werte Freundschaft und geben Sie mir recht bald Gelegenheit, Ihnen auf eine andere Art gefällig sein zu können."

Eine andere Absage lautet: „So ehrenvoll mir Ihr Antrag ist und so hoch ich Sie von jeher geachtet habe, so schmerzlich ist es mir, Ihnen Ihre Bitte abschlagen zu müssen. Meine Tochter hat während Ihres Aufenthaltes in H. die Bekanntschaft eines jungen Mannes gemacht, dem wir unsere Einwilligung nicht versagen konnten. Sie sehen hieraus, dass die Erfüllung Ihres Wunsches nicht mehr in unserer Gewalt steht. Ich wünsche von Herzen, dass Ihnen bald eine andere das Glück gewähren mag, welches Sie unserer Tochter zugedacht hatten und empfehle mich und dieselbe Ihrer ferneren Freundschaft."

Eine andere Version wäre: „Es war von jeher einer meiner Lieblingswünsche, dass die Freundschaft zwischen unseren beiden Familien noch enger durch die Bande der Verwandtschaft geknüpft werden möchte; allein die Erfüllung unserer Wünsche steht nicht immer in unserer Gewalt, und so muss ich denn, so leid es mir auch tut, Ihnen sagen, dass unsere Tochter uns schon lange ihre Liebe zu Herrn N.N. gestanden und um unsere Einwilligung dazu gebeten hat. Wir konnten ihr dieselbe nicht versagen, da uns Ihre Absichten bisher unbekannt waren, und wir gegen die Verbindung derselben mit jenem Herrn nichts einzuwenden hatten. Ich wünsche nur, dass unsere so lange bestandene Freundschaft durch die offenherzige Erklärung nicht gestört werde und, dass Sie bald eine andere liebenswürdige Braut heimführen."

Es wurde auch daran gedacht, dass die Angebetete selbst eine Absage schreibt: „Ihr gütiger Antrag schmeichelte mir zwar sehr, indes glaube ich, noch nicht Kenntnisse und Fertigkeiten genug zu besitzen, um einem Hauswesen vorstehen zu können, und bin ich auch noch zu jung und zu lebenslustig, als dass ich Lust hätte, mich schon in die Fesseln des Ehestandes zu schmieden. Entziehen Sie mir, ich bitte inständig darum, wegen dieses offenherzigen Geständnisses Ihren angenehmen Umgang nicht, der mir so viel Freude macht."

Eine Alternative wäre: „Eine, wie ich fühle, unheilbare Kränklichkeit macht mich zur Führung eines Haushaltes untüchtig und nötigte mich, schon mehrere vorteilhafte Partien auszuschlagen, weil ich es für unrecht halte, einen Mann, der sein Glück in meinem Besitze sucht, zu täuschen oder wohl gar unglücklich zu machen. – Aus diesem Grunde muss ich Ihnen, so weh es mir tut, Ihre Bitte abschlagen. Erhalten Sie mir Ihre werte Freundschaft und seien Sie versichert, dass ich stets Ihre aufrichtige Freundin sein werde."

Und zum Schluss noch eine andere Formulierung: „Von Kindheit an bin ich mit Herrn N.N., dessen Vater der intimste Freund des meinigen ist, bekannt gewesen, und wir nannten uns schon als Kinder Braut und Bräutigam. Aus diesem Scherze ist mit der Zeit Ernst geworden und beide Väter billigen unsere Liebe. Es ist mir daher sehr schmerzlich, da ich Sie in der Tat hochachte und

Ihre Verdienste keineswegs verkenne, dass ich Ihren ehrenvollen Antrag abweisen muss; jedoch hoffe ich, dass dies keine Störung in unserer Freundschaft veranlassen wird."

Alle diese Formulierungen vermitteln einen tiefen Einblick in das soziale „Kastenwesen" und die Stellung der Frau in der ersten Hälfte des 19. Jahrhunderts.

Die Bedeutung des Reutlinger Textilgewerbes in der vorindustriellen Zeit

In den einhundert Jahren von 1870 bis 1970 stellte die Textilindustrie in Reutlingen die mit weitem Abstand wichtigste Erwerbsquelle der Stadt dar und trug maßgeblich zu ihrem damals sprichwörtlichen Wohlstand bei. Die Textiltradition Reutlingens geht aber viel weiter in die vorindustrielle Zeit zurück.

Die gewerbsmäßige Herstellung weiblicher Handarbeiten und die Herstellung von Tuchen ist ab dem 14. Jahrhundert durch historische Quellen belegt. Zunächst wurden die heimischen Rohstoffe Flachs und Wolle verarbeitet, ehe in späteren Jahrhunderten Seide und Baumwolle dazukamen.

Die wichtigsten textilen Erzeugnisse in Reutlingen waren Kinderhäubchen und Kinderkittel, gehäkelte Läppchen, sog. Trieler, Kinderschuhe, Umlegtücher und Schals, Knüpf- und Rahmenarbeiten aus Wollgarn, Frauenhauben sowie Filetarbeiten, vor allem seidene Kopftücher, sog. Fanchons und Fichus, wie sie in Frankreich im 19. Jahrhundert in der bürgerlichen Gesellschaft Mode waren.

Ein wichtiger textiler Erwerbszweig war auch das Klöppeln von Spitzen, die vielfach, wie heute noch im Mittelmeerraum, von den in den Gassen vor ihren Wohnhäusern sitzenden Heimarbeiterinnen (im sog. Gassensitz) hergestellt wurden. In der Oberamtsbeschreibung von 1893 heißt es dazu: „Die Fertigkeit, mit welcher die Reutlinger Frauenspersonen ihre Spitzen, bei guter Jahreszeit und Witterung unter freiem Himmel klöppeln, ist bewunderungswürdig." Nur fehle es an zweckmäßiger Leitung sowie an der Vorlage von besseren Designs, nach welchen die Fabrikate der jeweiligen Mode angepasst werden sollten. Die Spitzenklöppelei in und um Reutlingen und der Handel mit Reutlinger Spitzen seien stets sehr beträchtlich gewesen.

Ein weiterer wichtiger textiler Erwerbszweig war die Bortenwirkerei, die auf äußerst primitiven Handwebstühlen durchgeführt und mit der ein schwunghafter Handel betrieben wurde. Auf diesen Stühlen wurden vor allem Hosen-

Ein Ackerbürgerehepaar aus dem Oberamt Reutlingen in Arbeitstracht; kolorierte Lithografie um 1850; Original im Besitz des Autors.

träger hergestellt, die „in ungeheuren Mengen" aus der Reichsstadt exportiert wurden.

Bereits im 14. Jahrhundert ist ein Reutlinger Tuchmacher urkundlich erwähnt. Nach der Reformation bildete sich dann nach der Weingärtner- und Gerberzunft die Tuchmacherzunft als drittwichtigste zünftische Vereinigung. In der aus dem 16. Jahrhundert von J. Fizion verfassten Reimchronik heißt es dazu:

„Ihr' (d.h. der Tuchmacherzunft) Waren werden braucht mit Zier
zur Kleidung im ganzen Revier,
werden verfiert (d.h. exportiert) und g'macht bekannt
durch Kaufleut in ferne Land (d.h. Länder)."

Die Oberamtsbeschreibung von 1893 hebt in diesem Zusammenhang lobend hervor: „Die Reutlinger Tuche haben sich stets des Rufes großer Solidität erfreut, wozu auch beitrug, dass die vorzüglich behandelte Wolle der von König Wilhelm auf der Achalm angelegten Schäferei, also ein treffliches Material, hier zur Verarbeitung gelangte."

Aber auch die Reutlinger Weber blieben von der um 1834 beginnenden Absatzkrise nicht verschont, weil nach der Gründung des Zollvereins die preußischen und sächsischen Tuchfabrikanten den württembergischen Markt überschwemmten und die behäbigen, nicht der Mode folgenden Reutlinger Tuche nicht mehr konkurrenzfähig waren. Mannigfaltige Versuche, durch Vereinigung der kleineren Betriebe eine Arbeitsteilung zu erzielen, sind damals gescheitert. Anstatt für einen organisierten Großhandel zu arbeiten, vertrieb so ziemlich jeder Meister seine Produkte selbst. Um der Krise zu widerstehen, gingen viele dazu über, einen Ladenverkauf einzurichten und das Sortiment mit fremd bezogenen Handelswaren anzureichern.

Die Leinenweberei, auch Barchentweberei genannt, spielte in Reutlingen seit dem Mittelalter ebenfalls eine wichtige Rolle. Die schweren Stoffe waren populär und fanden trotz des nach allen Seiten abgeschotteten heimischen Marktes lebhaften Absatz.

In der vorindustriellen Zeit wurden alle genannten Produkte in Haus- und Handarbeit hergestellt und diese war eine wichtige zusätzliche Erwerbsquelle der Reutlinger Ackerbürger. Vor allem die von den Witterungsverhältnissen abhängigen Weingärtner konnten sich damit ein lebenswichtiges Zubrot verdienen.

Die Herstellung der Erzeugnisse oblag im Wesentlichen den Frauen und Kindern. Kinderarbeit und zwar in schon recht frühen Jahren war gang und gäbe.

Die Oberamtsbeschreibung von 1893 hat, wenn auch nur in einem Nebensatz, auf die damit zusammenhängenden Gefahren und Übelstände hingewiesen: „Es ist nicht zu leugnen, dass sich da und dort in der körperlichen Entwicklung der Kinder Spuren davon zeigen und dass die jugendliche Kraft um des Erwerbs willen zu frühzeitig angespannt wurde."

Obwohl die genannten Erzeugnisse im Stadtgebiet von Reutlingen hergestellt worden waren, sind sie vielfach unter der Bezeichnung „Eninger Artikel" bekannt geworden, weil sie bis zum Ende des 19. Jahrhunderts von Eninger Handelsleuten vertrieben wurden.

Erst nach der Gründung der Reutlinger Webschule im Jahre 1855 und der daraus sich entwickelnden maschinellen Fertigung von Textilien in Reutlingen wurde die vorindustrielle Fertigung bis zur Jahrhundertwende von der Textilindustrie mit entsprechender Massenproduktion vollständig abgelöst. Noch rascher hat sich dann der Strukturwandel in der 2. Hälfte des 20. Jahrhunderts vollzogen, sodass die Textilindustrie in Reutlingen fast ausgestorben ist.

Gründung und Entwicklung der Webschule

Die Gründung der Webschule fällt zeitlich mit dem industriellen „take off" im Königreich Württemberg zusammen. Bei der Industrieausstellung in München von 1854 traten die veralteten Arbeitsmethoden der württembergischen Handweberei augenfällig zu Tage; vor allem bei den in Mode gekommenen Bildwebereien waren die württembergischen Produzenten dem Wettbewerb des nationalen und internationalen Auslandes nicht gewachsen. Die Zentralstelle für Gewerbe und Handel in Stuttgart musste einsehen, dass die beiden von ihr besoldeten Webmeister, die als Wanderlehrer tätig waren, nicht ausreichten, um diesen Rückstand aufzuholen.

Zunächst wurde durch den Präsidenten der Zentralstelle, Geheimrat Ferdinand v. Steinbeis, der Versuch unternommen, eine Lehrwerkstätte in Hoheneck bei Ludwigsburg zu einer Webschule auszubauen. Als der Reutlinger Kommerzienrat Carl Finckh, der dem Beirat der Zentralstelle angehörte, von dem Scheitern dieses Planes erfuhr, regte er in seiner Eigenschaft als Vorstand des Gewerbevereins an, dieses Projekt in Reutlingen zu verwirklichen. Daraufhin wandte sich der Gewerbeverein an den Gemeinderat und begründete die Notwendigkeit dieser Schule. Nachdem sich der Gemeinderat für die Unterstützung dieses Projektes ausgesprochen hatte und sich dazu bereit erklärte, die erforderlichen Räume zur Verfügung zu stellen, setzte sich die Zentralstelle beim Innenministerium für die Gründung der Webschule ein.

Drittes Kapitel · Vom Biedermeier bis zum I. Weltkrieg 175

Das Spendhaus, Sitz der Webschule von 1858–1891, mit dem Schornstein für die „zehnpferdige Dampfmaschine" zum Antrieb der mechanischen Webstühle; um 1880.

Von Anfang an war es das erklärte Ziel dieser Schule, eine möglichst anspruchsvolle praxisnahe Ausbildung zu gewährleisten. Hierzu wurde von der Zentralstelle der überaus verdienstvolle, in Frankreich ausgebildete, Webereiinspektor Samuel Winkler berufen. Er verstand es, die Webschule trotz mancher Schwierigkeiten aufzubauen und zu einer angesehenen Ausbildungsstätte zu machen.

Samuel Winkler wurde am 22.10.1818 in Moensheim bei Leonberg geboren. Er entstammte einer einfachen schwäbischen Handwerkerfamilie. Der Vater verdiente seinen kargen Lebensunterhalt als Maurermeister und Nebenerwerbslandwirt; die Mutter wird als fleißige, treu sorgende und fromme Frau geschildert, die dem Jungen eine tiefgläubige pietistische Grundhaltung vermittelte. Da sie schon in jungen Jahren schwer erkrankte, konnte der Sohn, der zum Unterhalt von drei Geschwistern beitragen musste und durch harte Feldarbeit stark gefordert war, lediglich die Volksschule besuchen, die im Sommerhalbjahr zudem auf täglich zwei Stunden begrenzt war. Dennoch entwickelte sich der Junge zum Klassenbesten, der bei seinen Lehrern sehr beliebt war. Den Wunsch, selbst Lehrer zu werden, musste er freilich zurückstellen und zunächst eine Weberlehre absolvieren, die sich aber wegen der erforderlichen Feldarbeit auf einige Winterhalbjahre beschränkte.

Um die umwälzenden Fortschritte in der Webereitechnik kennen zu lernen, begab sich Samuel Winkler als 18 Jähriger auf eine 7jährige Wanderschaft. In der Pfalz, im Elsass und in Frankreich wurde er mit den damals bekannten Techniken der Tuch- und Bildweberei vertraut. Hierbei lernte er auch die französische Sprache sowie kaufmännische Kenntnisse. Aus der Auslandserfahrung und seiner besonderen Vorliebe für das Französische erklärt sich, dass Winkler von Anfang an offen für die Aufnahme von ausländischen Schülern war. Dies belegt ein erhalten gebliebenes Schreiben an das „Königliche Rectoramt der Landwirtschafts- und Gewerbeschule in Nördlingen" vom 29. Mai 1857. Darin heißt es: „Ich erwidere höflichst, dass wir auch Ausländer recht gerne aufnehmen. Seither war unsere Schule von Badener, Schweizer, Darmstädter und Hechinger stets gut besucht." Daran zeigt sich, dass die Reutlinger Hochschule von ihrer Gründung an ausländischen Studierenden sehr aufgeschlossen gegenüberstand und die inzwischen zum Gütesiegel gewordene Internationalität von Anbeginn beabsichtigt und gepflegt wurde.

Außerdem hatte Winkler auch in Württemberg langjährige Berufserfahrung gesammelt. Ab 1853 erhielt er auch die Konzession als „Auswanderungsagent", die es ihm erlaubte, Auswanderungswilligen „alle erwünschten und nötigen Auskünfte" zu erteilen. Dabei erhielt er „aus der ganzen Umgebung einen äußerst starken Zulauf und großes Zutrauen." Öfters begleitete er auch Auswanderer bis nach Straßburg oder nach Mannheim.

Zunächst erhielt Samuel Winkler nur einen befristeten Vertrag, der von der Zentralstelle jeweils um ein Jahr verlängert wurde. Nachdem sich dann die Lebensfähigkeit der Schule erwiesen hatte, wurde Webereiinspektor Winkler auf Dauer angestellt und bis zu seiner Pensionierung mit der Schulleitung beauftragt. Für die großen Verdienste, die sich v. Steinbeis um die Gründung und den Fortbestand der Webschule erwarb, ehrte ihn die Stadt Reutlingen 1881 mit der Verleihung des Ehrenbürgerrechts.

Am 2. Januar 1856 nahm die Webschule im Hause Karlstraße 11 mit 10 Schülern den Unterricht auf. Schon drei Jahre später war dieses Domizil zu klein, sodass die Webschule 1858 in das Spendhaus verlegt wurde und dort bis 1891 ansässig war.

Unter der Leitung von Samuel Winkler wurde der theoretische Unterricht bald durch eine Arbeitswerkstätte mit praktischen Übungen und der Durchführung von Lohnaufträgen ergänzt. Bis 1865 gab es nur Handwebstühle; erst danach richtete man eine „Abteilung für mechanische Weberei" ein. Im Jahre 1888 wurde die Handweberei aufgegeben und nur noch das Weben auf mechanischen Webstühlen unterrichtet.

In den ersten 25 Jahren ihres Bestehens haben 875 Zöglinge die Webschule besucht. Das entspricht einem jährlichen Durchschnitt von 35 Schülern. Von Anfang an erfreute sich die Webschule eines regen Zuspruchs ausländischer Schüler. Dies zeigt sich daran, dass der Ausländeranteil 16 % betrug, wobei die Schweizer mit 12 % an der Gesamtschülerzahl besonders stattlich vertreten waren.

Die Reutlinger Webschule wurde die bedeutendste textiltechnische Lehranstalt Süddeutschlands Sie machte den Namen der Stadt nicht nur in Deutschland, sondern über seine Grenzen hinaus bekannt und gab der heimischen Textilindustrie und der Textilmaschinenindustrie fruchtbare Impulse. Vor allem die Reutlinger Wirtschaft profitierte von dem Bestehen der Webschule. Mehrere ehemalige Schüler gründeten hier Textilbetriebe wie Teppichwebereien, Bettdeckenfabrikation, Mechanische Buntweberei, Samt- und Manchesterfabrikation sowie Textilmaschinenfabriken, in denen Hunderte von Arbeitern Beschäftigung fanden. Der gute Ruf, den die Webschule erlangte, schlug sich auch in der Wertschätzung ihrer Lehrkräfte nieder, die bei der Gewerbeausstellung in Reutlingen, bei der schwäbischen Industrieausstellung in Ulm und bei internationalen Ausstellungen in Moskau und Wien mit Medaillen und Diplomen ausgezeichnet wurden.

Zwischen 1891 und 1908 wurde die Schule in eine dreigliedrige „Höhere Webschule" ausgebaut; d.h. in eine Fachschule, in der neben der Weberei nun auch die Spinnerei und die Wirkerei gelehrt und in praktischen Werkstätten ausgeübt wurden.

Gustav Werner und die BruderhausDiakonie

Gustav Werner, der 1809 in Zwiefalten als Sohn eines hohen württembergischen Beamten geboren wurde, war streng, einfach und liebevoll erzogen worden. Sein Vater war als Finanzkammerdirektor in Reutlingen tätig. König Wilhelm I. hatte ihm den persönlichen Adelstitel verliehen.

Gustav Werner besuchte die Klosterschule in Maulbronn und studierte anschließend im Tübinger Stift Theologie. Nach einer 1 1/2 jährigen Tätigkeit als Religionslehrer in Straßburg, wo er das diakonische Werk des bereits verstorbenen elsässischen Pfarrers Oberlin kennen lernte, kam er 1834 als Vikar nach Walddorf. Hier entwickelten sich die ersten Anfänge seines karitativen Wirkens, für das er mit Hilfe seiner zahllosen feurigen Predigten, die er bis zu seinem Tode in ganz Württemberg gehalten hat, die benötigten Spenden sammelte.

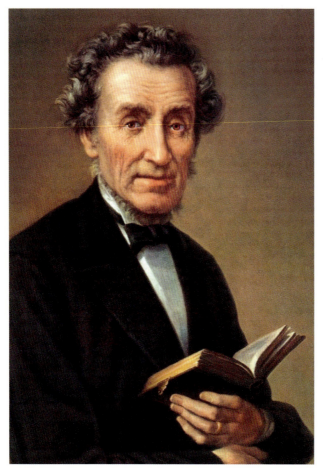

Gustav Werner nach einem Ölgemälde von Robert Wilhelm Heck vom 1888, Original im Besitz der BruderhausDiakonie Reutlingen.

Allerdings gab es wegen dieser Predigten Konflikte mit der Kirchenbehörde, die schließlich dazu führten, dass er seine Vikarstelle aufgab und 1840 nach Reutlingen übersiedelte.

Das von Gustav Werner in Reutlingen gegründete „Bruderhaus" verfolgte den Zweck, „verwahrloste oder der Verwahrlosung entgegengehende Kinder und junge Leute sowie allein stehende, gebrechliche oder geistesschwache hilfsbedürftige Personen vor sittlichem Verfall und leiblicher Not zu bewahren und in eine häusliche, familienähnliche Gemeinschaft aufzunehmen." Die Mitglieder dieser vom Geist christlicher Nächstenliebe getragenen Kommune wurden „Hausgenossen" genannt.

Zur Finanzierung seines diakonischen Werkes kaufte Werner zunächst eine alte Papierfabrik in Reutlingen, die aber nicht florierte und deswegen nach Dettingen/Erms verlegt werden musste, wo sie bis zum heutigen Tage im Besitz des finnischen Konzerns Arjo Wiggens existiert. Dann gründete er eine Mechanische Werkstätte, aus der die „Maschinenfabrik zum Bruderhaus" hervorgegangen ist und die bis 1990 bestanden hat. Die Mechanische Werkstätte hat auch technische Pionierarbeit in Reutlingen geleistet. Am 17.11.1860 wurde die Stadt zum ersten Mal mit insgesamt 1 300 Gaslichtern beleuchtet. Davon entfielen auf die Werner'sche Anstalt allein etwa 180 Lichter. Schon vorher hatte Werner, um 1856, eine der ersten Dampfmaschinen für seine Produktion angeschafft. (Bames).

Als dritte Fabrik kam noch um 1870 eine Möbel- und Holzwarenfabrik hinzu, die jedoch schon früher (1932) als Folge der Weltwirtschaftskrise ihre Produktion einstellen musste.

Ferner baute Gustav Werner im Laufe der Zeit im Schwarzwald sowie im Ober- und Unterland insgesamt 30 Zweiganstalten auf. Da Werner sowohl seine Anstalten, als auch seine Fabriken im Sinne eines auf christlicher Bruderliebe gegründeten Sozialismus führte, kam er 1870 in größte finanzielle Schwierigkeiten. Nur mit Mühe und Not und der finanziellen Unterstützung durch die württembergische Regierung konnte sein Lebenswerk gerettet werden. „Als eine christliche Idealgestalt im vollen Sinne des Wortes, lieberweckend zugleich und Erfurcht gebietend, lebte und wirkte er Tausenden zum Segen, in der kleinen Welt, die er um sich geschaffen hat." (Memminger) Trotz seiner stillen Bescheidenheit ist er vor allem auch durch seine engagierten Predigten in ganz Württemberg und darüber hinaus bekannt und berühmt geworden. Die Stadt Reutlingen ehrte den Menschenfreund 1884 mit der Ehrenbürgerwürde.

Am 2. August 1887 starb Gustav Werner im Alter von 78 Jahren. Die Anteilnahme an seinem Tod war groß und zeigte seine Popularität. Zur Beerdigung kamen 2 000 Personen, die eine der bedeutendsten Persönlichkeiten der Inneren Mission zu Grabe trugen.

In seinem Sterbejahr betrug die Zahl der in den Anstalten der Stiftung betreuten hilfsbedürftigen Personen etwa 900 Frauen, Männer und Kinder. In der familienähnlichen Hausgemeinschaft lebten etwa 130 Hausgenossen.

Das Lebenswerk von Gustav Werner lebt in der BruderhausDiakonie fort. Sie gehört heute zu den zehn größten sozialen Werken in Deutschland. Die BruderhausDiakonie ist in 14 Landkreisen von Baden-Württemberg mit ca. 3 500 Mitarbeitern aktiv. Ganz im Sinne des diakonisch-christlichen Ideals von Gustav Werner werden über 120 verschiedene Dienste in über 60 Einrichtungen angeboten. Dabei werden täglich über 9 000 Menschen in der Alten- und Behindertenhilfe und in der Sozialpsychiatrie betreut. Das Leistungsspektrum umfasst die Ausbildung von Jugendlichen, Beschäftigung von Behinderten, Begleitung, Beratung, Förderung, Pflege, Seelsorge, Therapie und Wohnen von Hilfsbedürftigen.

Die Reutlinger Begegnung – Gottlieb Daimler und Wilhelm Maybach

Vom Dezember 1863 bis 1868 war kein Geringerer als Gottlieb Daimler „Konstrukteur und Werkstätteninspektor" in der Maschinenfabrik zum Bruderhaus in Reutlingen. Er sollte den Betrieb reorganisierten und ihn aus den roten Zahlen führen. Denn die Werkstätten waren, wie Daimler an einen Freund schrieb, „in einem verwahrlosten Zustand."

Die Maschinenfabrik zum Bruderhaus stellte damals Turbinen, Mühleneinrichtungen, Transmissionen und landwirtschaftliche Maschinen her.

Während seiner Reutlinger Zeit erhielt Gottlieb Daimler sein erstes Patent „auf eine neue Schaltvorrichtung an Sägewerken." Das mechanische Schaltwerk regelte das kontinuierliche Heranschieben des Sägewagens mit dem Sägegut an das Sägeblatt. (Werner Unseld).

In dieser Zeit lernte Gottlieb Daimler auch den berühmtesten Zögling von Gustav Werner kennen: Wilhelm Maybach.

Wilhelm Maybach wurde 1846 als zweiter von fünf Söhnen eines armen Schneidermeisters in Heilbronn geboren. Als dann auch noch die Mutter starb, war die Familie verwaist. Schließlich nahm sich drei Jahre später auch noch der Vater wegen der drückenden Sorgen das Leben. Nahe Verwandte brachten dann am 20.3.1856 im „Stuttgarter Anzeiger" folgende Annonce: „Bitte an edle Menschenfreunde für 5 vater- und mutterlose Knaben von 12 bis 4 Jahren. Die Mutter dieser 5 Waisen starb vor drei Jahren und der Vater fand kürzlich seinen Tod in einem See in Böblingen; da sie nun gar keine Mittel zu ihrer Erhaltung haben, auch an Kleider und Weißzeug sehr entblößt sind, so ergeht daher die herzliche Bitte an wohltätige

Gottlieb Daimler, im Alter von etwa 30 Jahren, als er „Konstrukteur und Werkstätteninspektor" in der Maschinenfabrik zum Bruderhaus war; aus: Niemann, H.: Mythos Maybach, 4. Auflage, Stuttgart 2002, Seite 39.

Menschen, sich der armen Kinder durch Liebesgaben annehmen zu wollen, auch die kleinste Gabe ist willkommen."

Gustav Werner, der sehr viele Vorträge im Lande hielt, war an jenem Tag in Stuttgart, las die Anzeige und entschloss sich spontan, eines der Kinder zu sich zu nehmen. So kam der 10jährige Wilhelm in das Bruderhaus. Dort wurde er versorgt und unterrichtet.

Er fühlte sich in Reutlingen bald heimisch, fand Kameraden, und auch die liebevolle Behandlung, die man dem Waisenkind angedeihen ließ, führte dazu, dass sich das anfängliche Heimweh rasch verlor. Neben Schule und Hausaufgaben gab es die Arbeit in Feld, Garten und Ställen, aber auch gemeinsames Spielen und Turnen am Sonntag wie auch in den Ferien sowie Wanderungen – oft unter der Führung von Werner selbst – zu den Zweigstellen im Schwarzwald. Ziel der Ausflüge waren aber auch Fabriken wie die Gewehrfabrik in Oberndorf, wo Werner und die Seinen stets gern gesehene Gäste waren. Maybach lernte die Geborgenheit kennen, die ein Kollektiv dem geben kann, der die Familie entbehren muss und er verinnerlichte die Prinzipien, welche die Gemeinschaft Wernerscher Provenienz auch heute noch auszeichnet. (Unseld)

Zunächst war Wilhelm Maybach für eine Konditorenlehre bestimmt. „Vater Werner" erkannte jedoch rechtzeitig sein zeichnerisches Talent und ermöglichte dem 15 Jährigen eine Ausbildung im technischen Büro der Vereinigten Werkstätten. Während der fünfjährigen Lehrzeit besuchte er abends die städtische Fortbildungsschule in Physik und Freihandzeichnen. Außerdem erhielt er von einem Angestellten der Werkstätte Fremdsprachenunterricht in Englisch und Französisch.

In dieser Zeit wurde Gottlieb Daimler auf den 12 Jahre jüngeren Lehrling aufmerksam und erkannte dessen Begabung.

Wilhelm Maybach – der „König der Konstrukteure"; aus: Niemann, H.: Mythos Maybach, 4. Auflage, Stuttgart 2002, Seite 9.

Als Daimler 1868 bei der Neubesetzung der Direktorenstelle von Gustav Werner nicht berücksichtigt wurde, kündigte er und wechselte zur Maschinenbau-Gesellschaft nach Karlsruhe.

Im darauf folgenden Jahr schloss Maybach seine Lehre ab und erhielt zum 1.5.1869 einen Anstellungsvertrag im Bruderhaus. Kurz darauf meldete auch Maybach sein erstes Patent an und zwar „auf eine Heizungsvorrichtung an Vergoldungs- und Hochdruckpressen."

Maybach blieb allerdings nur noch ein halbes Jahr in Reutlingen. Bereits im Herbst 1869 ließ ihn Gottlieb Daimler nach Karlsruhe nachkommen. Hier begann dann die fruchtbare Zusammenarbeit, aus der 1886 die Erfindung der Benzinkutsche hervorging und Maybachs späteren Ruhm als „König der Konstrukteure" begründete.

Obwohl das Verhältnis zwischen Gottlieb Daimler und Wilhelm Maybach nicht ungetrübt war, blieb zwischen beiden Genies eine lebenslange Freundschaft bestehen. Maybach war auch bei der Hochzeit von Gottlieb Daimler mit dessen erster Frau Emma Pauline, geb. Kurtz eingeladen. Dabei lernte er die beste Freundin der Braut, Berta Wilhelmine Habermaahs, kennen, in die er sich verliebte und die er drei Jahre später heiratete. Ein Onkel von Maybachs Frau war übrigens der Reutlinger Dichter und Schriftsteller Hermann Kurz (1817–1873).

Angesichts der Erfolgsgeschichte des Automobils stellt die „Reutlinger Begegnung" eine wichtige Fügung des Schicksals in der Biografie beider Pioniere dar.

Wilhelm Maybach blieb sein ganzes Leben lang Gustav Werner und dem Bruderhaus treu verbunden oder, wie er es auszudrücken pflegte, „in dankbarer Fühlung."

Der Mythos Gottlieb Daimler und der Mythos Wilhelm Maybach sind aktueller denn je; sie leben als Ikonen im Luxus-Automobilbau für alle Zeit fort.

Der zweite bedeutende Zögling des Bruderhauses war Karl Danzer (1906-1990), der Gründer der internationalen Firmengruppe in der Holzbranche. Er hatte in der Möbelfabrik eine kaufmännische Ausbildung absolviert und anschließend mehrere Jahre lang in Paris, dem Mekka des internationalen Holz- und Furnierhandels, seine Fach- und Sprachkenntnisse erweitert. Nach dem II. Weltkrieg hat Karl Danzer dann mit seinem Furnierwerk in Reutlingen begonnen und von hier aus eine bedeutende internationale Firmengruppe aufgebaut.

Im Sinne von Gustav Werner wurde Karl Danzer nicht nur ein erfolgreicher Geschäftsmann, sondern auch ein großzügiger Mäzen und Sponsor, der das Motto lebte: "Ich habe immer den Zehnten gegeben." Für seine großen Verdienste wurde er 1985 mit der Verleihung der Ehrenbürgerwürde der Stadt Reutlingen geehrt. Sein Sohn Karl Heinz Danzer hat die Firmengruppe im Sinne des Vaters weitergeführt und sich ebenfalls als Mäzen große Verdienste erworben. Dabei hat er auch dem Autor bei seinen Bemühungen um die Listforschung sehr geholfen, wenn dieser bei der Herausgabe seiner Bücher auf Druckkostenzuschüsse angewiesen war. Deshalb sei ihm an dieser Stelle nochmals herzlich dafür gedankt.

Der Autor fühlt sich ebenfalls dem Bruderhaus verbunden, weil er in der Papiermaschinenfabrik von 1958 bis 1960 auch eine zweijährige kaufmännische Lehre durchlaufen durfte, die für seinen weiteren beruflichen Lebensweg eine entscheidende Weichenstellung war.

Erinnerungen an den deutsch-französischen Krieg von 1870/71

Im Sommer 1870 kam es zwischen Frankreich um Preußen zu einer Krise, die den deutsch-französischen Krieg von 1870/71 auslöste. Die Spanier hatten dem katholischen Prinzen Leopold von Hohenzollern-Sigmaringen die spanische Königskrone angeboten. Aber der französische Kaiser Napoleon III. befürchtete dadurch eine Schwächung Frankreichs und wollte deswegen die Annahme dieses Angebotes verhindern. Deswegen beauftragte der französische Kaiser seinen Botschafter Benedetti, bei dem in Bad Ems zur Kur weilenden preußischen König Wilhelm vorstellig zu werden. Dieser sprach den König am 13. Juli 1870 auf der Kurpromenade an und forderte im Namen Napoleons eine Erklärung der Hohenzollern, dass diese für alle Zeiten auf die spanische Krone verzichten würden.

Zuerst noch höflich, dann „etwas ernst", wies der König die demütigende Forderung zurück und ließ seinen Kanzler Otto von Bismarck telegrafisch über diesen Vorfall benachrichtigen.

Bismarck kürzte die sog. „Emser Depesche" und gab sie in verschärfter Form zur Veröffentlichung frei. Wie es Bismarck erwartet hatte, empfand Napoleon dies als „diplomatische Ohrfeige" und beantwortet sie am 19. Juli 1870 mit der Kriegserklärung an Preußen.

Entgegen der französischen Erwartungen verhielten sich die süddeutschen Staaten nicht neutral, sondern stellten sich an die Seite von Preußen.

„Bereitwillig stellte auch Reutlingen sein Kontingent zum Nationalkriege bei und auch die Reservisten schieden von Weib und Kindern mit dem erhebenden Gefühl, für Deutschlands Einheit und Größe gegen den alten Erbfeind zu kämpfen. – Ein armer Holzspalter tröstete beim Abschied sein jammerndes Weib mit den Worten: ‚Brauchst nicht so zu weinen, vielleicht komm' ich als General zurück; dann bist du Frau Generälin'." (Bames)

Als die ersten Siegesmeldungen eintrafen, wuchs die Begeisterung bei der Bevölkerung. Die Frauen stellten sich als Helferinnen zur Verfügung, indem sie Strümpfe strickten, Hemden nähten, wollene Leibbinden und Unterhosen anfertigten und Geld, Zigarren, Esswaren, Branntwein und Wein für die Soldaten im Felde sammelten. In den Kirchen und in häuslichen Sammlungen wurden ebenfalls Spenden gesammelt. Zum Weihnachtsfest 1870/71 wurden die Kinder der Soldaten mit Esswaren, Spielsachen und Kleidungsstücken beschenkt.

Außerdem wurde ein Lazarett eingerichtet, in dem ca. 70 Personen ärztlich behandelt und versorgt wurden. Sieben davon sind ihren schweren Verletzungen erlegen. Viele Verletzte wurden in Privathäusern zum Essen und Trinken eingeladen und einer davon, ein sächsischer Hauptmann, hat sich mit der Leiterin des Lazarettes, einer württembergischen Pfarrerstochter, verlobt.

Ungefähr 150 ledige und verheiratete Bürger von Reutlingen standen im Felde, von denen 10 den Tod fanden.

Der rasche Vormarsch und der Sieg über die französischen Truppen führte dazu, dass der preussische Ministerpräsident Otto von Bismarck am 18. Januar 1871 im Spiegelsaal von Versailles den preussischen König Wilhelm I. zum Kaiser proklamierte und die Gründung des Deutschen Reiches ausrufen konnte.

Nach der Eroberung von Paris am 28. 2. 1871 wurde dann am 5. März 1871 in ganz Deutschland ein Freuden- und Friedensfest gefeiert. Hierzu gab es auch in Reutlingen einen Dankgottesdienst. Außerdem wurde die Stadt festlich beflaggt. Dann versammelte sich die ganze Bürgerschaft auf dem Marktplatz.

Am Abend wurde die ganze Stadt illuminiert. Überall strahlten Lämpchen, Kerzen und Laternen. Auf dem Turm der Marienkirche wurde ein bengalisches Feuer entzündet. Ebenso auf dem Gipfel der Achalm. Der Marktplatz und andere Plätze waren mit Fackeln beleuchtet. Auf dem Georgenberg hatten die Pfullinger mit 100 Kisten eine Pyramide aufgeschichtet, die hell auflloderte.

Nachträglich wurde auf dem Kanzleiplatz am 12. April 1871 noch eine Friedenslinde gepflanzt.

Charakter und Ernährungsgewohnheiten der Reutlinger „Ureinwohner"

Bis zum Beginn des 20. Jahrhunderts gab es in Reutlingen in der Mehrzahl noch „reinrassige" Ureinwohner, die im Laufe der Jahrhunderte langen reichsstädtischen Abgeschiedenheit einen eigenen Charakter mit spezifischen Lebensweisen entwickeln konnten. In der Zwischenzeit wurden diese Eigenheiten jedoch durch Zugewanderte, Heimatvertriebene und Flüchtlinge, Aussiedler und Gastarbeiter so stark durchmischt, dass man heute kaum noch Reutlinger Originale findet. Deshalb muss man sich bei der Rekonstruktion der „Reutlinger Gene" wieder auf den Chronisten Memminger stützen, der die Eigenarten dieser Spezies vor 120 Jahren beschrieben und sie damit vor der Vergessenheit bewahrt hat:

„Der Menschenschlag ist als ein kräftiger und ausdauernder, ja zäher zu bezeichnen. In der Stadt Reutlingen finden wir eine sehr rührige, regsame Bevölkerung mit einer mehr auf das Praktische und reale gerichteten Tätigkeit, ohne dass jedoch der Sinn für die höheren, geistigen Interessen all zu sehr in den Hintergrund gedrängt würde. Es macht sich ferner ein großes Bedürfnis zum geselligen Leben geltend. Das Vereinswesen der Stadt ist deshalb hoch entwickelt. Dieses Bedürfnis zur Geselligkeit hat einen entsprechend häufigen Wirtshausbesuch zur Folge, der sich zu den Zeiten des Spätherbstes besonders steigert, wenn einzelne Weingärtner in sog. Besenwirtschaften ihr ‚eigen Gewächs' ausschenken." (Mit den Anführungsstrichen will Memminger offenbar andeuten, dass auch ‚fremde Gewächse' untergemischt und ausgeschenkt wurden). Hierbei wurde damit gerechnet, dass die ganze Freundschaft und Bekanntschaft sowie die Handwerksleute und Kaufleute, mit denen man in Geschäftsverbindung stand, zu Besuch kamen.

In der älteren Generation der Reutlinger finde man noch Anklänge an die alten ‚freien Reichsstädter', welche durch ihre eigene Kraft und Energie unter oft schwierigen Verhältnissen ihre Stellung, Ansehen und Reichtum erringen mussten und welche ein dementsprechendes Selbstwertgefühl und Selbstbewusstsein zur Schau tragen. Eine besondere Energie und Zähigkeit offenbare sich namentlich auch bei dem Reutlinger Weingärtnerstand, welcher mit einer bewunderungswürdigen Ausdauer, an dem mühsamen Bebauen der Reutlinger Weinberge festhält und sich trotz jahrelanger Misserfolge nicht dazu bewegen lässt, den Weinbau zu verlassen und den Boden nutzbringender anzulegen.

Eine gewisse Berühmtheit unter den Bewohnern des Bezirks hätten die Betzinger, besonders ihre weibliche Bevölkerung erlangt, und zwar nicht nur durch ihre Tracht, sondern auch durch ihre hübschen Formen und schlanken Gestalten mit regelmäßigen, lieblichen Gesichtszügen, sowie durch ihr lebhaftes, munteres, zum Teil schalkhaftes Wesen. Welch anmutiges Bild gewährten diese Betzinger Schönen an heiteren Sommerabenden, wenn sie im Sonntagsstaat in größerer Zahl auf der Straße einher ziehen, am kleinen Finger sich führend oder in der Nähe des Ortes in malerischer Gruppierung auf einer Wiese sich gelagert haben und bald neckische, bald melancholische Weisen ertönen lassen.

Die ländliche Bevölkerung, besonders der Älbler, sei nüchtern, ernst und still, in sich gekehrt und zurückhaltend, etwas schwerfällig im Verkehr, namentlich Fremden gegenüber. Dabei herrsche aber Biederkeit, Sparsamkeit und große Arbeitslust. Überall finde man auf dem Lande einen tief religiösen Sinn, der aber leicht auf Abwege führe und in Pietismus und Sektiererei ausarte.

Der Wirtshausbesuch sei bei der ländlichen Bevölkerung sehr mäßig und gar manches Bäuerlein komme nur, wenn es auswärts in die Stadt gehe oder bei besonderen Gelegenheiten (z.B. Hochzeiten) dazu. Andere gingen regelmäßig am Samstagnachmittag auf einige Stunden hin, seien aber um 5 oder 6 Uhr zum Tränken und Füttern ihres Viehs schon wieder zu Hause. Nur die ‚Ledigen' erlaubten sich hin und wieder eine längere Sitzung. Trunksucht sei dagegen selten.

In den mehr industriellen Ortschaften (Pfullingen, Betzingen, Unterhausen und Honau) sowie in der Oberamtsstadt schwinde allerdings mehr und mehr die ursprüngliche Genügsamkeit und Einfachheit der Lebensweise; hier sei auch der Wirtshausbesuch entsprechend stärker.

Besondere Erwähnung erforderten die Einwohner Eningens, die Eninger Handelsleute: Diese seien durch ihren vielfachen Verkehr, durch ihre Reisen in die ganze Welt, form- und redegewandter als ihre Nachbarn. Sie zeichneten sich durch ein sanguinisches Temperament aus, seien lebhaft und leicht beweglich, lebenslustig und zeigten große Neigung zum geselligen Leben, besonders zum Wirtshausbesuch. Sie seien leicht reizbar, aber auch leicht zur Versöhnung geneigt. Ihr Zorn mache sich mehr im Zungenlärm als durch Tätlichkeiten Luft und es werde namentlich dem weiblichen Geschlecht eine ungewöhnliche, durch die Jahrmärkte in steter Übung erhaltene Zungenfertigkeit nachgerühmt.

Die ortsansässige Bevölkerung verbinde meist in praktischer Art und Weise die Fabrikarbeit mit der Landwirtschaft, indem ein Teil, und zwar die jüngeren Familienmitglieder in die Fabrik gingen, während die älteren das Hauswesen und die Landwirtschaft besorgten. Manchmal führe allerdings diese Geschäftsteilung zu sonderbaren Zuständen, indem man Familien treffe, in welchen die Frau in der Fabrik beschäftig sei, während der Mann zu Hause die Kinder und den Haushalt besorge.(!)

Auch werde nicht selten in der Richtung gesündigt, dass die Eltern ihre Kinder viel zu früh zur Fabrikarbeit anhielten; kaum seien sie 14 Jahre alt und der Schule entwachsen, so müssten sie Geld verdienen. Dass dies gar häufig für die Gesundheit der in den Entwicklungsjahren befindlichen Individuen von großem Nachteil sei, liege auf der Hand. Blutarmut, mangelhafte körperliche Entwicklung, Verkrümmungen der Wirbelsäule und der unteren Extremitäten, ja Tuberkulose seien nur allzu häufig die Folge, abgesehen davon, dass die frühzeitige Entfernung aus der Aufsicht der Familie auf das sittliche Leben oft von ganz verhängnisvollem Einfluss sei. Aber nicht bloß auf die Gesundheit der jugendlichen Arbeiter, sondern auch auf die der Erwachsenen sei die Fabrikarbeit, besonders in den Spinnereien und Webereien und als Nachtarbeit, von nachteiligem Einfluss auf Leben und Gesundheit. Ja, diese schädlichen Einflüsse träten auch an der Nachkommenschaft zu Tage, indem die Kinder elend und schwächlich zur Welt kämen und in den ersten Lebenswochen an allgemeiner Schwäche dahinsterben. Andere gingen infolge mangelhafter Verpflegung und unzweckmäßiger Ernährung zu Grunde. Die Ernährungs- und Lebensweise der Städter sei durchweg gut; der Fleischkonsum sei groß, ebenso der Genuss von geistigen Getränken; von letzteren werde in erster Linie Bier, aber auch Obstmost und Wein getrunken. Wer es halbwegs machen könne, lege sich im Herbst einen Haustrunk an. Branntweingenuss sei im ganzen Bezirk von geringer Bedeutung.

Als besondere Leckerbissen galten Reutlinger Pasteten, die bei keinem festlichen Anlass der alten Reutlinger fehlen durften; ferner sind als besonderes Backwerk die „Mutscheln" und „Sterne", der „Kraut- und Zwiebelkuchen", sowie die „Kimmicher" zu erwähnen, ein rundes weißes Kimmichbrot, früher Tand oder Kümmichtand genannt, welches die Reutlinger Bäcker besonders schmackhaft zuzubereiten verstünden. In den ländlichen Gemeinden sei die Ernährungsweise sehr einfach, ja zum Teil kläglich. Sie sei fast rein pflanzlich. Fleisch sei ein Luxusartikel und komme in manchen Familien wochenlang nicht auf den Tisch. Die Hauptnahrung bestehe in Kartoffeln, von welchen oft unglaubliche Mengen vertilgt werden, in Mehlspeisen (Spätzle), Gemüse und Hülsenfrüchten und im Sommer in grünem Salat. Daneben werde viel Milch und Kaffee getrunken, letzterer sei überall eingedrungen und werde nicht nur als Frühstück genossen, sondern häufig auch als Abendessen, gewöhnlich mit Kartoffeln zusammen. Die Qualität des Kaffees sei meist eine sehr fragliche; es würden dazu mehr Surrogate als Kaffeebohnen verwendet.

Der vermögende Bauer schlachte im Winter ein bis zwei Schweine, bei welcher Gelegenheit „Metzelsuppe" gehalten werde; in einigen Gemeinden herrsche dabei die Sitte, dass nachmittags die Kinder von Verwandten und Bekannten dazu eingeladen und mit Fleisch, Wurst, Sauerkraut und Spatzen traktiert werden. Teller und Löffel müssten sie aber selbst mitbringen.

Sitten und Gebräuche in Alt-Reutlingen

Die Oberamtsbeschreibung von Reutlingen aus dem Jahre 1893 ist für jeden historisch interessierten Reutlinger auch heute noch eine unverzichtbare Fundgrube. Sie enthält u.a. aufschlussreiche Ausführungen über Charakter, Sitten und Aberglauben der früheren Bewohner. Die aus der Reichsstadtzeit stammenden Eigenheiten haben sich noch bis zur ersten Hälfte des 20. Jahrhunderts in der Stadt erhalten.

Das Selbstwertgefühl und Selbstvertrauen, das die Reutlinger „im politischen Leben als ehemalige Bürger eines demokratischen Gemeinwesens" kennzeichnen, hätten sich in neuerer Zeit „auf das industrielle Gebiet" übertragen. Durch eigene Kraft sei Reutlingen dank seiner „tüchtigen, Arbeit liebenden und sparsamen, aber auch wohltätigen und freigiebigen Bevölkerung" ein Mittelpunkt von Handel und Gewerbe geworden. Allerdings gehöre es ebenfalls zur Eigenart des Reutlingers, dass er „Fremden gegenüber" ein „geringes Maß von Entgegenkommen" zeige und bisweilen sogar „eine schroff ablehnende Haltung" an den Tag lege und deshalb „nicht im Geruch besonderer Höflichkeit" stehe.

Von den vielen Eigenheiten seien hier einige besonders markante herausgegriffen: Von den Wochentagen galten der Mittwoch und der Freitag als Unglückstage. An diesen Tagen wurden deswegen auch keine Hochzeiten gefeiert. Der 1. April war besonders gefürchtet, weil er als des Teufels Geburtstag galt. Auch der 1. August schien besonders gefahrvoll, weil an diesem Tag der Teufel aus dem Himmel hinausgeworfen worden sei. Am Heiligen Abend fand in Betzingen, Wannweil und Ohmenhausen ein festlicher Umzug der Jugend statt. Die Kinder versammelten sich vor der Zehntscheuer, wobei jedes sich die Brust mit möglichst vielen Kuhglocken behängte.

In der Neujahrsnacht wurde neben dem Bleigießen auch eine Zwiebel aufgeschnitten, um aus den Schalen das Wetter des kommenden Jahres heraus zu lesen. Der Karfreitag galt als höchster kirchlicher Feiertag und wurde streng gefeiert. Der Genuss von Fleisch wurde an diesem Tag gemieden. Die jungen Burschen verehrten ihre Mädchen mit Fastenbrezeln oder malten diese auf das Scheunentor ihres Wohnhauses. In manchen Familien wurde dem Hausvater am Karfreitagmorgen ein gesottenes Gänseei ans Bett gebracht. Dies sollte vor „Kreuzweh, Bruchleiden und Erbrechen" schützen. Wer unter Warzen zu leiden hatte, konnte diese beseitigen, wenn er in der Karfreitagnacht präzise um 24 Uhr ein mit einem Tropfen Warzenblut beschmiertes Band an einem Kreuzweg niederlegte. Es war auch streng verpönt, am Karfreitag etwas von der Straße aufzuheben oder Geschenke anzunehmen. Viele Eltern behielten an diesem Tage ihre Kinder den ganzen Tag über zu Hause. In Eningen war es Sitte, Kindern an Karfreitag die Nägel an Händen und Füßen und drei Schnipfel Haare abzuschneiden und diese zu verbrennen oder in die Dunggrube zu werfen. Dieser Brauch sollte „gegen böse Leute" schützen. Wer ein unreines Gesicht hatte, musste sich in Gomaringen in der Karfreitagnacht punkt 24 Uhr das Gesicht waschen. Dies versprach den gewünschten Heilerfolg.

Zum 1. Mai erhielten die Kinder vor dem Kirchgang von den Verwandten Zuckersträuße, wie sie heute zum Schulanfang üblich sind. An Himmelfahrt pilgerte man auf die Achalm und am Pfingstmontag zur Nebenhöhle. In der ersten Julihälfte wurde der „auselige Mentig", d.h. der ausgelassene Montag, „ein Tag übermütiger Freude" (auch das gab es damals in Reutlingen) zur Feier des gewählten Stadtregiments begangen. Zu diesem Anlass verzehrte man sog. Vochetzen, – runde Kuchen aus Zwiebeln, Kraut und Speck.

Taufe in Reutlingen-Betzingen um 1850; aus: Beschreibung des Oberamts Reutlingen, Stuttgart 1893, Seite 505.

Ein Neugeborenes wurde möglichst rasch nach der Geburt getauft. „So meinte man allen Ernstes, dass ungetaufte Kinder unter der unmittelbaren Gewalt des Teufels stünden und, wenn sie stürben auf ewig verdammt bleiben müssten." (J.J. Fetzer). Der Arzt K. A. Memminger schreibt um die gleiche Zeit: „Die Witterung mag beschaffen sein, wie sie will, das Kleine muss wo nur möglich, am Tage der Geburt getauft werden." Dem Täufling hat man oft ein Gebetbuch ins Taufkissen eingebunden. Ein Kind, das während der Taufe schrie, so befürchtete man, stirbt bald.

In der Reichsstadtzeit wurden zu den Taufen jede Menge Frauen eingeladen, weil man glaubte, dass ihr gemeinsames Gebet bei der Taufhandlung die schädlichen Einflüsse des Teufels umso wirksamer abschirmen, je mehr Frauen daran teilnehmen. Im Anschluss an die Taufe wurde zu einer gemeinsamen „Taufsuppe", auch „Taufschmaus" genannt, eingeladen.

Zur Kräftigung erhielt die Wöchnerin eine Hühnerbrühe mit Safran, aber ohne Salz, um keinen Durst zu erregen. Außerdem wurde sie von den Nachbarn mit Speisen aller Art geradezu überhäuft; aber man hätte es ihr übel genommen, wenn sie nicht alles verkostet hätte. Deshalb kam es häufig zu einer „Überladung des Magens und aller daraus entspringenden Übel."

Vor der Taufe durfte die Wöchnerin nichts für das Kind entlehnen oder ausleihen. Die Wäsche der Wöchnerin und des Babys durfte man auch nicht im Freien zum Trocknen aufhängen. Beides brachte Unglück. Die „Kindbetterin" durfte das Haus nicht eher verlassen, bevor sie gewöhnlich in der dritten oder vierten Woche nach ihrer Niederkunft von ihren Freundinnen dazu die Erlaubnis erhalten hat.

Es kam auch vereinzelt das „Spreuersäen" vor, d.h. dass ein Mädchen bzw. eine Frau, die einen schlechten Leumund hatte oder von ihrem Liebhaber im Stich gelassen worden war, mit einer Spur aus Getreidespreu vor ihrem Hause geächtet wurde.

Bei Hochzeiten wurde meistens das halbe Dorf bzw. die halbe Stadt eingeladen; d.h. Hochzeiten mit 200 bis 300 Personen waren keine Seltenheit. Am Hochzeitsmorgen versammelten sich die Gäste im Haus der Braut; dort wurde vor dem Kirchgang die „Morgensuppe" eingenommen, d.h. ein kleiner Imbiss für die geladenen Gäste. Dieser bestand in der Regel aus Kaffee und Hefekranz. Die vor dem Wohnhaus der Braut versammelten armen Kinder haben außerdem ein „Bräutlerbrot", d.h. ein Stück Weißbrot und später einen „Bräutlerkreuzer" erhalten. Es konnten durchaus bis zu 100 Kinder in den Genuss einer solchen Gabe kommen.

Vor dem Altar mussten Braut und Bräutigam so dicht wie möglich zusammenrücken; es durfte kein Spalt dazwischen sein, weil dies Unheil bringen würde. Wer beim Wechseln der Ringe seine Hand oben behielt, durfte künftig das Regiment im Hause führen. Dabei soll es während der Zeremonie immer wieder zu heftigen Szenen gekommen sein. Wenn die Hochzeit in einem Gasthaus gefeiert wurde, war es üblich, dass die Hochzeitsgeschenke mitgeführt und auf einem Seil, das diagonal über die Decke des Festsaales gespannt war und an dem die Geschenke aufgehängt wurden. Je mehr es waren, umso angesehener, weil wohlhabender, waren die Brautleute. Außerdem war es üblich, dass die Gäste das bezahlten, was sie verzehrten. Man sprach deswegen auch von „Zechhochzeiten." Lediglich die Trauzeugen wurden freigehalten.

Zog eine Familie in ein neues Haus ein, auf dem eine Eule saß, so befürchtete man, dass ein Familienmitglied bald sterben müsse. Wenn in Eningen Besuch kam, dem man nicht recht traute, stellte man als Vorsichtsmaßnahme einen Besenstiel in die Ecke, und wenn einem ein Hase über den Weg lief, so bedeutete dies ebenfalls Unglück. Aus dem gleichen Grunde durfte man bei Nacht auch keine Milch offen über die Strasse tragen. Sie musste mit einem Deckel zugedeckt sein und mit drei Messerspitzen Salz bestreut werden, damit Unheil abgewendet wird.

Bei Begräbnissen warteten die Leidtragenden selbst an härtesten Wintertagen mit entblößtem Haupt mindestens eine Viertel Stunde lang vor dem Haus des Verstorbenen, um mit Handschlag das Mitgefühl der Mittrauernden entgegen zu nehmen, die jeden Handschlag mit den Worten „Gott zum Trost" beantworteten. Dann bildete sich der Trauerzug zum Friedhof, wo man noch einmal den Leidtragenden seine Anteilnahme zum Ausdruck brachte, und diese bedankten sich dafür mit den Worten: „Dank für das freundschaftliche Geleit."

Die näheren Angehörigen, Freunde und Bekannte wurden dann zum „Leichenschmaus" eingeladen, der wie J. J. Fetzer schreibt, „gemeiniglich einem Trinkgelage glich."

Über die weiteren Lebensbedürfnisse der Reutlinger berichtet Memminger in seiner Oberamtsbeschreibung von 1824: „Selbst in Reutlingen herrscht noch eine Einfachheit und Mäßigung der Bedürfnisse in Wohnung, häuslicher Einrichtung, Kleidung und in der übrigen Lebensart, wie man sie selten anderwärts antrifft. Der einzige Luxus in dem Oberamt und vorzüglich auf der Alb besteht in einer warmen Stube; fast das ganze Jahr wird eingeheizt, und die größte Wohltat, welche man den Kranken erzeigen zu können glaubt, ist eine recht heiße Stube."

Ausgestorbene Begriffe aus der Reutlinger Mundart

Die Sprache ist seit jeher das wichtigste Ausdrucksmittel der menschlichen Kultur und Zivilisation. Sie verändert sich fortwährend, indem ständig neue Begriffe in die Umgangs-, Mutter- und Fachsprache Eingang finden und veraltete Begriffe langsam in Vergessenheit geraten. Denken wir nur an die unzähligen Modewörter und Anglizismen, die in der jüngeren Vergangenheit in die deutsche Sprache eingezogen sind, so zeigt sich, wie lebendig unsere Sprache ist. Dies gilt natürlich auch für die Umgangssprache.

In diesem Zusammenhang soll an ausgestorbene Begriffe und Redewendungen aus der Reutlinger Mundart erinnert werden, wie sie noch vor 100 Jahren gebräuchlich waren und in der Reutlinger Oberamtsbeschreibung von 1893 als typische Begriffe unseres Bezirkes angeführt wurden.

Wer weiß noch, dass diesema so viel wie lispeln hieß, Drieb für Dung oder auch für Hefe stand, driefla langsam arbeiten bedeutete, Michte den Mittwoch bezeichnete und Sticher ein Werkzeug zum Behauen der Treber war. Treber, Trester oder Seih nannte man den Rückstand der ausgepressten Weintrauben oder des Mostobstes, und Sticher war ein Werkzeug zur Lockerung bzw. Zerteilung des Treberkuchens.

Als Rig bezeichnete man einen Strang Garn oder Seide, Bibphes war Hühnermist und Diledab ein ungeschickter Mensch. Wonderfitzig bedeutete schlau oder listig. Ein Knirbs war ein kleiner Junge; mit hendrafirsche meinte man aus einer Ecke oder einem Versteck hervorkommen. Eine Bidem war eine Kufe oder Bütte, eine Migge die Bremse an einem Fuhrwerk und eine Bidsch eine große Blechkanne. Zum reinigen oder fegen eines Bodens sagte man firba, zu ungeschickt ogattich, zum Donnerstag Dooschtich und zum Spielen mit Bohnen Bohnis.

Drägla bedeutete essen und trinken, Gläsa waren wässrige Kartoffeln, deren Schnittflächen wässrig glänzten. Verdeffla meinte jemanden verhauen. Ein Dede war ein Taufpate, ein Melle ein dicker Kopf und Gebäbber eine kleine Unterhaltung mit einem Nachbarn oder einem Verwandten.

Unter einer Schnättere verstand man einen Sitz auf einem Fuhrwerk, wo man tüchtig durchgeschüttelt wurde. Eine Fleggabäs war eine stadtbekannte Schwätzerin und eine Blädsch ein breites Krautblatt oder eine breite Mütze.

Breschdiera bedeutete so viel wie ertragen; schnaazagalla einem Käfer oder einer Fliege den Kopf wegschnippen. Eine Lall war eine blöde Frau und ein Fatzanähtle ein Taschentuch. Alärt bedeutete flink und bludd nackt. Eine Häkkaz war ein Schmaus nach der Heuernte.

Schalu stand für aufgeregt oder rappelköpfig, Beggarusel für ein dickes Kind, Blechmadusel für einen Hosenknopf. Eine Mushaub war eine Spitzen- oder Tüllmütze; ein Butzer ein Hahn ohne Schweif und eine Butzere eine Henne ohne Schweif. Zuddel bezeichnete eine schlampige Person, eine Glubberhos eine weite Hose, eine Gubs ein eitles Mädchen und eine Hudsch ein unsauberes Weib.

Ein Goller war eine Lederweste, ein Kobber ein Rülpser, bossla bedeutete basteln oder schnitzen. Unter einem Kannabee verstand man eine Bank mit einer

Lehne und unter Badenga Schlüsselblumen. Ein Bohnabeis war das Kelterstübchen der Winzer, ein Bohmer ein tüchtiger Rausch und eine Lohndes ein Taschentuch mit geknotetem Zipfel. Eine Lommel war eine stumpfe Messerklinge, ein Sommer ein habsüchtiger Mensch und Rödel waren Prügel mit dem Wellholz. Ein Loiner war ein fauler Mensch, Kiabriaschder die erste Milch nach dem Kalben der Kuh; Drial bedeutete Speichel oder Geifer, reesch trocken oder rau und schliasch blass oder kränklich aussehend. Eine Äged war die Brache in der Dreifelderwirtschaft, rombäsama hieß in den Gassen herumtratschen, Grätta war ein Weidenkorb und Fähel eine liederliche Person

Als Sägmähldante wurde eine geizige Frau bezeichnet, die Deddabäs war die Ehefrau eines Paten, die Bsähede die erste Zusammenkunft von Braut und Bräutigam; unter Gfreschd verstand man eine Erkältung und unter Gschniedr den dazugehörigen Schnupfen; eine Blotzkosl stand für einen fetten Menschen, eine Kasserol für eine Bratpfanne und eine Salatgomba für eine Salatschüssel.

Es gab auch Spitz- oder Necknamen, für die es keine entsprechenden Begriffe mehr gibt; z.B. Bollahopfer, Bohnakernfurtzer, Sutterkrugfurtzer oder Riebelesuppentänzer. Schließlich seien noch einige Reutlinger Redensarten erwähnt, die für die Wende zum 20. Jahrhundert ebenfalls typisch waren, z.B. „Der hängt da wia d'r Spatz am Scheißhafa", oder „Da sieht's aus, wia em Hemd eines Kühbuba", „einem den Biphes nehmen", d.h. eine stolze Person demütigen oder „Mit Gwalt ka ma au a Gais henne nom lupfa."

Eduard Lucas – ein Pionier des Garten- und Obstbaus

Karl Friedrich Eduard Lucas wurde am 19.7.1816 in Erfurt geboren. Im Alter von 16 Jahren wurde er Vollwaise und musste deshalb seine Schulbildung abbrechen. Daraufhin wandte sich sein Interesse der Gärtnerei und dem Gartenbau zu. Er absolvierte eine Lehre als Hofgärtner im Luisium in Dessau. Daran schlossen sich weitere Stationen in Frankfurt/Oder, Greifswald, München und Regensburg an, wo er in den jeweiligen Botanischen Gärten die Gartenbaukunst und die Kultivierungsmethoden der Pflanzen kennen lernte und durch eigene Erkenntnisse weiterentwickelte. Durch seinen Fleiß und seine Begabung war es ihm möglich, auch an wissenschaftlichen Exkursionen und Vorlesungen teilzunehmen. In Regensburg wurde ihm sogar die Leitung des Botanischen Gartens übertragen.

Im Jahre 1843 wurde Lucas als Lehrer für Garten- und Obstkultur an die Königliche Akademie nach Hohenheim berufen. Dort oblag ihm die Betreuung der ausgedehnten Obstbaumpflanzungen und Baumschulen sowie die Unterrichtung von Schülern in Theorie und Praxis der Obstbaumzucht, des Gemüseanbaus und der Kunstgärtnerei.

Seine vielfältigen Erfahrungen fanden in einem viel beachteten Lehrbuch über „Die Lehre von der Obstbaumzucht" ihren Niederschlag, das nicht nur in mehrere Sprachen übersetzt wurde, sondern dessen Titel auch heute noch in der 32. Auflage im Eugen Ulmer-Verlag beibehalten wurde, obgleich sein Inhalt von anderen Autoren natürlich gänzlich umgestaltet und aktualisiert wurde.

Für seine Verdienste in Hohenheim wurde Lucas 1853 zum Gartenbauinspektor ernannt; 1866 ehrte ihn die Universität Tübingen mit der Ehrendoktorwürde; er war damit der erste Gärtner, der in Deutschland diese Auszeichnung erhalten hat.

1859/60 gründete Eduard Lucas in Reutlingen eine private Lehranstalt für Gartenbau, Obstkultur und Pomologie. Das „Pomologische Institut", wie die Höhere Fachschule genannt wurde, bestand aus einem sog. Obstmuttergarten mit etwa 2 000 Bäumen der verschiedensten Sorten auf dem Gelände der heute immer noch so benannten Pomologie. „Die zum Institut gehörende Fachschule hatte ein hohes Ansehen und zog Schüler aus aller Welt an. Erstmals bot eine Schule eine praxisbetonte und zugleich wissenschaftliche Ausbildung nicht nur im Gartenbau, sondern vor allem im Obstbau. Um sich als Internatsschule selbst unterhalten zu können und den Schülern die Möglichkeit zum Erwerb praktischer Fertigkeit zu geben, führte das Institut einen gärtnerischen Betrieb, in dem unter Einsatz der Arbeitskraft der Schüler die erforderlichen Einnahmen selbst erwirtschaftet wurden. So verkaufte man Jungbäume, Edelreiser, Pflanzenschutzmittel, Gartenbauliteratur und unterhielt auch einen Weinkeller. Edelreiser wurden bis nach Japan und Übersee versandt. Im Verkaufsjahr 1882/83 waren es nicht weniger als 46 000 Stück." (Franz Just)

„Als erste Einrichtung ihrer Art war das Reutlinger Institut mit seiner Fachschule wegweisend und wurde zum Vorbild für etwa 50 ähnliche Ausbildungsstätten in Deutschland. Bis zur Schließung 1922 wurden in Reutlingen 3 500 Schüler ausgebildet, die nicht selten in leitender Stellung ihr Wissen und Können in deutschen und ausländischen Obstbaugebieten anwenden konnten." (Just)

Neben seiner Funktion als Leiter des „Pomologischen Instituts" war Lucas Geschäftsführer des von ihm gegründeten Deutschen Pomologenverbandes und Mitherausgeber der Pomologischen Monatsblätter. Er entfaltete auf dem Gebiet des Obstbaus eine reichhaltige schriftstellerische Tätigkeit. Im Laufe seines Lebens hat er allein 48 Bücher und zahllose Artikel veröffentlicht.

Drittes Kapitel · Vom Biedermeier bis zum I. Weltkrieg

Das Pomologische Institut von Eduard Lukas um 1880.

Er verbesserte und erweiterte auch das von Hadrian Diel entwickelte Dielsche-System zur Kategorisierung und Bestimmung von Apfelsorten. Dieses wird daher auch als das Diel-Lucas-System bezeichnet.

Allerdings wurde ihm das große Engagement vom Pomologenverein nicht gedankt. Handfeste Intrigen zwangen ihn schließlich sein Amt als Geschäftsführer niederzulegen. Zwei Jahre später starb er darüber verbittert am 22.6.1882 im Alter von 66 Jahren in Reutlingen. Sein Sohn Friedrich Lucas übernahm dann die Leitung des Instituts und führte es bis zu seinem eigenen Tode 1921 erfolgreich weiter.

Franz Just würdigt den herausragenden Wissensstand von Eduard Lucas ebenso wie dessen unablässiges Bemühen um eine größtmögliche Sortenvielfalt als Grundlage eines modernen Obstbaus.

Von den Gebäuden des ehemaligen Pomologischen Instituts stehen heute noch das Wohnhaus von Eduard Lucas und das Hauptgebäude der Schule. Ein Gedenkstein im Garten der „Pomologie" erinnert dauerhaft an die Verdienste, die sich Eduard Lucas im Obstbau erworben hat.

Impressionen eines Spaziergangs auf die Achalm vor 120 Jahren

Reutlingen und die Achalm, der Berg und die Burg, verbindet eine beinahe tausendjährige Geschichte. Wie reizvoll der Reutlinger Hausberg schon vor 120 Jahren empfunden wurde, zeigt eine Schilderung des Tübinger Professors Reinhold Nägele, der 1893 die Eindrücke eines Spazierganges und die dabei empfundenen landschaftlichen Schönheiten in folgender Weise schildert: „Der schönste Gang in der nächsten Nähe Reutlingens führt natürlich auf die Achalm, welche wir über die Wilhelmshöhe und den Scheibengipfel ersteigen; zu der aber auch ein breiter Weg von der Burgstraße aus, unfern des Wöhrwoldbrunnens, durch die Weinberge hinaufführt. Ein herrliches Landschaftsstück für sich ist dieser Berg, losgetrennt von dem Albkörper und doch den ursprünglichen Zusammenhang mit den östlich gelegenen Eninger Höhen jedem Auge deutlich verratend. Breit gelagert mit herrlich geschwungenem Umriss steigt er über der Stadt und dem Hügelland auf. Die größere untere Hälfte umziehen hoch ansteigende Weinberge auf der einen, saftige Wiesen, Baumgärten und Wälder auf der anderen Seite; aus den Tonschichten stürzen mancher Orts lebhafte Quellen zu Tal. Auf halber Höhe der Weinberge bietet die Wilhelmshöhe einen freundlichen Auslug; umfassende Fernsicht genießt man auf dem mit Bäumen aller Art bepflanzten Scheibengipfel. Der Blick ins Honauer Tal und zum Lichtenstein, aber auch zur entfernteren Alb sowie ins Unterland und dem Schwarzwald zu, ist außerordentlich anziehend.

Durch die prächtigen Obstbaumhänge des im schönsten Grün liegenden Meierhofes und an dessen Gebäuden vorbei, geht's aufwärts über die feuchten Tone des obersten braunen Jura, wo auf den Weideflächen alsbald Brocken und Klötze des weißen Jurakalkes auffallen; über die Verstürzungen und das Geröll hinweg, kommt man zum waldumzogenen, felsigen Gipfel, dessen Plattform man durch die Überreste des Torganges betritt. Auf den zwei Teilen der immerhin geräumigen Berghochfläche und an den steilen Kanten, namentlich aber der Zinne des Turmes inmitten des oberen Bergraumes eröffnet sich dem Wanderer die großartigste, weiteste Fernsicht. Die Alb mit ihren Vorbergen legt sich in einem Halbkreis, aus dem besonders Grafenberg, Florian, Jusi, Teck, Hoher Neuffen und Breitenstein hervortreten, bis zum Roßberg, Dreifürstenstein und Kugelberg von Norden nach Südwesten herum, eine gewaltige Gebirgslandschaft, aus welcher die nächste Umgebung besonders die Aufmerksamkeit auf sich zieht, so das unten gelegene Eningen, das die Talerweiterung mit ihren Verzweigungen ‚in Gestalt eines riesigen Sauriers mit geschwungenem Schweif' ausfüllt, sodann Pfullingen und das Honauer Tal mit dem Lichtenstein, der über den Ursulaberg hereinlugt, ‚als ob er sich auf die Zehen stellte'.

Auf der anderen Seite begrenzt das Bild der Schwarzwald vom fernen, hoch über seine Umgebung emporschwebenden Feldberg bis zum Hagenschieß bei Pforzheim, vom Gäu zum Schönbuch, bis zum Odenwald, rechtshin der Schurwald bis über Adelberg hinaus, der Welzheimer und Murrhardter Wald, die Buocher und Löwensteiner Berge."

Diese Horizontbeschreibung ist natürlich maßlos überzogen; denn weder den Feldberg noch den Schurwald oder die Löwensteiner Berge und die anderen Berge des „Schwäbischen Waldes" und schon gar nicht den Odenwald kann man von der Achalm aus sehen. Wie der Tübinger Professor auf diese Fata Morgana kam, ist ein Rätsel. Dennoch bietet die Achalm bei guter Sicht einen fantastischen Ausblick, bei dem man durchaus ins Schwärmen kommen kann.

Die Achalm im Vorfrühling – Bleistiftzeichnung von Paul Jauch (1921); Original im Besitz des Autors.

Der Tübinger Professor fährt in seiner Begeisterung fort: „Diese ganze großartige Runde verfehlt des tiefsten Eindrucks zu keiner Zeit. So hat denn auch dieser Berg die Menschen von jeher angezogen. Schön ist dieser Berg von jeher und zu jeder Zeit gewesen. Am Südwestfuße der Achalm zieht sich ein sehr hübsches Gelände hin; dort führt ein idyllischer Feld- und Wiesenweg am lauschigen Platze des Wöhrwoldbrunnens vorbei und das flache Feld bei St. Leonhard umsäumend durch das Betzenried nach Eningen, während sich auf der Nordseite des Berges schattige Wälder gegen Metzingen hin abwärts ziehen. Die neue Bahnlinie (gemeint ist die Honauer Bahn) schneidet tief in die Schieferlager des Nordfußes der Achalm ein. Dann aber tritt sie bei der Silberburg in das freie Gelände hinaus und von den Fenstern der Wagen genießt man mit einem Male den überraschenden Anblick der Stadt und des Tales und des weiten Albpanoramas, von der Achalm bis zur Altenburg."

Diese einfühlsame Schilderung lässt sich auch heute nach 120 Jahren noch sehr gut nachvollziehen.

Paul Wilhelm Keller-Reutlingen (1854–1920) – ein spätromantischer Maler

Obwohl Paul Wilhelm Keller schon als 14jähriger seine Vaterstadt verlassen und seine künstlerische Ausbildung in Stuttgart begonnen hatte, war er sein ganzes Leben lang mit ihr so tief verwurzelt, dass er seinem Namen noch den seiner Heimatstadt hinzufügte.

In einem gut bürgerlichen Elternhaus erhielt der Künstler in seiner Kindheit viele „Anregungen zum Schönen", das den Grundstein für sein kreatives Schaffen legte. Da die Eltern seine Begabung schon frühzeitig erkannten, schickten sie ihn nach Stuttgart, um dort eine vierjährige Lehre als Xylograph (d.h. als Holzschneider) zu absolvieren. Zwischen 1872 und 1875 studierte er abwechselnd in Stuttgart und München Malerei. Nach dem einjährigen Militärdienst unternahm er eine dreijährige Reise nach Italien, wo er sich in Venedig, Rom, Neapel und Florenz jeweils längere Zeit aufgehalten hat. Unter dem überwältigenden Eindruck des Südens entstanden eine Reihe farbenprächtiger und effektvoll gestalteter Landschaftsbilder. Anschließend ließ sich P.W. Keller-Reutlingen in München bzw. in Dachau und Fürstenfeldbruck nieder, wo er bis zu seinem Tode lebte.

Im Jahre 1892 wurde in der bayerischen Metropole die Münchener Sezession gegründet; – eine Künstlervereinigung, die sich für eine freiheitliche Kunstausübung einsetzte. Zu den Gründungsmitgliedern dieser renommierten Gesellschaft zählen u.a. Franz Stuck, Max Slevogt, Lovis Corinth und Keller-Reutlingen.

Obwohl der Reutlinger Maler kein Impressionist war, hat er sich dieser Kunstrichtung in Dachau angeschlossen. Ab 1880 war er Mitglied der Dachauer Künstlerkolonie. Prinzregent Luitpold von Bayern verlieh dem Künstler am 1.1.1900 den Titel eines königlichen Professors.

In einem Nekrolog würdigt sein Sohn Franz Keller seinen Vater mit den Worten: „Seinen Weltruf begründete der Künstler aber erst, als er sich in den neunziger Jahren der süddeutschen Landschaft zuwandte. Es war in diesen Naturstimmungen außer der Feinheit der Töne und Schönheit der Farben etwas eigentümlich Ergreifendes, sodass man in den Bann dieser Kunst geriet. Mit Vorliebe behandelte er die Dämmerung, weil die Farbtöne da am tiefsten und feinsten sind."

In ihrem Reutlinger Künstlerlexikon bezeichnen T. L Heck und J. Liebchen P.W. Keller als einen „sorgfältig arbeitenden Realisten mit der Vorliebe für Land-

Drittes Kapitel · Vom Biedermeier bis zum I. Weltkrieg 199

Gerberhäuser an der Echaz, Aquarell von Paul Wilhelm Keller-Reutlingen um 1880; aus: Stadt Reutlingen, Stadtbildgeschichte, Reutlingen 1990, Seite 178.

schaften und ländliches Leben, für atmosphärische Erscheinungen mit stimmungsvoller Beleuchtung und bewegten Hell-Dunkel-Zeichnungen. Seine Idyllen wirken zum Teil bedroht." Er sei möglicherweise der bedeutendste Maler der Stadt Reutlingen, jedenfalls der international bekannteste. Thomas Leon Heck ist seit Jahren um ein vollständiges Werkverzeichnis des Künstlers bemüht, dessen Umfang er auf 650 Bilder schätzt. Es gäbe allerdings auch viele Fälschungen und Kopien seiner Werke, selbst im Museumsbesitz.

Kellers Spezialität waren Genre- und Landschaftsbilder; sein häufig wiederholtes Lieblingsthema war die „Gänseliesel". Er wählte häufig Motive und Situationen für seine Bilder aus, bei denen das Licht, etwa die Sonneneinstrahlung am Abend oder die Beleuchtung im Morgen- oder Abenddunst, eine große Rolle spielten. „Bei aller Sorgfalt der genauen Wiedergabe entsteht so der Eindruck von Unwirklichkeit und Traumhaftigkeit." (Claus Zoege von Manteuffel)

Die Gemälde von Paul Wilhelm Keller-Reutlingen zeigen Porträts, idyllische Bauernhöfe, romantisch gelegene Dörfer und malerische Stadtansichten; stille

Hauswinkel, einsame Albgegenden oder das Dachauer Moos sind ebenso typisch für ihn, wie Korn- und Wiesenfelder.

In einem stimmungsvollen Aquarell hat er die Reutlinger Gerberhäuser an der Echaz um 1880 festgehalten, in dem noch der mediterrane Einfluss seiner Italienreise erkennbar ist.

Es scheint, als ob sich Paul Wilhelm Keller-Reutlingen gegen die zunehmende Verstädterung und Technisierung im 19. und 20. Jahrhundert zur Wehr setzt, das einfache Landleben romantisiert und die „gute alte Zeit" (die keine war), konservieren möchte. So zeichnet er z.B. malerische Bilder von Betzingen, wie Treppenaufgänge, Trachten und Blumenkästen. (Sibylle Setzler) Insofern zählte Keller-Reutlingen auch zur Betzinger Malerkolonie.

Den Charakter seines Vaters beschreibt Franz Keller mit folgenden Worten: „Sein einfacher, naiver, kindlich frommer Sinn und die Kraft seines Gefühls sind es, welche die Volksliedluft seiner Bilder schaffen und sie auch dem Laien nahe bringen. Er war eine feinsinnige, vornehme Natur, bescheiden und anspruchslos, von äußerster Weichheit des Gemüts, offenem, geraden Charakter." Er sei auch sportlich und ein guter Klavierspieler gewesen. Seine allgemeine Anerkennung habe ihm ein Leben „auf der Höhe der gesellschaftlichen Stellung, verwöhnt von der Gunst des Schicksals und der Bewunderung der Menschen, frei von Sorgen um den Lebensunterhalt" beschert.

Mit seinen Gemälden ist der Maler so wohlhabend geworden, dass er seiner Witwe „ein erhebliches Vermögen" hinterlassen hat.

Besuche des letzten württembergischen Königs Wilhelm II. in Reutlingen

König Wilhelm II., „Württembergs geliebter Herr", war der Sohn des Prinzen Friedrich von Württemberg und der Prinzessin Katharina, einer Tochter von König Wilhelm I. von Württemberg; er vermählte sich in zweiter Ehe 1886 mit der Prinzessin Charlotte von Schaumburg-Lippe. Nach dem Tode König Karls I. folgte Wilhelm II. am 6.10.1891 auf den Thron. Ein Dreivierteljahr später kam das Königspaar am 29.6.1892 zu seinem ersten Besuch nach Reutlingen. Das Paar wurde von der Bürgerschaft „mit freudigster Aufregung" empfangen.

Wie es in der festlich geschmückten Stadt begrüßt wurde, schildert der Chronist Egmont Fehleisen: „Unter dem Donner der aufgestellten Geschütze und dem Geläut sämtlicher Glocken fuhr der Zug in den schön geschmückten Bahn-

Drittes Kapitel · Vom Biedermeier bis zum I. Weltkrieg   201

Das letzte württembergische Königspaar – König Wilhelm II. und Königin Charlotte –
Postkarte, Original im Besitz des Autors.

hof ein." Dort wurden die Gäste von einem Begrüßungskomité und „20 weiß gekleideten Jungfrauen" erwartet.

Auf dem Listplatz hatte man „zwei hohe imposante Ehrenpforten errichtet, die auf den Vorder- und Rückseiten folgende Inschriften trugen: ‚Hie gut Württemberg alleweg' – ‚Furchtlos und treu' – ‚Heil dem geliebten Königspaar' – ‚Bürgersinn und Königstreu, allzeit unser Wahlspruch sei'."

Nach der Begrüßung und Vorstellung des Empfangskomités fuhr das Königspaar zum neu errichteten Gebäude der Webschule an der Kaiserstraße, das zu diesem Anlass festlich dekoriert war. Dort wurde das Paar vom Leiter der Schule, Webereiinspektor Samuel Winkler, willkommen geheißen und Königin Charlotte mit einem in der Schule gefertigten Seidenschal bedacht. Nach der Besichtigung einer eigens dafür hergerichteten Ausstellung und der neuen Werkhalle begab sich das Königspaar zur Marienkirche. Nach deren Besichtigung ging es zum Marktplatz, auf dem die versammelte Bürgerschaft dem Königspaar mit großer Begeisterung huldigte. Dort waren sämtliche Vereine, Sängerschaften, Beamten, Lehrer und Schulklassen versammelt. Schüler und Vereine bildeten auch zwischen der Kirche und dem Marktplatz ein Spalier.

Bei der Ovation auf dem Marktplatz trat der Fahnenträger der Weingärtnerzunft vor die Gäste und „flaigte" nach alter Sitte die Zunftfahne. Anschließend ging es zur Frauenarbeitsschule. Die Frauenarbeitsschule war damals eine weit über Reutlingen hinaus reichende Bildungseinrichtung, in der Frauen für das Textilgewerbe und die Heimarbeit, für hauswirtschaftliche Berufe und hauswirtschaftliche Lehrerinnen ausgebildet wurden.

Im Schulgebäude an der Tübinger Straße wurden König Wilhelm II. und seine Gattin an einer festlich geschmückten Tafel bewirtet. Außerdem konnten sie sich durch die ausgestellten Handarbeiten von der Leistungsfähigkeit der Schule überzeugen. Die Königin erhielt einen von den Schülerinnen angefertigten goldbestickten Schirm.

Anschließend ging es zur Oberen Wilhelmstraße, die der König „mit beifälliger Bemerkung" besichtigte. Den Abschluss bildeten der Besuch der Gminder'schen Fabrik und der Werner'schen Anstalten zum Bruderhaus. Danach fuhren die Majestäten „unter den Hochrufen der Menge nach Bebenhausen" weiter.

Dies war nicht der einzige Besuch des letzten württembergischen Königspaares in Reutlingen. Anlässlich der Einweihung der neu renovierten Marienkirche kam es am 24.11.1901 „unter den Jubelrufen der Reutlinger Bevölkerung in der von einem Vierergespann gezogenen Hofkutsche" erneut in die Stadt, um an dem Festgottesdienst teilzunehmen und den Klängen der neuen Orgel zu lauschen. Die hohen Gäste und die Gemeindemitglieder zeigten sich von der Renovierung der Kirche im neugotischen Stil überwältigt.

Laura Schradin – eine engagierte Politikerin der Frauenbewegung

Laura Schradin wurde als Tochter der Weingärtnerfamilie Pfenning am 7.9.1878 in Reutlingen geboren. Ihre Kindheit war vom Niedergang des Reutlinger Weinbaus geprägt. Wie viele andere Weingärtnerskinder musste auch Laura durch schlecht bezahlte Heimarbeit als Kind zum kargen Unterhalt der Familie beitragen.

Der sozialen Herkunft und den finanziellen Möglichkeiten der Familie entsprechend, besuchte sie die Volksschule am Gartentor. Im Alter von 18 Jahren trat sie in die Firma „Hecht und Gross" ein und arbeitete dort als Näherin. Gleichzeitig zog sie aus dem Elternhaus aus und logierte sich in ein bescheidenes Zimmer in der Tübinger Straße ein, was damals bei jungen Mädchen eine krasse Ausnahme war. Schließlich wurde man ja erst mit 21 volljährig.

Ebenso ungewöhnlich war, dass Laura Pfenning schon mit 19 Jahren in die SPD eingetreten ist, was der Vater in schönstem Schwäbisch mit den Worten kommentierte: „Mai Laura wird a Aigidadore."

Nach der Arbeit interessierte sie sich für zeitgenössische politische Standardwerke. Sie studierte Werke von Karl Marx, Friedrich Engels und August Bebel. Besonders beeindruckt war sie von Bebels Buch „Die Frau und der Sozialismus" und von Lilly Brauns Buch „Die Frauenfrage".

1905 heiratete Laura den Kaufmann Fritz Schradin. Ihr politisches Interesse galt weiterhin der Frauenfrage und den damit zusammenhängenden wirtschaftlichen, sozialen und erzieherischen Problemen. Sie besuchte mehrere Versammlungen der SPD und nahm 1907 am Internationalen Sozialistenkongress in Stuttgart teil, der dort vom 17.8. bis 26.8. stattgefunden hat. Es war der einzige derartige Kongress auf deutschem Boden und zwar der siebte. Neben dem eigentlichen Sozialistenkongress fanden gleichzeitig der erste internationale Frauenkongress und die erste internationale Konferenz der sozialistischen Jugendorganisationen statt. An dem Kongress nahmen 884 Delegierte aus 25 Ländern in fünf Kontinenten teil. Unter den Delegierten waren so bekannte Namen wie Clara Zetkin, Rosa Luxemburg, August Bebel, Jean Jaurés und erstmals auch Wladimir Iljitsch Lenin. Ob und inwieweit Laura Schradin diese

Delegierten persönlich erlebte, lässt sich im Nachhinein nicht mehr feststellen. Sie hatte aber auf jeden Fall mit Clara Zetkin einen schriftlichen Kontakt.

Außerdem verehrte sie Käthe Kollwitz und war von dem Zeichner der Berliner Hinterhöfe, Heinrich Zille, bewegt. Gemeinsam mit ihrem Mann unternahm sie mehrere Reisen in die Schweiz und einmal begleitete sie ihn auf einer Geschäftsreise nach Ägypten.

Mit pathetischem Unterton formulierte sie ihr erzieherisches Credo: „Das Beste, was der Mensch auf seinem Gang über die Lebensbühne sich erwerben und anderen zum Bewusstsein bringen kann, ist die Kraft seiner Persönlichkeit, und deren Wert ist das alleinige Unmittelbare zu seinem Glück und Lebenszweck." Jeder mechanische Arbeiter müsse auch eine geistige Bildung erfahren. Deswegen setzte sie sich auch für eine bessere Schulbildung von Frauen ein. Außerdem sprach sie sich für das Frauenwahlrecht, für bessere Wohnverhältnisse der Arbeiter, für die Bekämpfung der hohen Kindersterblichkeit und für die Überwindung des Kapitalismus durch den Sozialismus aus. (Gustav Adolf Rieth)

Während des I. Weltkrieges organisierte sie in Reutlingen sog. „Kriegsflickwerkstätten". Dort reparierten Frauen zerrissene Uniformen und andere Kleidungsstücke, wobei sie erheblich mehr verdienten als bei der schlecht bezahlten Heimarbeit.

Durch die Weimarer Republik hatten sich die Frauen endlich das aktive und passive Wahlrecht erkämpft. Laura Schradin wurde daraufhin am 13.1.1919 in die verfassunggebende Versammlung des Württembergischen Landtags gewählt, schied aber schon im selben Jahr wieder aus. 1920 verpasste sie den Einzug in den Reichstag, obwohl sie auf einem günstigen Listenplatz der SPD aufgestellt war.

Von 1920 bis 1925 gehörte sie als eine der beiden ersten Gemeinderätinnen dem Reutlinger Gemeinderat an. Außerdem engagierte sie sich im Schulkuratorium der Frauenarbeitsschule sowie bei der Unterstützung von sozial Benachteiligten.

Mutig versteckte sie im Herbst 1933 für mehrere Wochen einen von den Nationalsozialisten gesuchten Kommunisten in ihrer Tübinger Wohnung. Auch sonst hielt sie sich mit ihrer politischen Meinung nicht zurück, was ihr trotz Haftunfähigkeit eine zweimonatige Gefängnisstrafe einbrachte.

Am 8.3.1937, dem Internationalen Frauentag, ist Laura Schradin in Tübingen an den Folgen eines Schlaganfalles gestorben. Die Hauswirtschaftlichen Schulen in Reutlingen tragen jetzt ihren Namen.

Das Technikum für Textilindustrie – ein Reutlinger Markenzeichen

Im Jahre 1891 konnte die Webschule nicht nur ihren Neubau an der Kaiserstraße beziehen; im selben Jahr wurde auch Spinnereidirektor und Ingenieur Otto Johannsen berufen und mit der Leitung der Spinnereiabteilung beauftragt. Ein Jahr später übernahm er die Schulleitung von Samuel Winkler. Johannsen besaß außerordentliches Organisationstalent. Seine besonderen pädagogischen Fähigkeiten, seine wissenschaftlichen Erfolge und die praxisnahe Ausbildung der Schüler trugen maßgeblich dazu bei, dass das „Technikum für Textilindustrie", wie sich die Schule jetzt nannte, in der Fachwelt zu hohem Ansehen gelangen konnte.

Johannsen wurde am 21.8.1864 in Pettau in der Steiermark geboren, wo sein Vater als Eisenbahningenieur bei der österreichischen Südbahngesellschaft tätig war. Infolgedessen verbrachte er seine Jugendzeit in Österreich, besuchte die Oberrealschule von Klagenfurt in Kärnten und studierte an der Technischen Hochschule in Graz Maschinenbau. Dann wandte sich Johannsen der Textilindustrie zu, wo er mehrere Jahre in verschiedenen Firmen in leitender Stellung tätig war. Im Jahre 1897 wurde ihm nach seiner Habilitation an der Technischen Hochschule in Stuttgart der Titel eines Professors verliehen und 1912 erhielt er die Ehrendoktorwürde dieser Hochschule.

Um die Jahrhundertwende umfasste das Ausbildungsprogramm des Technikums alle Teilgebiete der Textilherstellung, von der Fasergewinnung über die Faserverarbeitung bis zur Faserveredelung. Damit war die Schule zu einer „universalen Anstalt auf dem Gebiet der Textilindustrie" geworden. Trotz der jeweils nur einjährigen Kursdauer war man bemüht, „Techniker mit hoher Leistung" auszubilden, die den zunehmenden Anforderungen der Textilwirtschaft gewachsen waren. Um dieses „Markenzeichen" deutlich zu machen, wurde die Schule nach ihrer staatlichen Anerkennung 1908 in „Staatliches Technikum für Textilindustrie" umbenannt. Von 1911 bis 1918 durfte sie sich sogar noch das Beiwort „königlich" hinzufügen.

Neben der Technikerausbildung führte Johannsen auch das Studium zum Textilingenieur ein, die beide mit dem „Reutlinger Diplom" abgeschlossen wurden.

Im Laufe der Zeit gelang es Prof. Dr. Otto Johannsen, dem Technikum ein „Staatliches Prüfamt für Textilindustrie" und das „Deutsche Forschungsinstitut für Textilindustrie" anzugliedern und damit Reutlingen in der ersten Hälfte des 20. Jahrhunderts zu einem Mekka der deutschen Textilindustrie zu machen.

Da es für Nicht-Reutlinger Schüler schwer war, in der Stadt Anschluss zu bekommen und in fachlicher und geistiger Beziehung Anregungen zu erhalten, kam es schon vor der Jahrhundertwende zur Gründung von Schülervereinigungen und landsmannschaftlichen Zusammenschlüssen, aus denen die teilweise heute noch bestehenden Studentenverbindungen hervorgegangen sind. Diese waren den studentischen Korporationen an den Universitäten und Technischen Hochschulen nachempfunden. Mütze und Band, Wahlspruch und Zirkel gehörten ebenso dazu, wie Satzung und Comment und feuchtfröhliche Zusammenkünfte.

Die älteste, heute noch existierende Studentenverbindung ist die „T.T.V. Textilia", die 1888 gegründet wurde. Dann folgte die Schweizerverbindung „Helvetia" 1897, die bis 1981 bestanden hat. Die dritte Studentenverbindung war die „T.T.V. Teutonia" von 1901, die auch heute noch besteht. Dann folgten die „T.T.V. Frankonia" 1905 und die „Rhenania" 1915, die es aber beide nicht mehr gibt. 1922 gründete sich die „Cimbria", die heute noch ihr reizvolles Verbindungshaus am Schönen Weg belebt. Außerdem gab es noch den "Verein Deutscher Studenten (VDST)", der aber nur von 1955 bis 1995/6 existierte.

Natürlich war die Entwicklung des Technikums auch von den Zeitumständen, etwa dem I. Weltkrieg, der Inflationszeit, dem Dritten Reich, dem II. Weltkrieg und der Nachkriegszeit stark betroffen. Während des I. Weltkrieges wurde die Aufnahme von ausländischen Studierenden auf 10 % begrenzt. Ferner wurden die Ausländer in „deutschstämmige" und „feindliche" Ausländer eingeteilt. Zu den „feindlichen Ausländern zählten u.a. Engländer, Franzosen, Russen, Finnen, Polen, Serben und Italiener. Aus einer Statistik von 1915 geht hervor, dass von 1901 bis 1914 immerhin 305 Schüler „aus dem zur Zeit feindlichen Ausland" eingeschrieben waren.

Während des Dritten Reiches blieb es auch der Verwaltung des Technikums nicht erspart, für die Mitarbeiter des Fabrikbetriebes arische Nachweise zu erbringen. Aufgrund dieser Verpflichtung mussten Lehrlinge, Weberei-, Strickerei-, Wirkerei- und Facharbeiter, Hasplerinnen und Spulerinnnen, Maschinisten und Packer, ja selbst Putzfrauen ihre arische Abstammung nachweisen. Am 17.2.1937 teilte die Verwaltung dem Kultminister mit, obwohl die Erhebungen noch nicht abgeschlossen seien, lasse sich bis jetzt absehen, dass keine Mitarbeiter beschäftigt werden, „die jüdisches Blut haben oder jüdisch versippt sind; andere Fremdblütige sind nicht beschäftigt." Auf einem in der Akte befindlichen Konzeptblatt sind einige Namen von Mitarbeitern aufgelistet, bei denen der arische Nachweis noch fehlte. Hinter dem Namen eines gewissen „Kurtz, Hugo: Färber" steht die Bemerkung „tritt aus". Vermutlich konnte er den Nachweis nicht erbringen.

Drittes Kapitel · Vom Biedermeier bis zum I. Weltkrieg 207

Das Technikum für Textilindustrie – Gesamtansicht von 1916, Aquarell eines unbekannten Künstlers, Geschenk der Mitarbeiter des Technikums zum 25jährigen Dienstjubiläum von Prof. Dr.-Ing. Otto Johannsen; Original im Besitz der Hochschule Reutlingen.

Bis vor kurzem war die Geschichte der jüdischen Studenten am Technikum ein unbekanntes Kapitel. Bernd Serger hat sich dankenswerter Weise dieser Frage angenommen und seine Forschungsergebnisse in seiner Dokumentation über die Geschichte der Juden in Reutlingen veröffentlicht. Daraus entnehmen wir folgende Informationen. Unter den rund 10 000 Schülern, die von 1865 bis 1938 die Schule besuchten, waren mehr als 800 jüdischer Abstammung, also etwa 8 Prozent. Dies entsprach dem Anteil jüdischer Studenten an den Universitäten Berlin, Heidelberg oder Tübingen. Für den gleichen Zeitraum können auch sieben weibliche Technikums-Schülerinnen jüdischer Abstammung nachgewiesen werden. Frauen wurden übrigens an der Reutlinger Fachschule wesentlich früher zugelassen als an den Universitäten. Der Frauenanteil lag allerdings auch im Technikum in den ersten 80 Jahren seines Bestehens bei unter einem Prozent.

Unter den jüdischen Studierenden des Technikums waren zahlreiche Ausländer, aus Frankreich, Polen, Österreich, Ungarn, Russland, Schweiz, Holland, USA und Brasilien. Zu den prominentesten Schülern gehörte Carl Lewin, der später als Direktor der Schocken KGaA an der Spitze der großen jüdischen

Kaufhauskette „Schocken" (später Horten) stand. Aus einer anderen bekannten jüdischen Dynastie kam Günter Wertheim, der 1922 in Reutlingen studierte. Sein Vater, Franz Wertheim, war der Besitzer der Warenhäuser A. Wertheim GmbH in Berlin, der auch das „Kaufhaus des Westens" gehörte,

Das Jahr 1930 brachte mit der Feier zum 75jährigen Bestehen der Schule einen glanzvollen Höhepunkt, der von über 2 000 Teilnehmern festlich begangen wurde. Zwei Jahre später trat der überaus erfolgreiche Direktor, Prof. Dr. Otto Johannsen, mit dem Erreichen der Altersgrenze in den Ruhestand. Er wirkte an den drei Instituten aber auch danach noch mit. Am 11. Juli 1946 ehrte ihn die Stadt Reutlingen mit der Verleihung der Ehrenbürgerwürde.

Am 20. März 1954 starb Otto Johannsen, der Nestor der deutschen Textilforschung, einen Tag vor Vollendung seines 90. Geburtstages. Er hatte ein Menschenalter lang für die Reutlinger Textilinstitute gearbeitet und ihnen sein Gütesigel aufgedrückt

Die verdienstvolle Arbeit von Johannsen wurde von den Direktoren Dr. Ing. Gerhard Krauter (1932–1939), Prof. Dr.-Ing Fritz Walz (1941–1955) und Prof. Dr.-Ing. Erwin Schenkel (1955–1970) erfolgreich weitergeführt. In dieser Zeit erweiterte sich das Studienspektrum um die Chemie, insbesondere Textilchemie und um den Maschinenbau mit dem Schwerpunkt Textilmaschinenbau. Diese Diversifizierung bildete dann die Grundlage für den Ausbau des Technikums zur Fachhochschule.

Pergamenturkunde der Stadt Reutlingen zum 25jährigen Dienstjubiläum von Prof. Johannsen am 20. 8. 1916; Original im Besitz des Stadtarchivs Reutlingen.

Viertes Kapitel
Das 20. Jahrhundert bis zur Gegenwart

Der I. Weltkrieg und seine Folgen

Am 28. Juni 1914 schreckten die Schüsse von Sarajewo die Staatsmänner und die Nationen in Europa auf. In der bosnischen Hauptstadt war der habsburgische Thronfolger Franz Ferdinand und seine Gemahlin von einem jungen serbischen Nationalisten ermordet worden, und die Völker Europas bangten um die letzte Galgenfrist vor dem großen Krieg. Die Empörung über diese Bluttat erfasste alle europäischen Staaten und ermutigte Österreich, durch die „Nibelungentreue" des deutschen Kaiserreiches unterstützt, gegenüber Serbien einen „harten Kurs" einzuschlagen. Eine Kriegserklärung folgte auf die andere. Am 1. August 1914 erklärte die deutsche Regierung Russland und am 3. August Frankreich den Krieg, und einen Tag später erfolgte die Kriegserklärung von England an Deutschland.

Unmittelbar nach Kriegsbeginn wurde Reutlingen Garnisonsstadt. Das 3. Bataillon des Reserve-Infanterie-Regiments 119 wurde hier aufgestellt und stationiert. In Scharen trafen einberufene Männer und Freiwillige aus der ganzen Umgebung ein und wurden nach einem nur sechswöchigen Schnellkurs ausgebildet und an die Front geschickt.

In den Schulen wurden Wach- und Schreibstuben eingerichtet. Das Hauptgebäude des Technikums wurde in ein Lazarett umfunktioniert und mit 180 Betten belegt. Schon bald darauf kamen die ersten Verwundeten und Kranken. Offiziere und Mannschaften brachte man in Privatquartieren unter und am 10. August ging der erste Transport an die Front.

Zunächst herrschte in der Bevölkerung große Begeisterung. Man rechnete, wie beim deutsch-französischen Krieg von 1870/71, mit einem kurzen Krieg von wenigen Wochen und geringen Verlusten. Deshalb meldeten sich auch viele Freiwillige, die unbedingt dabei sein wollten.

Dazu erzählte der Vater des Autors folgende Geschichte: Am 10. Tag nach der Mobilmachung musste er sich beim Wehrbezirkskommando in Reutlingen melden. Er hatte bereits die Koffer gepackt und mit Tränen in den Augen von zu Hause Abschied genommen, denn nun sollte es Ernst werden; – aber am Abend war er schon wieder daheim, weil bei ihm bei der medizinischen Untersuchung durch den Stabsarzt ein Herzfehler festgestellt wurde. Zwei weitere Untersuchungen in Tübingen und Ludwigsburg brachten denselben Befund. Wegen dieser

Ausmusterung wurde er nun von seinen Familienangehörigen, Freunden und Bekannten als „Staatskrüppel" verspottet. Als er dann Anfang November 1914 erneut gemustert wurde, bat er den untersuchenden Arzt händeringend, man möge ihn doch wenigstens probeweise behalten, denn er möchte doch auch „dabei gewesen" sein. Diese Bitte wurde auch erfüllt, was zur Folge hatte, dass er den ganzen Krieg an der Westfront bis zum bitteren Ende mitmachen musste.

Von Anfang an herrschte ein großer Mangel an Rohstoffen, insbesondere an Metallen. Um diesen zu beheben, wurde beispielsweise die Reutlinger Handwerkskammer beauftragt, Kupferdächer im Bezirk auszumachen, deren Abdeckung die Metall-Mobilmachungsstelle in Berlin angeordnet hatte. Selbst die Türklinken und Fenstergriffe wurden erfasst, weil man damit auch den Metallmangel beheben wollte.

Die Reichsregierung appellierte an die Bürger, alle Goldstücke und den Goldschmuck gegen Bezahlung mit Papiergeld abzuliefern. Hierzu wurde am Marktplatz eine Goldankaufsstelle eingerichtet. Am Anfang wurde dieser Aufruf treu befolgt. Als die Bereitschaft nachließ, beauftragte man die Schulklassen mit dem Sammeln. Als Belohnung gab es schulfreie Nachmittage.

Infolge des Krieges stiegen die Lebensmittelpreise kräftig. Ab 1915 wurden Nahrungsmittel nur noch gegen Lebensmittelmarken abgegeben.

Im Kriegsjahr 1916 wurde das Papiergeld knapp. Deshalb druckte man auch in Reutlingen städtisches Notgeld. Mehr als 100 zumeist 80jährige Nussbäume am Königsträßle und an der Domäne Achalm wurden abgeholzt, um daraus Gewehrschäfte zu machen.

Die Glocken der Kirchen in Reutlingen und in der Region wurden beschlagnahmt und abgenommen. Lediglich die Marienkirche blieb von dieser Aktion verschont.

Nach einem Bericht des GEA vom 19.12.1918 sind im Krieg „714 Männer aus Reutlingen zum Opfer gefallen (ohne Betzingen). Hinzu kommen 114 auswärts wohnende Söhne hiesiger Eltern und 110 hier wohnende Söhne auswärtiger Eltern."

Wegen der „Schmach von Versailles" wurden in den evangelischen Kirchen Trauerfeiern abgehalten.

Im Jahre 1926 wurde dann das Kriegerehrenmal auf dem Friedhof unter den Linden feierlich enthüllt.

Viertes Kapitel · Das 20. Jahrhundert bis zur Gegenwart

Das Gmindersdorf – eine architektonische Mustersiedlung für Arbeiter

Am Beginn des 20. Jahrhunderts gehörte die Reutlinger Textilfirma Ulrich Gminder zu den größten und bekanntesten Industriebetrieben im deutschen Kaiserreich. Das expandierende Unternehmen benötigte in zunehmender Zahl Arbeitskräfte, die auch auswärts angeworben wurden.

Zu deren Unterbringung ließ der Fabrikant Louis Gminder zwischen 1903 und 1923 die Siedlung Gmindersdorf im Stil der damaligen Zeit erbauen. Die Lage zwischen Reutlingen und Betzingen war optimal, weil sie beide Orte miteinander zu verbinden vermochte. Außerdem wurden die Arbeiter in der Nähe der Fabrik untergebracht. Die Siedlung ist etwa 350 m von der ehemaligen Gminderschen Fabrik entfernt und war früher mit der Fabrik durch eine Kastanienallee verbunden.

Mit der Planung der Arbeitersiedlung wurde der damalige Stararchitekt, Professor Theodor Fischer von der Technischen Hochschule Stuttgart beauftragt. Fischer hatte sich bereits als Städteplaner einen Namen gemacht und war 1907 Mitbegründer des Werkbundes.

Fischer gestaltete das Gmindersdorf als Gesamtkunstwerk, in dem sich neue städtebauliche Ideen mit den damaligen Ansprüchen an die Infrastruktur verbanden. Am Entwurf der Siedlung war auch der berühmte Stuttgarter Architekt Paul Bonatz beteiligt, der u.a. den Stuttgarter Hauptbahnhof und die Universitätsbibliothek in Tübingen entworfen und gebaut hat.

Mit dem Gmindersdorf gelang Fischer ein hervorragendes Beispiel für den frühen sozialen Wohnungsbau. Auf einer 10 ha großen Fläche wurden im Verlauf von 20 Jahren 48 zumeist zweigeschossige Doppelhäuser errichtet, die mannigfaltige Dachformen und Fassaden aufweisen und dies in einer Zeit, in der Arbeitersiedlungen mehr oder weniger Mietskasernen waren.

Die gesamte Siedlung fokussiert sich auf den sog. Altenhof, ein mehrgeschossiges Gebäude mit barockem Giebel, das an eine bescheidene Schlossanlage erinnert. Das Gebäude besitzt ein Säulenportal und wird von zwei geschwungenen Durchgängen flankiert. Diesen schließen sich auf beiden Seiten kleinere Reihenhäuser an.

Im Altenhof wohnten früher die aus dem Erwerbsleben ausgeschiedenen Rentnerehepaare, während die Reihenhäuser links und rechts des Altenhofes den ledigen oder verwitweten Arbeitern zur Verfügung standen.

Neben den reinen Wohngebäuden gab und gibt es auch Gemeinschaftseinrichtungen, z.B. einen Kinderhort, einen Kaufladen, einen kleinen Marktplatz, ein Altenheim, eine Turn- und Festhalle und eine Gastwirtschaft. Die meisten dieser Gebäude werden auch heute noch in der ursprünglich vorgesehenen Funktion genutzt.

Das geschlossene Ensemble des Gmindersdorfes ist nicht nur in städtebaulicher, sondern auch in sozialer Hinsicht ein Musterbeispiel für eine menschenwürdige Arbeiterwohnsiedlung in Deutschland. In ihrer Physiognomie und ihrer Funktion ist sie durchaus mit der berühmten Augsburger Fuggerei oder der Arbeitersiedlung „Margarethen-Höhe" in Essen vergleichbar.

Nachdem das Betriebsgelände der Firma Ulrich Gminder 1967 in das Eigentum der Firma Bosch übergegangen ist, konnten die Bewohner ihr bis dahin gemietetes Haus erwerben. Davon haben viele Gebrauch gemacht und anschließend damit begonnen, die alten Gebäude zu modernisieren. Dies war allerdings nur im Innenbereich möglich, weil die gesamte Anlage unter Denkmalschutz steht und das traditionelle Erscheinungsbild, vor allem der Dächer, Gauben, Fenster und Veranden nicht verändert werden darf.

Die galoppierende Geldentwertung in der Inflationszeit aus der Sicht eines Betroffenen

Infolge der Rüstungsfinanzierung im I. Weltkrieg und den von den Siegermächten auferlegten Reparationszehlungen kam es bekanntlich zwischen 1920 und 1923 zu einer Hyperinflation, die unter dem Namen „Inflationszeit" in die deutsche Geschichte eingegangen ist. Natürlich waren auch die Stadt Reutlingen und ihre Bürger von dieser galoppierenden Geldentwertung hart betroffen.

Dies soll an einigen Beispielen aus der Sicht eines davon Betroffenen (meines Vaters) näher erläutert werden. Dieser war nach der Entlassung aus dem Wehrdienst als Angestellter in der Privatbank Ruoff Quenzer & Co. in Reutlingen tätig, wo er die Notariats- und Treuhandabteilung leitete. In dieser Zeit erlebte er besonders nachhaltig die schwere Inflationszeit. „Die Preise wuchsen wie Lawinen, der Pfennig stieg zur Million und Fluten Geldpapiers erschienen mit vielen Nullen, wie zum Hohn."

Wie dramatisch die Geldentwertung davon galoppierte, verdeutlichen einige Preisvergleiche; sie beziehen sich auf den Stand vor dem I. Weltkrieg von 1914 und zum 29. November 1923, als die Inflation ihren absoluten Höhepunkt erreichte.

Notgeld der Stadt Reutlingen von 1923; Original im Besitz des Autors.

Ein Ei kostete vor dem Krieg 7 Pfennig, 1923 70 Milliarden Mark; ein Pfund Kartoffeln 4 Pfennig, 1923 5 Milliarden Mark; 1 Pfund Weizenmehl 20 Pfennig; 1923 40 Milliarden; 1 Pfund Rindfleisch 99 Pfennig, 1923 3 Billionen; 250 gr. Butter vorher 70 Pfennig, dann 4 Billionen. Eine Schachtel Streichhölzer war vor dem Krieg für 1 Pfennig zu haben, 1923 kostete sie 100 Milliarden. Ein Glas Bier kostete vor dem Krieg 15 Pfennig, 1923 150 Milliarden. Das Briefporto lag 1914 bei 10 Pfennig, 1923 bei 40 Milliarden. Ein Herrenanzug kostete zwischen 60 und 70 Mark, am 29.11.1923 zwischen 250 und 300 Billionen Mark.

Eine Straßenbahnfahrt lag zwischen 10 und 15 Pfennig und 1923 bei 500 Milliarden. Schließlich sei noch der Stundenlohn eines gelernten Arbeiters angeführt, der 1914 zwischen 35 und 45 Pfennig verdiente; 1923 verdiente der gleiche Arbeiter, wenn er nicht wie Millionen anderer arbeitslos war, in der Stunde 330 Milliarden Mark.

Am 31. 7. 1914 kostete der US-Dollar 4,10 Mark; am 23. 11. 1923 4.200.000.000.000,–, also 4, 2 Billionen Mark.

In ähnlich astronomische Werte stiegen auch die Börsenkurse, die bei den täglichen Notierungen nur noch „in Milliarden Prozent" angegeben wurden. (Was man darunter verstand, ist auch mir ein Rätsel) So lag z.B. der Kurs der Daimler-Aktie am 14.11.1923 bei 2 600 Milliarden und der Kurs der BASF bei 30 000 Milliarden Prozent.

Scheck der Emil Adolff AG. von 1923; Original im Besitz des Autors.

Natürlich besaß mein Vater auch bei Ruoff Quenzer ein Kontokorrentkonto, das am 23.11.1923 die sagenhafte Summe von exakt 407.757.970.843.840,–, also 407 Billionen Mark ausgewiesen hat. Einen Tag später waren es dann noch 61,10 Rentenmark!

Nach dem Tode seiner Mutter lebte mein Vater in der elterlichen 4-Zimmer Wohnung in der Ringelbachstraße. Da er noch Junggeselle war und allgemeine Wohnungsnot herrschte, beschlagnahmte die Stadt Reutlingen am 11.10.1923 kurzerhand ein Zimmer mit der lapidaren Begründung: „Ein Zimmer wird als überschüssig für die Bedürfnisse des Wendler erklärt." Allerdings konnte er sich gegen die Bezahlung von einer Milliarde Mark für die Dauer von 15 Jahren von dieser Beschlagnahmung freikaufen, was er dann auch tat.

Seit Beginn der Inflationszeit hat auch die Stadt Reutlingen wie die meisten Kommunen eigenes Notgeld herausgegeben. 1919 kamen 10,– und 20,– Mark Scheine in Umlauf. Im August 1923 „Gutscheine" über 100 000,– und 500 000,– Mark, dann folgten Scheine über 1 Million (ausgerechnet mit dem Bildnis von Friedrich List), 20 Millionen sowie über 5 und 20 Milliarden Mark. Den absoluten Höhepunkt bildete der 50 Milliarden-Schein, auf dem das Hauptgebäude des Technikums abgebildet ist. Auf diesem verpflichtet sich die Stadt vollmundig, dem „Einlieferer dieses Kassenscheins" den genannten Betrag auszubezahlen. Leider besitze ich keinen solchen Schein, sonst würde ich das Versprechen bei der Stadtkasse einfordern.

Um sich die Arbeit des Ausfüllens zu ersparen, haben die Firmen der Einfachheit halber Schecks mit aufgedruckten Summen in Umlauf gegeben. So z.B. Emil Adolff über 200 000,– Mark.

Der Vollständigkeit halber sei noch erwähnt, dass auch Ruoff Quenzer wie viele andere Geldinstitute und Firmen ein Opfer der Inflationszeit geworden ist und Konkurs anmelden musste, sodass auch mein Vater seinen dortigen Arbeitsplatz verloren hat.

Die Straße von Metzingen nach Reutlingen als Rennstrecke für ein Auto- und Motorradrennen

Das waren noch Zeiten, als auf der Straße zwischen Metzingen und Reutlingen „Berg- und Flachrennen" ausgetragen wurden. So geschehen am 9. Mai 1926. Der Veranstalter war der „Motorfahrer-Club Reutlingen und Umgebung".

Über den Verlauf des waghalsigen Rennens berichtete der Reutlinger General-Anzeiger vom 10. Mai 1926:

„Der Wettergott war dem Berg- und Flachrennen am Sonntag auf der 5,8 km langen Strecke Metzingen-Reutlingen, nicht gerade besonders günstig. Von der Maisonne war nicht viel zu sehen, dafür wehte ein kühles Mailüfterl und bisweilen ging ein Maischauer nieder. Einen Vorteil hatte dieses unfreundliche Wetter aber doch, wenigstens für die Zuschauer: Es gab keine Staubentwicklung und deshalb auf der Strecke gute Sicht.

Schon von früh 5 Uhr ab begann die große Wanderung hinaus zur Rennstrecke, wo am Abend vorher die Fahrer fleißig dem Training oblegen hatten. Zu beiden Seiten der Straße standen die Zuschauer zu Tausenden. Vor allem an den Stellen, die als besonders gefährlich angesehen wurden. An den Kurven, deren die Strecke mehrere hatte, stauten sich die Massen. An der Hauptkurve bei der Eisenbahnunterführung vor Metzingen standen die Zuschauer in dichten Reihen. Wacker hielten die Zuschauer aus und folgten mit Aufmerksamkeit dem sportlichen Ereignis. Das war das Rennen auch auf jeden Fall.

Besondere Überraschungen gab es zwar nicht, aber es war tadelloser Sport, der gezeigt wurde. Die Beteiligung war sehr zahlreich. Am Start in Metzingen stellten sich nicht weniger als 39 Motorräder, dazu 5 Motorräder mit Beiwagen und 18 Autos. Um 6 Uhr 23 Minuten wurde das erste Motorrad in Metzingen vom Start gelassen. Dann kam Rad an Rad in Abständen von einer Minute. Um 7.30 Uhr folgten dann die Autos. Um 8.15 Uhr war das Rennen beendet.

Es wurden durchweg gute Zeiten von den Motorrädern und den Autos gefahren. Dabei muss beachtet werden, dass der Regen die Straße aufgeweicht hatte und besonders in den Kurven die Gefahr des Schleuderns bestand. Trotzdem ist das Rennen ohne Unfall verlaufen. Nach kurzer Pause folgten die Autos. Als erster geht Pfeiffle (Reutlingen) auf Fiat-Tourenwagen durch die Kurve. Auch hier beanspruchen wieder die Reutlinger Fahrer besonderes Interesse. Im Allgemeinen wird schönes, nicht übermäßiges Tempo gefahren und die Kurve mit Vorsicht genommen. Scharfes Tempo fährt Leiber (Ulm) auf Bugatti-Sport. Auch Gerster (Reutlingen) auf Simson Supra-Touren holt viel aus seinem Wagen heraus und findet allgemeine Beachtung. Momberger (Neckarsulm) auf NSU ist die große Kanone des Rennens. Schneidig nimmt er die Kurven und mit rassigem Tempo den Berg. Was danach kommt, findet nicht mehr viel Beachtung.

Um 8 Uhr 10 Minuten ging der letzte Wagen durch die Kurve. Das Rennen war zu Ende.

Mit einem Male erinnerte man sich wieder, dass ein kühles Mailüfterl wehte, dass man kalte Füße hatte und viel Sehnsucht nach heißem Kaffee oder warmen Würstchen in sich trug. Rasch leerte sich deshalb auch die Straße. Die Polizei wurde zurück gezogen und die Sanitätsmannschaften auf Lastautos in die Stadt zurück gebracht."

Die Machtergreifung der Nationalsozialisten

Mit dem „Schwarzen Freitag" am 24. Oktober 1929 begann die Weltwirtschaftskrise, von der natürlich auch Reutlingen nicht verschont geblieben ist. Steigende Arbeitslosigkeit und wirtschaftliche Not waren die Folge und diese bereiteten den Nährboden für die Machtergreifung der Nationalsozialisten.

Zwischen 1925 und 1933 sank die Beschäftigung im Oberamt Reutlingen um 16 %; besonders hart betroffen war die Textilindustrie mit einem Rückgang von 60 %. Allerdings waren die Verhältnisse im mittelständisch geprägten Württemberg und insbesondere im Oberamt Reutlingen im Verhältnis zum übrigen Deutschen Reich erheblich besser. Die Autoren der umfassenden Dokumentation „Reutlingen 1930-1950 – Nationalsozialismus und Nachkriegszeit", die zum 50. Jahrestag des Kriegsendes als Begleitbuch einer Ausstellung zusammengetragen wurde und auf die wir auch die folgenden Ausführungen stützen, bezeichnen die Situation in Reutlingen im Vergleich zu anderen Städten und Regionen als geradezu idyllisch. Dennoch spitzte sich auch hier die soziale Not trotz zahlreicher Unterstützungsmaßnahmen zu.

Gleichzeitig eskalierte die Staatskrise. Die rasch wechselnden Regierungen erließen eine Notverordnung nach der anderen. Die Reichstagswahlen im September 1930 brachten deshalb den Nationalsozialisten enorme Gewinne; sie entwickelten sich von einer Splittergruppe zur zweitstärksten Partei. In Reutlingen war ihr Erfolg aber längst nicht so beachtlich; die NSDAP erreichte „lediglich" 6 % und damit den 5. Rang.

Anlässlich der Reichstagswahl von 1932 unternahm Adolf Hitler den sog. „dritten Deutschlandflug", – eine Propagandafahrt, die ihn in 15 Tagen in 50 Städten zu Wahlversammlungen führte. Als einzige Stadt Württembergs besuchte er am 29.7.1932 Reutlingen; es war ein Propagandaspektakel ersten Ranges, zu dem zwischen 15 und 30 000 Teilnehmer (je nachdem, welcher Partei der berichtende Journalist angehörte) aus dem ganzen Lande nach Reutlingen strömten.

Dieses Spektakel stellte andere Wahlkampfveranstaltungen in den Schatten, so den Wahlkampfauftritt des SPD-Reichstagsabgeordneten Kurt Schumacher (der spätere Regierende Bürgermeister von West-Berlin), der am selben Tag stattgefunden hat und die Rede von Theodor Heuss (dem späteren Bundespräsidenten), die am folgenden Tag in Reutlingen gehalten wurde.

Bei der Wahl am 31.7.1932 erreichte dann die NSDAP in Reutlingen 12 %, was gegenüber der Wahl von 1930 eine Verdopplung bedeutete. Die Juliwahl hatte aber noch keine definitive Entscheidung gebracht, weil sich Reichspräsident von Hindenburg beharrlich weigerte, Hitler als Reichskanzler mit der Regierung zu beauftragen. Erst am 30. Januar 1933 um 12 Uhr meldete der Rundfunk, dass Hindenburg Adolf Hitler zum Reichskanzler ernannt habe.

Bei der letzten freien Wahl im März 1933 wurde dann die NSDAP auch in Reutlingen mit 32,2 % die stärkste Partei vor der SPD mit 28,2 %. Nach der Machtübernahme war die Vernichtung des Marxismus das oberste Ziel der Nationalsozialisten. Schon wenige Tage nach der Wahl wurden die 14 führenden Mitglieder der Kommunistischen Partei in Reutlingen verhaftet und die linke Presse verboten.

Mitte März 1933 wurde auf dem Heuberg ein Konzentrationslager eingerichtet, das schon bald das größte „Schutzhaftlager" in Deutschland werden sollte. „Die Verhängung von ‚Schutzhaft' war ein äußerst effektives Mittel, möglichen Widerstand in der Bevölkerung im Keim zu ersticken, da sie ganz willkürlich und außerhalb jeglicher Kontrolle durch die Justiz durchgeführt wurde. Innerhalb eines Tages konnte oft schon der Vollzug gemeldet werden." Schon Anfang April 1933 war der Heuberg mit 2 000 Häftlingen, fast ausschließlich Parteimitgliedern der KPD und SPD, belegt. „Ein Reutlinger Gewerkschafter wurde in den wenigen Wochen seiner ‚Schutzhaft' körperlich und seelisch so ruiniert, dass er kurz nach seiner Entlassung Selbstmord beging."

Bereits am 4. Mai 1933 wurde Adolf Hitler, wie in vielen anderen Städten, auch zum Ehrenbürger von Reutlingen ernannt. Die Planie erhielt den Namen „Adolf-Hitler-Straße" und der Karlsplatz wurde in „Platz der SA" umbenannt. Selbstverständlich wurden diese dubiosen „Ehrungen" nach dem Kriege wieder rückgängig gemacht.

„Im Laufe des Jahres 1933 wurden die nunmehr etwa 1 400 Reutlinger und Betzinger Parteimitglieder in acht Ortsgruppen aufgeteilt, die ausnahmslos von ‚alten Kämpfern' geleitet wurden. Die Ortsgruppen gliederten sich in Zellen, diese wiederum in Blöcke – überschaubare Einheiten, die wenige Straßenzüge umfassten. Diese vertikale Parteiorganisation diente dazu, die ‚Volksgenossen' zu überwachen und zu kontrollieren und sie mehr und mehr mit der nationalsozialistischen Ideologie zu infizieren und selbst zu Trägern der nationalsozialistischen Gesinnung zu machen."

Dieses System wurde Anfang 1937 neu organisiert und „perfektioniert". Dann bildeten 8 bis 15 Haushaltungen eine Hausgruppe, 40 bis 60 Hausgruppen einen Block. Den Blockwarten wurde eine Anzahl von Parteigenossen als Blockhelfer unterstellt. Ein bis fünf Blöcke bildeten eine Zelle, vier bis acht Zellen eine Ortsgruppe. Dieses System wiederholte sich in den nationalsozialistischen Unterorganisationen, wie der Nationalsozialistischen Volkswohlfahrt, dem NS-Frauenbund, der NS-Gemeinschaft Kraft durch Freude, der Deutschen Arbeitsfront usw.

Zug um Zug wurden die Gewerkschaften, die Vereine und Verbände gleichgeschaltet. Der 1929 gewählte Oberbürgermeister Dr. Haller wurde zum 31.12.1934 in den Ruhestand versetzt. An seine Stelle trat der von Gauleiter Murr ernannte Parteigenosse Dr. Richard Dederer, der die Amtsbezeichnung „Gemeindeführer" bekam.

Die neue Gemeindeordnung, die am 1.4.1935 in Kraft gesetzt wurde, brachte das Ende der kommunalen Selbstverwaltung. Von nun an führte der Oberbürgermeister die Amtsgeschäfte in „voller und ausschließlicher Verantwortung." Der Gemeinderat war nur noch ein Wirtschaftsparlament, das seine Verwaltungsaufgaben ohne Parteien, ohne politische Diskussion und ohne Abstimmungen erledigte. Die Gemeinderäte hatten jetzt nur noch die Funktion, den Oberbürgermeister eigenverantwortlich zu beraten und für dessen Entscheidungen in der Bevölkerung Verständnis zu wecken.

Mit ihren Untergliederungen, angeschlossenen Verbänden und einer Vielzahl von NS-Einrichtungen versuchte die NSDAP das öffentliche Leben bis in den privaten Bereich hinein mit nationalsozialistischem Gedankengut zu durchdringen. Ihren Anspruch auf die totale Erfassung der Bevölkerung konnte die Partei aber nicht ganz erfüllen. Bis zum Kriegsende waren in Reutlingen etwa 4 000 Bürger der NSDAP beigetreten. Dies entsprach 10 % der Bevölkerung. Allerdings gibt diese Zahl noch kein klares Bild über Hitlers tatsächliche Anhängerschaft, weil auch Bewerbern wegen politischer Unzuverlässigkeit die Aufnahme in die Partei verweigert wurde. Mit dem Inkrafttreten der neuen Gemeindeordnung war die nationalsozialistische Machtübernahme in Reutlingen abgeschlossen.

Der von den Nationalsozialisten gebaute Stollen im Frankonenkeller, Foto: Barbara Krauß.

Ohne den Einsatz von Ausländern und Ausländerinnen wäre die deutsche Kriegswirtschaft schon früh zusammengebrochen. Schon ab 1937 führte die Aufrüstung der Nationalsozialisten zu einem spürbaren Arbeitskräftemangel, der nur durch „Fremd- bzw. Zwangsarbeiter" behoben werden konnte. Allein in Reutlingen waren es ca. 4 000 Ausländerinnen und Ausländer, die in den Industriebetrieben und in privaten Haushalten während des II. Weltkrieges zwangsweise eingesetzt waren. Diese wurden sowohl aus den westeuropäischen Ländern; z.B. Belgien 486, Frankreich 674 und Holland 320 Personen sowie aus den besetzten Gebieten der Sowjetunion und Polen geholt. Die sog. „Ostarbeiter" machten mit rund 1 400 Personen etwa ein Drittel der Zwangsarbeiterinnen und Zwangsarbeiter aus. Weitere kamen aus Armenien, Lettland und Litauen, Ungarn, Tschechoslowakei, Ukraine und Italien.

Die größten Arbeitgeber waren die Firma Wilhelm Heim, „die ab Sommer 1943 in die Serienfertigung der Flugbombe ‚V1' einstieg und mit Hilfe von rund 500 Zwangsarbeiterinnen und Zwangsarbeitern Tragflächen und Höhenleitwerke für Hitlers Wunderwaffe herstellte. Die Firma Ulrich Gminder bzw. die während des Krieges in deren Fabrikräume verlegten Teilbetriebe von Robert Bosch (Zündkerzen und anderes Elektrozubehör) und Norma (Kugellager) folgten mit rund 350 ausländischen Arbeitskräften an zweiter Stelle. An dritter Stelle steht mit rund 340 Fremdarbeitern die Firma Emil Adolff, die Granatpackungen, Kartuschen und Sprengstoffbehälter aus Pappe und Kunstharzpressmasse herstellte." (K.-A. Böttcher) Zur Unterbringung der Zwangsarbeiter wurden Baracken und Schlafsäle in den Firmen eingerichtet.

Aus der Zeit der Nationalsozialisten hat sich beim Frankonenkeller noch ein etwa 600 m langer Stollen erhalten. Der Stollen ist auf einer Länge von etwa zwei Dritteln bodentrocken bzw. bodenfeucht und versintert und auf einem Drittel mit Wasser bedeckt. Diese und die folgenden Informationen verdankt der Autor wieder Herrn Fritz Krauß, der sich um die Erhaltung und Erforschung dieses einzigartigen Stollens als Kulturdenkmal große Verdienste erworben hat. Von seiner Frau Barbara wurde mir freundlicherweise das Foto zur Verfügung gestellt.

Wie der bereits erwähnte „Urstollen" aus der Reichsstadtzeit liegt auch dieser Stollen an der Schichtgrenze zwischen dem braunen und dem weißen Jura. An dieser Stelle ließ sich das Gestein relativ leicht abbauen; deshalb kam man auch beim Bau dieser Stollen gut voran. Da das Flussbett der Ur-Echaz in vorgeschichtlicher Zeit wesentlich höher lag als heute, lagerte sich über den heutigen Stollen Echazschotter ab. Durch das kalkhaltige und minerallösliche Regenwasser, das in die Stollen eingesickert ist, hat sich in reichem Maße Sinter gebildet und abgelagert. Die Farben reichen von schneeweiß über Ocker und Honigwachs bis Blutrot, wobei die rote Färbung für die Geologen noch ein Rätsel ist. Die Formen sind ebenfalls sehr vielfältig. Sie können als kaskadenartig, stalagmiten- und stalaktitenartig oder als Spaghettibündel beschrieben werden. Letztere wurden durch die Wurzeln von Bäumen gebildet, an denen das Regenwasser herunter gelaufen ist und zur Versinterung der Wurzeln geführt hat.

Zwischen dem „Urstollen" und dem Stollen der Nazis gibt es über den Weinkeller der Uhlandhöhe eine direkte Verbindung. Der Stollen war als Luftschutzbunker gedacht. Bei Kriegsende soll sich die Kreisleitung in dem Stollen verschanzt haben und über einen Geheimgang auf die Schwäbische Alb geflüchtet sein.

Ludwig Finckh – der Retter des Hohenstoffeln

Der Reutlinger Heimatdichter Ludwig Finckh (1876-1964) hat die meiste Zeit seines Lebens in Gaienhofen am Bodensee verbracht. Es soll nicht verschwiegen werden, dass er ein überzeugter Anhänger von Adolf Hitler war und sich auf seine Freundschaft mit Hermann Hesse sehr viel einbildete. Als Schriftsteller und Dichter ist er wegen seines senilen Stils zu Recht in Vergessenheit geraten. Aber als Retter des Hohenstoffeln verdient er auch heute noch eine Würdigung.

Im Jahre 1912 erfuhr Ludwig Finckh, dass auf einen der schönsten Hegauberge, den Hohenstoffeln, eine Seilbahn gebaut werde, um den Berg zur Basaltgewinnung abzutragen. Die Basaltwerke Immendingen, die dem Fürsten Max Egon von Fürstenberg gehörten, hatten den Nordgipfel vom Eigentümer, dem Freiherrn Ferdinand von Hornstein, zum Abbruch gepachtet. Da die badische Regierung bereits die entsprechende Konzession erteilt hatte und der Fürst nicht nur der beste Freund Kaiser Wilhelms II. war, sondern auch zu den reichsten Männern des Deutschen Reiches zählte, schien das Schicksal des Hohenstoffeln besiegelt.

Der vom Basaltabbau gezeichnete Nordgipfel des Hohenstoffeln; aus: Eugen Wendler: Ludwig Finckh – Ein Leben als Heimatdichter und Naturfreund, Reutlingen 1985, S. 43

Der von Adolf Hildenbrand entworfene Aufruf "Stofflio"; aus: Eugen Wendler: Ludwig Finckh – Ein Leben als Heimatdichter und Naturfreund, Reutlingen 1985, Seite 43.

Auf diese Nachricht reagierte Finckh mit Empörung. Er beschloss, den fast aussichtslos erscheinenden Kampf aufzunehmen und gegen den Abbruch mit allen zu Gebote stehenden Mitteln zu Felde zu ziehen. Damit begann der zähe und zeitraubende Kampf um den Hohenstoffeln, der 27 Jahre dauern sollte, bis Finckh den schon nicht mehr für möglich gehaltenen Triumph des Sieges erleben durfte.

Diese Aktion ist als ein historisches Beispiel für eine Bürgerinitiative zu würdigen, in der erstmals zum Schutz eines Naturdenkmals aufgerufen und mit großem persönlichem Engagement für dessen Erhalt gekämpft wurde. Die wenigen Anhänger, die sich um Finckh scharten, waren Mitglieder des Schwäbischen Albvereins, was insofern nicht einfach war, weil es damals noch kein Naturschutzgesetz gegeben hat.

Um die Öffentlichkeit zu mobilisieren, die keineswegs von der Notwendigkeit des Erhalts dieses Berges überzeugt war, weil der Hegau noch viele andere Berge habe, wurden Postkarten mit dem Aufruf „Der Hegau in Gefahr" verbreitet und die Presse eingeschaltet. Dies brachte ihrem Verfasser eine „Anklage wegen öffentlicher Beleidigung" ein, die vom Amtsgericht Radolfzell mit einer Geldstrafe von 1 000 Mark belegt wurde. Finckhs Kampf um den Hohenstoffeln wurde nun in ganz Deutschland publik. Dadurch kamen Spendengelder zusammen, die nicht nur die Geldstrafe deckten, sondern einen beträchtlichen Überschuss brachten, der eine materielle Grundlage zur Fortführung des Kampfes bildete. Obwohl Finckh und seine wenigen Mitstreiter unermüdlich weiterkämpften und einen außerordentlich umfangreichen Schriftwechsel führten, ging der Abbruch des Hohenstoffeln während der ganzen Weimarer Zeit und in den ersten Jahren des Dritten Reiches unvermindert weiter.

Während dessen gab es bei den Abbrucharbeiten 10 tödliche Unfälle, und trotzdem widersetzten sich die Basaltwerke der Beendigung des Abbruchs mit dem Argument, dass sonst die beschäftigten Arbeiter arbeitslos werden würden.

Da geschah das für Finckh Unerwartete: Am 26. Juni 1935 trat das Gesetz in Kraft, das er von Anfang an verlangt hatte, die ‚lex Hohenstoffeln', – das Reichsnaturschutzgesetz. Damit hatte er zumindest einen Teilerfolg erzielt. Denn der Abbruch ging weiter, bis schließlich nach weiteren Vorstößen am 5.1.1939 der Hohenstoffeln unter Einstellung des Basaltabbaus unter Naturschutz gestellt und als Schutzgebiet in das Reichsnaturschutzbuch eingetragen wurde.

Damit war der unter drei Regierungssystemen geführte 27jährige Kampf um den Hohenstoffeln erfolgreich ausgestanden; ein Erfolg, der erst heute angesichts der wachsenden Umweltzerstörung voll ermessen und gewürdigt werden kann. Die Art und Weise wie Ludwig Finckh unbeugsam während des Dritten Reiches den Kampf um den Hohenstoffeln fortgeführt hat und dabei auch nicht vor angedrohten politischen Repressalien zurückwich, hebt ihn sicher aus der großen Schar purer Anhänger und Mitläufer des NS-Regimes heraus und macht den an seiner politischen Haltung Anstoß nehmenden Kritiker versöhnlich gestimmt.

Ludwig Finckh wurde nach seinem Tode 1964, seinem Wunsch entsprechend, auf der Achalm unterhalb des bewaldeten Gipfels beigesetzt. Sein Grabstein trägt sein Lebensmotto: „Leben ist Wandern.".

Wie sich mein Vater im Dritten Reich verhalten hat

Wenige Wochen nach der Machtübernahme trat mein Vater in die NSDAP ein. Gleichzeitig wurde er Mitglied der SA. Wie Millionen andere Deutsche war er davon überzeugt, dass der „Führer" des deutschen Reiches nach dem verlorenen Weltkrieg und der „Schmach von Versailles" Deutschland zu neuem Ansehen in der Welt und zu einem wirtschaftlichen Wohlstand verhelfen werde. Es war jene idealisierende Naivität, die Hitler die unreflektierte Unterstützung des deutschen Volkes brachte und ungeahnt zum II. Weltkrieg führte. Wie viele andere auch hat mein Vater nach dem katastrophalen Zusammenbruch immer wieder die gängigen Rechtfertigungsgründe, wie die Beseitigung der Arbeitslosigkeit, wirtschaftliche und politische Konsolidierung, Volksgemeinschaft und Autobahnbau angeführt, um

Eugen Wendler (1889–1969); – der Vater des Autors.

seine Mitgliedschaft in der NSDAP zu verteidigen. Wie Millionen andere musste auch mein Vater seine arische Abstammung nachweisen. Nach dem Ausbruch des II. Weltkrieges musste er sein Treuhandbüro in der Gartenstraße im Stich lassen und seine Sekretärin musste während des ganzen Krieges die Bürogeschäfte allein weiter führen. Diese „Vertrauensstellung" hat sie dann dazu benutzt, ca. 10 000 Reichsmark zu unterschlagen, die selbstverständlich verloren waren. Als 51 Jährigem blieb es ihm zwar erspart, an der Ost- oder Westfront kämpfen zu müssen. Stattdessen wurde er beim Rüstungskommando Ulm und bei der Rüstungsinspektion Stuttgart „verwendet".

Aus dieser Zeit stammt ein Memorandum, das er am 29.8.1942 an das Rüstungskommando Ulm einreichte und in dem er u.a. eine menschenwürdige Behandlung der in den Bezirken Aalen, Heidenheim. Göppingen und Geislingen beschäftigten Zivilrussen, Franzosen, Ungarn und Italiener einforderte. Bezüglich der Beschäftigung der Russen führte er aus: „Auch mit der Deutschen Arbeitsfront, in deren Händen die Betreuung der Zivilrussen liegt, habe ich Fühlung genommen und mit den Kreisamtsleitern den größten Teil der Quartiere besichtigt und auf ihre einwandfreie Gestaltung nachgeprüft. Etwaige Anstände wurden beseitigt, da eine einwandfreie Unterbringung und Verpflegung erste Voraussetzung für gute Arbeitsleistungen ist. Solange diese Voraussetzungen nicht restlos erfüllt sind, darf ein Betrieb nicht mit Zuteilungen rechnen. Die Einstellung der Betriebsführer zu diesen Fragen ist nicht einheitlich; obwohl im Allgemeinen das nötige Verständnis vorhanden ist, so gibt es doch einzelne Betriebsführer, die die Ausländer in erster Linie wie Arbeitstiere betrachten und für die soziale Frage wenig übrig haben.

Wo die Einrichtung von Gemeinschaftsquartieren notwendig wurde, ist in einer gemeinsamen Besprechung mit den Betriebsführern am Ort unter Hinzuziehung des Bürgermeisters verhandelt und Einigung erzielt worden. In der Regel bringt nur die Beschaffung der Quartiereinrichtung, insbesondere von Decken und Strohsäcken gewisse Schwierigkeiten, die aber im Großen und Ganzen beseitigt werden konnten.

Was die Verpflegungsfrage betrifft, so sind die zugeteilten Sätze im Allgemeinen ausreichend, wenn in der Zubereitung des Essens die nötige Sorgfalt aufgewendet und Hinzureichungen von Gemüse usw. gewährt werden. Die Bekleidung der Russen ist sehr mangelhaft. Unterwäsche ist nur einfach vorhanden und steht zum Wechseln nicht zur Verfügung. An Schuhwerk fehlt es fast ganz und es wird die erste Aufgabe aller beteiligten Stellen sein, hierfür baldigst Abhilfe zu schaffen, wenn nicht bei der bevorstehenden kalten Jahreszeit mit großen Ausfällen durch Krankheiten gerechnet werden will, denn die Quartiere sind oft eine halbe Stunde oder noch mehr von der Arbeitsstätte entfernt."

In den letzten Kriegsmonaten wurde mein Vater zum „Volkssturm" eingezogen. Dies war Hitlers letztes Aufgebot, zu dem alle verfügbaren Männer zwischen 16 und 60 Jahren zur Verteidigung herangezogen wurden, wobei den etwa 10 000 Männern, die in der Reutlinger Umgebung davon betroffen waren, nur etwa 500 Gewehre zur Verfügung standen. Mein Vater operierte mit seinen Männern auf der Reutlinger Alb und hatte bei Kriegsende die Aufgabe, als Leiter des Volkssturms, Eningen mit allen zu Gebote stehenden Mitteln zu verteidigen. Im Gebäude des alten Spitals und der Volksschule, damals auch „Braunes Haus" genannt, befand sich das „Hauptquartier" und bei Fliegeralarm suchte man im Gewölbekeller der Schule Schutz. Als 5jähriger Junge durfte ich dabei sein, weil mein Vater meine Mutter, meine Schwester und mich nach Eningen kommen ließ. Dort sah ich auch wie am Ortsausgang von Eningen Richtung Sankt Johann in Höhe des Friedhofes Panzersperren errichtet waren. Als sich der Feind näherte, entschied sich mein Vater, Eningen kampflos zu räumen, um damit ein weiteres sinnloses Blutvergießen zu vermeiden. Wenn sich der Krieg noch etwas länger hingezogen hätte, hätte er diesen Befehl mit einer standrechtlichen Erschießung büßen müssen.

Wenige Tage nach Kriegsende wurde mein Vater verhaftet und im alten Gebäude des Chemischen Landesuntersuchungsamtes an der Urbanstraße mit anderen 'Nazis' inhaftiert. Ich durfte ihn mit der Radelrutsch und einem Rucksack bepackt, häufig mit Lebensmitteln versorgen, indem ich mich im Garten des angrenzenden Grundstücks versteckte und ganz ruhig wartete, bis mein Vater zum Ausgang auf den Hof durfte. Dann gab er einen Pfiff von sich und nun wusste ich, dass die Luft rein war und ich ihm die mitgebrachten Sachen zustecken konnte. Mit kleinen Zetteln, sog. Kassibern, unterrichtete ihn meine Mutter, was sich zu Hause zugetragen hatte.

Ich bin sicher, dass ich von den französischen Wachposten, die auf dem Dach der angrenzenden Werkstatt postiert waren, wahrgenommen wurde. Aber sie schritten nicht ein und ließen mich gewähren. Übrigens hatten wir von der Schwester meines Vaters, die in der Schweiz lebte, im Kriege einige Tafeln Schokolade erhalten, wovon noch zwei als einzige „Kostbarkeit" im Safe meines Vaters eingelagert waren. Als französische Soldaten unsere Wohnung nach meinem Vater durchsuchten, musste sie meine Mutter herumführen. Dabei hielt ihr ein Soldat ständig eine Pistole an den Kopf. Als er den Safe entdeckte, musste ihn meine Mutter öffnen. Dann sah der Soldat die Schokoladetafeln. Er fragte, woher sie stammten und wem sie gehörten. Als meine Muter sagte, sie seien für ihre beiden Kinder bestimmt, ließ er sie unberührt. Nach ca. zwei Monaten war das Ganze vorbei. Mein Vater wurde als erster entlassen und bei seiner Entlassung durfte ich ihn sogar abholen und dabei die Schlafräume und die anderen Räume des Gefängnisses besichtigen, was auf mich einen mächtigen Eindruck machte.

Die Deportation der Juden aus Reutlingen

Nachdem die Juden 1495 aus dem Stadtgebiet ausgewiesen worden waren, gab es in Reutlingen bis 1860 keine jüdischen Bürger. Erst ab diesem Zeitpunkt wanderten vor allem aus Wankheim und Hechingen sowie aus Galizien einige jüdische Familien ein. Dies wurde durch die Einführung der Gewerbefreiheit ermöglicht, die den Zunftzwang abschaffte.

Die Anzahl Reutlinger Bürger mit mosaischem Glauben schwankte zwischen 1880 und 1933 zwischen 44 und maximal 85 Personen. Bei der Machtergreifung der Nationalsozialisten waren es 74 Menschen; dies entsprach einem Bevölkerungsanteil von 0,25 %.

Bernd Serger und Karin-Anne Böttcher, die in einer jahrelangen verdienstvollen Fleißarbeit die Spuren der Reutlinger Juden dokumentiert haben, ist es gelungen, das Schicksal von etwa 40 Familien oder Einzelpersonen zu rekonstruieren.

Das Kleidergeschäft von Eduard Lederer in der Wilhelmstraße 110 in Reutlingen; Stahlstich um 1895; aus: Stadt Reutlingen, Stadtbildgeschichte, Reutlingen 1990, Seite 175.

Der jüdische Kaufmann Eduard Lederer betrieb in diesem Haus ein „Confektionsgeschäft für Damen und Herren". Es war das erste Einzelhandelsgeschäft, in dem große Schaufenster eingebaut wurden. Außerdem wurde die Auslage mit Gaslicht beleuchtet. In der Tür präsentiert sich stolz der Inhaber.

Es sind zumeist Kaufleute, Immobilienmakler, Großhändler, Fabrikanten und Lehrer, deren Einzelschicksale in bewegenden Bildern als ewige Mahnung der Nachwelt überliefert wurden. So betrieben jüdische Familien in Reutlingen Tabakgeschäfte, eine Eiergroßhandlung, ein Feinkostgeschäft, eine Ölgroßhandlung und drei Kaufhäuser.

In Reutlingen gab es kaum orthodoxe Juden; sie waren alle mehr oder weniger stark assimiliert; es gab auch einige Mischehen, darunter zwei mit Nichtjüdinnen verheiratete Fabrikanten. „Eine Koexistenz ohne große Berührungen und deshalb auch ohne große negative Begegnungen scheint bezeichnend für das Klima des Zusammenlebens von Juden und Nicht-Juden in Reutlingen gewesen zu sein." (B. Serger und K.-A. Böttcher)

In den 1930er Jahren lebten ungefähr 100 Juden in Reutlingen, darunter zahlreiche Studierende am Technikum für Textilindustrie.

Einige der Familien sahen schon ab 1934 in den antisemitischen Aktionen der Nationalsozialisten ein Signal für die Auswanderung und emigrierten nach Palästina, England, USA oder Südamerika. Bis 1937 waren fast alle jüdischen Geschäfte „in arischen Besitz" übergegangen. Nach der Progromnacht vom 9.11.1938 wurden auch noch die beiden letzten jüdischen Geschäfte in Reutlingen geschlossen.

Ab Oktober 1940 begannen dann die Deportationen in die verschiedenen Konzentrationslager. Der erste Transport mit 4 Personen ging nach Gurs in Südfrankreich; Ende 1941 wurden 15 Reutlinger Juden nach Riga in Lettland deportiert; davon überlebten nur zwei. Nach Izbica bei Lublin wurden im Frühsommer 1942 4, nach Auschwitz 6 und nach Theresienstadt 9 aus Reutlingen stammende Jüdinnen und Juden deportiert, die alle umgekommen sind.

Nach den Recherchen von Bernd Serger und Karin-Anne Böttcher sind mindestens 38 Menschen jüdischer Herkunft, die für längere Zeit in Reutlingen gewohnt haben, in den Vernichtungslagern ums Leben gekommen.

„Wer beim Juden kauft, ist ein Volksverräter" – im September 1937 klebten Zettel, wie dieser auf dem Schaufenster des Zigarettengeschäfts Frech in der Wilhelmstraße 57; aus: Serger, B. und Böttcher, K.-H.: Es gab Juden in Reutlingen, Reutlingen 2005, Seite 296.

Zählt man die Schicksale der jüdischen Technikumsstudenten dazu, so erhöht sich die Zahl der Opfer auf 105.

Seit 1987 erinnert eine Gedenktafel an der Mauer des Heimatmuseums-Gartens „Zur Erinnerung an unsere Reutlinger jüdischen Mitbürger" an dieses dunkle Kapitel der Reutlinger Stadtgeschichte.

Alle drei Jahre werden die wenigen noch Überlebenden des Holocaust von der Stadtverwaltung zu einem Besuch nach Reutlingen eingeladen. Inzwischen sind es die Kinder und Enkel der Opfer des NS-Regimes. Gleichzeitig gibt es wieder eine kleine jüdische Gemeinde, die ein kleines Gemeindezentrum an der Lederstraße besitzt. Darin soll vor allem den aus Russland und den GUS-Staaten kommenden jüdischen Aussiedlern wieder ein neues Heimatgefühl vermittelt werden.

Die Zerstörung Reutlingens bei den Fliegerangriffen vom Januar bis März 1945

Am 15. Januar 1945 erlebte Reutlingen den ersten Fliegerangriff und die Bevölkerung bekam die leidvollen Auswirkungen des totalen Krieges in seiner ganzen Tragweite zu spüren. Über den Hergang und die Folgen dieses Angriffes und der beiden anderen berichtet der Reutlinger General-Anzeiger am 14.1.1950 zum fünften Jahrestag:

„Es war ein herrlicher, klarer Januartag mit strahlendem Sonnenschein. Das Heulen der Sirene – eine fast zur Gewohnheit gewordene Unterbrechung der Tagesarbeit – verriet das Herannahen alliierter Luftstreitkräfte. Der Beobachter notierte: 11.30 Uhr. Gewohnheitsmäßig wurden die Maschinen in manchen Betrieben abgestellt und die Luftschutzwachen bezogen ihre Posten. Nur wenige Einwohner suchten die Keller und Luftschutzstollen auf. Es waren nicht die ersten Flugzeuge, die über die Stadt hinweg flogen. Und es war bis jetzt immer gut gegangen. Auch als eine Maschine plötzlich über der Achalm auftauchte und in großem Bogen über das Häusermeer flog, war das kein Grund, die Ruhe zu verlieren.

Doch plötzlich ein Rauschen; erst fern, dann rasch sich verstärkend, ein dumpfer Knall – eine Bombe war gefallen. Dann wieder Stille. Die Zeit verging und man wartete auf den erlösenden Entwarnungston der Sirenen. 12 Uhr Mittagszeit! Noch immer keine Entwarnung! Wie lange das nur dauern soll? 12.10 Uhr; ein Verband von 23 Flugzeugen über der Achalm! Deutlich konnte man die einzelnen Maschinen am klarblauen Himmel ausmachen. Da! – eine senk-

Der Reutlinger Marktplatz nach dem Fliegerangriff vom 1. 3. 1945, Ölgemälde von Wilhelm Kehrer von 1945; aus: Stadt Reutlingen, Stadtbildgeschichte, Reutlingen 1990, Seite 267.

rechte Rauchfahne. Sicherlich eine abstürzende Maschine. Viele dachten so im ersten Moment. Aber dann ein Rauschen, stärker und stärker werdend, geradezu unheimlich! – ein dumpfer Knall, noch einer und noch einer; – die Erde scheint zu beben. Dunkle Pilze schießen gen Himmel. Der Tod ist über Reutlingen. Ohrenbetäubender Lärm zerreißt die Luft, die Scheiben klirren. Feuersäulen schießen empor. Die untere Vorstadt ist das Ziel der Bombenabwürfe. Im Nu füllen sich die Keller und Luftschutzstollen. Sekunden werden zu Stunden. Da! – ein zweiter Bomberverband. Wieder das dumpfe Rauschen, das Beben der Erde, Splittern und Krachen; – und dann noch eine Flugwelle, die ihre furchtbare Last abwirft. Nimmt denn das kein Ende?

Eine riesige Rauchwolke hat sich über Reutlingen ausgebreitet. Brandgeruch liegt über der Stadt, die von Angst und Schrecken erfüllt ist. Als die Menschen die Keller verlassen, da verdunkeln große schwarze Wolken die Sonne. Da und dort sieht man Feuersäulen aufschießen. Rettungsmannschaften rasen durch die

Straßen. Feuerwehr, Polizei, Luftschutz und Soldaten. Schrecklich, was sich ihren Augen bot. 137 Tote, 268 Verwundete wurden im amtlichen Bericht aufgeführt. 1 400 Sprengbomben, 6 500 Brandbomben und 100 große Flüssigkeitsbomben gingen innerhalb weniger Minuten auf Reutlingen nieder. 250 Häuser wurden total zerstört; 600 Gebäude erlitten schwere Schäden; 700 erhebliche und leichte Beschädigungen.

Viele, viele Einwohner verloren in dieser Mittagsstunde des 15. Januar ihr gesamtes Hab und Gut. Manche Familie wurde jäh ausgelöscht. Die Rettungsmannschaften hatten alle Hände voll zu tun, um die Verwundeten ins Krankenhaus zu fahren, die Toten zu bergen, und nicht minder groß war die Arbeit der Feuerwehrmänner, welche die zahlreichen Brände zu löschen hatten.

In der folgenden Nacht zeigte sich der Winter von seiner grimmigen Seite: 20 cm Neuschnee und eisige Kälte. Ein weißes Tuch bedeckte das Grauen des ersten Luftangriffes auf Reutlingen.

Die Bevölkerung war nervös geworden. Bei jedem Alarm flüchteten Männer, Frauen und Kinder ins Freie, die feuchten und kalten Bunker füllten sich im Nu. Es gab kein Gas, keinen Strom, kein Wasser. Eisenbahn- und Straßenbahnverkehr stockten. Die nächtlichen Alarme scheuchten die Menschen aus den Betten. Die Arbeit am Tage musste dennoch getan werden. Totaler Krieg!

Fünf Wochen später. Die Trümmer waren von den Fahrbahnen weggeräumt, der Eisenbahnverkehr funktionierte wieder. Man sah das Kriegsende mit Riesenschritten nahen. Und wie man das Ende des Schreckens herbeisehnte. Wie lange noch?

Dichter Nebel lag über dem Echaztal: 22. Februar 1945. Wieder saß man im Keller, in den Bunkern oder war ins Freie geflüchtet. Da 12.45 Uhr: ‚Der über Südwestdeutschland gemeldete Kampfverband ist im Abflug nach Westen', meldete der Rundfunk. Endlich! Bald wird die Entwarnung kommen. Höchste Zeit, denn das Mittagessen muss zubereitet werden. Der dauernde Alarm bringt sowieso alles durcheinander. – Was ist das? Drei furchtbare dumpfe Schläge. Erdfontänen, Feuersäulen! Im Schutze des Nebels sind die Bomben geworfen worden. Zwischen Krankenhaus und Albstraße liegen die Treffer. 300 schwere Sprengbomben haben 149 Tote und 98 Verwundete gefordert. Wieder sind 70 Häuser total und 100 schwer zerstört. Wie soll das bloß weiter gehen?

Noch hat unsere Stadt nicht alles ihr Zugedachte überstanden. Die große Offensive der Alliierten bringt stärksten Flugzeugeinsatz. Oft sitzt die Bevölkerung Nächte hindurch in den Kellern und Bunkern- und Tags über auch noch!

Jagdbomber tauchen auf und suchen ihre Ziele. Im Februar zählte man in Reutlingen 126 Fliegeralarme. Die Sirenen, der Schrecken der Menschen in Berlin, Dresden, Paris, London, Belgrad und Warschau, ja in ganz Europa, heulen Tag für Tag. Die Menschen sehnen sich nach Frieden, nach Ruhe. Wann wird es endlich soweit sein?

Am 1. März wieder der Nerven zerreißende Sirenenton. Ängstlich hockte man in den Kellern und atmete mühsam die stickige, verbrauchte Luft. Doch es scheint gut vorbei zu gehen. Schon sind die Bomber im Abflug begriffen. Aber! – es sollte anders kommen.

In etwa 1 000 m Meter Höhe fliegt der Verband unsere Stadt an: eine Rauchfahne, ein Erdstoß! Vier Bomberwellen von 14.03 bis 14.30 Uhr: 600 Sprengbomben prasseln auf Reutlingen nieder. Wieder 193 Häuser total zerstört. 121 Männer, Frauen und Kinder werden als Tote gezählt. 72 Verwundete müssen geborgen werden. Nicht weniger als 313 Brände wüten in der Innenstadt. Auch das Rathaus brennt lichterloh. Zur Bekämpfung der Brände rücken Feuerwehren auch aus der Umgebung, aus Orten bis zu 60 km Entfernung an. Drei Volltreffer zerstörten den Bahnhofsbunker. Nur sechs Überlebende konnten dem Grauen entrinnen; – wie durch ein Wunder gerettet!

Fünf Jahre liegen diese grauenhaften Ereignisse zurück. Fünf lange Jahre. Mühsam wurden Schutt und Trümmer beiseite geschafft, mühsam mussten die Schienenwege instand gesetzt, die Licht-, Gas- und Wasserleitungen repariert und erneuert werden. Zäh und verbissen ging man an den Wiederaufbau. Stein um Stein wurde zusammengetragen. Allmählich wuchs aus den Ruinen das Neue hervor. Erst hier, dann dort. Manche Lücke konnte inzwischen geschlossen werden. Wo vor fünf Jahren Trümmer den Boden bedeckten, da erheben sich jetzt Neubauten. In der Innenstadt sind die Spuren des Kriegs nahezu verwischt."

Die Geiselerschießung in Reutlingen

Nur drei Tage nach der Besetzung Reutlingens durch französische Truppen, wurden am 24. April 1945 am „Schönen Weg" vier Reutlinger Bürger vom französischen Militär erschossen. Tags zuvor war ein auf einem Motorrad fahrender französischer Unteroffizier in unmittelbarer Nähe der Lindachgarage in der oberen Lederstraße auf die Straße geschleudert worden und kurz darauf gestorben. Die Franzosen behaupteten, er sei durch einen Kopfschuss von einem unbekannten Deutschen getötet worden. Dies wertete die französische Besatzungsmacht als Attentat und wollte deswegen durch die Erschießung von Geiseln ein abschreckendes Beispiel setzen.

Der Gedenkstein für die Geiselerschießung am Schönen Weg; Foto: E. Wendler.

In der Folgezeit wurde der damalige kommissarische Oberbürgermeister Oskar Kalbfell beschuldigt, dass er eine Mitschuld an der Auswahl der Geißeln gehabt habe. Kalbfell hat dies ein Leben lang energisch bestritten und stets behauptet, er habe von den Erschießungen erst im Nachhinein erfahren. Ein Gerichtsverfahren vor dem Landgericht Tübingen im Jahre 1951, das er gegen sich angestrengt hatte, bescheinigte ihm, dass er an der Auswahl der Geiseln nicht mitgewirkt habe. Dennoch haben sich gegenteilige Gerüchte über seine persönliche Verstrickung noch weit über seinen Tod hinaus gehalten.

Anlässlich des 50. Jahrestages der Geiselerschießung wurde der ganze Vorgang noch einmal untersucht, ohne jedoch letzte Klarheit zu bringen. In einer umfassenden Dokumentation hat Elisabeth Timm 1997 die Umstände der Geiselerschießung aufgearbeitet und „eine Studie zum kollektiven Gedächtnis" vorgelegt. Aus dieser entnehmen wir die Angaben über die vier erschossenen Geiseln: Dr. med Wilhelm Egloff, Jakob Schmid, Wilhelm Schmid und Ludwig Ostertag.

Der 60jährige Oberarzt Dr. Wilhelm Egloff war der Vater von fünf Kindern und seit 1941 Chefarzt des Reutlinger Reservelazaretts. Er wurde bereits am 23. April festgenommen.

Der Schreinermeister Jakob Schmid, 64 Jahre alt und Vater von sieben Kindern wurde am Vormittag des 24. April im Rathaus festgenommen, als er dort wegen eines Autos für den Transport von Särgen nachfragte.

Der Bautechniker Wilhelm Schmid, 38 Jahre alt, wurde ebenfalls am 24. April um die Mittagszeit in seiner Wohnung verhaftet und ins Rathaus abgeführt. Er war damals in Reutlingen im Urlaub von einer Lazarettbehandlung.

Zur selben Zeit nahmen zwei Franzosen und ein Polizeibeamter aus Reutlingen den Journalisten Ludwig Ostertag, 54 Jahre alt und Vater von sieben Kindern, in seiner Wohnung fest und brachten ihn ebenfalls ins Rathaus. (Dabei kann es sich jeweils nur um das provisorische Rathaus in der Alteburgstraße gehandelt haben, weil das in neugotischem Stil erbaute Rathaus vollständig zerstört worden war).

Gegen 16 Uhr wurden die vier Männer von einem französischen Exekutionskommando am „Schönen Weg" erschossen. Außerdem musste die Stadt 200 000,- RM Strafe bezahlen sowie Kühlschränke, Bettwäsche und Steppdecken als weitere Sühneleistung abliefern.

Ende 1954 wurde dann an der Stelle, an der die Geißelerschießung erfolgte, ein Gedenkstein aufgestellt, der die Spaziergänger am „Schönen Weg" für immer an dieses dunkle Kapitel aus der Nachkriegszeit erinnern soll.

Trümmerbeseitigung und Wiederaufbau

Die drei schweren Luftangriffe auf Reutlingen haben große Teile der Innenstadt eingeäschert. Besonders betroffen waren der Karlsplatz, die Karlsstraße und der Listplatz, die Untere Wilhelmstraße und der Marktplatz, die Gustav Werner Straße und die Tübinger Vorstadt, die Georgenstraße und die Albstraße. Die Listhalle, das Rathaus, die Turnhalle und die Ebenezerkapelle waren Ruinen. Um das Bahnhofsgelände und in der Georgenstraße reihten sich Bombentrichter an Bombentrichter. Überall zertrümmerte Läden und Schaufenster.

Viele Häuser hatten mehr oder weniger starke Treffer und zahlreiche Fabriken wurden ebenfalls durch den Bombenhagel stark beschädigt. Allein bei der Firma Ulrich Gminder soll ein Schaden von 3 Mio. Goldmark entstanden sein.

Den Fliegerangriffen fielen kapp 500 Menschen zum Opfer; während des ganzen Krieges verloren etwa 4 000 bis 5 000 Einwohner ihr Leben oder wurden vermisst. Nach dem Kriege strömten etwa 6 000 Heimatvertriebene und Flüchtlinge in die Stadt, für die rasch Arbeit und ein Dach über dem Kopf gefunden werden musste. Die Einwohnerzahl Reutlingens betrug vor dem Kriege 37 000 Einwohner, 1950 waren es fast 46 000.

Wie in ganz Deutschland begann man auch in Reutlingen unmittelbar nach dem Kriege mit der Trümmerbeseitigung und dem Wiederaufbau. Im Jahre 1947 wurden alle Männer der Stadt, einschließlich der Vororte, im Alter von 16 bis 50 Jahren zu einem 14tägigen Einsatz bei der „Schuttaufräumungsaktion"

Karte der Besatzungs-Zonen des Deutschen Reiches und von Österreich um 1946; Original im Besitz des Autors.

herangezogen. Ausgenommen waren lediglich körperlich Behinderte gegen Vorlage eines Zeugnisses des Kreisarztes. Die Männer mussten eine Schaufel oder einen Pickel mitbringen und sich am Montagmorgen um 7 Uhr auf dem Karlsplatz einfinden.

Insgesamt wurde die unvorstellbare Menge von 170 000 Kubikmeter Schutt und Trümmer beseitigt. Mit Schaufel und Pickel ging man daran, ein Ruinengrundstück nach dem anderen zu säubern. Schweres Räumgerät stand praktisch nicht zur Verfügung. Außerdem gab es nur wenige Lastkraftwagen. Nach Karl Bahnmüller und Arno Mulot mussten insgesamt 42 500 Lastkraftwagen beladen werden, um den Schutt wegzufahren. Dabei verfügte die Reutlinger Stadtverwaltung nach dem Kriege lediglich über zwei fahrbereite LKWs.

Mit der Trümmerbeseitigung allein war es nicht getan. Viele Menschen hungerten, bauten Kartoffeln, Gemüse und Salat auf allen verfügbaren Flächen an. Viele hatten schon während des Krieges Hühner und Hasen, die auch nach dem Kriege heiß begehrt waren. Viele Reutlinger sammelten Bucheckern, um daraus Öl zu gewinnen. Aus 4 kg Bucheckern konnte man einen Liter Öl pressen. Jeder Apfel, jede Birne, jede Walnuss war kostbar. Die meisten Reutlinger versuchten durch Hamstern von Brot, Eiern, Milch, Kartoffeln gegen das Eintauschen von Wertsachen bei den Bauern auf der Schwäbischen Alb an Nahrungsmittel zu kommen. Noch immer gab es die schon im Krieg üblichen Brotmarken. Vielfach wurde der Brotteig durch Maismehl und das Mehl von Eicheln gestreckt.

Nach der Weizenernte ging man zum Ährenlesen, indem man auf den abgeernteten Feldern die noch übrig gebliebenen Ähren einsammelte. Für die Schüler gab es Schülerspeisung, die von ausländischen karitativen Organisationen, insbesondere von den Quäkern oder der Hoover-Stiftung gespendet wurde. Sie schmeckte uns überhaupt nicht und deswegen sprachen wir geringschätzig von „Negerschleim". Die Hoover-Stiftung war von dem amerikanischen Präsidenten Herbert Clark Hoover (1929-1933) ins Leben gerufen worden. Aus Dankbarkeit wurde ihm 1949 das Reutlinger Ehrenbürgerrecht verliehen. Bald nach dem Kriege erhielten viele Bürger, die Verwandte in den USA oder in der Schweiz hatten, sog. Care- oder Liebesgabenpakete. Darin waren viele unerreichbare Köstlichkeiten, wie Zigaretten, Schokolade, Corned Beef, Nudeln, Zucker oder Seife enthalten, mit denen zum Teil wieder Kartoffeln, Mehl und andere Lebensmittel eingetauscht wurden.

Dennoch war die Versorgungslage katastrophal. Während des Krieges herrschte noch keine Hungersnot. Aber nach dem Kriege verschlechterte sich die Situation vor allem in der französischen Zone rapide. Während in der amerikanischen Zone die amtlich festgelegten Lebensmittelzuteilungen 1330 Kalorien betrugen, mussten die Bewohner der französischen Zone mit 900 und im September 1946 sogar mit nur 655 Kalorien auskommen.

Durch den Krieg wurde auch ein großer Teil der Infrastruktur zerstört. Viele Straßen mussten in Stand gesetzt werden, der Gas-, Wasser- und Stromanschluss wieder hergestellt, die Eisenbahnbrücken und Schienen wieder benutzbar gemacht werden. Auch die Telefonleitungen waren nicht mehr intakt.

Erschwerend kam hinzu, dass bis zur Gründung der Bundesrepublik 1949 in Bempflingen die Zonengrenze zwischen der französischen und der amerikanischen Besatzungszone verlief. Wenn man von Reutlingen mit der Bahn oder dem Auto (es gab ja nur wenige) nach Stuttgart fahren wollte, benötigte man dazu einen Passierschein der französischen Militärkommandantur. Wenn z.B. die Maschinenfabrik zum Bruderhaus Feilen zum Aufrauhen an die Firma Dick in Esslingen schickte und danach wieder zurückbekam, so war dafür ebenfalls eine Ausfuhr- und Einfuhrgenehmigung erforderlich. Die zweisprachige Bescheinigung hatte den Wortlaut: „This transfer has beeen agreed upon by the French and American Military Government Authorities of Baden and Württemberg." bzw. „Ce transfer a été approuve par les autorités des Gouvernements Militaires Français et Américain pour Baden et Wurtemberg."

Mit den Geldern des Marhall-Planes und anderer finanzieller Mittel, vor allem aber durch den persönlichen Einsatz der Bewohner, wurde der Wiederaufbau massiv vorangetrieben und durch neue Wohnsiedlungen die drückende Wohnungsnot gemildert. Dass es dabei aus heutiger Sicht mehr um die Quantität als um Qualität ging, ist verständlich. Deshalb sind auch die meisten Gebäude aus den 50er und 60er Jahren heute abrissreif oder zumindest erheblich sanierungsbedürftig.

Die Reichsmark hatte als Tauschmittel ihren Wert verloren. An ihre Stelle trat auf dem Schwarzmarkt die Zigarette, die zum Teil mit über 3,- RM je Stück gehandelt wurde. Die Volkswirtschaft war auf den Stand einer Tausch- und Naturalwirtschaft herabgesunken.

Erst die Währungsreform am 20. Juni 1948 brachte dann die Wende. Dank der von Ludwig Erhard eingeführten Marktwirtschaft konnte sich rasch ein freier Markt entfalten. Schlagartig wurden die von den Groß- und Einzelhändlern gehorteten Waren zum Verkauf angeboten, und der Bedarf war riesig. Dabei war das Startkapital in der Stunde Null für jeden ein „Kopfgeld" von 40,- DM.

Erinnerungen an meine Kindheit und die ersten Schuljahre nach dem Krieg

Bei Kriegsende war ich sechs Jahre alt. Wenige Tage nach dem Einmarsch der französischen Besatzungsmacht, wurde unsere Vierzimmerwohnung in der Ringelbachstraße beschlagnahmt und von einer französischen Offiziersfamilie bezogen. Wir wurden für mehrere Jahre in zwei nicht beheizbare Mansardenkammern im II. Stock unseres Hauses verbannt. Eine Kammer wurde später mit einem Kohleofen ausgestattet. Es gab keinen Wasseranschluss und keine Toilette. Hierzu mussten wir stets unsere Mieter, bei denen Flüchtlinge einquartiert waren, um Erlaubnis bitten. Meine Mutter musste im Treppenhaus kochen, das stets sehr kalt war.

Die Flüchtlingsfamilie hatte eine kleine Tochter, namens Annerose, die etwas jünger war als ich.

Eines Tages schickte mich meine Mutter zur Metzgerei Reich am Lindenbrunnen. Ich sollte Wurst kaufen und dazu die Annerose mitnehmen. Da die Metzgerei voller Leute war und man lange anstehen musste, befahl ich Annerose, sich auf einen Stuhl zu setzen und dort zu warten, bis ich fertig sei. Als ich schließlich an die Reihe kam, dachte ich nicht mehr an meine Begleiterin und ging ohne sie nach Hause. Dort überfiel mich Anneroses Mutter mit der Frage: „Wo ist denn die Annerose?" – Ich antwortete wahrheitsgemäß: „Oh, die habe ich im Laden liegen lassen." Nun blieb mir nichts anderes übrig, als den Weg nochmals zu machen. Heulend kam mir Annerose entgegen.

Meine große Leidenschaft und die meiner Freude waren Seifenkistle- und Radelrutschrennen. Das Wertvollste, was wir damals auftreiben konnten, waren die Räder eines Kinderwagens. Denn damit ließ sich mit einigen Brettern und zwei Achsen ein Seifenkistle bauen. Da der Verkehr damals sehr gering war, konnte man auf den Straßen ohne Schwierigkeiten Seifenkistle- und Radelrutschrennen veranstalten. Bälle waren dagegen absolute Mangelware.

Durch die Fliegerangriffe waren links und rechts der Alteburgstraße Richtung Gönningen zahlreiche Bombentrichter entstanden, die sich rasch mit Wasser füllten und richtige kleine Biotope wurden. Dies war ein Paradies für Laubfrösche, Molche und Feuersalamander und wir machten uns einen Spaß daraus, diese Tiere einzufangen und sie dann wieder laufen zu lassen.

Aus meiner Volksschulzeit an der Jos-Weiß-Schule möchte ich eine Episode aus dem zweiten oder dritten Schuljahr erzählen. Unser Klassenzimmer lag im ersten Stock mit Blick auf den Schulhof. Während der kurzen Pausen standen wir häufig an den Fenstern und beobachteten, was sich auf dem Schulhof abspielte. Eines Tages standen wir wieder am Fenster, überhörten aber die Schulglocke und bemerkten auch nicht, dass der Klassenlehrer den Saal betreten hatte. Ohne Vorwarnung brüllte er los, ließ uns stramm stehen und verpasste jedem Schüler, der am Fenster stand, mit einem Bambusstecken eine kräftige Tatze. Sie hat sich wegen ihrer Einmaligkeit in meinem Gedächtnis festgesetzt.

Später besuchte ich das Johannes-Kepler-Gymnasium. Da der Krieg auch unter den Lehrern große Opfer forderte, waren die noch vorhandenen Lehrkräfte entweder altersmäßig schon weit fortgeschritten oder wegen körperlicher Schwächen vom Wehrdienst befreit.

Einige meiner Lehrer möchte ich kurz skizzieren, nicht um sie lächerlich zu machen, sondern um sich ihrer mit Dankbarkeit zu erinnern. Unser Klassenlehrer, Herr Lebrecht, äußerlich eine Witzfigur nach Wilhelm Busch, aber ein herzensguter Mensch; er hatte eine Kriegerwitwe mit 11 Kindern geheiratet, kam damit aber nicht klar und hat sich später das Leben genommen. Er war aufopfernd und hat sich rührend um seine Schüler gekümmert.

Unser Französischlehrer, Dr. Berger, von uns nur „Mops" genannt, war – was keiner von uns wusste – Halbjude, der in der Nazizeit schreckliches durchgemacht hatte. Er war Junggeselle und hatte stets die gleiche ausgefranste und ungebügelte Kombination an und trug immer die gleiche blaue Krawatte. In seinem Jackett hatte er in der Tasche eine Hand voll Murmeln. Er schäumte und rannte rastlos umher, mit der einen Hand das Französischbuch haltend, die andere in die Tasche gesteckt und mit den Murmeln spielend. Seine Lieblingsworte, mit denen er wütend auf die Schüler zuging, waren: „Du hundsgemeiner Kotlumpe", „Ihr stinkendes Lumpengesindel", „Du bist noch dreckiger als Kot."

Unser Mathematiklehrer war Herr Schanbacher; er hatte eine Glatze und einen Holzfuß. Er war sehr streng und traktierte seine Schüler mit einem langen Holzlineal. Auch er rannte wie ein Getriebener durch die Klasse und sprach jeden Schüler, den er drannehmen wollte, mit den Worten an: „Weiss's der Betz, weiss's der Maier, weiss's der Wendler. – Der Wendler weiss es net – der saudumme Kerle!" Jeder der nicht sofort die richtige Antwort geben konnte, bekam mit dem Lineal einen Schlag auf den Kopf oder auf die Schulter.

Ein anderer Französischlehrer war Dr. Weller; er war so dick, dass er sich nicht bücken konnte. Häufig rief er einen Schüler aus der Klasse zu sich ans Pult; dieser musste sich vor ihm niederknieen und seinen Schuh, an dem der Schnürsenkel aufgegangen war, wieder neu binden.

Ein anderes Original war unser Erdkundelehrer Dr. Rieber. Seine Lieblingsworte waren „Kerle et", die er nach jedem zweiten Satz sagte. Hinter jedem „et" folgte ein nasales Grunsen, das sich wie ein stimmloses „gch" anhörte.

Auch Dr. Diebold war Französischlehrer. Er hatte den Spitznamen Bong und wohnte im Kammweg, einige hundert Meter von der Schule entfernt. In unmittelbarer Nähe befand sich eine Hütte, die ein regelmäßiger Treffpunkt von Pfadfindern war. Dazu zählte auch mein Freund Dieter, der zu den Stars der Klasse zählte und in Französisch ein As war. Ich wäre auch gerne zu den Pfadfindern gegangen, aber mein strenger Vater gab mir keine Erlaubnis.

Eines Abends kamen die Pfadfinder auf die Idee, dem Bong einen Streich zu spielen. Sie hatten Kreide dabei und besudelten nun den ganzen Schulweg mit folgenden Sprüchen: „Bong = Dr. Diebold"; „Bong ist ein Idiot", „Bong = Zwiefalten = Zelle 9". Am anderen Morgen sah Frau Diebold die Bescherung und musste nun mit einem Wassereimer, Putzlappen und Schrubber die Spuren der Nacht wieder beseitigen. Die bösen Buben hatten aber nicht damit gerechnet, dass sie von einem Nachbarn beobachtet wurden, und dass aus der Gruppe ein langer Lulatsch hervorstach. Am übernächsten Tag kam Dr. Diebold in die Klasse und sagte, er habe sein Französischbuch zu Hause vergessen und bestimmte den Längsten in der Klasse, weil er Verdacht geschöpft hatte, dazu, das Buch zu holen. Natürlich wurde der Übeltäter vom Nachbarn identifiziert.

Eigentlich hätte der ganzen Gruppe der Ausschluss aus der Schule geblüht. Da aber mein lieber Dieter an dieser Aktion beteiligt war, begnügte sich die Schulleitung mit einem Ultimatum bis zur Mittleren Reife. Aus meinem Freund ist doch noch ein anständiger Junge geworden; er hat es bis zum Juraprofessor gebracht.

Im Jahre 1953 feierte ich meine Konfirmation. Von den Verwandten, Bekannten und Nachbarn bekam ich folgende Konfirmationsgeschenke: Drehbleistifte und Kugelschreiber (10 Stück), Taschentücher (33 Stück), Schokoladentafeln (5 Stück), Badehose und Waschbeutel (4 Stück), Manschettenknöpfe (3 Paar), Aschenbecher und Zigarettendose, Kamm und Bürste, Armbanduhren (2 Stück) und Bücher (4 Stück)! – So waren halt die Zeiten!

Ich bin mir durchaus bewusst, dass dies eine privilegierte „Biografie" für die Jugend ist, die nach dem Kriege aufwuchs. Wir hatten immerhin eine vollständige Familie und ein Dach über dem Kopf, das im Krieg nicht zerstört war und meine Eltern schafften es, uns ohne Hungersnot groß zu ziehen und mir später den gymnasialen Schulabschluss an der WOS und ein Studium der Wirtschaftswissenschaften zu ermöglichen, obwohl mein Vater als Sechzigjähriger nach der Währungsreform wieder bei null anfangen musste. Dafür bin ich ihm heute noch dankbar.

Die Integration der Flüchtlinge und Heimatvertriebenen

Im Gegensatz zur amerikanischen und britischen Militärregierung, sperrte sich die französische Besatzungsmacht zunächst gegen die massenhafte Aufnahme von Flüchtlingen. Deswegen stieg der Flüchtlingsstrom nach Kriegsende zunächst nur langsam an. Ende 1946 gab es in der Stadt Reutlingen erst 850 Ostflüchtlinge; Mitte 1948 waren es 1 400, 1950 bereits 6 000 und 1961 beinahe 19 000 Vertriebene und Sowjetzonenflüchtlinge. Im gesamten Kreis Reutlingen gab es 1950 ca. 15 500 und 1961 nahezu 38 000 Flüchtlinge und Heimatvertriebene. Dieser enorme Einwohnerzuwachs stellte das städtische Gemeinwesen und den Landkreis vor gewaltige Herausforderungen.

Zunächst galt es, für die Flüchtlinge den nötigen Wohnraum zu schaffen. Dann mussten sie auf dem Arbeitsmarkt vermittelt und schließlich durch Betreuungs- und Eingliederungsmaßnahmen integriert werden.

Zur Unterbringung der Flüchtlinge und der französischen Besatzungsoffiziere wurde bei der alteingesessenen Bevölkerung Wohnraum beschlagnahmt. Da diese Maßnahme aber bei weitem nicht ausreiche, wurde in der Hermann-Kurz-Schule ein Aufnahmelager mit einer Kapazität von 600 Personen eingerichtet. Außerdem wurde der Wohnungsbau mit allem Nachdruck betrieben, insbesondere der Bau neuer Wohnsiedlungen im Bereich der Römerschanze. Dabei entschied man sich für „Einfachstbauten"; d.h. von über 400 Reihenhäusern, die zum Preis von 10 000,– DM je Wohneinheit gebaut wurden.

In dieser Siedlung wurden sowohl Alt- als auch Neubürger einquartiert, um ein integriertes Zusammenleben zu fördern. Daneben entstanden Gemeinschaftseinrichtungen wie eine Volksschule, ein Kindergarten und ein Sportplatz. Weitere Baumaßnahmen waren der Bau der Wildermuth-Siedlung, der Nebenerwerbssiedlung in Ohmenhausen und der Siedlung Voller Brunnen, in denen viele Vertriebene ein neues Zuhause fanden. (Reutlingen 1930–1950 – Nationalsozialismus und Nachkriegszeit)

Während die Wohnungsnot ein großes Problem darstellte, war die Vermittlung von Arbeitskräften weniger schwierig. Aufgrund der Zerstörungen durch den Krieg und dem entsprechenden Wiederaufbau sowie durch den riesigen Nachholbedarf kam die Wirtschaft nach der Währungsreform rasch so in Schwung, dass man vom deutschen „Wirtschaftswunder" sprach, wo bald ein Mangel an Arbeitskräften herrschte. Deshalb war es relativ leicht, die Heimatvertriebenen und Flüchtlinge in den hiesigen Arbeitsmarkt einzugliedern.

Zur Linderung der ärgsten Not wurden außerdem Kleidersammlungen veranstaltet, Textil- und Möbelbeschaffungsprogramme aufgelegt, ein Möbellager eingerichtet, Säuglingsbedarf gesammelt, Betten-, Wäsche – und Küchenwaren gesammelt und vor allem der Ratenkauf in den Geschäften eingeführt.

Während das „Dritte Reich" zu den dunkelsten Kapiteln der deutschen Geschichte zählt, gehören der Wiederaufbau und die Integration der Flüchtlinge und Heimatvertriebenen zu den positiven Seiten dieser Geschichte. Zwischen den Alt- und den Neubürgern hat es nach dem Erleben des Autors kaum nennenswerte Ressentiments gegeben. Die Menschen sind zusammengerückt und haben sich gemeinsam bemüht, das zerstörte Land wieder aufzubauen und eine gemeinsame kulturelle Identität herzustellen.

Die Integration von Gastarbeitern und Zuwanderern mit Migrationshintergrund

Mit dem aufkeimenden Wirtschaftswunder begann Mitte der 50er Jahre auch die Zuwanderung von Personen, die heute als „Menschen mit Migrationshintergrund" bezeichnet werden. Zunächst waren es die sog. Gastarbeiter, die systematisch in Südeuropa angeworben wurden, um den Bedarf an Arbeitskräften zu decken, der in der boomenden Wirtschaft immer dringlicher wurde. Dabei ging man ursprünglich davon aus, dass diese nur vorübergehend in die Bundesrepublik kommen und nach einiger Zeit das Land wieder verlassen. Gleichzeitig kamen viele Arbeitswillige mit einem Touristenvisum ins Land, um sich hier einen Arbeitsplatz zu suchen und eine Aufenthaltserlaubnis zu bekommen. Diese Entwicklung hat sich natürlich auch in Reutlingen vollzogen.

Heute stammt jeder dritte Reutlinger aus einer Familie, deren Wurzeln außerhalb der deutschen Staatsgrenze liegen. Menschen aus über 140 Ländern leben, wohnen, arbeiten und studieren heute in Reutlingen. In ihrer Mehrheit sind die Migranten bereits deutsche Staatsbürger. Von den knapp 40 000 Personen mit Migrationshintergrund haben etwa 16 000 einen ausländischen Pass. Wie multikulturell die Reutlinger Bevölkerung geworden ist, zeigt sich u.a. daran, dass die Hälfte aller Kinder bis zum 6. Lebensjahr bereits einen Migrationshintergrund besitzen.

Als zentraler Industrie- und Hochschulstandort in Baden-Württemberg war und ist Reutlingen ein besonderer Anziehungspunkt für Gastarbeiter, Zuwanderer und Studierende aus vielen Teilen der Welt. Aus den Gastarbeitern sind längst Mitbürger, Kollegen, Nachbarn, Freunde, Verwandte und Kommilitonen geworden, die sich hier heimisch oder zumindest wohlfühlen. Die prosperierende Wirtschaft in der Nachkriegszeit versprach im Sinne von Ludwig Erhard „Wohlstand für alle"; davon profitierten u.a die Reutlinger Textil- und Metallindustrie und das Baugewerbe in ganz erheblichem Maße. Dabei war nicht nur männliches, sondern auch weibliches Personal gesucht. Deshalb war der Frauenanteil bei den Gastarbeitern mit 20 bis 30 % auch relativ hoch. Sie alle nahmen das „Abenteuer" auf sich, in einem fremden Lande, das erst wenige Jahre zuvor die Welt in eine Katastrophe gestürzt hatte, ohne dessen Sprache zu beherrschen und dessen Gewohnheiten zu kennen, einen Arbeitsplatz zu suchen und sich eine neue Existenz aufzubauen.

Hierbei gab es auch hohe Fluktuationen, die durch Neuanwerbungen wieder ausgeglichen wurden. Wie dramatisch damals der Fachkräftemangel war, zeigt sich z. B. daran, dass 1961 in Baden-Württemberg 103 000 offenen Stellen nur 4 300 Arbeitssuchende gegenüberstanden.

Viele Gastarbeiter haben in ihrem Familien-, Freundes- und Bekanntenkreis weitere angeworben. Mitte der 1980er Jahre kamen allein 600 der in Reutlingen und Pfullingen lebenden Italiener aus fünf Dörfern der sizilianischen Provinz Catania. Ähnliches gilt für die nordgriechische Region Evros, aus der ein Großteil der in Reutlingen lebenden Griechen stammt.

Wie in ganz Baden-Württemberg, so bildeten auch in Reutlingen die jugoslawischen Staatsbürger die anteilmäßig stärkste Gruppe der Gastarbeiter, gefolgt von den Griechen, Italienern, Türken und Portugiesen. Die Zuwanderung aus Spanien blieb dagegen gering; dafür waren die österreichischen Staatsbürger, die den Weg nach Reutlingen fanden, für die Stadt bedeutsam.

Sehr viele Gastarbeiter holten auch ihre Familienangehörigen nach Reutlingen. Außerdem machte sich Mitte der 1970er Jahre die Geburt der hier geborenen Migrantenkinder in der Wachstumsbilanz der Stadt positiv bemerkbar. Die nach dem „Babyboom" der 1960er Jahre drastisch einsetzende rückläufige Geburtenrate wurde durch die Geburt von ausländischen Kindern aufgewogen. Die Migranten und ihre Kinder in der zweiten und dritten Generation tragen in erheblichem Maße dazu bei, dass der Bevölkerungsrückgang in Deutschland und die Überalterung der Gesellschaft abgemildert werden.

Da die Gastarbeiter in großer Zahl auch im Handwerk und in der Bauwirtschaft beschäftigt wurden und auch heute noch einen großen Anteil bilden, haben sie im wörtlichen Sinne maßgeblich am Wiederaufbau unseres Landes und unserer Stadt beigetragen. Die ausländischen Bewohner haben sich vor allem in der Altstadt niedergelassen, wo knapp 60 % der Bewohner einen Migrationshintergrund haben.

Mit dem Prozess der Zuwanderung erhöhte sich die Zahl der katholischen Mitbürger beträchtlich. Außerdem siedelten sich viele griechisch-orthodoxe und islamisch gläubige Migranten an, die hier eigene Gottesdienste einführten und sich schließlich auch eigene Gotteshäuser bauten. So entstand 1994 die griechisch-orthodoxe Kirche am Heilbrunnen, die sich zum Zentrum der Reutlinger, Tübinger, Metzinger, Rottenburger und Balinger griechisch-orthodoxen Christen entwickelte. Zwei Jahre später wurde in der Wörthstraße die Yunus-Emre-Moschee feierlich eingeweiht. Als erstes Gotteshaus dieser Art in Württemberg bietet diese Moschee nicht nur den mittlerweile auf gut 3 000 Personen angewachsenen türkischen Mitbürgern in Reutlingen, sondern auch für deren Glaubensbrüder in der näheren Umgebung, einen geistigen und kulturellen Mittelpunkt.

Kapelle der griechisch-ordodoxen Kirche in Reutlingen; Foto: E. Wendler.

Daneben haben die Migranten zahlreiche Vereine und soziale Betreuungsstellen gegründet, in denen auch ihre kulturelle Identität gepflegt wird. Die politische Mitsprache ist durch einen Ausländerbeirat gewährleistet.

Viele Migranten haben sich hier auch selbständig gemacht, sei es als Pächter und Eigentümer von Restaurants oder Cafés, als Handwerker oder Einzelhändler, als Ärzte oder Rechtsanwälte usw.

Neben den Gastarbeitern dürfen auch die deutschstämmigen Aussiedler und Spätaussiedler aus Osteuropa und den Nachfolgestaaten der Sowjetunion nicht unerwähnt bleiben. Seit dem Zusammenbruch der UdSSR und dem Wegfall des Eisernen Vorhangs haben über 6 200 Aussiedler im Kreis Reutlingen eine neue Heimat gefunden. Auch deren Eingliederung hat sich vor allem wegen der oft mangelhaften Sprachkenntnisse als eine große Herausforderung erwiesen. Dennoch kann festgestellt werden, dass ihre Integration weitgehend positiv verlaufen ist.

Die Yunus-Emre-Moschee in Reutlingen;
Foto: E. Wendler.

Seit den 1980er Jahren ist auch der Zustrom von Asylanten aus Krisengebieten der Dritten Welt zu einem wichtigen Phänomen geworden, das in den kommenden Jahren und Jahrzehnten angesichts der Bevölkerungsexplosion in Afrika und Asien eine noch größere Bedeutung erlangen und die Reutlinger Bevölkerung noch bunter machen wird.

Die Dokumentation „Auspacken – Dinge und Geschichten von Zuwanderern" der Stadt Reutlingen zeigt, wie vielfältig die Gefühle der Reutlinger Migranten zur Achalmstadt sind; aber unisono bescheinigen alle, dass sie sich hier nicht als Ausländer und schon gar nicht als Ausgegrenzte fühlen, sondern sich hier wohl fühlen und in den meisten Fällen sogar eine neue Heimat gefunden haben.

Die Rathäuser der Stadt

Seit der Verleihung des Marktrechts durch Kaiser Friedrich I. um 1180 konzentrierte sich das städtische Leben auf und um den Marktplatz. Dort wurde auch das erste Rathaus der Stadt errichtet, in dessen unmittelbarer Nachbarschaft sich das Bürgerhaus, das Kaufhaus, das Spital, die Metzig mit den Fleischbänken sowie die Brotbänke, also die Stände der Metzger und Bäcker befunden haben.

Wann das erste Rathaus erbaut wurde und wie es aussah ist unbekannt. Man weiß lediglich, dass es im 16. Jahrhundert „wurmstichig, baufällig und liederlich" (Fizion) war und einzustürzen drohte.

Deswegen musste es abgerissen und durch einen Neubau ersetzt werden. Dieser wurde 1562 von dem Gmünder Baumeister Hans Motz, der auch das Spital und den Zwiefalter Hof gebaut hat, im Stil der Renaissance erbaut. Auch hiervon gibt es keine gute Abbildung. Lediglich ein Ausschnitt aus dem Kupferstich

Viertes Kapitel · Das 20. Jahrhundert bis zur Gegenwart 245

von Ditzinger von 1620 vermittelt eine blasse Vorstellung, aus der Stadtoberbaudirektor Gall das Aussehen des alten Rathauses rekonstruierte.

Von Memminger ist überliefert, dass das Gebäude 36 m lang war, an einer Front an die Kramergasse stieß und auf 36 dicken steinernen Säulen ruhte, die vorher vermutlich den Kreuzgang des Barfüßlerklosters gestützt haben und durch dessen Abriss nun zur Verfügung standen.

Auf dem heutigen Marktplatz ist der Standort des Renaissance-Rathauses durch gepflasterte quadratische Flächen markiert.

An den vier Ecken des Gebäudes waren Erker mit einem spitzen Kupferbelegten Giebeldach angebracht, die an das Rathaus in Michelbach erinnern. Die Konsolen der Erker wurden von männlichen Brustbildern getragen. Das Dach war mit vergoldeten Knöpfen verziert; in der Mitte und auf den vier Erkern schwebten auf Stangen aufgesetzte kupferne Drachen, die greulich ihre Zähne und Mäuler blecken ließen.

Giebelfassade des 1563 errichteten zweiten Rathauses von Reutlingen; Rekonstruktion von Stadtoberbaudirektor Gall nach der Beschreibung von Fizion und dem Stich von Ditzinger von 1620; aus: Schwarz, P. und Schmid, H-D.: Reutlingen – aus der Geschichte einer Stadt, Reutlingen 1973, Seite 69.

Aus dem früheren Rathaus wurden die Fenster für den neuen Rathaussaal wieder verwendet. Darin waren die Wappen der bei der Schlacht von Reutlingen 1377 gefallenen Ritter in Glas gefasst. Außerdem wurden im Rathaus noch mancherlei andere Zeugnisse aus früherer Zeit aufbewahrt, z. B. Armbrüste, Helme und Pfeile. An der Längsseite des Gebäudes wurde der berühmte, aber verkürzte Sturmbock von 1247 als Trophäe aufgehängt.

Beim Stadtbrand blieb auch das Rathaus nicht verschont. Es brannte bis auf den Unterstock nieder. Dieser wurde dann notdürftig mit einem Holzdach abgedeckt und bis 1810 als Kauf-, Korn- und Salzhaus genutzt, bis auch diese „alte, unansehnliche Baracke" abgerissen wurde.

Das sog. „Neue" Rathaus, Federzeichnung von J. Breuer von 1881; aus: Stadt Reutlingen, Stadtbildgeschichte, Reutlingen 1990, Seite 164.

Nach dem Stadtbrand wurde das heutige sog. „Alte Rathaus" an der Rathausstraße als Provisorium eingerichtet und bis 1872 genutzt. Es dauerte also beinahe 150 Jahre bis sich Reutlingen einen „Neubau" leisten konnte.

Hierfür wurde die von Baurat Johann Georg Rupp 1860/61 erbaute Fruchthalle zweckentfremdet und 1872 von Baurat Berner vollständig um- und angebaut. Der Standort war dort, wo sich das heutige Rathaus befindet.

Dieses sog. „Neue Rathaus" wurde in neugotischem Stil, dem Geschmack des Historismus entsprechend, konzipiert. In Anlehnung an das Renaissance-Rathaus bekam auch der Neubau vier Erker mit spitzen Türmen. Den Mittelpunkt bildete das Hauptportal mit Uhrgiebel und dem Stadtwappen.

Im Untergeschoß waren die Polizei und das Waghaus untergebracht. Im Inneren waren der kunstvoll ausgestaltete Rathaussaal und das Arbeitszimmer des Bürgermeisters besonders bemerkenswert. Die Fenster der einzelnen Räume waren mit alten Glasscheiben, die teilweise aus den Zunftstuben stammten, reich verziert.

Bei dem Fliegerangriff im März 1945 wurde das Rathaus völlig zerstört. Wieder musste ein Provisorium der Stadtverwaltung dienen; man fand es im jetzigen Verwaltungsgebäude der GWG an der Alteburgstraße.

In der Nachkriegszeit gab es dann eine lebhafte kommunalpolitische Diskussion, an welchem Standort der Neubau erstellt werden sollte. Die einen traten für den Wiederaufbau an alter Stelle ein, die anderen plädierten für einen Neubau auf dem Gelände der Pomologie. Schließlich siegte das Argument, das Rathaus gehöre an den Marktplatz, und in diesem Sinne hat dann auch der Gemeinderat entschieden.

Das jetzige Rathaus besteht aus drei zusammenhängenden Kuben, wobei der Ratssaal durch einen Steg abgesetzt ist. Es wurde von den Architekten Prof. Wilhelm Tiedje und Rudolf Volz entworfen und erbaut und 1966 seiner Bestimmung übergeben. Der Berliner Prof. Dr. Adrian von Buttlar bezeichnete den Bau 2010 als „Gesamtkunstwerk", das nach „den Prinzipien der klassischen Moderne, etwa des Weimarer Bauhauses" konzipiert ist, wobei „der ganze Reutlinger Komplex vom Großen bis ins Kleinste in einem künstlerischen Duktus durchgestaltet" sei. Nach seiner Bewertung ist die „Proportionierung aller Räume und Flächen mit ihren Vertikalen und Horizontalen, die spannende Durchbrechung von innen und außen, der Lichteinfall und die Material- und Farbwirkung der gesamten architektonischen Komposition bis hin zur stilistisch abgestimmten Möblierung" eine zeitgemäß fortgeführte Ästhetik der klassischen Moderne. Sein wichtigster Schmuck ist der von HAP Grieshaber geschaffene Sturmbock im Foyer des Sitzungssaales, auf dem Szenen aus der Reutlinger Geschichte dargestellt sind. Vor dem Rathaus ist eine abstrakte Plastik des tschechischen Malers und Bildhauers Otto Herbert Hajek (1927-2005) aufgestellt.

In jüngster Zeit geistert die Idee durch die kommunalpolitische Diskussion, den sanierungsbedürftigen Verwaltungstrakt an der Lederstraße umzufunktionieren und in eine Mall zu verwandeln. Diese Idee finde ich nicht „gescheidt", weil ich zu denen gehöre, die der Meinung sind, dass das Rathaus so wie es jetzt ist an den Marktplatz gehört und dort auch bleiben sollte.

Eingemeindungen und Bevölkerungsentwicklung

Im Laufe des 20. Jahrhunderts haben sich zwölf umliegende Gemeinden dem Reutlinger Stadtgebiet angeschlossen und sowohl die Fläche der Stadt als auch ihre Einwohnerzahl beträchtlich vergrößert.

Als erste Gemeinde trat Betzingen 1907 in den Gemeindeverband der Stadt ein. Betzingen ist somit nicht nur der älteste, sondern auch der größte Stadtteil. Heute stellt sich Betzingen als ein modernes Gemeinwesen dar, das sich trotz der Industrialisierung sein typisches Profil und Reste seines dörflichen Charakters bewahrt hat.

Noch vor dem II. Weltkrieg folgte 1939 Sondelfingen. Der Strukturwandel vom kleinbäuerlich geprägten Dorf zu einem modernen Stadtbezirk erfolgte in den 50er und 60er Jahren. Das Gewerbegebiet „Auf Wies" bietet heute ca. 500 Personen Arbeitsplätze. In geografischer Hinsicht ist dieser Vorort wie auch Betzingen eng mit der Stadt verschmolzen.

Nach dem Kriege sind zum 1.1.1971 vier Gemeinden gleichzeitig nach Reutlingen eingemeindet worden: Gönningen, Bronnweiler, Oferdingen und Reicheneck.

Die Samenhändlergemeinde Gönningen grenzt das Stadtgebiet gemeinsam mit Bronnweiler in westlicher Richtung ab. Das Samenhandelsmuseum in Gönningen zeigt Gegenstände dieser einzigartigen weltweiten Händlertradition. Im Jahre 1896 konnte Gönningen eine Ausnahmebestimmung im Reichsgesetz durchsetzen, wonach der Handel mit Gemüsesamen vom generellen Hausierverbot ausgenommen wurde. Diese Sonderregelung ermöglichte es den damals rund 600 Gönninger Samenhändlern auch weiterhin, ihre Samen an der Haustüre zu verkaufen. Die Gemeinde erfüllt nach wie vor die Funktion eines Wohn- und Erholungsgebietes. Besonders die idyllisch gelegenen Gönninger Seen und der malerische Roßberg laden zum Wandern und Erholen ein.

Auch das benachbarte Bronnweiler zeigt noch seinen ursprünglich ländlichen Charakter und dient vorwiegend als Wohngemeinde.

Das hoch über dem Neckartal gelegene Oferdingen hat ebenfalls eine ländliche Atmosphäre, und dies gilt ebenso für das im Südosten angrenzende Reicheneck, das zudem den kleinsten Stadtteil von Reutlingen bildet.

Ein Jahr später kamen Degerschlacht und Sickenhausen zum Stadtgebiet. Degerschlacht zählt zu den Reutlinger Nordraumgemeinden. Die Umgestaltung und der Bau der neuen Ortsmitte haben dem Ortsbild ein modernes Gesicht gegeben.

Wie alle anderen Teilgemeinden hat auch das ländlich geprägte Sickenhausen durch die Eingemeindung und die Ausweisung von Neubaugebieten erheblich profitiert und seine Bevölkerung seither fast verdoppelt.

Im Jahre 1974 wurde Rommelsbach eingemeindet. Die stetige Bevölkerungszunahme erforderte und förderte neue öffentliche Einrichtungen. Das 1978 bezogene Bildungszentrum Nord wurde inzwischen durch zwei weitere Bauabschnitte erweitert. Im Herbst 1998 öffnete die lang ersehnte Wittumhalle ihre Pforten.

Als bislang letzte Gemeinde kam Mittelstadt in den Gemeindeverband der Stadt. Die Neckargemeinde bildet die tiefste Stelle des Stadtgebietes. Die Eingemeindung der idyllisch am Neckarufer liegenden Gemeinde fand am 1.1.1975 statt.

Vor der ersten Eingemeindung im Jahre 1907 hatte Reutlingen 25 000 Einwohner, bis 1952 verdoppelte sich diese Zahl auf 50 000, und 1988 hat die Einwohnerzahl der Stadt die Marke von 100 000 überschritten, wodurch sie zur jüngsten Großstadt in der Bundesrepublik wurde. Gegenwärtig sind über 110 000 Bewohner mit Hauptwohnsitz in Reutlingen gemeldet.

Im Jahre 1900 betrug die Fläche des Stadtgebiets 2 782 ha. Durch die Eingemeindungen vergrößerte sich die Fläche auf 8 706 ha; dies entspricht einem Zuwachs von 213 %.

Edle Karossen aus Reutlingen

Im Jahre 1810 wurde dem Reutlinger Schmiedemeister Johann Heinrich Wendler ein Sohn geboren, der auf den Namen Erhard getauft wurde. Beide lebten nach dem Wahlspruch: „Ich leb' nach Schuldigkeit und Pflicht, und achte keinen Neider nicht!"

Nach Lehrjahren als Ketten- und Waffenschmied gründete Erhard Wendler im Alter von 30 Jahren ein Wagenbaugeschäft im Hause Reicherter am Lindenbrunnen. Dieses wurde im Laufe der Zeit zu eng. Deshalb verlegte er seinen Betrieb 1863, nach 23 Jahren, in ein neues Domizil in der Lederstraße Nr. 128/130.

Dort wurde die Chaisenfabrikation wesentlich vergrößert. Hergestellt wurden Bernerwagen, Jagdwagen, Landauer und wie die Modelle sonst noch hießen. Die Kunden waren vorwiegend Schlossbesitzer, Hoteliers, Ärzte und Gutsverwalter. Die wichtigsten Absatzgebiete waren der Schwarzwald und die Schweiz. Die fertig gestellten Kutschen wurden nicht, wie man vielleicht vermuten könnte, per Bahn ausgeliefert. Man fuhr vielmehr mit der Firmenkutsche und hängte die auszuliefernde Kutsche einfach dran.

Erhard Wendler war von kräftiger Statur, wie man sich einen gestandenen Schmied und Wagenfabrikanten vorstellt. Er war starker Zigarrenraucher, baute seinen Tabak selbst an und ließ sich aus dem Badischen eine Zigarrenmaschine kommen. Er wird als energisch, gutmütig und in seinem Geschäftsgebaren als streng korrekt geschildert. Außerhalb des Geschäftes war er stets mit Gehrock, bunter Weste und Zylinder gut gekleidet.

Im Jahre 1871 übergab Erhard Wendler das Geschäft an seine beiden Söhne Adolf und Karl. Letzterer war der Großvater des Autors; er ist 1902 aus gesundheitlichen Gründen aus der Firma ausgeschieden. Sein Bruder Adolf hat dann den Betrieb solange allein weitergeführt, bis dessen Söhne Adolf jr. und Karl die Firma übernehmen konnten.

Durch die Produktion von Proviant- und Munitionswagen verdienten sich die beiden Brüder im I. Weltkrieg das „Wilhelmskreuz". Nach dem Weltkrieg machte man sich in der Geschäftsführung des Hauses Wendler über die Weiterführung des Betriebes Gedanken. Da das Zeitalter der Kutschen unwiderruflich zu Ende ging, verlegte man sich ab 1923 auf den Karosseriebau. Hierbei war der neu eingestellte Betriebsleiter, Helmut Schwandtner, ein absoluter Glücksgriff. Schwandtner war Designer, Konstrukteur und Produktionsleiter in einer Person.

In jener Zeit wurden die Automobile vielfach ohne Aufbau, d.h. nur als Chassis angeboten. Sie bestanden aus einem rahmenförmigen Unterbau, an dem Achsen, Räder, Federung, Motor, Kühler und Tank eingebaut waren. Der Käufer konnte sich dann einen Karosseriebauer suchen, der die Verkleidung nach den individuellen Wünschen des Kunden herstellte.

Im Jahre 1935 ist Karl Wendler aus der Firma ausgeschieden. Da er kinderlos war, ist das Unternehmen auf seinen Bruder Adolf und dessen Sohn Erhard übergegangen. Unter ihrer Leitung wurde der Betrieb weiter ausgebaut.

Bis zur Mitte der 1960er Jahre entstanden bei Wendler traumhafte, von Helmut Schwandtner, entworfene Karosserien. Vor allem auf Mercedes-Fahrgestelle baute man Coupés und Cabriolets, die nach Einschätzung des Autojournalisten Ralf J. F. Kieselbach „sicherlich zum Elegantesten zählen, was deutsche Karosseriebauer je herstellten." Schließlich hat sich die Firma mit der Fertigung von Kleinserien einen Namen gemacht, so z.B. für den berühmten Porsche Spyder, ein Wagen, den u.a. James Dean und Herbert von Karajan kauften.

Auch kugelsichere Fahrzeuge gehörten bald zur Spezialität der Firma. „Der Schlussgesang der Spezialaufbauten-Zeit waren zweifellos zwei gepanzerte sechssitzige Limousinen auf verlängerten Cadillac-Chassis, die König Ibn Saud bestellte und deren Bau penibel von zwei Leibwächtern überwacht wurde." (Kieselbach) Ein anderer namhafter Kunde war der Großmufti von Jerusalem, für den Wendler einen Mercedes 300 als Sonderanfertigung baute.

Von 1923 bis 1963 dürften insgesamt etwa 500 exklusive Modelle die Reutlinger Karosserieschmiede verlassen haben. Als Helmut Schwandtner in den Ruhestand ging, war auch die Zeit der Spezialanfertigungen bei Wendler vorbei.

Oldtimer, Mercedes-Benz 320 Wendler Ponton-Sport-Cabriolet, 4-sitzig, Baujahr März 1950 mit Wendler-Karosserie, Auto-Salon Singen, Internet.

Im Jahre 1962/63 wurde der Betrieb von der Lederstraße in das Reutlinger Industriegebiet „In Laisen" verlegt. Dort wurden vor allem LKW- und Anhänger-Aufbauten sowie Aufbauten für Omnibusse gefertigt. Außerdem wurden schicke Oldtimer repariert und zu neuem Glanz erweckt. Dort ist die Firma allerdings im Jahre 2000 in Konkurs gegangen und später liquidiert worden.

Heute kann man noch einige der wenigen erhaltenen edlen Spezialanfertigungen der Karosseriefabrik Wendler im Deutschen Museum in München sowie im Mercedes-Museum in Stuttgart und im Porsche-Museum in Zuffenhausen bewundern.

Gelegentlich taucht auch noch eine Wendler-Karosse im Internet auf; so z.B. ein Mercedes-Benz 320, Cabriolet, Baujahr 1950, der 2010 für 379 000,- € zum Verkauf angeboten wurde.

In Reutlingen wurden aber nicht nur edle Karossen gefertigt. Hier fanden nach dem Kriege im Frühjahr 1949 und 1950 auch die ersten beiden „internationalen" Motorschauen in Westdeutschland statt. Der internationale Anteil war allerdings noch sehr bescheiden; er beschränkte sich auf die Präsentation einiger französischer PKWs der Marken Renault und Delahaye, italienische Vespa-Roller und Motorräder der Marke Harley-Davidson. Dennoch kamen zu beiden Motorschauen jeweils über 100 00 Besucher. Als dann die IAA ab 1951 in Frankfurt veranstaltet wurde, konnte der Messestandort Reutlingen natürlich nicht mehr mithalten.

Das Medizinalwesen in Reutlingen

Die Anfänge des Medizinalwesens reichen in Reutlingen bis in die zweite Hälfte des 14. Jahrhunderts zurück. Der erste studierte Arzt, der sich 1370 in Reutlingen niedergelassen hat, war „Meister Hans der Wundarzt aus Trochtelfingen". Von da ab gab es bis zum Beginn des 19. Jahrhunderts nahezu ununterbrochen einen Medicus in der Stadt. Im Jahre 1805 wehrte sich Dr. Memminger gegen die gleichzeitige Niederlassung von mehreren Ärzten. Die Landpraxis sei „unbedeutend" und die Ärzte seien von den Kranken der Stadt „unter aller Beschreibung schlecht bezahlt". Dies richtete sich gegen den Beschluss des Magistrates, der 1746 verfügt hatte, in Zukunft zwei Stadtärzte anzustellen.

Viel später als die Ärzte traten die Apotheker in Reutlingen in Erscheinung. Der erste Apotheker war Othmar Scheltz, der 1564 die erste Apotheke gründete. Allerdings beklagte sich Scheltz über das schlechte Geschäft, weil viele Krämer und Landpfarrer mit Medikamenten Handel trieben. Überhaupt bediene man sich in Reutlingen mehr fremder, namentlich Tübinger Ärzte, und daher würden die meisten Arzneien bei fremden Apotheken gekauft. Die wichtigsten Medikamente, die bei den Krämern gekauft wurden, waren folgende: Rhabarber, Coloquinthen, Franzosenholz, Kampfer, Senneblätter, grüner Ingwer, Magenpulver, Wurmsamen, Mastix, Bleiwurz, Cubeben, Zinnober, Quecksilber und Schwefel. Der Apotheker verlangte vom Magistrat, dass den Krämern der Verkauf dieser Medikamente untersagt werde. Ob er damit Erfolg hatte, ist unbekannt.

Gegen Ende des 30jährigen Krieges kam auch in Reutlingen das „Tabaktrinken" auf. Um diese Unsitte und den „Missbrauch" einzudämmen, wurde es 1644 den Krämern sowie anderen Bürgern und Einwohnern der Stadt untersagt, Tabak zu verkaufen und eine Strafe von 10 Gulden angedroht. Lediglich der „ordentlich dazu bestellte Apotheker" war davon ausgenommen. Nur er durfte „solchen Tabak im Notfalle, wie andere Medikamente" verkaufen. Auf den Gassen und Straßen und auf den Tennen, auf denen das Getreide gedroschen wurde, war das „öffentliche Tabaktrinken und Anzünden" allerdings verboten. Erst 1715 wurde der Tabakhandel auch den Krämern gestattet.

1805 bemerkte der Chronist und Arzt K. A. Memminger, dass das Tabakrauchen seit einiger Zeit so sehr in Mode gekommen sei, dass es einen Tadel verdiene. „Jünglinge, wenn sie kaum das 14. Jahr erreicht haben, glauben sich dadurch ein älteres Ansehen zu geben, wenn sie mit einer ungeheuren Tobakspfeife einherwandeln; sie rauchen nicht zum Vergnügen, sondern mehr aus Eitelkeit."

Die Ärzte hatten in den Badern und Barbieren ernste Konkurrenten. Bader waren die Besitzer einer Badstube. Sie waren auch zur Ausübung der niederen Chirurgie und zum Rasieren berechtigt. Den Badern war auch das Schröpfen erlaubt. Ebenso durften die Barbiere (also die Friseure) die niedere Chirurgie betreiben. Deswegen gab es zwischen den Badern und den Barbieren immer wieder medizinische Konflikte. Allerdings mussten die Bader seit dem Reichstag von Augsburg im Jahre 1548 mindestens sieben Jahre lang das Rasiergeschäft betrieben haben, ehe ihnen die niedere Chirurgie erlaubt war.

Über die körperliche Beschaffenheit der „Reutlinger" und der „Älbler" schreibt der Arzt K. A. Memminger in seiner Chronik von 1805: „Der Reutlinger ist von mittlerer Größe, muskulös und hat eine gesunde lebhafte Farbe; selbst Schneider und Weber, die an anderen Orten größtenteils kränklich aussehen, genießen hier eine dauerhafte Gesundheit, wozu freilich dies auch mit beiträgt, dass sich viele zugleich mit dem Feldanbau beschäftigen. Überhaupt ist der Schlag der Reutlinger stark und selbst die schwersten Geschäfte zu vollziehen im Stande, besonders wenn er einen mehr als gewöhnlichen Vorteil daraus zu ziehen hofft. Das weibliche Geschlecht ist zwar nicht schlank, aber desto gesünder und kernhafter gebaut. Sie haben größtenteils rote Wangen und eine angenehme Bildung." (sprich: eine passable Figur).

In der Oberamtsbeschreibung von 1824 fügt Memminger über deren gesundheitliche Verfassung hinzu: „Der Gesundheitszustand ist im allgemeinen gut. Die Städter und die Landleute am Fuße der Alb sind durchaus groß, schön und gut gebaut, die auf der Alb sind es minder. Von einheimischen Krankheiten kommen am Fuß der Alb, wo die Leute an den Bergabhängen sich viel mit Holzfällen beschäftigen, hauptsächlich Wassersuchten, auch Lungensuchten, die häufige Folge von unvermeidlichen Erkältungen, vor; auf der Alb ist wie in allen Gebirgsgegenden der Bandwurm einheimisch, wobei sich übrigens die Leute gewöhnlich wohl befinden; von Krankheiten sind dort Entzündungskrankheiten am häufigsten. In Reutlingen kommen die Skropheln (d.h. eine bei schlechten hygienischen Verhältnissen vorkommende tuberkulo-allergische Erkrankung der Haut, der Schleimhäute und Lymphknoten) in einer Häufigkeit und Bösartigkeit vor, wie man es selten finden wird, besonders bei Blonden. Außerdem ist hier auch der in Oberschwaben sog. Magenschluss (Cardio et vomite habitualis) sehr häufig: – eine Krankheit, die dem reichlichen Genuss des kühlenden Obstmostes und des sauren Landweins zugeschrieben wird."

Im 19. Jahrhundert hatte Reutlingen vorübergehend sogar ein Heilbad. Im Jahre 1713 wurde außerhalb der Stadt eine Schwefelwasserquelle entdeckt: es war eine kalte Schwefelquelle von mäßiger Stärke. Sie lag an der Stelle, die heute noch „der Heilbrunnen" heißt. Ihre Entdeckung führte dann dazu, dass man sich in der ersten Hälfte des 19. Jahrhunderts davon einen florierenden Kurbetrieb versprach, indem 1835 der „Gasthof zum Bad" gebaut wurde. Dieser befand sich dort, wo heute das List-Denkmal steht. Darin gab es 12 Badekabinette und 36 Zimmer für die erwarteten Kurgäste, denen man bei der Behandlung von chronischen Gelenkkrankheiten, Rheumatismus, Hautkrankheiten, Geschwüren, Knochen- und Drüsenleiden Linderung versprach. Die Einrichtung war nach Memminger sehr einfach, aber sauber.

Zunächst schien sich das Ganze auch gut zu entwickeln, denn im Jahr der Eröffnung wurden die Bäder von 4 000 Besuchern genutzt; aber 1837 kamen nur 100 auswärtige Gäste, welche die 36 Zimmer belegten. Wie man den Kuraufenthalt in Reutlingen erlebte, zeigt die Schilderung eines Badegastes von 1836. „Wahrhaftig, man muss dieses Reutlingen loben! Es ist eine Badestadt, die es mit allen anderen, besonders was die Modernität der Einrichtungen anbelangt, wohl aufnehmen kann. Das Arrangement im Ganzen ist der Geselligkeit sehr günstig. Man befindet sich, wie man's erhofft, in einem heiter gestimmten Kreise, mitten unter gleichgestellten, gleichgesinnten Leuten und schnell knüpfen sich, wie man weiß, Beziehungen unter Badegästen an. Meine neuen Sachen, vorzüglich mein Sonnenschirmchen aus Paris, auch mein Florentiner Hut, erregen hier die Aufmerksamkeit. Was den Gebrauch des heilkräftigen Wassers betrifft, so pflegt man des Morgens in aller Frühe (6 Uhr) aufzustehen und einen Gang zur Quelle zu machen. Sie liegt eine halbe Stunde Wegs vor der Stadt, mitten in den grünen Wiesen. Es steht da eine hübsche Trinkhalle bei einem Weiher, darin sich hohe Pappeln und die funkelnde Sonne spiegeln. Ein Pumpbrunnen spendet das Wasser. Zuerst muss man sich zum Genusse desselben überwinden, denn es riecht ein wenig fatal. Es heißt: nach Schwefel. Ich selber konstatiere nach verdorbenen Eiern. Genug davon! Mir behagt mehr als besagter Morgentrunk der Gang, den man um seinetwillen tun muss. Man hat unterwegs das Albgebirge vor Augen, das sich recht schroff aufbaut. Besonders gefällt mir der Berg, welcher Achalm genannt ist. Nach der Trinkkur nimmt man das Frühstück im Freien ein, will sagen auf der Terrasse des Gasthofs. Oh, es ist reizend, derart zu frühstücken. Man sitzt unter alten Bäumen und angesichts der Stadt, ihrer malerischen Bollwerke, die noch nicht alle geschleift sind. Im Gasthof selber befinden sich zwölf Badekabinette, denen das Wasser von der entfernten Quelle durch hölzerne Röhren zugeleitet wird. Die Nachmittage und Abende sind ganz der Geselligkeit gewidmet. Man macht etwa mit anderen Badegästen eine Spazierfahrt zu der Höhe mit dem kuriosen Namen Scheibengipfel, wo man die Stadt mit ihren Türmen und Toren schön angeleuchtet in der Tiefe liegen sieht."

Obwohl der Badebetrieb noch verbessert wurde, war der Aufschwung nur von kurzer Dauer, was nicht zuletzt an dem Umstand lag, dass man damals mit

Viertes Kapitel · Das 20. Jahrhundert bis zur Gegenwart 255

Der „Gasthof zum Bad" in Reutlingen; Kreidelithographie um 1836; aus: Stadt Reutlingen: Stadtbildgeschichte, Reutlingen 1990, Seite 178.

dem Wasch- und Badewasser äußerst „sparsam" umgegangen ist. Der Reutlinger Chronist Memminger schreibt dazu 1893: „Der Bauer hat überhaupt eine große Scheu vor dem Wasser und es gibt gar viele Personen unter der ländlichen Bevölkerung, die seit ihrer frühesten Kindheit nie wieder in einem Bade gesessen sind, ja sogar das Baden der Neugeborenen wird auf das niedrigste Maß beschränkt. Immerhin muss jedoch anerkannt werden, dass in Krankheitsfällen, in welchen der Arzt kühle Bäder verordnet, nur selten mehr auf ernstlichen Widerstand gestoßen wird."

Als dann 1858 der Reutlinger Hauptbahnhof gebaut wurde, musste der „Gasthof zum Bad" weichen. Er wurde von der Stadt gekauft und abgerissen, was dann zur Einstellung des Reutlinger Kurbetriebes führte.

Unverheiratete Ärzte hatten noch bis weit in das 19. Jahrhundert hinein, in der Stadt einen schweren Stand, vor allem, wenn „Frauenzimmer" zu behandeln waren. Sie lebten, wie Memminger 1805 kritisiert „in dem irrigen Wahn", man könne sich jungen und ledigen Ärzten nicht ohne Scham anvertrauen.

Von 1835 bis 1908 existierte in Reutlingen ein „Dienstbotenkrankenhaus"; es war ursprünglich für Dienstboten, Knechte und Gesellen bestimmt, die in zumeist kümmerlichen unheizbaren Kammern unter dem Dach untergebracht waren. Wenn diese krank wurden, wollte man ihnen wenigstens eine Verpflegung und ein Bett in einem beheizbaren Raum und ein Minimum an ärztlicher Versorgung angedeihen lassen. (Gerhard Kost) Das „Dienstbotenkrankenhaus" befand sich im Gebäude des heutigen Kinderheims an der Friedrich-Ebert-Straße.

1892 wurde dann das Bezirkskrankenhaus am Steinenberg eröffnet, aus dem das Kreiskrankenhaus hervorgegangen ist, das sich jetzt „Klinikum am Steinenberg" nennt. Heute sind in Reutlingen ungefähr 200 Ärzte aus allen Fachrichtungen niedergelassen. Außerdem gibt es ca. 35 Apotheken. Die zentrale ärztliche Einrichtung ist natürlich das Klinikum am Steinenberg. Es verfügt über insgesamt 1 000 Betten und ist mit ca. 2 000 Beschäftigten der größte kommunale Arbeitgeber der Region. Jährlich werden ungefähr 36 000 Patienten stationär und 80 000 ambulant betreut. Die Klinik ist modern ausgestattet und verfügt über die neuesten diagnostischen und therapeutischen Verfahren, sodass sie bis auf wenige Ausnahmen (z.B. Herztransplantationsmedizin) das komplette medizinische Leistungsspektrum abdeckt. Die Klinik ist gleichzeitig Lehrkrankenhaus der Universität Tübingen. Zusammen mit der Ermstalklinik in Bad Urach und der Albklinik in Münsingen bildet sie die drei Kliniken des Landkreises Reutlingen.

Außerdem wurden im Bereich der Markthalle ein großes Ärztezentrum und ein Rehabilitationszentrum eingerichtet. In modernen Zweckbauten mit entsprechenden Parkmöglichkeiten haben sich zahlreiche Fachärzte der verschiedensten Richtungen niedergelassen, deren Praxen und medizinischen Einrichtungen von zahlreichen Mitarbeitern und Fachpersonal betreut werden.

Zumindest zwei Medizinprofessoren, die mit Reutlingen in enger Verbindung stehen, haben Medizingeschichte geschrieben. Der in Reutlingen lebende und praktizierende Arzt, Prof. Dr. Alexander Kirn, hat im Auftrag der Robert Bosch GmbH ab 1951 die erste physiologische Forschungsstelle in Deutschland aufgebaut. Gemeinsam mit Ingenieuren und Physikern der Firma und dem Max-

Planck-Institut für Arbeitsphysiologie in Dortmund, wurde dabei das erste IAEKG = „In-Arbeit-EKG" auf einem Fahrrad mit Wirbelstrommagnet geschrieben. Dies war die Geburtsstunde der klassischen Ergometrie und die Voraussetzung für das heute weltweit eingesetzte „Belastungselektrokardiogramm". 1958 wurde Dr. Kirn als Professor für Arbeitsmedizin an die Technische Hochschule in Stuttgart berufen. Es war die erste deutsche Hochschule, die sich mit Arbeitsphysiologie befasste.

Der andere ist der ehemalige Chefarzt der Medizinischen Klinik des Reutlinger Klinikums, Prof. Dr. Bernd Braun. Er war an der Entwicklung eines anderen medizinischen Diagnoseinstrumentes maßgeblich beteiligt, das ebenfalls nicht mehr aus der medizinischen Praxis wegzudenken ist: die Sonographie. Er hat ein vierbändiges Standardwerk zur „Ultraschalldiagnostik" verfasst und gilt deshalb in Fachkreisen als „Ultraschall-Papst".

Aus der Region und für die Region – das Zeitungswesen in Reutlingen

Die erste deutschsprachige Zeitung war die „Relation Aller Fürnemmen und gedenkwürdigen Historien", von der sich ein fast vollständiger Jahrgang von 1606 in der Universitätsbibliothek von Heidelberg erhalten hat. Bis in die erste Hälfte des 19. Jahrhunderts breitete sich jedoch das Zeitungswesen in den deutschen Landen nur langsam aus.

Die älteste in Reutlingen gedruckte Zeitung war das „Intelligenzblatt für die Landvogteien auf der Alp und am mittleren Neckar", das 1810 bei Johannes Grözinger gedruckt wurde. Es ist aber rasch wieder eingegangen. Dann folgte das „Reutlinger Wochenblatt", das bei Grözinger & Schauwecker gedruckt wurde, aber ebenfalls nur kurze Zeit existierte.

Ab 1839 gab es dann den „Reutlinger und Mezinger Courir", der zweimal wöchentlich erschienen ist und 1846 von der Druckerei Gustav Heerbrandt übernommen wurde.

Ende der 1840er Jahre sind dann in rascher Folge mehrere Blätter mit ausgesprochen demokratischer Tendenz erschienen. So wurden 1846 der „Bürgerfreund, 1847 die „Bürgerzeitung" und 1849 der „Reutlinger Landbote" im Verlag von Gustav Heerbrandt herausgegeben, die aber alle nur eine kurze Lebensdauer hatten. Die „Bürgerzeitung" hielt sich etwas länger; sie wurde 1854 in „Reutlinger Zeitung" umbenannt. Diese befand sich im Besitz von Egmont Fehleisen. Das Blatt fusionierte 1875 mit der 1864 gegründeten „Kreiszeitung." Daneben gab es noch das „Städtische Amtsblatt".

Im Jahre 1887 wurde dann der „Reutlinger General-Anzeiger" gegründet, der sich mittlerweile im 124. Jahrgang befindet. Der „Generaler", wie er in der Bevölkerung heißt, bildet trotz der elektronischen Medien nach wie vor die wichtigste Zutat zum Frühstück der Reutlinger; dank der fleißigen Zeitungsausträger, die jeden Morgen bei Wind und Wetter zwischen 6 und 7 Uhr den „Generaler" in die Briefkästen stecken.

Von den 58 lokalen und regionalen Abonnementzeitungen, die es zur Zeit in Baden-Württemberg gibt, stellen nur 17 Zeitungsverlage den gesamten redaktionellen Teil mit einer eigenen Vollredaktion her. Zu diesen zählt der „Reutlinger General-Anzeiger". Er ist die auflagenstärkste und einzige Tageszeitung mit Vollredaktion in der Region Neckar-Alb und befindet sich im Eigentum der Verlegerfamilie Lehari.

Der derzeitige Inhaber und Geschäftsführer des Reutlinger General-Anzeigers ist Valdo Lehari jr., der das Zeitungsunternehmen seit 1985 leitet. Lehari ist u.a. Vorsitzender des Verbandes Südwestdeutscher Zeitungsverleger, Mitglied des erweiterten Präsidiums des Bundesverbandes Deutscher Zeitungsverleger und Präsident bzw. Vizepräsident der Verbandes europäischer Zeitungsverleger. Außerdem ist er Ehrensenator der Universität Tübingen.

Zusammen mit den Unterausgaben, dem „Echaz-Boten" und dem „Metzinger-Uracher General-Anzeiger" bringt es der „Generaler" auf eine tägliche Ausgabe von 43 000 Exemplaren für rund 188 000 Menschen; d.h. jeder dritte hält sich die Zeitung und die quantitative Reichweite ist noch wesentlich höher.

Die andere Abonnementzeitung sind die „Reutlinger Nachrichten". Sie gehört zur Südwestpresse mit Hauptsitz in Ulm. In Reutlingen gibt es lediglich eine Lokalredaktion. Die „Reutlinger Nachrichten", die nur eine relativ kleine Auflage haben, existieren seit 1949. Ihr Verbreitungsschwerpunkt liegt bei den Gemeinden des Landkreises.

Außerdem gibt es noch das „Reutlinger Wochenblatt", – eine reine Anzeigenzeitung, die jeweils donnerstags erscheint und kostenlos an die Haushalte verteilt wird. Seine Auflage beträgt 167 000 Exemplare. Es erscheint seit 1968.

Trotz des harten Konkurrenzkampfes mit den digitalen Medien, hat sich die Prophezeiung des papierlosen Zeitalters bis jetzt nicht erfüllt. Deshalb werden sowohl der „Generaler" als auch die „Nachrichten" auch in Zukunft das tägliche „Zu-Brot" zum Frühstück der Reutlinger Bevölkerung bilden.

„Die Achalm ist das Beste, was ich habe!" – HAP Grieshaber und seine Achel

Der berühmte Holzschneider wurde zwar 1909 in Rot an der Rot geboren, kam aber schon als sechsjähriger Junge nach Reutlingen und hat hier die längste Zeit seines Lebens verbracht. Er besuchte die Oberrealschule, absolvierte danach eine Lehre als Buchdrucker und Schriftsetzer und studierte dann Kalligrafie an der Staatlichen Buchgewerbeschule in Stuttgart. Von 1931 bis 1933 folgten Aufenthalte in London sowie Reisen nach Ägypten, Arabien und Griechenland. Anschließend kehrte Grieshaber wieder nach Reutlingen zurück. Im Dritten Reich schlug er sich als Hilfsarbeiter und Zeitungsausträger durch, war dann von 1940 bis 1945 Soldat und geriet bei Kriegs-

Selbstporträt von HAP Grieshaber; in: Swiridoff, P.: die holzwege des hap grieshaber, Künzelsau 1999, o.S.

ende in belgische Gefangenschaft. Nach seiner Entlassung siedelte er sich 1947 endgültig an der Achalm in einem äußerst bescheidenen Domizil, einem besseren Gartenhaus, an. Von 1955 bis 1960 war Grieshaber Professor an der Kunstakademie in Karlsruhe. Danach lebte und arbeitete er als freischaffender Künstler in seinem erweiterten Gartenhaus an der Achalm. Dort starb er am 15. Mai 1981.

In seinem Buch: „liebe Nanni, liebe Ricci" – Malbriefe und Holzschnitte von der Achalm – bekennt der Künstler: „Die Achalm ist das Beste, was ich habe! Ja, sogar vererbt habe ich die Achalm, als Pseudonym für meine Tochter". Gleichsam als Mahnung an seine Tochter Ricca Achalm fügt er hinzu: „weißt Du, manchmal muss man auf den gegenüberliegenden Berg gehen, um richtig zu sehen, wo man zu Hause ist. Hier also auf der Achalm!"

Seine langjährige Lebensgefährtin, Margarete Hannsmann, beschreibt in ihrer Biografie „Pfauenschrei" ihre Eindrücke und Empfindungen, als sie am 16.8.1967 zum ersten Mal das Domizil von HAP Grieshaber betreten hat.

Der Holzschneider HAP Grieshaber in seinem Garten an der Achalm; in: Swiridoff, P.: die holzwege des hap grieshaber, Künzelsau 1999, o.S.

„Es dauerte lang, bis wir das Anwesen in der Flanke des Berges gefunden haben. Bretterverschläge, Hüttenwerk; als erstes sah ich die schwarzen Schweine. Eine offen stehende Gartentür. Um die Ecke, auf einer Terrasse, hoch über der Landschaft Orangenbäumchen, blühend, über und über; vor einer Wand, weisgekalkt, niedrig und krumm Oleanderbüsche, rosaschäumend. Wie im Tal des Todes, dachte ich, als der Mann, hünenhaft, mit rötlichem Schnauzbart, vor mir stand. Rings um ihn tappt und flattert es. Tiere rascheln, scharren, knistern, zischen, hecheln, alles bewegt sich: Papageien, Katzen, Hunde, Enten, Hühner, Tauben, Fasanen, eine graue Gans, die ihren Schnabel in seine Hand schmiegt. Ein großer Affe sitzt in der Gartenhälfte des Käfigs, die andere ragt ins Innere des vermuteten Wohnraumes. Pflanzen aus fernen Klimazonen umschlingen Blumen und Büsche, die hier zu Hause sind, nehmen einander den Boden, das Licht weg. Tag- und Nachtgewächse duften, blühen, verblühen, sinken darnieder, erheben sich. Dunkle exotische Nadelbäume ragen wie ausgestanzt ins Blaue. Lianengleich hängen Rosen an ihnen herunter, vermischen sich mit den Yuccablüten; – der noch hohe Sommer ist schon voller Herbstankündigungen. Ich fahre mit dem Kopf herum. Hinter mir steht auf einem verwitterten gotischen Wasserspeier ein Pfau. Sein Schnabel klafft; er hüpft herunter, schlägt ein Rad, vielleicht weil auf der Schulter des Malers ein Ara sich niedergelassen hat. ‚Er begrüßt Sie!' – sagt der Maler. Meine Gänsehaut mitten in der Sonne. Ich starre auf den blaugrüngoldenen, schillernden, schuppigen Hals des Pfaus, aus dessen Kehle immer neu dieser Schrei dringt, den ich noch in meiner Sterbestunde hören werde."

„'Kommen Sie herein!' – sagte der Maler. Zwei Stufen; eine Türe aus Glas. Dahinter ein Raum, niedrig, krumm, wenige Möbel, ein Tisch an der Wand, Ledersessel, ein Teewagen, nur die nötigsten Gerätschaften. Bücherregale, deren Inhalt sich überall, auf Stühlen, dem Tisch, jedem Mauervorsprung ausbreitete; alles war ungeordnet auf einem Podest, fußbreit hoch, ganz bedeckt von einem großen chinesischen Teppich. ‚Der liegt da nur, weil die Tiere so schön darauf aussehen;' – sagte der Maler."

„Der Ziegelsteineingang davor führte rechts vors Atelier, links zu der Tür; der Maler murmelte etwas von Küche. Die inwendige Hälfte des Affenkäfigs verschmälerte den Gang; wucherndes Grün umrankte die Glaswand. Auf dem Teewagen standen Kaffee und Pflaumenkuchen bereit, steife, frisch geschlagene Sahne. Kein Mensch, außer ihm."

Für Margarete Hannsmann waren diese Eindrücke Ursache für ihre Liebe auf den ersten Blick, sodass sie bis zu Grieshabers Tod seine Lebensgefährtin wurde.

Anlässlich seines 100. Geburtstages im Jahre 2009 erhielt die Straße, die zu seinem Domizil führt, den Namen „HAP Grieshaber-Weg"

Der Verlust an alten Gebäuden nach dem II. Weltkrieg – Lob und Tadel

Nach dem großen Stadtbrand, bei dem in Reutlingen 90 % der mittelalterlichen Gebäude abgebrannt sind und den Fliegerangriffen im II. Weltkrieg, bei denen 25 % der Bausubstanz verloren gegangen ist, erlebte die Stadt, wie andere Städte auch, in der Nachkriegszeit eine weitere Zerstörungswelle.

Zwischen 1970 und 2000 sind in der Reutlinger Altstadt mehr alte Gebäude abgerissen worden, als dem Weltkrieg zum Opfer gefallen sind, und dieser Vorgang setzt sich fort.

Dabei soll aus romantisierender Nostalgie nicht verschwiegen werden, dass die meisten dieser Gebäude nicht sanierungs- und erhaltungswürdig waren. Ob allerdings immer „reizvolle" Neubauten an ihre Stelle traten, sei dahingestellt. Man hätte sich durchaus auch weniger klotzige und klobige Bauten vorstellen können. Und noch heute könnten die erhalten gebliebenen alten Gebäude in der Wilhelmstraße und in den anderen Einkaufsstraßen der Innenstadt z.B. durch farbig abgestimmte Fensterläden, Blumenkästen oder Szenen aus der Stadtgeschichte in Sgrafittotechnik mit relativ geringem Aufwand verschönert und attraktiver gestaltet werden. Die Hauseigentümer lassen in dieser Hinsicht wenig künstlerische Kreativität und Investitionsbereitschaft erkennen. Außerdem sollten einige Fassaden auch einen neuen Anstrich erhalten, was bei den hohen Ladenmieten und der steuerlichen Absetzbarkeit eigentlich kein finanzielles Problem sein dürfte.

Einige Bausünden aus der Nachkriegszeit sind allerdings unverzeihlich oder zumindest beklagenswert.

Am meisten ist der Verlust der Gerber- und Färberhäuser zu bedauern, die als „Klein-Venedig" ein städtebauliches Ensemble bildeten, das den Weltkrieg relativ unbeschadet überstanden hatte. Sicherlich wären auch diese Häuser von Grund auf sanierungsbedürftig gewesen. Aber sie mussten Mitte der 60er Jahre dem zunehmenden Stadtverkehr weichen. Heute würden sie sicher unter Denkmalschutz stehen und eine städtebauliche Attraktion darstellen.

Das zweite negative Beispiel bildet die Spendhausstraße in Verbindung mit der Oberamteistraße. Leider wurde das Eckgebäude vor Jahren abgerissen, um für einen geplanten Erweiterungsbau des Heimatmuseums Platz zu machen. Das Grundstück liegt aber immer noch brach. Hätte man das alte Gebäude erhalten, gäbe es an der Spendhaus- und Oberamteistraße eine der ältesten Häuserzeilen Deutschlands, die aus der Zeit von 1317 bis 1330 datiert.

Viertes Kapitel · Das 20. Jahrhundert bis zur Gegenwart   263

„Klein-Venedig in Reutlingen", Aquarell von A. Bauder von 1889; aus: Stadt Reutlingen, Stadtbildgeschichte, Reutlingen 1990, Seite 159.

Auch die alten Gebäude am Gartentorplatz und der Mauerstraße hätten unseres Erachtens eine Sanierung verdient gehabt und diesem Platz ein historisches Flair gegeben.

Ein weiteres Beispiel hat man in jüngster Zeit in der Metzgerstraße erlebt. Dort war das Gebäude Nr. 24 ziemlich heruntergekommen und wurde im Bild der Allgemeinheit und in der Presse als „Schandfleck" betrachtet.

Als es dann auf Druck der Stadt im Herbst 2010 abgerissen und dendrochronologisch untersucht wurde, stellte man fest, dass es in seiner Fachwerkkonstruktion aus dem Jahre 1299 stammte und somit zu den 40 ältesten Gebäuden in Deutschland zählte. Aber dann war es leider schon zu spät!

Es gibt in Reutlingen aber auch positive Beispiele, wo alte Gebäude liebevoll erhalten wurden und neuen Glanz bekommen haben; so etwa die beiden Gerberhäuser in der Unteren und Oberen Gerberstraße Nr.14. Hierbei handelt es sich um zwei typische Ackerbürgerhäuser von 1556 und 1560, die heute echte Schmuckstücke sind. Ebenfalls reizvolle Sanierungen stellen die Stadtmauerhäuser an der Jos-Weiß-Straße Nr. 13–17 dar. Diese „Armeleute-Häuser" wurden nach dem Stadtbrand von Leuten errichtet, die eine, manchmal auch zwei Außenwände einsparen wollten und deswegen ihre bescheidenen Häuschen an die Stadtmauer bzw. an die Mauer des Nachbarn angebaut haben. Diese Häuser bilden heute ein geschlossenes, weitgehend renoviertes Ensemble. Auch das kleine geduckte Häuschen Ecke Wilhelm- und Lindenstraße von 1758 wird von Einheimischen und Touristen als entzückendes „Knusperhäuschen" aus der „guten alten Zeit" betrachtet.

Ebenfalls gelungen ist die Rekonstruktion eines kurzen Stückes des alten Wehrganges am ehemaligen Oberen Bollwerk.

In jüngster Zeit wurde das Gebäude Spendhausstraße Nr. 5 aufwändig saniert, das von der Journalistenschule der VHS exklusiv genutzt wird. Es stammt in seiner Grundsubstanz von 1330 und das Fachwerk aus dem 16. Jahrhundert. Es ist zu einem echten Schmuckstück der Altstadt geworden. Das gleiche gilt auch für das Ensemble Rebentalstraße 9-13, das ebenfalls die Mühe und den Aufwand gelohnt hat.

Der Spaßfaktor bei der Stadtführung: die engste Gasse der Welt

„Irgend ein Weltrekord stünde Reutlingen ja ganz gut an", dachte sich Tanja Ulmer, die Leiterin von Stadtmarketing Reutlingen; aber wo bietet sich dieser an? Die sprichwörtliche Reutlinger Sparsamkeit schien dafür nicht geeignet. Schließlich sollen die Schotten noch sparsamer sein. Es hat auch in Reutlingen noch keinen Sportler gegeben, der einen Weltrekord aufgestellt hat, und die längste Saitenwurst der Welt ist dafür auch nicht geeignet, weil dieser Rekord rasch wieder an Mitbewerber verloren ginge. Und schließlich ist Reutlingen auch meilenweit davon entfernt, die „Stadt der Millionäre" zu sein, wie es nach dem Kriege aufgebauscht wurde, obwohl es auch schon damals nicht gestimmt hat.

Nein! Der Reutlinger Weltrekord sollte etwas Solides, Bodenständiges und Bleibendes sein. Schließlich entdeckte man mit Hilfe der Stadtführer in der Spreuerhofgasse einen schmalen Durchgang, der sich vielleicht als engste Gasse Baden-Württembergs, möglicherweise sogar von ganz Deutschland oder, noch besser, von der ganzen Welt eignen würde.

Doch bald kam die Ernüchterung. Denn dieser Weltrekord wurde bereits von der kroatischen Stadt Vrbnik auf der Insel Krk sowie von dem italienischen Ort Ripatransone beansprucht und war also solcher im Guiness-Buch der Rekorde eingetragen.

Viertes Kapitel · Das 20. Jahrhundert bis zur Gegenwart

Aber die Reutlinger sind dafür bekannt, dass sie sich nicht so rasch entmutigen lassen und gingen der Sache auf den Grund. Dabei stellten sie fest, dass die Spreuerhofgasse an der schmalsten Stelle gerade einmal 31 Zentimeter misst, während die amtierenden Weltrekordinhaber um 9 bzw. 10 cm breitere Gassen aufzuweisen haben.

Damit stand dem Reutlinger Weltrekord nichts mehr im Wege und die Stadt reichte deswegen ihre Bewerbung ein, und tatsächlich wurde ihr am 7.3.2007 die Urkunde für den Eintrag ins Guiness-Buch ausgehändigt, die natürlich mit Stolz der Öffentlichkeit präsentiert wurde.

Die Spreuerhofgasse ist ein typisches Beispiel für den unkoordinierten Wiederaufbau nach dem Stadtbrand von 1726, da es keinen Bebauungsplan gab und wo mit bescheidensten Mitteln die Wohnungsnot mit relativ schmucklosen Gebäuden und kleinen Behausungen behoben werden musste. Und in dieser Situation wurden zwei bessere Hütten so aneinander gebaut, dass nur noch ein kleiner Zwischenraum übrig blieb.

Das Kuriose an dieser Geschichte besteht darin, dass dieser Spalt im Stadtplan von 1726 und im Kataster der Stadt als Fortsetzung der Spreuerhofgasse eingetragen ist und sich somit als öffentlicher Grund und Boden im Eigentum der Stadt befindet. Dies war die Voraussetzung für den Rekord. Solche Zwischenräume gibt es in vielen Altstädten, – auch in Reutlingen. Diese sind aber nicht öffentlich zugänglich und die jeweilige Grundstücksgrenze verläuft in der Regel in der Mitte.

Der Spreuerhof, nach dem die Gasse ihren Namen hat, war ursprünglich ein Getreidespeicher für das Reutlinger Spital. Ob und wie stark diese Gasse früher benutzt wurde, ist nicht bekannt. Vermutungen, die Gasse hätte als Fluchtweg oder für Menschenketten zum Durchreichen von Wassereimern oder Milchkannen gedient, erscheinen unwahrscheinlich, weil sie dafür viel zu eng ist. Der abgeschabte Putz zeigt deutlich, wo sich hier die Jacken und Mäntel der Durchgänger reiben.

Allerdings sieht das Ensemble nicht gerade einladend aus. Deshalb wäre eine Sanierung dringend erforderlich.

Als Stadtführer empfinde ich es mitunter als peinlich, wenn von den Besuchern aus nah und fern die Besichtigung „der engsten Gasse" in froher Erwartung ausdrücklich gewünscht wird. Denn es sei nicht verschwiegen, dass die Gasse in relativ kurzer Zeit einen großen Bekanntheitsgrad erreicht hat und somit bei Stadtführungen ein „Muss" ist. Sie ist auf jeden Fall bekannter als das

Wissen über Friedrich List. Sie wird dann meistens zum Spaßfaktor, wenn die Besucher ihre Bäuche einziehen und sich durchquälen müssen. Zur Ehrenrettung sei gesagt, dass noch nie die Feuerwehr gerufen werden musste, um eine stecken gebliebene Person wieder herauszuholen. Und korpulentere Menschen nehmen eh davon Abstand und schauen sich das Ganze aus der Distanz an.

Damit auch ausländische Touristen diese „Attraktion" genügend zu würdigen wissen, hat Stadtmarketing auch Schilder mit der Aufschrift „Narrowest street in the world" anbringen lassen. Das deutsche Wort „Gasse" wäre sicher treffender. Aber dafür gibt es im Englischen keinen entsprechenden Fachausdruck.

Der einzige amtierende Staatspräsident, der die chinesische Mauer und die engste Gasse der Welt besichtigt hat, ist der chinesische Politiker Hu Jintao. Als Mitglied einer chinesischen Wirtschaftdelegation weilte er am 5. Mai 1995 einige Stunden in Reutlingen. Bei dieser Gelegenheit führte sie Stadtführer Werner Wunderlich durch die Stadt. Und da die Gäste auf ihrer Deutschlandtour schon genug Kirchen besichtigt hatten, wollten sie jetzt eine andere Attraktion sehen, und deswegen führte Wunderlich die Gruppe in die Spreuerhofgasse; sie soll davon sehr angetan gewesen sein; – vielleicht war es aber auch nur die chinesische Höflichkeit, die sie über diese Sehenswürdigkeit milde lächeln ließ.

Namhafte Reutlinger Unternehmen im Wandel der Zeit

In diesem Beitrag können nur einige Beispiele herausgegriffen, die den tiefgreifenden Strukturwandel belegen, den auch die Reutlinger Wirtschaft nach dem II. Weltkrieg erlebte. Der Autor bittet um Nachsicht, wenn hierbei nicht alle Namen genannt werden können.

Im Jahre 1802 errichtete der Färbermeister Ulrich Gminder eine Färberei in der Kramergasse. Seine Söhne Andreas und Konrad bauten den kleinen Handwerksbetrieb allmählich zu einem respektablen Industrieunternehmen aus und gründeten zwischen Betzingen und Reutlingen die Gminder'sche Fabrik. Sie verband die verschiedenen Stufen der Textilproduktion, vom Spinnen des Fadens über das Weben bis zum Färben und Appretieren in einer Hand. Um das Jahr 1900 war das Unternehmen mit mehr als 2 000 Arbeitsplätzen zu einem der wichtigsten und größten Textilbetriebe in Deutschland geworden. Bei Daimler waren damals erst 700 und bei Bosch gar nur 100 Arbeiter beschäftigt. Die Firma brachte ein sehr beliebtes Gewebe für Wäsche, Kleider und Tücher auf den Markt, das sog. „Gminder Halblinnen." 1926 errichtete Ulrich Gminder den mit 100 m höchsten Fabrikschornstein Württembergs, der im Volksmund „der lange Emil" genannt wurde. Einer der namhaftesten Manager der Nachkriegszeit, Hans L. Merkle, begann 1935 seine Karriere bei Ulrich Gminder; 1958 wechselte er in die Geschäftsführung der Robert Bosch GmbH. Dort leitete er von 1963 bis 1984 als Vorsitzender der Geschäftsleitung die Geschicke des Konzerns. Nach 1945 führte die allgemeine Strukturkrise in der deutschen Textilindustrie auch zum Niedergang von Ulrich Gminder; 1963 stellte man die Produktion ein, und wenig später wurde das Firmenareal von der Firma Bosch übernommen.

Andere Reutlinger Textilfirmen, die der Textilkrise zum Opfer fielen, sind u.a. die Textilfabriken G.M. Eisenlohr, G.A. Leuze, Gebrüder Wendler; die Spinnereien und Wirkereien Johannes Aikelin, Joh. Finckh-Wunderlich, Joh. Georg Fink, Hecht und Groß, Schirm & Mittler, die Seidenstoffweberei Reutlingen, Wilhelm Wacker, Weisert & Böpple; die Strick- und Wirkwarenfabriken Carl Arnold, Emil Beutel, Julius Buchbauer, Willy Dreher, Adolf Euchner, Hermann Heinzelmann, W. Klotz, Krimmel & Co., Christian Pfeiffle, Reinhold Rall, Reinhold Seitz und Emil Wendler; die Textilveredler Joh. Mich. Engel, Fischer-Rosenfelder, Th. Hempel, Hermann Lachenmann und Walter & Hasler; die Zwirnereien J.J. Anner GmbH und A. Schradin & Co. AG.; sowie die Bekleidungshersteller Gustav Lamparter und Schaal & Sautter.

Der Sportbekleidungshersteller Büsing, der schon 1936 die deutsche Olympiamannschaft ausgerüstet hatte und mit seinen Porolastic-Trikots auch nach dem Kriege die deutsche Fußballnationalmannschaft und die Olympiamannschaft von 1976 versorgte, die Firma Hermann Heinzelmann, die mit ihren Orchidee-Badeanzügen nach dem Kriege die Bademode in Deutschland maßgeblich bestimmte, die Frottierweberei Weisert & Böpple, die mit ihrer Möwe-Kollektion ebenfalls zur deutschen Badekultur wesentlich beigetragen hat oder die Firma Gebrüder Wendler, die mit ihren Nyltest-Hemden zu den vier führenden Nylon-Hemdenherstellern in Deutschland zählte, waren in der Textilindustrie herausragende Namen. Ebenso gehörte die Papierspulen- und Hülsenfabrik Emil Adolff AG. zu den renommiertesten Reutlinger Firmen.

Die einzige Textilfirma in Reutlingen, die noch die alte Tradition aufrecht erhält, ist die Firma Wendler-Einlagen, die aus der früheren Firma Gebrüder Wendler hervorgegangen ist, ein weltweit führender Spezialist für Einlagen in Hemdenkragen. Die Entwicklungsgeschichte des Unternehmens reicht bis 1843 zurück; seit 1974 ist es der Spezialist für gewebte Einlagen für Hemden und Blusen auf höchstem Qualitätsniveau mit einer Tochtergesellschaft in Hong Kong. Neben dem Kerngeschäft werden seit 1990 bügelfreie Hemdenoberstoffe hergestellt. Hierzu wurden auch zwei Produktionsstätten in China und Bangladesch errichtet, in denen aber vorwiegend die Einlagenstoffe für den asiatischen Hemdenmarkt hergestellt werden.

Ein ähnliches Massensterben, wie es die Reutlinger Textilindustrie erlebt hat, haben auch die Metallverarbeitung und den Maschinenbau getroffen. In der Metallverarbeitung sind es die Firmen Karl Bock, Hermann Finckh, Joh. Georg Schradin, Christian Steinmayer, die Vulkan Werk AG, Christian Wandel und Hermann Wangner; und im Maschinenbau die Maschinenfabrik Arbach GmbH., Blessing & Votteler, die Bruderhaus GmbH., Burckhardt & Weber, Ulrich Kohllöffel und Gustav Wagner. Die Eisengießereien im Bruderhaus und Carl Eugen Fink und die Metallgießereien Alfred Wagner und Ernst Ammer wurden ebenfalls Opfer des industriellen Strukturwandels.

1849 gründete Hermann Wangner in Reutlingen eine Siebtuchweberei. Nach dem Tod des Gründers erwarb 1863 der Kaufmann Adolph Kurtz den Betrieb. Nach der Jahrhundertwende wurde neben der Herstellung von Metallsieben für die Papierherstellung die Produktion von Metalldrähten in einer eigenen Zieherei und Glüherei aufgenommen. 1924 wurde eine Maschinenfabrik zur Herstellung von Webstühlen und Sondermaschinen für die Papierherstellung aufgebaut. In den 1960er Jahren erweiterte man das Produktionsprogramm um Kunststoffsiebe, die in der Filter- und Abwassertechnik Verwendung finden. 1990 fusionierte das Unternehmen mit der Firma Finckh, einer ebenfalls alt eingesessenen Reutlinger Siebtuchweberei, zur Wangner Finckh GmbH. Und im Jahr 2000 vereinigte sich das Unternehmen mit einer amerikanisch-luxemburgischen Holding mit der Firmenzentrale in Boston.

Neben den genannten Metalltuchwebereien gab es nach dem Kriege noch die Webereien von Christan Wandel und Peter Villforth; davon existiert heute noch die Villforth Siebtechnik mit der Herstellung von Drahtprodukten. Ein anderer Hersteller von Drahtprodukten ist die Hermann Vogt GmbH, die sich seit 1869 in Familienbesitz befindet und in fünf europäischen Ländern Produktionsstätten unterhält.

Im Jahre 1878 eröffnete Heinrich Stoll in Reutlingen eine Strickmaschinenfabrik. Drei Jahre später baute der Unternehmer die erste brauchbare Links-Links-Flachstrickmaschine, die 1892 auf der Weltausstellung in Chicago der Öffentlichkeit vorgestellt wurde. Heute hat die H. Stoll GmbH. & Co. KG. Tochterunternehmen in den USA, Frankreich, Italien, Japan, China und Indien und beschäftigt weltweit ca. 1 000 Mitarbeiter. Im Jahre 2008 eröffnete Stoll in der US-Metropole New York ein „Fashion Technology Knitting-Center" auf rund 700 m² in der 39. Straße, um dort in einer „gläsernen Entwicklung" eigene Kollektionen und ihre Strickmaschinen zu präsentieren. Dadurch soll die Modewelt für Strickmoden inspiriert werden, zumal Stoll weltweit über das größte Strickmuster-Archiv verfügt.

Eine andere „alte" Firma ist die Wafios Maschinenfabrik AG. Sie wurde 1893 von Ernst Wagner zur Herstellung von Handflechtmaschinen gegründet. 1914 ging daraus durch Fusion die Firma Wafios hervor. Schon 1932 war das Unternehmen Weltmarktführer für Drahtverarbeitungsmaschinen. Gut im Geschäft ist Wafios mit Rohrbiegemaschinen für den Automobilmarkt, z. B. für Benzin-, Brems- und Abgasleitungen. Der Traditionsbetrieb beschäftigt an seinen beiden deutschen Produktionsstandorten in Reutlingen und Marktredwitz ca. 800 Mitarbeiter. Durch die Gründung von mehreren Verkaufsniederlassungen in Europa und Übersee und den Erwerb von ca. 10 weiteren Firmen und ebenso vielen Firmenbeteiligungen hat sich das Unternehmen nach wie vor eine führende Marktstellung als Global Player gesichert.

Ein solches Traditionsunternehmen ist auch die 1913 gegründete Bürstenfabrik Kullen & Co. mit dem Stammwerk in Reutlingen und zwei Tochterfirmen in Großbritannien. Das Produktionsprogramm von Kullen umfasst die unglaubliche Zahl von 141 000 Bürstentypen, die in über 75 Länder exportiert werden. Das Unternehmen beschäftigt am Heimatstandort etwa 500 Mitarbeiter.

Zu den führenden Unternehmen mit Sitz in Reutlingen gehört auch die Rieber GmbH & Co., KG. An vier Fertigungsstandorten wird Küchentechnik für die Gastronomie und den privaten Haushalt produziert. Rieber beschäftigt etwa 600 Mitarbeiter und ist mit einem Umsatz von über 100 Mio. € einer der größten Küchenhersteller in Deutschland. Im Rahmen des neuen Cateringsystems werden effiziente Systeme für die Lagerung, Kühlung, Zubereitung und den Transport von Speisen entwickelt und produziert.

Ein anderes Reutlinger Unternehmen mit langer Firmentradition ist die Reiff-Gruppe, – ein seit 1910 existierendes Familienunternehmen mit 19 Gesellschaften an über 80 Standorten in sieben Ländern. Das Unternehmen ist auf drei Geschäftsbereiche spezialisiert: Reifen, Räder und Autoservice, Technische Industrieprodukte und Elastomertechnik. Im Reifensegment ist Reiff der größte herstellerunabhängige deutsche Reifenhändler und für technische Produkte ein in Deutschland führender Technikhändler. Die Hauptverwaltung befindet sich in Reutlingen, wo die Firmengruppe etwa 700 Mitarbeiter beschäftigt. Insgesamt hat die Reiff-Gruppe ungefähr 1 500 Beschäftigte. 2011 will Reiff die 500 Mio. €-Grenze überschreiten.

Einer der beiden Geschäftsführer, Eberhard Reiff, war von 1995 bis 2010 Präsident der Reutlinger Industrie- und Handelskammer

In diesem Zusammenhang ist auch die Firma Mez Frintrop AG. mit Stammsitz in Reutlingen-Gönningen zu erwähnen. Das Unternehmen ist aus einem 1875 gegründeten Flaschnerbetrieb hervorgegangen und wird heute in der fünften Generation von Dr. Bernd Mez geleitet. Nach der Fusion mit der Projektmanagement Firma Albrecht & Frintrop ist die Firma zu einem führenden Unternehmen der Metallbearbeitung avanciert. Es konstruiert und produziert u.a. Maschinenverkleidungen, Maschinenhauben und Schutzverkleidungen. Am idyllisch gelegenen Stammsitz in Gönningen werden über 200 Mitarbeiter beschäftigt.

Genauso wenig wie die Textilindustrie sind auch die Gerbereien und die Lederverarbeitung von der Strukturkrise verschont geblieben. Firmen wie Ernst Ammer, Paul Bantlin, J.J. Hummel Söhne, Knapps und Schwandtner, J.J. Schlayer und Julius Votteler Nachf. bestehen nicht mehr. Andere nicht mehr existierende Firmen sind die Möbelfabrik zum Bruderhaus, die Holzverarbeitung A. Schirm, die Firma C. Egelhaaf mit der Produktion von Webereiutensilien, die Schirmfabrik G. Rall oder die Württembergische Fabrikation von Leim und Düngemitteln; und diese Reihe ist noch lange nicht vollständig.

Nach dem Kriege hat aber auch Reutlingen das Wirtschaftswunder miterlebt, indem zahlreiche neue Produktions- und Dienstleistungsbetriebe gegründet wurden, die dazu beigetragen haben, dass sich Reutlingen zum wichtigsten Wirtschaftsstandort zwischen dem Stuttgarter Raum und dem Bodenseegebiet entwickeln konnte.

Ein Unternehmen, das unmittelbar nach dem Krieg gegründet wurde, ist die RWT-Gruppe (Reutlinger Wirtschaftstreuhand). Sie wurde 1947 gegründet und gehört heute zu den 25 größten Wirtschaftsberatungsgesellschaften in Deutschland; sie beschäftigt über 200 Mitarbeiter. Die RWT bietet in den Bereichen Wirtschaftsprüfung, Steuerberatung, Rechts-, Personal- und Unternehmensberatung einen umfassenden Service für kleine bis mittelständische Unternehmen ebenso wie für größere internationale Konzerne.

Ebenfalls 1947 gründete Karl Danzer das erste eigene Furnierwerk in Reutlingen; 1955 erwarb er in Kehl ein im Bau befindliches zweites Furnierwerk. In unmittelbarer Nähe errichtete die Firma ein Spanplattenwerk, dem später eine Paneel- und Türenfertigung angegliedert wurde; 1960 sicherte sich die Firma ausgedehnte Waldkonzessionen an der Elfenbeinküste; später kamen Furnierwerke in Brasilien, USA, Kanada, Kongo, Lettland, Frankreich und Tschechien hinzu, während die Produktionen in Reutlingen und Kehl wieder aufgegeben wurden. Die Danzer-Gruppe hat inzwischen ihren Hauptsitz in die Schweiz verlegt.

Mitte der 1960er Jahre wurde in Reutlingen die Firma Schneider Druckluft aufgebaut, die sich auf die Herstellung von Kompressoren spezialisiert hat und seit vielen Jahren im Bereich der Kompressoren für handwerkliche Selbermacher und mittelständische Handwerks- und Industriebetriebe zum Marktführer geworden ist.

Eine weitere Erfolgsgeschichte ist die Firma dataTec in Reutlingen-Betzingen. Sie wurde 1985 gegründet und hat sich als größter deutscher Fachhändler für Oszilloskopie, Messgeräte, Netzgeräte, Prüfgeräte und Wärmebildkameras etabliert. Außerdem bietet das Unternehmen für den Bürobedarf die gesamte Angebotspalette an Geräten und Maschinen an, die heute zu einem leistungsfähigen Office gehören. Das Unternehmen hat zurzeit über 80 Beschäftigte und sich bis 2014 ein Umsatzziel von 50 Mio. € gesetzt.

Fast zeitgleich wurde die Firma tisoware mit Hauptsitz in Reutlingen gegründet, nämlich 1986. Tisoware ist ein Spezialanbieter für die Personalzeiterfassung, Zutrittssicherung, Personaleinsatzplanung und die Produktionsdatenerfassung. Das Unternehmen beschäftigt etwa 100 Mitarbeiter und generiert einen Umsatz von über 10 Mio. €. Das Unternehmen hat Niederlassungen an 9 deutschen und 11 ausländischen Standorten.

Ein anderes Vorzeigebeispiel ist die Manz-Automation AG., ein weltweit führender High-tech-Maschinenbauer. Das 1987 gegründete Unternehmen hat sich in den vergangenen Jahren vom Automatisierungsspezialisten zum Anbieter integrierter Produktionslinien für kristalline Solarzellen und Dünnschicht-Solarmodule sowie auf die Herstellung von Flachbildschirmen spezialisiert. Ein neues Geschäftsfeld ist die Entwicklung und Fertigung von Produktionssystemen für Lithium-Ionen-Batterien. Die von Dieter Manz gegründete und geleitete Firmengruppe ist seit 2006 börsennotiert; sie produziert derzeit in Deutschland, China, Taiwan, der Slowakei und Ungarn. Vertriebs- und Serviceniederlassungen gibt es in den USA, Südkorea, Indien und Spanien. Die Manz-Automation AG. beschäftigte zum Jahresende 2010 rund 1 750 Mitarbeiter, davon 800 in Asien. Der Umsatz betrug 170 Mio. €.

Ebenfalls im Bereich der Bürokommunikation ist die 1971 in Reutlingen-Betzingen gegründete Firma Morgenstern tätig. Aus einer ein Mann-GmbH., die sich mit der Vermarktung von Kopiergeräten beschäftigte, ist inzwischen ein bedeutendes mittelständisches Unternehmen geworden, das an vier Standorten die ganze Palette für ein intelligentes Dokumentenmanagement anbietet und zurzeit über 200 Mitarbeiter beschäftigt.

Im Gewebegebiet Mark West ist auch ein Tochterunternehmen des global agierenden niederländischen Konzern Akzo Nobel ansässig. Die Reutlinger Firma Akzo Nobel Powder Coatings GmbH. hat sich auf die Herstellung von Lacken und Farben und auf die Oberflächenbearbeitung von Metallflächen spezialisiert.

Ein anderes in ausländischer Hand befindliches Tochterunternehmen ist die Firma Bonduelle am Heilbrunnen. Es gehört zur französischen Bonduelle-Gruppe, einem der weltweit führenden Hersteller von Fertigprodukten, Mischgemüse, Salat- und Glaskonserven. Das Reutlinger Unternehmen, das 2003 aus der von Gärtnermeister Stephan gegründeten Vita GmbH. hervorging, ist ein namhafter Salatverarbeiter und Marktführer für Frische-Convenience-Produkte. Stephan hatte die Geschäftsidee, die Mannschaften bei den Olympischen Spielen in München 1972 mit frischen abgepackten Salaten zu versorgen und damit großen Anklang gefunden.

Eine hundertprozentige Tochtergesellschaft der italienischen Magneti Marelli Gruppe ist Automotive Lighting in Reutlingen. Die Firma gehört weltweit zu den drei führenden Herstellern von Fahrzeugbeleuchtung und beliefert mit ihren Produkten alle wichtigen Automobilhersteller. Am Standort Reutlingen auf dem Firmenareal von Bosch entwickeln rund 300 Ingenieure und Techniker jährlich etwa 140 neue Frontscheinwerfer Modelle; insgesamt beschäftigt das Unternehmen in Reutlingen etwa 720 Mitarbeiter.

Im Gewerbegebiet Nord ist seit 2008 die Industrie-PC Firma „Spektra" tätig. Produkte von Spektra findet man an den ungewöhnlichsten Orten, z.B. in den Spielsalons von Las Vegas oder auf Kreuzfahrtschiffen. Die Firma hat eine spezielle Software entwickelt, mit der Sprachtelegramme sehr kompakt und kostengünstig übertragen werden können. Sie beschäftigt gegenwärtig ca.75 Mitarbeiter.

Ein anderes namhaftes Unternehmen ist die Firm „Solcom", die zu den zehn führenden Dienstleistern in Deutschland für die Vermittlung von externen Spezialisten zählt. Die Firma agiert an mehr als 50 Projektstandorten in über 25 Ländern. Zum Portfolio gehört vor allem die externe Projektunterstützung von kundenseitigen Entwicklungsabteilungen im Bereich der absoluten Hochtechnologie. Solcom hat sich zum Ziel gesetzt, Projekte ausschließlich mit exakt dem Experten zu betrauen, welcher zu 100 % das Anforderungsprofil des Kunden erfüllt.

Zu den wichtigsten Reutlinger Unternehmen zählen auch die Braun Möbel Center mit 10 Standorten in Baden-Württemberg und im Saarland. Das älteste Wohn- und Küchenstudio wurde von Karl Bader 1976 gegründet. Seine Firmenphilosophie war es, die individuelle Einrichtung von privaten Haushalten mit einem umfassenden und hochwertigen Sortiment sowie einem qualifizierten Service- und Beratungsangebot zu günstigen Preisen zu ermöglichen.

Diese beeindruckende Reihe von Erfolgsgeschichten im Bereich der Industrie, des Handwerks und im Dienstleistungssektor ließe sich noch beliebig verlängern. Eine weitere Aufzählung würde aber den Rahmen dieses Buches sprengen.

Die Robert Bosch GmbH. am Standort Reutlingen

Die Bosch Gruppe ist ein international führender Technologie- und Dienstleistungskonzern mit mehr als 300 Tochter- und Regionalgesellschaften in über 60 Ländern. Einschließlich der Vertriebspartner ist die Robert Bosch GmbH. in über 150 Ländern der Erde vertreten. Das Unternehmen wurde 1886 von Robert Bosch (1861-1942) als „Werkstätte für Feinmechanik und Elektrotechnik" gegründet. Im Jahre 2011, in dem der Konzern sein 125jähriges Bestehen feierte, waren weltweit knapp 300 000 Mitarbeiter beschäftigt.

Schon während des II. Weltkrieges hatte die Robert Bosch GmbH. einen kriegswichtigen Produktionszweig in die Firma Ulrich Gminder ausgelagert. Mitte der 1960er Jahre wurde dann die Reutlinger Traditionsfirma liquidiert und das Werksgelände von Bosch übernommen.

In der Zwischenzeit hat sich der Standort Reutlingen zum Sitz des Geschäftsbereichs Automobilelektronik und zu dessen wichtigstem Entwicklungs- und Fertigungsstandort für eine Vielzahl von elektronischen Komponenten entwickelt. Im weltweiten Fertigungsverbund spielt Reutlingen als Pilotwerk für innovative Produkte, wie z.B. für die Entwicklung von Fahrerassistenzsystemen eine wichtige Rolle. Solche elektronischen Steuerungen kommen u.a. im Schleuderschutz (ESP), in Airbagsystemen oder in Einparkhilfen zum Einsatz.

Der Standort Reutlingen verteilt sich auf zwei Werke: das Werk an der Tübinger Straße und das Werk im Industriegebiet Reutlingen-Kusterdingen.

Im ehemaligen Firmenareal von Ulrich Gminder befindet sich das Entwicklungszentrum für Mikroelektronik, das 6-Zoll-Halbleiterwerk, das 1995 in Betrieb genommen wurde und die neue 200-Millimeter-Halbleiterfertigung von 2009 sowie ein neues Testzentrum. In Kusterdingen werden Steuergeräte für elektronische Lenkungen, für die automatische Abstandsregelung (ACC) sowie das Infrarotnachtsichtsystem Night Vision hergestellt. Außerdem ist dort die 2005 gegründete Tochtergesellschaft Bosch Sensortec angesiedelt. Dort werden auch Leistungselektronikkomponenten für eBikes in einem neu gegründeten Produktbereich entwickelt.

An beiden Standorten sind fast 7 000 Mitarbeiter beschäftigt.

Die neue 200-Millimeter-Halbleiterfabrik wurde 2010 in Anwesenheit des Bundespräsidenten, Prof. Dr. Horst Köhler, in Betrieb genommen. Die offizielle Eröffnung des Werkes war für Bundespräsident Köhler zugleich Anlass, Jiri Marek und Michael Offenberg von Bosch sowie Frank Metzer von Bosch Sensortec am Arbeitsplatz zu besuchen. Diesem Team war 2008 der Deutsche Zukunftspreis des Bundespräsidenten verliehen worden. Die drei Mitarbeiter erhielten diese Auszeichnung für ihre bahnbrechenden Arbeiten zur MEMS-Technologie und deren Durchsetzung am Markt. Diese Technik ist heute untrennbar mit der Automobilelektronik und der Consumer-Elektronik verknüpft.

Die neue Fabrik, in der Halbleiter und mikromechanische Bauelemente gefertigt werden, ist mit einem Gesamtvolumen von 600 Mio. € die größte Einzelinvestition in der Geschichte der Bosch-Gruppe. Mit dieser Produktionsstätte stellt sich das Unternehmen dem wachsenden Bedarf nach immer komplexeren elektronischen Bauelementen und Systemen in der Automobiltechnik, aber auch bei elektronischen Gebrauchsgütern, wie Handys, Laptops und Spielekonsolen.

Neue elektronische Systeme tragen zur Verringerung des Kraftstoffverbrauchs und zur Reduzierung von Schadstoffemissionen bei. Außerdem wird damit gerechnet, dass die Bedeutung der Elektrizität als Antriebsenergie im Automobilbereich in naher Zukunft eine noch erheblich zunehmende Bedeutung erlangen wird. Dies macht die Leistungselektronik zu einer Schlüsseltechnologie bei künftigen Elektrofahrzeugen. An dieser technologischen Herausforderung sind im Reutlinger Werk 1 200 Entwickler beteiligt.

Die enge Verzahnung von Entwicklung und Produktion und die Zusammenarbeit mit der regionalen Automobilindustrie waren die entscheidenden Gründe für den Bau der neuen Halbleiterfertigung am Standort Reutlingen.

In dieser Fertigung werden integrierte Schaltkreise (IC) und mikromechanische Bauelemente (MEMS) hergestellt. Das Ausgangsmaterial bilden dünne Siliziumscheiben, sog. Wafer, mit einem Durchmesser von 200 Millimetern, aus denen die Mikrochips entstehen. Die Produktionsverfahren sind dafür so aufwändig, dass es im Durchschnitt 6 Wochen dauert, bis eine Siliziumscheibe sämtliche Produktionsschritte durchlaufen hat.

Die Produktion erfordert ein Höchstmaß an Reinraumbedingungen, d.h. die Luft ist so stark gefiltert, wie sie mit der maximalen Verunreinigung in Kirschkerngröße bezogen auf das Volumen des Bodensees vergleichbar wäre. Außerdem muss die Herstellung erschütterungsfrei von Außeneinflüssen, z.B. dem Straßenverkehr erfolgen.

Um diese Produktionsbedingungen zu gewährleisten, wurde die Außenhülle des Fertigungsgebäudes vom eigentlichen Kern der Anlage baulich getrennt errichtet. Die Halbleiterfertigung erfolgt also in einem Gebäude mit besonders massiven Fundamenten, Wänden und Decken, das von einem zweiten Gebäude umhüllt ist.

Im Endausbau, der bis 2016 geplant ist, werden täglich bis zu einer Million dieser nur wenige Millimeter großen Chips entstehen. Dann werden ca. 800 Menschen in der Waferproduktion beschäftigt sein.

Obwohl das ehemalige Werksgelände von Ulrich Gminder in den letzten 50 Jahren völlig umgestaltet wurde, sind noch einige historische Bauteile aus der Jahrhundertwende erhalten geblieben.

Internationale Speditionsunternehmen

Wer über die Autobahn fährt, wird mit ziemlicher Sicherheit den Transportfahrzeugen der Reutlinger Speditionsfirma Willi Betz begegnen. Der Firmengründer hat unmittelbar nach dem Ende des II. Weltkrieges das Unternehmen ins Leben gerufen. Im Jahre 1945 begann Willi Betz auf der Schwäbischen Alb mit einem LKW Lebensmittel, Baumaterial und Kohlen zu transportieren. Zunächst hatte er sein Büro in Undingen, zog aber in den 50er Jahren nach Reutlingen um. Ab den 1960er Jahren begann die internationale Ausrichtung des Fuhrunternehmens. Nach wie vor gehören die Spedition und der Transport von Gütern zum Kerngeschäft, das sich im Laufe der Zeit um das Kontrakt-Geschäft und den Handel erweitert hat.

Seinen Hauptsitz hat das Unternehmen in Reutlingen. Dazu kommen in der Bundesrepublik noch elf weitere eigene Niederlassungen sowie fünf Partnergesellschaften. In zwanzig weiteren Staaten, vorwiegend in Europa, unterhält die Spedition Willi Betz ebenfalls Vertretungen.

Zum Fuhrpark der Firma gehören ungefähr 2 500 LKWs sowie ca. 4 000 Trailer. Die Unternehmensgruppe beschäftigt insgesamt 7 500 Mitarbeiter. Neben nationalen und internationalen Transporten, vor allem innerhalb Europas, aber auch in viele asiatische, arabische und afrikanische Länder werden Spezialtransporte, kombinierte Verkehre und ITT-Transporte durchgeführt. Im Bereich der Osteuropa-Transporte und im Nahostverkehr ist das Unternehmen Marktführer.

Für den Geschäftsbereich Kontrakt-Logistik stehen rund 400 000 m² Lagerfläche an 25 Standorten zur Verfügung. Im Geschäftsbereich Handel ist der Fokus in gut zehn Filialen auf die Vermarktung von Fahrzeugen in Osteuropa gerichtet. Ein besonderer Schwerpunkt liegt auf Bulgarien und Mazedonien, in denen Willi Betz die Marken Mercedes-Benz, Chrysler, Smart, Mitsubishi und Jeep allein vertreibt.

Heute wird die Unternehmensgruppe vom Sohn des Firmengründers Thomas Betz geleitet. Dieser wurde 2008 vom Landgericht Stuttgart wegen Sozialversicherungsbetrugs und Bestechung zu fünf Jahren Haft und einer Geldstrafe von 2,16 Millionen Euro verurteilt. Allerdings wurde die Haftstrafe nach Abschluss des Verfahrens wegen der vorausgegangenen langen Untersuchungshaft zur Bewährung ausgesetzt. Seitdem hat Thomas Betz seinen Wohnsitz in die Schweiz verlegt, wo er in St. Gallen die neue Holding der Unternehmensgruppe aufbaut und leitet.

Die andere internationale Spedition in Reutlingen ist die Firma Hasenauer + Koch. Diese ist wesentlich älter als die Firma Willi Betz; sie kann auf eine über 150jährige Entwicklungsgeschichte zurückblicken. Sie beginnt im Jahre 1859, als dem aus Upfingen stammenden Adam Feucht durch den Eisenbahnanschluss Reutlingens die Idee kam, hierzu ein Fuhrgeschäft zu gründen. Er wurde zum amtlichen Güterbeförderer der Bahn bestellt. Mit „hüh" und „hot" lenkte er sein Pferdegespann über die gepflasterten Straßen der Stadt.

Seine Söhne bauten dann das Geschäft aus; vierspännig transportierte man die Güter bis in die umliegenden Gemeinden von und zum Bahnhof; z.B. Baumwolle zur Spinnerei Unterhausen. Nach damaligem Brauch erhielten die Fuhrleute bei ihrem Arbeitgeber auch Kost und Wohnung.

Im Jahre 1905 verkauften die Brüder Feucht ihr Unternehmen an Carl Hasenauer. Dieser erweiterte das Geschäft auf die Be- und Entladung von Stückgutwaggons und wurde damit zum Rollfuhrunternehmer. Zeitweilig verfügte er über 40 Pferde. Aus gesundheitlichen Gründen war er allerdings gezwungen, den Fuhrbetrieb 1911 zu verkaufen. Die neuen Besitzer, die Herren Weith und Deffner, führten die Firma mit der Bezeichnung „C. Hasenauer Nachf." weiter. Sie erwarben ein 45 ar großes Gelände am Güterbahnhof, bauten ein dreistöckiges Verwaltungsgebäude und geräumige Lagerhallen und erhielten einen direkten Industriegleisanschluss. Nach dem I. Weltkrieg wurden immer mehr LKWs eingesetzt, die nach und nach die Pferdefuhrwerke ersetzten.

Im Jahre 1932 erwarb Gotthilf Deuschle das Transportunternehmen, das er wesentlich vergrößerte und trotz der Zerstörungen am Ende des II. Weltkrieges rasch wieder aufbauen konnte. Schon 1945 wurde der Gütertransport mit Holzgasgeneratoren in die Schweiz aufgenommen. Gotthilf Deuschle baute das Unternehmen zur internationalen Spedition mit europaweiten Verbindungen aus. Sein Schwiegersohn, Dr. Eberhard Benz, trat 1959 in das Unternehmen ein und übernahm 1969 als Mitgesellschafter die Geschäftsleitung. Von 1975 bis 1995 war Dr. Benz auch Präsident der Industrie- und Handelskammer Reutlingen. Für seine Verdienste um die Reutlinger Wirtschaft und die Fachhochschule für Technik und Wirtschaft Reutlingen wurde er 1984 Ehrensenator der Hochschule. 2007 hat Dr. Benz die Geschäftsführung seinem Sohn Alexander übertragen.

Im selben Jahr wurde die Spedition Koch als Tochterunternehmen erworben. Seitdem heißt die Firma Hasenauer + Koch. Zum heutigen Dienstleistungsspektrum des Unternehmens zählen der Transport, der Umzug, die Lagerhaltung (z.B. Einlagerung von Möbeln, die Lagerung von Industriegütern und Aktenlagerung) sowie das Self-Storage von Gütern. Das Logistikunternehmen verfügt über mehr als 100 eigene Fahrzeuge mit einer Vielzahl von Anhängern und Ladebrücken und beschäftigt zurzeit etwa 350 Mitarbeiter.

Städtepartnerschaften

Zwischen 1958 und 1998 hat Reutlingen zu insgesamt sieben Städten in vier Kontinenten Städtepartnerschaften aufgebaut.

Die erste Partnerschaft wurde 1958 mit der französischen Stadt Roanne im Departement Loire, etwa 75 km nordwestlich von Lyon abgeschlossen. Die Stadt hat etwa 33 000 Einwohner. Bei der Industrialisierung Frankreichs hat Roanne, wie Reutlingen in Deutschland, bei der Textilindustrie und in der Reifenherstellung eine besondere Bedeutung erlangt. Seit den 70er Jahren erlebte die Stadt einen wirtschaftlichen Niedergang. Heute sollen der Tourismus und neue Technologien die Wirtschaft wiederbeleben.

Als nächste Städtepartnerschaft kam die Verbindung mit der englischen Stadt Ellesmere Port and Neston 1966 hinzu. Sie liegt in der Grafschaft Chesire und hat ca. 88 000 Einwohner. Die Stadt und ihre Umgebung sind ländlich geprägt.

Dann folgte 1970 die Städtepartnerschaft mit der afrikanischen Stadt Bouaké, die im zentralen Teil der Elfenbeinküste liegt, etwa 100 km von der Hauptstadt Yamoussoukro entfernt. Die Stadt wurde 1910 gegründet, hatte 1921 nur 3 600 Einwohner; heute zählt sie etwa 600 000 Menschen. Zusammen mit den umliegenden Gemeinden zählt die Region um Bouaké ca. 1,5 Mio. Bewohner. Die bedeutendsten Wirtschaftssektoren sind die Land- und Forstwirtschaft und die Textilindustrie. Die Ursprünge dieser Städtepartnerschaft gehen auf die Karl Danzer Furnierwerke zurück, die in der Elfenbeinküste großflächige Konzessionen zum Fällen von Edelhölzern erworben haben und über diese immer noch verfügen.

Die vierte Partnerschaft entstand 1986 mit der schweizerdeutschen Stadt Aarau, dem Hauptsitz des Kantons Aargau. Die Stadt zählt etwa 20 000 Einwohner. In der Zeit der Helvetischen Republik von 1798 bis 1803 war Aarau die Hauptstadt der damaligen Schweiz. Sie ist heute ein bedeutendes Verwaltungs-, Handels- und Dienstleistungszentrum. Die Städtepartnerschaft geht auf Friedrich List zurück, der während seines ersten Exils 1823/24 für neun Monate in Aarau Zuflucht fand. Als infolge der Inflationszeit 1924 der bürgerliche Mittelstand in Deutschland völlig verarmte, übernahm die Stadt Aarau das Patronat für die Not leidende Bevölkerung von Reutlingen. Durch die Einrichtung einer „Suppenküche" wurden 500 Personen des Mittelstandes ein halbes Jahr lang mit Essen versorgt.

Als fünfte Städtepartnerschaft kam 1990 die tadschikische Hauptstadt Duschanbe hinzu. Sie ist das politische, kulturelle und wirtschaftliche Zentrum von Tadschikistan und zählt etwa 720 000 Einwohner. Die wichtigsten Industrien sind die Textil-, Elektro- und Nahrungsmittelindustrie sowie der Maschinenbau.

Ebenfalls im Jahre 1990 wurde auch mit der ungarischen Stadt Szolnok, die an der Theiß liegt und ein wichtiges Tor zur ungarischen Tiefebene, der Puszta, bildet eine Partnerschaft abgeschlossen. Die Stadt zählt ca. 70 000 Einwohner. Sie beherbergt seit Anfang des 20. Jahrhunderts eine blühende Künstlerkolonie.

Als Friedrich List 1844 von dem ungarischen Grafen Joseph Szápary eingeladen wurde, dessen Güter in den Puszten Fegyvernek und Taskony in der Keveseter Gespanschaft zu besuchen, um mit ihm über die Möglichkeiten zur Ansiedlung von deutschen Auswanderern zu sprechen, muss List auf seiner Ungarnreise Ende 1844 auch durch Szolnok gekommen sein.

Ebenfalls auf Friedrich List geht die 1998 vereinbarte Städtepartnerschaft mit der US-amerikanischen Stadt Reading in Pennsylvania zurück. List hatte sich während seines amerikanischen Exils von 1825 bis 1831 knapp 5 Jahre in Reading niedergelassen und dort die Redaktion der deutschsprachigen Zeitung „Der Readinger Adler" übernommen. Reading liegt im südöstlichen Teil von Pennsylvania, ca. 100 km von Philadelphia entfernt. Die Stadt zählt ungefähr 83 000 Einwohner.

Besonders lebendig sind die Städtepartnerschaften mit Roanne, Aarau, Szolnok und Reading, während die drei anderen, insbesondere mit Bouaké und Duschanbe nicht zuletzt wegen der großen Entfernungen und der dortigen politischen Instabilität dagegen zurückstehen.

Kostbarkeiten in den Reutlinger Museen

Zur Dokumentation ihrer historischen und kulturellen Wurzeln unterhält die Stadt Reutlingen mehrere Museen, die einen Besuch lohnen.

Das älteste städtische Museum ist das Heimatmuseum; es wurde 1939 im ehemaligen Pfleghof des Klosters Königsbronn eingerichtet. Es vermittelt Einblicke in die Entwicklung der Stadtkultur vom 12. bis zum 20. Jahrhundert. Mittelalterliche Schätze aus der Kirchengeschichte, insbesondere der Marienkirche, Objekte aus der Zeit der Zünfte und der Frühindustrialisierung, Bürgerporträts aus dem 18. Jahrhundert, Zeugnisse aus der Blütezeit des Reutlinger Buchdrucks sowie Sonderabteilungen für den Reutlinger Nationalökonomen und Eisenbahnpionier Friedrich List und den Schriftsteller Hermann Kurz bilden die Schwerpunkte der ständigen Ausstellung.

Besondere Attraktionen sind die originale Zunftstube der Weingärtner aus dem 18. Jahrhundert, eine Zinngießerwerkstatt, ein Kaufladen von 1870 und ein originaler Luftschutzkeller aus dem II. Weltkrieg.

Dem Heimatmuseum ist ein Industriemagazin angeschlossen, in dem Maschinen aus der Gründerzeit gesammelt und wieder betriebsbereit gemacht werden. Diese Sammlung soll einmal den Grundstock für ein Technikmuseum bilden

Außerdem verfügen die Teilgemeinden Betzingen, Ohmenhausen und Gönningen über eigene heimatkundliche Museen.

Im Jahre 1988 wurde in einem typischen Betzinger Trippelhaus das Betzinger Heimatmuseum eingerichtet. Das „Museum im Dorf" wird als eine Außenstelle des Heimatmuseums Reutlingen betrieben. Die Themenschwerpunkte sind der Betzinger Tracht, den Wohn- und Wirtschaftsräumen eines Bauernhauses im 19. Jahrhundert, der Entwicklung der Landwirtschaft unter besonderer Berücksichtigung des Strukturwandels durch die Industrialisierung, der Dokumentation bäuerlicher Lebensverhältnisse im 19. Jahrhundert sowie der Darstellung der „Betzinger Malschule" gewidmet. Eine Sonderausstellung unterrichtet über das 100jährige Bestehen der Betzinger Apotheke, eine zweite über die beliebten „Liebesgaben" im 19. und in der ersten Hälfte des 20. Jahrhunderts aus Glas und Porzellan, und die dritte Sonderausstellung ist dem Betzinger Maler Karl Digel gewidmet.

Der Stadtteil Ohmenhausen besitzt eine seit 1974 bestehende Heimatstube. Darin werden landwirtschaftliche Geräte, Trachten, Haushaltsgegenstände und Zeugnisse der Volksfrömmigkeit gezeigt.

Der ehemalige Königsbronner Klosterhof von 1278 und 1538; heute Sitz des Heimatmuseums; Foto von J. Feist; Atelier Schumann.

Städtische Iydille im Garten des Heimatmuseums, Foto: E. Wendler.

Der Stadtteil Gönningen verfügt mit dem Samenhandelsmuseum über ein einzigartiges Museum, das es so sonst nirgendwo gibt. Es zeigt Gegenstände und erzählt Geschichten der Samenhändlertradition des Ortes neben vielen Dokumenten und Zeugnissen, welche die Reisen der Gönninger Samenhändler in ganz Europa und darüber hinaus belegen. Außerdem ist die Rekonstruktion einer Samenhändlerpackstube zu sehen.

Neben diesen kulturgeschichtlichen Museen verfügt die Stadt Reutlingen auch über zwei Kunstmuseen.

Das städtische Kunstmuseum im Spendhaus hat sich bei seiner Dauerausstellung auf die Sammlung von Holzschnitten spezialisiert, um insbesondere die Werke von Wilhelm Laage (1868–1930) und HAP Grieshaber (1919–1981) zu präsentieren; beides Künstler, die mit Reutlingen eng verbunden waren. Sie haben ganz wesentlich dazu beigetragen, dass der Holzschnitt zu einem genuinen Medium der modernen Kunst wurde und seine Ausdrucksmöglichkeiten in vielfältiger Weise erweitert.

Das andere Kunstmuseum ist in der ehemaligen Maschinenfabrik Wandel untergebracht. Es sammelt und dokumentiert Kunst des 20. Jahrhunderts, die von den Konzepten der russischen Konstruktivisten über das Bauhaus bis zur Gegenwart reicht.

Das jüngste Reutlinger Museum ist das Naturkundemuseum, das sich im alten Lyceum am Weibermarkt befindet. Sein Schwerpunkt liegt in der erdgeschichtlichen Entstehung der Schwäbischen Alb und des Albvorlandes im Laufe der Jahrmillionen, auf der Siedlungsgeschichte dieses schon vor 40 000 Jahren besiedelten Raumes sowie auf der hier beheimateten Flora und Fauna. Die Sammlung umfasst fünf Wissensgebiete: Mineralogie, Geologie, Paläantologie, Zoologie und Botanik. Die größte Attraktion des Museums ist ein 5 m langes versteinertes Meereskrokodil, das in Ohmenhausen gefunden wurde und sich seit 1894 im Besitz der städtischen Sammlung befindet.

Zwei Raumfahrtpioniere aus Reutlingen

Der 1908 in Hundisburg in Sachsen-Anhalt geborene Friedrich Förster war ein bedeutender Physiker, dessen Forschungen die zerstörungsfreie Werkstoffprüfung begründeten. Er studierte an der Universität Göttingen Mathematik und Physik. Nach seiner Promotion arbeitete Dr. Förster am Kaiser-Wilhelm-Institut für Metallforschung in Stuttgart. Im Jahre 1937 entdeckte er bei der Untersuchung der magnetischen Eigenschaften von Metallen den Einfluss des Magnetfeldes der Erde auf die Prüfspule und begann Messgeräte für magnetische Felder zu entwickeln. Ein Ergebnis war die Erfindung der nach ihm benannten Förster-Sonde, auch Fluxgate-Magnetometer genannt. Im Jahre 1948 kam Förster nach Reutlingen und gründete hier das „Institut Dr. Friedrich Förster Prüfgerätebau".

Die von Friedrich Förster entwickelten elektromagnetischen Verfahren und Geräte dienten und dienen weltweit zur Magnetfeldmessung, zum Aufspüren von Blindgängern und Minen, zur Suche nach antiken Schmuckgegenständen und militärischen Objekten sowie zur Personenkontrolle auf nationalen und internationalen Flughäfen; sie werden aber auch zur Qualitätskontrolle metallischer Erzeugnisse auf ihre richtige Zusammensetzung, Dichte und Schichtdichte sowie zum Auffinden von Oberflächenrissen eingesetzt. Fast die gesamte metallurgische Produktion der Welt wird unter Anwendung dieser Verfahren und Geräte geprüft. Im Laufe seines langen Lebens hat Dr. Förster etwa 100 Patente angemeldet und über 200 wissenschaftliche Veröffentlichungen verfasst.

Im Jahre 1963 wurde die erste Magnetfeld Messeinrichtung von Dr. Förster in einen Satelliten eingebaut. Mariner II erforschte damit u.a. das Magnetfeld der Venus. Später folgten in zahlreichen anderen Projekten weitere Messeinrichtungen für die Raumfahrt; z.B. für die präzise Ausrichtung des Röntgensatelliten Rosat. Sogar auf dem Mond steht eine Förster-Sonde. Prof. Dr. Friedrich Förster hat zahlreiche nationale und internationale Auszeichnungen erhalten, u.a. die Ehrendoktorwürde der Universitäten Karlsruhe und Magdeburg; 1992 erhielt er die höchste Auszeichnung der NASA. Er verstarb 1999 in Reutlingen.

Heute produziert das „Institut Dr. Förster" zahlreiche Messgeräte für die Halbzeug-Prüfung, die Komponenten-Prüfung, die Metall-Detektion & Magnetik sowie mobile Prüf- und Messgeräte. Die Förster-Group unterhält Tochterfirmen in den USA, Brasilien, Großbritannien, Frankreich, Italien und Tschechien.

Prof. Dr. Friedrich Förster.

Der andere Reutlinger Raumfahrtpionier ist Prof. Dr. Ernst Messeschmid, der 1945 in Reutlingen geboren wurde. Am 12.4.1961 startete Yuri Gagarin mit dem Raumschiff „Wostock 1" als erster Mensch ins All. Von dieser Weltraummission war Ernst Messerschmid so fasziniert, dass er sich nach seinem Abitur dazu entschlossen hatte, Physik zu studieren und sich besonders mit der Erforschung des Weltraumes zu befassen.

Nach dem Studium der Physik an den Universitäten Tübingen und Bonn, war Messerschmid drei Jahre lang am CERN in Genf tätig, wechselte dann an die „Deutsche Forschungs- und Versuchsanstalt für Luft- und Raumfahrt" (DLR) nach

Prof. Dr. Ernst Messerschmid.

Pfaffenhofen. Fünfzehn Jahre nach der russischen Weltraummission hörte Messerschmid im Rundfunk, dass auch deutsche Astronauten für einen Weltraumflug gesucht werden. Deshalb bewarb er sich für eine solche Mission.

Er wurde Wissenschaftsastronaut und hat als erster deutscher Astronaut vom 30.10. bis 6.11.1985 an der Spacelab Mission D 1 teilgenommen, die aus einer achtköpfigen Crew bestanden hat. In einer Höhe von 324 Kilometer hat das Weltraumlabor 111 mal die Erde umrundet. Dies war die erste deutsche Weltraummission mit dem europäischen Weltraumlabor Spacelab in einem amerikanischen Space Shuttle. Dr. Ernst Messerschmid und Dr. Reinhard Furrer waren die beiden ersten Astronauten, die gemeinsam mit dem Holländer Wubbo Ockels im Spacelab in der die Erde umkreisenden Challenger arbeiteten. In nur einer Woche führten sie 76 wissenschaftliche Experimente aus den Bereichen Physik, Medizin, Biologie und Navigation durch. Unter den Bedingungen der Schwerelosigkeit wurden u. a. Kristalle gezüchtet, Metalle geschmolzen, Legierungen hergestellt und Pflanzenkeimlinge herangezogen.

Seit 1986 ist Ernst Messerschmid ordentlicher Professor und Direktor des Instituts für Raumfahrtsysteme an der Universität Stuttgart. In dieser Zeit war er auch Dekan und Prodekan der Fakultät für Luft- und Raumfahrttechnik. Außerdem leitete er mehrere Jahre das Europäische Astronautenzentrum der ESA in Köln. Von 2007–10 war Messerschmid Mitglied des Vorstandes des Innovationsrates Baden-Württemberg. Der Raumfahrtpionier hat zahlreiche nationale und internationale Auszeichnungen erhalten. Messerschmid wurde u.a. von der königl.-holländischen Akademie der Wissenschaften ausgezeichnet. Er ist Officer dans l' Ordre des Palmes Académique und Ehrendoktor der TU Dresden. Auch die Astronautenkollegen der NASA zollten ihm großen Respekt.

Seine bei dem Raumflug gewonnenen Eindrücke beschreibt er so: die fantastischen Farben, der Wechsel der Jahreszeiten innerhalb einer dreiviertel Stunde, die wunderschöne Erde, die ihn in seinen Bann zog; dort wo kein Licht hinkommt, sieht man das schwärzeste Schwarz, das man sich vorstellen kann. Dies alles hat bei ihm einen tiefen Eindruck hinterlassen.

Auf die Frage: Welchen Nutzen hat die Weltraumforschung für den Menschen? antwortete Ernst Messerschmid: „Fernseh- und Rundfunksatelliten sind genauso wie die Navigations- und Mobilfunksatelliten nicht mehr wegzudenken. Die Raumfahrt gibt uns die Möglichkeit zu beobachten, wo wir Probleme im Umgang mit der Erde und der Umwelt haben. Die Raumfahrt dient zur Überwachung des Planeten Erde, dem Erhalt der Natur, der Sicherung der Artenvielfalt. Sie ermöglicht neue – ebenso fantastische wie nachdenklich machende – Perspektiven, die auch in kritische Fragen münden."

Zwei Medaillengewinner bei den Olympischen Spielen

Die Zeiten, in denen der Fußballverein SSV 05 Reutlingen der Stadt Ehre machte, sind längst vorbei. Immerhin war die Mannschaft 1954/55 Vizmeister in der Oberliga Süd und qualifizierte sich damit für die Endrunde um die deutsche Meisterschaft. In der Saison 1964/65 spielte man sogar um den Aufstieg in die Fußballbundesliga. 1974 wurde der Verein Deutscher Amateurmeister und im Jahre 2000 gelang der Aufstieg in die zweite Bundesliga. Von da ab ging es allerdings nur bergab. Sportliche und finanzielle Misserfolge und schwere Managementfehler haben den Verein seitdem in eine Dauerkrise gestürzt.

Heute gibt es zwar ein erstklassiges Stadion, in dem sogar schon Länderspiele der Frauenfußballnationalmannschaft ausgetragen wurden, aber beim SSV nur noch eine viertklassige Mannschaft.

In der Zeit, in der der SSV erste Sahne war, hat es hier auch einige erfolgreiche und bekannte Sportler gegeben, die mit Reutlingen in Verbindung gebracht werden.

Der in Betzingen geborene Hans Baltisberger zählte nach dem Kriege als Motorrad-Rennfahrer mit zur Weltspitze. Auf einer NSU Sportmax wurde er in der 250 ccm-Klasse in den Jahren 1955 und 1956 Deutscher Meister. Am 25.8.1956 verunglückte er beim Großen Preis der CSR in Brünn in der Tschechoslowakei tödlich.

Ein anderer Motorfreak, der Textilfabrikant Erich Canz wurde bei den Europameisterschaften für Rennboote in der Klasse „CU", die von der „Union International Motonautique" veranstaltet wurden, in den Jahren 1959 in Venedig und 1961 auf dem Maschsee bei Hannover Europameister. Er hatte sich von dem berühmten Motorbootbauer Molinari am Comer See nach eigenen Plänen ein Rennboot bauen lassen, mit dem er Spitzengeschwindigkeiten von 75 km/h erreichte.

Ebenfalls zweifacher Deutsche Meisterin in jener Zeit war die Reutlinger Schwimmerin Ursel Winkler, die 1958 in den beiden Disziplinen 100 und 400 m Freistil den deutschen Meistertitel holte.

Eine andere in Reutlingen ansässige Sportlerin, die es zu nationalen und internationalen Erfolgen brachte, war die Magdeburgerin Heidi Eisterlehner. Sie gewann im Damentennis mehrere internationale Open und war deutsche Hallenmeisterin.

In jüngster Zeit hat Reutlingen sogar zwei Sportler aufzuweisen, die bei Olympischen Spielen Medaillen gewonnen haben.

Der erste war der Triathlet Stephan Vukkovic, der 2000 bei den Olympischen Spielen in Sydney die Silbermedaille gewonnen hat. Der Triathlon besteht, wie es der Name sagt, aus drei Disziplinen: Schwimmen, Radfahren und Laufen. Die Sportart wurde 2000 erstmals in das olympische Programm aufgenommen. Die olympische Distanz beim Schwimmen beträgt 1,5 km, beim Radfahren 40 km und beim Laufen 10 km.

Stephan Vuckovic.

Die Goldmedaille beim ersten olympischen Wettbewerb sicherte sich der Kanadier Simon Whitfield. Vuckovic errang überraschend die Silbermedaille. Er wurde am 22. Juni 1972 in Reutlingen geboren.

Nach seinem olympischen Erfolg spezialisierte sich der Sportler auf die sog. Langdistanz im Triathlon, die Ironman-Distanz, und erreichte dort bei verschiedenen Rennen sehr gute Platzierungen. Allerdings geriet er in den Verdacht, das Dopingmittel EPO genommen zu haben. Das von der Deutschen Triathlon Vereinigung angestrebte Verfahren wurde aber am 14. Juni 2009 eingestellt.

Der andere Medaillengewinner ist Ole Bischof, der bei den Olympischen Spielen in Peking 2008 im Judo in der Gewichtsklasse bis 81 kg die Goldmedaille gewonnen hat.

Bischof wurde am 27. August 1979 in Reutlingen geboren. Er begann seine Karriere bei der TSG Reutlingen und war vor seinem Olympiasieg schon mehrfach Deutscher Meister und 2005 Europameister.

Ole Bischof bei der Übergabe der Goldmedaille.

Am 12.8.2008 ging Bischof beim Olympischen Judoturnier im Halbmittelgewicht als Sieger hervor. Im Finale bezwang er den Südkoreaner Jaebum Kim durch einen Fußfeger. Zuvor hatte Bischof bereits den amtierenden Weltmeister von 2007, Tiago Camilo aus Brasilien, bezwungen. Bischof studiert Volkswirtschaftslehre an der Universität Köln.

Das kulturelle Spektrum von Reutlingen

Das kulturelle Aushängeschild der Stadt bildet zweifellos die Württembergische Philharmonie, die sich seit ihrer Gründung im Jahre 1945 zu einem international gefragten Orchester entwickelt hat. Der Klangkörper ist eines der drei großen vom Land Baden-Württemberg geförderten Kulturorchester. Höhepunkte in der jüngeren Orchestergeschichte waren eine Japan-Tournee, eine Tournee nach Wien und Südtirol sowie weitere Tourneen nach Ungarn, Italien, in die Schweiz und nach Spanien sowie zahlreiche Gastspiele an deutschen und ausländischen Konzerthäusern und bei Konzert- und Opernfestspielen.. Die dort erzielten Erfolge unterstreichen das hohe künstlerische Niveau und das internationale Ansehen, das sich dieser Klangkörper erworben hat.

Neben den auswärtigen Gastspielen sind natürlich auch die Reutlinger Werkkonzerte zu nennen, bei denen das Orchester sein reiches Repertoire an Opern-, Operetten- und Musicalgalas zu Gehör bringt und vielfach auch renommierte internationale Solisten und namhafte Gastdirigenten präsentiert.

Andere Orchester, die in Reutlingen die klassische Musik pflegen, sind die „Junge Sinfonie", das Kammerorchester Reutlingen und die Gesellschaft der Musikfreunde. Weitere musikalische Akzente setzen die von der Stadt organisierten Musikreihen: der Reutlinger Kammermusik-Zyklus, die Reihe „musica nova" und „Musica Antiqua" sowie der Reutlinger Orgelsommer und das sinfonische Blasorchester mit der Stadtkapelle Reutlingen.

Das Theater-Angebot konzentriert sich auf das Theater in der Tonne und das Naturtheater. Das Theater in der Tonne wurde nach dem Kriege von dem Kunstliebhaber Anton Geiselhart zusammen mit dessen Freund HAP Grieshaber im Keller der Geiselhart-Villa in der Gartenstraße gegründet. Das Theater verfügt gegenwärtig über zwei Spielstätten. Die eine befindet sich im 2. Stock der ehemaligen Heinzelmann-Trikotagenfabrik an der Planie 22 und die andere im mittelalterlichen Natursteingewölbe des Spitalhofes. Das Spektrum dieses Theaters reicht von der Klassik bis zur Moderne, wobei der Schwerpunkt eindeutig bei letzterer liegt, vom Tanz- und Musiktheater bis zur Reutlinger Melange. Neben dem eigenen Ensemble finden auch Gastspiele von ortsansässigen und auswärtigen Theatergruppen statt.

Eine lange Tradition hat auch das Naturtheater Reutlingen, das 1928 mit dem Stück „Die Jungfrau von Orléans" von Friedrich Schiller eröffnet wurde. Auf seiner Freilichtbühne im Wasenwald wird seit Kriegsende jedes Jahr ein neues Stück einstudiert und aufgeführt.

Neben den Reutlinger Schulen stellen die Volkshochschule und die Stadtbibliothek die beiden wichtigsten Institutionen für die Unterhaltung, Aus-, Fort- und Weiterbildung der Reutlinger Bevölkerung dar. Zum breit gefächerten Programm der VHS gehören das Abendgymnasium, die Berufsfachschule für Ergotherapie, die Journalistenschule sowie das Business & Management Institut. Das Kursangebot ist außerordentlich vielfältig und reichhaltig. Die jährlich fast 3 000 Kurse werden von über 27 500 Teilnehmern besucht.

Die Stadtbibliothek ist nicht weniger attraktiv. Sie verfügt über mehr als 320 000 Bücher, Zeitschriften, Zeitungen und elektronische Medien, die jährlich von über 720 000 Besuchern genutzt werden.

Besonders rege und vielfältig ist auch das Vereinsleben. In Reutlingen und seinen Stadtteilen gibt es über 125 Jugendkultureinrichtungen und Vereine, die sich auch rege an den zahlreichen Stadtfesten als Kulturträger beteiligen.

Reutlingen bietet auch gute Möglichkeiten zur Präsentation von künstlerischen Arbeiten. Die Stiftung für konkrete Kunst verfügt über großzügige Ausstellungsräume, in denen bedeutende Kunstausstellungen stattfinden. Der Kunstverein setzt mit seinen Ausstellungen zur zeitgenössischen Kunst weitere Akzente. Daneben gibt es noch private Sammler und Stiftungen, in denen die Kunst gefördert wird.

In den letzten Jahren haben sich hier auch einige Festivals als Kulturevents etabliert. Das Festival „Kultur vom Rande" für Menschen mit und ohne Behinderung ist in seiner spezifischen Ausrichtung in Süddeutschland einzigartig.

Seit der Landesgartenschau im Jahre 1984 werden vom Kulturamt der Stadt vierzehntätig kostenlose Stadtführungen am Freitag-Nachmittag und Sonntag-Morgen angeboten. Außerdem können in der Regel 1- bis 2stündige Führungen über die Tourist-Information gebucht werden. Die Reutlinger Stadtmarketing und Tourismus GmbH. bietet auch die Möglichkeit, Touren über Reutlingen auf das GPS-Gerät oder ein GPS-fähiges Handy herunter zu laden. Die Satellitenansicht oder ein animierter 3D-Flug verschaffen ebenfalls eine interessante Sichtweise auf die reizvolle Vielfalt Reutlingens und der hiesigen Region.

Auch Cineasten kommen hier auf ihre Kosten. Das „Cineplex Planie" ist ein modernes Kino. Neben den klassischen Filmvorführungen gibt es dort an zwei Tagen in der Woche das Programm des Jugendfilmclubs Reutlingen. Dieser dient vor allem jungen Filmemachern als Plattform für neue Projekte, die sonst kaum den Weg auf die Kinoleinwand schaffen würden.

Ein anderes Erlebnis bietet das Open-Air-Kino. Im idyllischen Innenhof des Spitalhofes werden in den Sommerferien an zwölf Abenden Filmklassiker, Kassenschlager und Dokumentarfilme gezeigt.

Einen festen Platz im kulturellen Angebot der Stadt hat auch der 1963 gegründete Jazzclub in der Mitte, in der Gartenstraße 36. Er gehört zu den ältesten Clubs seiner Art in Deutschland. Die selten gewordene Atmosphäre im rustikalen Gewölbekeller lädt Freitags und Samstags zur Live-Musik ein. Neben Musikern aus der Region schätzen auch nationale und ausländische Künstler die Stimmung „in der Mitte."

Schließlich soll auch noch die Gastronomie erwähnt werden. Von den gutbürgerlichen Gasthöfen mit schwäbischer Küche über die Feinschmeckergastronomie bis zur internationalen Küche; – ob Arabisch, Asiatisch oder mediterrane Küche – für jeden Geschmack gibt es die passenden Spezialitätenrestaurants.

Reutlingen bietet also ein breites kulturelles Spektrum, wie man es heute von einer Großstadt erwartet.

Neue städtebauliche Akzente aus der jüngeren Vergangenheit

Das Stadtbild ist wie ein fließendes Gewässer in ständigem Wandel begriffen. Abriss, Restaurierung, Modernisierung und Neubauten kennzeichnen die Veränderungen in der Altstadt und in den angrenzenden Wohngebieten. Sie ergänzen sich mit der Verbesserung der Infrastruktur und der Erschließung neuer Baugebiete zum komplexen Phänomen der Stadtentwicklung. Dabei gibt es wie überall, wo Menschen am Werke sind, positive und negative Beispiele.

Welches sind nun die wichtigsten städtebaulichen Veränderungen, die im Bereich der Altstadt und den angrenzenden Stadtteilen in jüngerer Vergangenheit neue Akzente gesetzt haben und für die Lebendigkeit der Reutlinger Stadtentwicklung sprechen?

Die beiden wichtigsten Infrastrukturmaßnahmen waren die Schaffung der Fußgängerzone im Bereich des Marktplatzes sowie in der Wilhelm- und Katharinenstraße und die Verlegung des Omnibusbahnhofes in den Bereich der Unteren Lederstraße. Durch beide Maßnahmen hat die Innenstadt zweifellos eine starke Aufwertung erfahren und die Bedeutung der Wilhelmstraße als Haupteinkaufsstraße gestärkt. Ein neuer Anziehungspunkt ist die Müller-Galerie und die dort ansässige Niederlassung der schweizerischen Migros-Genos-

Die renaturierte Echaz im Frühling; Foto: E. Wendler.

senschaft. Reutlingen hat dadurch die vierte Niederlassung der Migros in Baden-Württemberg erhalten.

Leider ist die früher vorherrschende Vielfalt an Einzelhandelsgeschäften in der gesamten Innenstadt zurückgegangen.

Neue städtebauliche Ensembles wurden z.B. mit dem Bau der Kaiserpasssage und der Kernstadterweiterung im Bereich der Oberen Wässere geschaffen. Dort stellen zweifellos die neue Markthalle und das medizinische Rehabilitationszentrum gelungene architektonische und der Verbesserung der Lebensqualität dienende moderne Einrichtungen dar.

Auch die Renovierung und Nutzung der „alten Mühle" an der Echaz sowie deren Renaturierung von der Oberen Wässere bis zum alten Feuerwehrhaus sind positive Beispiele aus der jüngeren Stadtentwicklung. In diesem Zusam-

Partie an der „Alten Mühle"; Foto: E. Wendler.

menhang ist auch die Pomologie zu nennen, die anlässlich der Landesgartenschau 1984 der Bevölkerung zugänglich gemacht und mit einer Brücke über die Alteburgstraße mit dem Volkspark verbunden wurde. Dadurch ist eine große grüne Lunge entstanden, die den Bewohnern der Stadt vielfältige Gelegenheiten zur Naherholung bietet.

Im Bereich der Oberen Lederstraße sind vor allem der Neubau der Stadtbibliothek und der Volkshochschule sowie das renovierte Spendhaus und das von Grund auf sanierte Matthäus-Alber-Haus zu nennen, das auch das Dekanat als geistiges und administratives Zentrum der evangelischen Kirchengemeinde beherbergt. Die katholische Kirchengemeinde hat im Bereich der St. Wolfgangskirche ebenfalls neue städtebauliche Akzente gesetzt.

Es ist auch zu erwarten, dass das alte Feuerwehrhaus an der Lederstraße nach dessen Umbau und der baulichen Erweiterungen ein neues Schmuckstück werden wird.

In den Hauptgeschäftsstraßen, der Wilhelm-, Metzger-, Katharinen- und Kanzleistraße hat sich das Stadtbild durch zahlreiche Neubauten grundlegend verändert. Es handelt sich dabei durchweg um moderne Zweckbauten aus Glas und Beton, bei denen für meinen Geschmack die künstlerische und kreative Originalität oft zu wünschen übrig lässt.

Auch in den außerhalb der Altstadt gelegenen Wohngebieten wurde und wird ständig gebaut, verändert, modernisiert und erweitert. Und überall sind neue kommunale bzw. dem Gemeinwesen dienende Bauten und Gebäudekomplexe entstanden. Beispielhaft seien die stattlichen Klinikbauten am Steinenberg erwähnt, durch die das Kreisklinikum den modernsten Anforderungen gerecht wird. In seinem näheren Einzugsgebiet wurden außerdem zahlreiche Wohngebäude erstellt, die vor allem für das Ärzte-, Pflege- und Verwaltungspersonal neue Wohnmöglichkeiten bieten. Ähnliches gilt für den Bereich Hohbuch und das Wohngebiet „Schafstall". Mit der Expansion der Hochschule wurden neue Lehr- und Forschungsgebäude errichtet, um den Hochschulcampus attraktiv zu machen und den Bedürfnissen entsprechend auszubauen. In diesem Zusammenhang wurden auch Wohnheime zur Unterbringung von Studenten und Gastdozenten gebaut. Der angrenzende „Schafstall" bietet vielen jungen Familien und vor allem Mitarbeitern der Robert Bosch GmbH. vielfältige Niederlassungs- und Wohnmöglichkeiten.

Eine völlige Umgestaltung hat auch das Wohngebiet in der äußeren Ringelbachstraße nach dem Abzug der französischen Besatzung durch den Abriss bzw. die Modernisierung und Umwidmung der Kasernen und der Franzosenwohnungen erfahren. Im ganzen Stadtgebiet wurden auch für die Schulen zahlreiche Neubauten (z.B. das Isolde-Kurz- und das Kepler-Gymnasium) oder Anbauten für zusätzliche Unterrichts- und Aufenthaltsräume (z.B. Mensen) erstellt. Besonders weitläufig hat sich das Schulzentrum mit dem Theodor-Heuss-Gymnasium, der Laura-Schradin-Schule und dem Ferdinand v. Steinbeiss-Berufsschulzentrum entwickelt. Auch das Friedrich List-Gymnasium wurde von Grund auf saniert und renoviert.

Natürlich haben ebenso die Parkhäuser, z.B. an der Lederstraße oder auf dem Gelände des ehemaligen Zwiefalter Klosterhofes oder die zahlreichen Tiefgaragen das Stadtbild erheblich verändert, ganz zu schweigen von dem Moloch des Massenverkehrs, der sich wie eine Lawine täglich durch unsere Straßen wälzt. Auch die monumentalen Gebäudekomplexe der hier ansässigen Kreissparkasse (z.B an der Tübinger Straße) und der Großbanken haben in erheblichem Maße zur Veränderung des Stadtbildes beigetragen.

In diesem Zusammenhang ist auch die Erschließung des Industriegebietes „Mark West" zu erwähnen, das praktisch von der Ortsgrenze von Ohmenhausen bis zur Ortsgrenze von Jettenburg eine durchgängige großflächige Ansiedlung von Industrie-, Handels- und Dienstleistungsunternehmen ermöglichte und zusammen mit den vielen Verbraucher- und Baumärkten ein Riesenangebot an Einkaufs- und Erwerbsmöglichkeiten geschaffen hat. Ähnliches gilt auch für das Industriegebiet zwischen Pfullingen und Reutlingen sowie für das Industriegebiet „In Laisen", wo ebenfalls zahlreiche Firmen ihre Niederlassungen errichtet und Reutlingen wieder zu einem attraktiven Wirtschaftsstandort gemacht haben.

Auch das Zusammenwachsen von Orschel Hagen und Rommelsbach soll hier nicht unerwähnt bleiben.

Die jüngsten Großbaustellen im Stadtgebiet waren bzw. sind der Neubau der Tribüne des Stadions an der Kreuzeiche, der Bau des neuen Halbleiterwerkes der Robert Bosch GmbH, der Bau der Stadthalle und des Scheibengipfeltunnels. Alle diese Bauten waren und sind mit weiteren nachhaltigen Veränderungen des Stadtbildes verbunden.

Andererseits sind aber auch negative Entwicklungen zu verzeichnen. So gibt es auch Einkaufszentren (z.B. die Echazpassage) oder kommunale Wohngebiete, die von der Bevölkerung nur mäßig angenommen werden. In den Seitenstraßen der Innenstadt findet man bei den Läden zahlreiche Leerstände bzw. große Fluktuationen bei den Ladengeschäften. Ähnliches gilt für viele Büroetagen. Als Beispiele seien dafür das überdimensionierte Gebäude der Telekom an der Karlstraße oder des Postamtes für den Brief- und Paketverkehr genannt.

Welche tief greifenden Auswirkungen der demografische Wandel für den Städtebau und die Stadtentwicklung in den nächsten 20 bis 50 Jahren auch in Reutlingen haben wird, lässt sich heute noch gar nicht ermessen. Sicher ist nur, dass auch dafür das Motto von Friedrich List Gültigkeit hat, das er über seine sog. zweite Pariser Preisschrift von 1837 stellte: „Le monde marche – Die Welt bewegt sich."

Derzeitige Projekte, die für die künftige Stadtentwicklung von Bedeutung werden können, sind Stuttgart 21 und die von der SPD propagierte Regional-Stadtbahn Neckar-Alb. Mit Hilfe der Stadtbahn sollen nach dem Beispiel des Karlsruher Modells der öffentliche Personennahverkehr und die gesamte Verkehrssituation in der Region nachhaltig verbessert sowie insbesondere die Innenstadt von Tübingen und Reutlingen besser miteinander vernetzt werden.

Die Hochschule Reutlingen und ihre Internationalität

Die „Hochschule Reutlingen" oder „Reutlingen University" – wie sie international heißt, ist aus der 1855 gegründeten Webschule, dem späteren Technikum für Textilindustrie, der Staatl. Ingenieurschule und letztlich aus der Fachhochschule für Technik und Wirtschaft hervorgegangen. Sie wurde wie alle Fachhochschulen in Baden-Württemberg 2010 in „Hochschule für angewandte Wissenschaften" (HaW) umbenannt und bietet gegenwärtig in fünf Fakultäten 22 Bachelor- und 16 Masterstudiengänge an; und das Studienspektrum erweitert sich laufend. Die fünf Fakultäten bilden die „Angewandte Chemie", die „ESB Business School", die „Informatik", die „Technik" sowie „Textil & Design". Aufgrund ihrer hohen Anzahl an ausländischen Hochschulpartnerschaften und ausländischer Studierender von 25 % wurde die Hochschule 2009 vom Deutschen Akademischen Austauschdienst (DAAD) als „internationalste Hochschule in Deutschland" ausgezeichnet.

Allen Fakultäten ist gemeinsam, dass die dort lehrenden und forschenden Professorinnen und Professoren aus der Praxis kommen, nahezu ausnahmslos über mehrjährige Auslandserfahrung in der Wirtschaft oder an ausländischen Universitäten verfügen (vielfach auch beides) und ihre Lehrinhalte mit der Wirtschaft abstimmen. Außerdem gehören Auslandssemester und integrierte praktische Studiensemester zum Pflichtprogramm des Studiums, die von den Studierenden vielfach im Ausland absolviert werden müssen oder freiwillig dort abgeleistet werden. Ferner sind die Abschlussarbeiten durchweg praktische Forschungsprojekte, die in Zusammenarbeit mit einem Unternehmen durchgeführt werden.

Die Fakultät „Angewandte Chemie" kooperiert mit verschiedenen Forschungseinrichtungen und bietet in einem Career Center fachliche Unterstützung für den beruflichen Einstieg der Absolventen sowie zur Fort- und Weiterbildung. Wie auch die anderen Fakultäten der Hochschule, so hat auch die Chemie zahlreiche ausländische Partnerschaften, z.B. mit der Donghua Universität in Shanghai/China, die in Zukunft noch stärker ausgebaut werden soll. So studieren pro Jahr bis zu 15 junge Chinesen in Reutlingen. Im Gegenzug nimmt auch die chinesische Universität Reutlinger Studierende auf, und diese können zudem einen Doppelabschluss erwerben.

Die „ESB Business School" ist eine der bekanntesten und renommiertesten betriebswirtschaftlichen Fakultäten in Deutschland, die seit Jahren im Hochschulranking von Zertifizierungsagenturen und in der Fachpresse Spitzenplätze belegt. Seit 2004 hält die ESB Business School den ersten Platz im internationalen CHE-Hochschulranking. Beim jüngsten Hochschulranking der Wirtschaftswoche wurde sie ebenfalls wieder auf Platz eins gesetzt.

Aufgrund ihrer vielen gemischt nationalen und binationalen Studiengänge, die in Kooperation mit über 100 internationalen Hochschulpartnerschaften in allen fünf Kontinenten durchgeführt werden, hat die Fakultät mit 35 % einen besonders hohen Anteil ausländischer Studierender.

Eine ausgeprägte Besonderheit sind die zahlreichen Double-Degree-Programme, bei denen die Absolventen sowohl den deutschen Studienabschluss (Bachelor oder Master), als auch den Abschluss der Partnerhochschule erwerben können.

In didaktischer Hinsicht praktiziert die ESB Methodenvielfalt, u.a durch Fallstudien, Praxisprojekte, Gastreferenten und -dozenten, Tutoren und E-Learning. Sowohl die Studierenden, als auch die Absolventen (Alumni) zeichnen sich durch ein hohes soziales Engagement, die jährliche Organisation von Firmenmessen und Wirtschaftsforen und ein internationales Kontakt- und Kommunikationsnetz aus.

Die Fakultät „Informatik", bei der der Lehr- und Forschungsschwerpunkt auf der Wirtschaftsinformatik liegt, erreicht im Hochschulranking sowohl bei den Bachelor-, als auch bei den Masterabschlüssen ebenfalls seit Jahren Spitzenpositionen.

Der jüngste Studiengang der Informatik ist das Studienangebot in „Medizinisch-Technischer Informatik". In diesem Studiengang werden Informatiker ausgebildet, die neben den klassischen Informatikkompetenzen eine besondere Ausbildung in der medizinisch-technischen Informatik erhalten. Um auch im medizinischen Bereich einen hohen Standard zu erreichen, arbeitet die Fakultät eng mit medizinischen Einrichtungen zusammen.

Die Fakultät „Technik" bietet Studiengänge im Maschinenbau, in der Mechatronik, im Internationalen Projektingenieurmanagement sowie in der Leistungs- und Mikroelektronik an. Für das hohe Leistungsniveau spricht auch, dass ein Hochschulteam dieser Fakultät (Die Reutlinger Löwen) im Roboterfussball 2009 in Graz Weltmeister und 2010 in Singapur Vizeweltmeister geworden ist.

Der Master-Studiengang Leistungs- und Mikroelektronik wurde speziell für das Robert Bosch-Zentrum für Leistungselektronik (RBZ) konzipiert. Dieses Zentrum soll mit speziellen Studiengängen und Forschungsprojekten an der

Hochschule Reutlingen und an der Universität Stuttgart dafür sorgen, dass dem Konzern und anderen Unternehmen die dringend benötigten Elektronik-Ingenieure zur Verfügung gestellt werden. Die Absolventen sind in der Lage, mit modernen Software-Werkzeugen komplexe Chips zu entwickeln.

Die Fakultät „Textil & Design" führt die textile Tradition des Technikums in modernen Studiengängen fort. Sie bietet Studiengänge in den Bereichen International Fashion Retail, Textildesign/Modedesign, Technologie/Textilmanagement sowie Transportation Interior Design an, wie es sie sonst in Deutschland nicht gibt.

Die Studien- und Abschlussarbeiten unterstreichen das hohe künstlerische Niveau und die Kreativität, die in diesen Studiengängen angestrebt wird. Beim Studiengang Transportation Interior Design werden die neuesten Trends zur innovativen Gestaltung von Fahrzeuginnenräumen entwickelt.

Im Laufe der Zeit hat die Hochschule ein internationales Netzwerk von über 120 Hochschulpartnerschaften aufgebaut. Enge Kontakte zur Wirtschaft, zu global agierenden Konzernen wie auch zur leistungsstarken mittelständischen Wirtschaft sowie die rührigen Alumnivereinigungen unterstützen die Lehre und erleichtern den Absolventen den Einstieg in das Berufsleben. Zu der engen Zusammenarbeit mit der Wirtschaft zählt auch die enge Kooperation mit der hiesigen Industrie- und Handelskammer.

Die Hochschule verfügt über einen reizvollen Campus, der aus 17 Gebäuden besteht. Auf dem Campus sind aktuell ca. 160 Professorinnen und Professoren und über 100 wissenschaftliche Mitarbeiter sowie fast 300 Mitarbeiter in der Verwaltung beschäftigt. Die Zahl der Studierenden beträgt gegenwärtig (im Sommer-Semester 2011) ca. 4 500 mit steigender Tendenz; davon sind ungefähr 950 Studenten mit einer ausländischen Staatsangehörigkeit. Eine bunte Mischung an Kulturen, Sprachen und Meinungen ist auf dem Campus allgegenwärtig.

Die Bundesfamilienministerin, Dr. Kristina Schröder, hat der Hochschule 2010 das Zertifikat „Familienfreundliche Hochschule" verliehen, weil der Campus über eine eigene Kindertagesstätte, ein internationales Austauschprogramm für Hochschulmitarbeiterinnen und –mitarbeiter, flexible Arbeitszeitmodelle und eine Spielecke im Studierendenbüro verfügt. Zu den zahlreichen Aktivitäten der Studierenden außerhalb ihres Studiums gehören Theateraufführungen, Workshops, ESB-Radler bei Carmen Nebel, kulinarische Abende aus aller Welt und vieles andere mehr.

Zwei Reutlinger Oberbürgermeister als Präsidenten des Städtetages

Der erste Reutlinger Oberbürgermeister, der nach den Zerstörungen des II. Weltkrieges den Wiederaufbau leitete, war Oskar Kalbfell. Er wurde am 21.10.1897 als Sohn eines Metzgermeisters in Betzingen geboren. Nach dem Besuch der Volksschule absolvierte er zunächst eine technische Lehre als Optiker und Feinmechaniker und dann eine kaufmännische Lehre. Vor der Machtübernahme der Nationalsozialisten war Kalbfell von 1922 bis 1933 als SPD-Mitglied im Reutlinger Gemeinderat. Gleichzeitig war er als Prokurist in einer Metzinger Gerberei und von 1927 bis 1937 als Geschäftsführer in einem Reutlinger Bauunternehmen tätig.

Im April 1933 gehörte Oskar Kalbfell als SPD-Mitglied zu den ersten, die im Konzentrationslager Heuberg inhaftiert wurden. Er wurde nach neun Wochen wieder freigelassen, legte aber nach seiner Entlassung sein Gemeinderatsmandat nieder.

Oskar Kalbfell, Porträtgemälde von Werner Höll von 1950; aus: Stadtarchiv Reutlingen: „Ein Mann der Tat" – Oskar Kalbfell zum Hundertsten, Reutlingen 1997, Seite 15.

Im November 1939 stellte er zwar einen Aufnahmeantrag in die NSDAP, wurde aber wegen politischer Unzuverlässigkeit abgelehnt. Während des Krieges führte er mit Georg Allmendinger eine örtliche Widerstandsgruppe an.

Am 20. April 1945 trat Kalbfell mutig mit einer weißen Flagge den anrückenden französischen Truppen entgegen, um die Stadt kampflos zu übergeben und weitere Zerstörungen und Blutvergießen zu vermeiden. Dies ist ihm nicht ganz gelungen, denn beim Einmarsch kamen doch noch mehrere Personen ums Leben.

Am 2. Mai 1945 wurde Kalbfell vom französischen Militärkommandanten als kommissarischer Oberbürgermeister und Landrat eingesetzt. Die „Ära-Kalbfell", wie seine Regierungszeit genannt wird, war vom Wiederaufbau der Stadt und ihrer Industrie, von der Erschließung neuer Siedlungen für Flüchtlinge und Heimatvertriebene und kulturellen Weichenstellungen geprägt. Dabei wurden zweifellos auch Fehler gemacht, die heute nur noch aus der damaligen Notsituation zu verstehen sind.

1949 wurde Oskar Kalbfell von den Bürgern zum Stadtoberhaupt gewählt; gleichzeitig war er von 1949 bis 1953 Landtags- und Bundestagsabgeordneter des Wahlkreises Reutlingen. Oskar Kalbfell hat die Verbesserung der bestehenden Schulen und die Gründung neuer Schulen maßgeblich gefördert. Er hat die Westdeutsche Gerberschule nach Reutlingen geholt und ihm war die Gründung der Pädagogischen Hochschule zu verdanken, die auf einem neu geschaffenen attraktiven Hochschulcampus errichtet wurde. Als die PH nach Ludwigsburg verlegt wurde und nur noch die Sonderpädagogik in Reutlingen verblieben ist, konnte die Fachhochschule für Technik und Wirtschaft den Campus übernehmen. Ohne dieses Erbe wären die Entstehung der „Hochschule Reutlingen" und ihr heutiger internationaler Ruf kaum vorstellbar. Auch das Theater und die Reutlinger Philharmonie verdanken ihre Entstehung zu einem erheblichen Teil dem Engagement von Oskar Kalbfell.

Lieblingsgebiete von Oskar Kalbfell waren der Sport und die Kunst. Ihm verdankt die Stadt die Entstehung neuer Sportstätten, insbesondere das Stadion an der Kreuzeiche, das Freibad am Markwasen und den Bau von Turnhallen. Auch die Verwendung des Spendhauses als Kunstmuseum geht auf Kalbfell zurück, ebenso der Ausbau der Volkshochschule. Dabei ging es ihm vor allem darum, dass die Jugend am Sport und an der Kultur regen Anteil nimmt. Bis ins hohe Alter pflegte er selbst den alten römisch Grundsatz „mens sana in corpore sano" – in einem gesunden Körper wohnt ein gesunder Geist. Bis ins hohe Alter machte er gerne vor, wie gut er den Hand- und Kopfstand beherrschte.

Oskar Kalbfells Wirken reicht aber weit über seine lokale Bedeutung hinaus. Schon 1949 wurde er in den Hauptausschuss des Deutschen Städtetages berufen. Von 1954 bis 1957 war er Vorsitzender des Städtetages Baden-Württemberg, von 1957 bis 1969 mit einer kurzen Unterbrechung stellvertretender Vorsitzender dieses Gremiums und von 1969 bis 1972 gehörte er dessen Vorstand an. Diese und weitere Funktionen unterstreichen, welche Wertschätzung Oskar Kalbfell auch außerhalb Reutlingens entgegengebracht wurde.

Insgesamt leitete er 28 Jahre lang die kommunalpolitischen Geschicke der Stadt. Für seine Verdienste wurde er 1973 mit dem Ehrenbürgerrecht der Stadt Reutlingen und ein Jahr später mit der gleichen Ehre durch die französische Partnerstadt Roanne geehrt. Oskar Kalbfell ist am 5.11.1979 nach längerer Krankheit in Reutlingen gestorben.

Das zweite Reutlinger Stadtoberhaupt, das an die Spitze des baden-württembergischen Städtetages berufen wurde, ist die derzeitige Oberbürgermeisterin, Frau Barbara Bosch.

Die parteilose Kommunalpolitikerin wurde am 5. September 1958 in Stuttgart geboren. Nach dem Abitur studierte sie Politikwissenschaften und Kunstgeschichte. Vor und während des Studiums war sie in der Verwaltung und als Dozentin an der Hochschule für Gestaltung in Schwäbisch Gmünd tätig. Im Jahre 1990 wurde Barbara Bosch Leiterin des Sozialamtes der Stadt Fellbach und 1997 Beigeordnete mit der Amtsbezeichnung „Bürgermeister". Am 23. 2. 2003 wurde sie als Gegenkandidatin des Amtsinhabers Dr. Stephan Schultes zur Oberbürgermeisterin der Stadt Reutlingen gewählt. In ihrer ersten

Die amtierende Oberbürgermeisterin der Stadt Reutlingen Frau Barbara Bosch.

Amtsperiode hat sich Frau Bosch vor allem um die verfahrene Situation bei der Planung des Kongresszentrums bzw. der Stadthalle und beim Scheibengipfeltunnel um sachgerechte Lösungen bemüht und die Bürger in die Entscheidungsprozesse des Gemeinderates eingebunden. Dass diese beiden Großprojekte schließlich ohne nennenswerte Bürgerproteste in die Tat umgesetzt wurden, ist zu einem wesentlichen Teil dem diplomatischen Geschick und der Entschlossenheit des Stadtoberhauptes zu verdanken. Außerdem hat sich Frau Bosch in ihrer ersten Amtszeit u.a. bei der Kinderbetreuung, bei der Verkehrsberuhigung durch die flächendeckende Einführung der Tempo 30 Zonen, beim Ausbau des kulturellen Angebotes (z.B. der Sanierung von franz K.), beim Aufbau der Schülerförderung durch die Nachmittagsbetreuung und die Versorgung mit Mittagessen verdient gemacht.

Kurz vor Beginn ihrer zweiten Amtsperiode im Februar 2011, bei der Frau Oberbürgermeisterin Bosch praktisch ohne Gegenkandidat mit überwältigender Mehrheit wieder gewählt wurde, hatte sie der Städtetag von Baden-Württemberg zu seiner Präsidentin berufen und damit die hohe Wertschätzung, die sie auch außerhalb der Stadt genießt, unter Beweis gestellt.

Kabinettsmitglieder aus dem Wahlkreis Reutlingen

Aus dem Wahlkreis Reutlingen sind nach dem Krieg vier Landesminister, zwei Bundesminister sowie ein Staatssekretär in ein Kabinett berufen worden.

Der erste war Eugen Wirsching. Der 1891 in Ulm geborene Politiker, gehörte zu den Gründern der CDU in Reutlingen. Er wurde 1947 in den Landtag von Württemberg-Hohenzollern gewählt, dem er bis 1952 angehörte. In der von Staatspräsident Lorenz Bock geführten Regierung war er Arbeitsminister; 1949 übernahm Wirsching zusätzlich das vakante Wirtschaftsressort. Mit der Gründung des Südweststaates Baden-Württemberg endete 1952 seine Amtszeit als Minister. Er blieb aber noch bis 1960 Mitglied des baden-württembergischen Landtages. Wirsching ist 1983 in Reutlingen verstorben.

Der zweite ministrable Landespolitiker aus Reutlingen war Eduard Leuze von der FDP/DVP. Der 1906 in Freudenstadt geborene Jurist und Politiker, war von 1952 bis 1953 Abgeordneter des Deutschen Bundestages und von 1956 bis 1972 Abgeordneter des Wahlkreises Reutlingen im Landtag von Baden-Württemberg. Während dieser Zeit war er von 1960 bis 1966 Wirtschaftsminister. Leuze starb 1973 in Reutlingen.

Der dritte Reutlinger Landesminister war Hermann Schaufler. Der studierte Jurist wurde 1947 in Tübingen geboren. 1980 zog er als Abgeordneter in den Landtag ein, dem er bis 2001 angehörte. Von 1989 bis 1992 war er im Kabinett von Lothar Späth Wirtschaftsminister. Danach von 1992 bis 1998 Verkehrs- und ab 1996 zusätzlich noch Umweltminister. Wegen einer Spendenaffäre für den SSV 05 Reutlingen wurde Hermann Schaufler vom Landgericht Offenburg zu zwei Geldstrafen verurteilt. Zu Beginn dieses Verfahrens sah sich der CDU-Politiker gezwungen, im Oktober 1998 seine Ministerposten und Parteiämter aufzugeben.

Dieter Hillebrandt, der 1951 in Markdorf geboren wurde, ist seit 2001 direkt gewählter Abgeordneter des Wahlkreises Reutlingen. Von 2004 bis 2005 war der CDU-Politiker Politischer Staatssekretär im Umwelt- und Verkehrsministerium, anschließend Staatssekretär im Finanz- und dann im Arbeits- und Sozialministerium in den Kabinetten von Günther Öttinger und Stefan Mappus.

Der erste Bundespolitiker des Wahlkreises, der in ein Regierungsamt berufen wurde, war der Bundestagsabgeordnete Anton Pfeifer. Der in Villingen 1937 geborene Jurist war von 1967 bis 2002 Mitglied des Deutschen Bundestages. Nach der Wahl von Helmut Kohl zum Bundeskanzler holte ihn dieser 1982 als Parlamentarischer Staatssekretär beim Bildungs- und Wissenschaftsministerium in seine Regierung. Nach der Bundestagswahl von 1987 fungierte Anton Pfeifer als Staatssekretär beim Familien- und Gesundheitsministerium und 1991 wurde er zum Staatsminister im Bundeskanzleramt ernannt. Diese Position hielt der CDU-Politiker bis zu seinem Ausscheiden aus dem Deutschen Bundestag inne.

Der zweite Bundesminister aus dem Wahlkreis Reutlingen, den Helmut Kohl in sein Bundeskabinett geholt hat, ist Helmut Haussmann. Er wurde 1943 in Tübingen geboren. Nach dem Abitur studierte Haussmann Wirtschafts- und Sozialwissenschaften in Tübingen, Hamburg und Nürnberg. Nach dem Abschluss seines Studiums war er zunächst in der freien Wirtschaft tätig, ehe er 1975 in Nürnberg zum Dr. rer. pol. promoviert wurde. Von 1976 bis 2002 war er für den Wahlkreis Reutlingen für die FDP/DVP Mitglied des Deutschen Bundestages. In dieser Zeit übernahm er von 1984 bis 1988 den Posten des Generalsekretärs der FDP. Danach wurde er von Helmut Kohl als Bundesminister der Wirtschaft in seine Regierung berufen. Seit 2010 ist Helmut Haussmann außerplanmäßiger Professor an der Wirtschaftswissenschaftlichen Fakultät der Universität Tübingen.

Der jüngste Landesminister des Wahlkreises Reutlingen ist Dr. Nils Schmid. Der SPD-Politiker wurde 1973 in Trier geboren. Nach dem Zivildienst in einem Altenheim studierte er an der Universität Tübingen Rechtswissenschaft. Sein Studium schloss er 1999 mit dem Ersten und 2001 mit dem Zweiten juristischen Staatsexamen ab. Seitdem ist Nils Schmid als Rechtsanwalt zugelassen. Seine Promotion zum Dr. jur. erfolgte 2006 am Lehrstuhl des berühmten Staatsrechtlers Prof. Dr. Ferdinand Kirchhof, dem Vizepräsidenten des Bundesverfassungsgerichts, an der Universität Tübingen.

Seit 1991 ist Nils Schmid Mitglied der SPD. Im Jahre 1997 rückte er als Nachfolger von Werner Weinmann, der an einem Herzinfarkt verstarb, im Wahlkreis Nürtingen in den Landtag von Baden-Württemberg ein. Hier war er ab Juni 2001 finanzpolitischer Sprecher der SPD-Landtagsfraktion. Nach einem erneuten Einzug in den Landtag von 2006 rückte der Finanzexperte Dr. Nils Schmid zum stellvertretenden Vorsitzenden der SPD-Landtagsfraktion auf. Am 16.10.2010 wurde er dann auf dem Landesparteitag der SPD mit überwältigender Mehrheit zum Spitzenkandidaten seiner Partei für die Landtagswahl von 2011 und damit als Herausforderer des amtierenden Ministerpräsidenten Stefan Mappus nominiert. Dabei stellte sich Nils Schmid im Wahlkreis Reutlingen zur Wahl.

Aufgrund des Wahlergebnisses kam es zur Abwahl der bisherigen Regierungskoalition und zur Bildung der ersten grün-roten Regierung in Baden-Württemberg, ja in der ganzen Bundesrepublik. Im neuen Landeskabinett unter dem Ministerpräsidenten Winfried Kretschmann hat Dr. Schmid das Wirtschafts-

und das Finanzministerium übernommen. Gleichzeitig ist er stellvertretender Ministerpräsident. Außerdem ist er Parteivorsitzender der Landes-SPD.

Damit hat der Wahlkreis Reutlingen wieder eine gewichtige Stimme in der Landesregierung von Baden-Württemberg erhalten. Ich gratuliere Dr. Nils Schmid recht herzlich zu seinen Regierungsämtern und wünsche ihm für seine politische Arbeit viel Erfolg.

Die Stadthalle – ein neues kulturelles Wahrzeichen

Als die „Neue Bruderhaus Papiermaschinenfabrik" im Jahre 1990 in Konkurs gegangen ist und nicht mehr zu retten war, sicherte sich die Stadt das wertvolle Areal zwischen der Lederstraße und der Tübinger Straße. Seit dieser Zeit war es das Ziel, auf diesem innerstädtischen Filetstück eine neue kommunale Mitte zu schaffen. Zunächst mündete die Konzeption in ein Kultur- und Kongresszentrum, das aus mehreren glasflächigen Kuben bestehen sollte. Dagegen machte sich eine Bürgerinitiative stark, die das überdimensionierte Projekt zu Fall brachte; denn im Oktober 2002 wurde das Großprojekt durch einen Bürgerentscheid von 72 % der Bevölkerung abgelehnt.

Unter der Führung des neuen Stadtoberhauptes, Frau Barbara Bosch, wurde dann behutsam eine grundlegend neue Planung durchgeführt. Dabei wurde die Bevölkerung von Anfang an eingehend informiert und bei allen Planungsschritten eingebunden. Dieses Beispiel hätte auch für das Projekt Stuttgart 21 als Vorbild dienen können. In einem weiteren Bürgerentscheid sprachen sich 2005 63 % der Bevölkerung für die Realisierung der kleineren Lösung aus.

Die jetzige Stadthalle wurde von dem angesehenen Schweizer Architekten Max Dudler entworfen. Dieser hatte sich bereits u.a. durch den Bau der Folkwang Bibliothek in Essen, des Museums Ritter in Waldenbuch und des Bundesministeriums für Verkehr in Berlin einen Namen gemacht.

Der Neubau besteht aus zwei Konzertsälen unterschiedlicher Größe sowie aus polyvalenten Foyerbereichen und Einrichtungen für die gastronomische Nutzung. Der große Multifunktionssaal mit Konzertakustik fasst 1 500 Zuschauerplätze in Reihenbestuhlung, der andere flexibel abtrennbare Saal ist für 400 Zuschauer in Reihenbestuhlung ausgelegt.

Besonderes Augenmerk wurde der Akustik gewidmet. Sie soll höchsten Ansprüchen bei Konzerten genügen. Die Wände werden mit amerikanischem Kirschholzfurnier ausgekleidet.

Viertes Kapitel · Das 20. Jahrhundert bis zur Gegenwart 303

Der große Multifunktionssaal der neue Stadthalle; Computersimulation des Architekten Max Dudler, Stadt Reutlingen.

Die neue Stadthalle wird vor allem für die Württembergische Philharmonie eine neue, der Qualität dieses Klangkörpers entsprechende, Heimstätte sein und sicher mit ihrem gesamten Ambiente eine weit über die Stadt hinausgehende Attraktion darstellen

Die Tiefgarage bietet 300 Stellplätze. Mit der angrenzenden Parkanlage, dem sog. Bürgerpark, wird die Stadthalle einen neuen kulturellen Mittelpunkt Reutlingens bilden.

Der erste Spatenstich für die 32 Millionen Euro teuere Stadthalle erfolgte im Herbst 2009. Die Einweihung wird 2012/13 mit einem Mozartfestival gefeiert.

Neben der Stadthalle ist ein Hotel geplant, das von einem privaten Investor erstellt werden soll. In das gesamte Areal ist auch das denkmalgeschützte Krankenhäusle von Gustav Werner integriert, das wahrscheinlich als Café und Begegnungsstätte genutzt werden wird.

Für kleinere kulturelle Veranstaltungen bieten sich außerdem das neu renovierte franz. K. (das ehemalige französische Kino) und in zentraler Lage der reizvolle Saal des alten Spitals am Marktplatz an.

Der Achalmtunnel – ein Weg in die Zukunft

Seit fast 40 Jahren arbeiten die Straßenbauer der Stadt Reutlingen und die zuständigen staatlichen Behörden an der Planung des Achalmtunnels, der die Reutlinger Kernstadt vom Durchgangsverkehr entlasten soll. Der Tunnel wird im Süden an der Markungsgrenze zwischen Eningen und Pfullingen durch den Scheibengipfel führen und im Norden in die Stuttgarter Straße, die B 28, einmünden. Der Achalmtunnel wird eine Länge von 1,9 km haben; die gesamten dazu gehörenden Umgehungsstraßen werden 3,1 km lang sein. Es wird mit einem Kostenaufwand von 58 Millionen € gerechnet; die Zufahrten, Brücken, der Landschaftsbau und andere Maßnahmen werden weitere 18 Millionen € verschlingen.

Ursprünglich sollten die Autoabgase über einen zentralen Entlüftungsschacht auf das Plateau des Scheibengipfels hoch geblasen werden, was von der Bürgerinitiative „Pro Achalm", die sich heftig gegen diesen Tunnel zur Wehr setzte sowie durch den technischen Fortschritt verhindert wurde. Nun sollen Strahlventilatoren in der Röhre für genügend Frischluft sorgen.

Die Tunnelsicherheit sollen drei Nothalte-Buchten gewährleisten, von denen jede 40 m lang sein wird. Außerdem stehen Feuerlöscher und Hydranten zur Verfügung. Die Hauptröhre mit ihren beiden Fahrspuren wird auf der gesamten Länge von einem parallel verlaufenden Rettungsstollen begleitet. Während der Autotunnel einen Querschnitt von 10 m haben wird, begnügt sich der Rettungsstollen mit 2,80 m Breite. Alle 240 m wird es einen Verbindungsstollen zwischen dem Haupt- und dem Nebentunnel geben. Mit diesen Maßnahmen wird der Achalmtunnel einer der sichersten in Deutschland werden.

Nach der Inbetriebnahme des Scheibengipfeltunnels soll es in der Ortsdurchfahrt durch Reutlingen zu einer wesentlichen Reduzierung von Lärm und Schadstoffen kommen und den staugeplagten Verkehrsteilnehmern das Passieren von 20 Ampeln ersparen. Es bleibt abzuwarten, ob sich die Hoffnungen auf eine Verkehrsentlastung im Kernstadtbereich und vor allem in der Oststadt erfüllen werden bzw. welche Anziehungskraft der Tunnel für den Verkehr hat. Es sind bereits Zweifel laut geworden, dass der Entlastungseffekt doch nicht so groß sein wird, wie dies bei der Planung vorausgesagt wurde.

Schon zu Beginn der 70er Jahre, als der Tunnel in der ersten Planungsphase war, hat sich mein hochgeschätzter Französischlehrer an der WOS (Wirtschaftsoberschule), Dr. Herbert Winkler, alias Dr. Frosch, in einem Gedicht über den Tunnel folgende Gedanken gemacht:

Der Tunnel

„Sieh an. Die Stadt, die wir so herzlich lieben,
ist, wie man hört, total zurückgeblieben.
Den Transit und den Inner-Stadt-Verkehr
Bewältigt sie im alten Stil nicht mehr.

So ist der neue Plan der Ingenieure:
Die Bohrung einer Achalm-Tunnelröhre!
Schier dreizehnhundert Meter wird er lang,
der unterirdisch ausgedachte Gang.

Die Kosten schätzt man ohne Illusionen
auf zwanzig (nicht gezählte) Millionen.
Der Mut zum Bauen kommt von ungefähr,
der Tag der Wahrheit kommt dann hinterher.

Der Bürger fragt: „Wen bittet man zur Kasse?"
Ihn interessiert die ganz genaue Trasse.
Er schaut hinauf zum Scheibengipfeljoch:
„In welches Gütle kommt das Tunnelloch?"

Baut man schnurgerad? Baut man leicht ellenbogisch?
Gibt es Probleme hydro-geologisch?
Doch das Problem von äußerstem Gewicht:
„Wer zahlt bei Tag und Nacht das Tunnellicht?"

Die Berganwohner seh'n das Unterwühlen
im Geist voraus mit Bauchweh-Angstgefühlen.
Die Achalm wird am Blinddarm operiert,
weil sie vom Auto-Virus infiziert.

Sie wird durch diesen Eingriff noch bekannter
und unsere Stadt gilt danach als kulanter.
Sie liegt am Straßenstrom der neuen Zeit,
am Wege, nicht im Wege, nicht zu weit.

Die Autos werden, statt uns umzufahren,
die Stadt umfahren und sehr viel ersparen.
Und wer sein Geld uns ernstlich zugedacht,
hat eine Abfahrt, die das möglich macht.

Es werden sich auch die Tunnelbau-Millionen
für den, der sie nicht aufbringt, reichlich lohnen.
Wer vordem durch die Häuserschächte kroch,
der flitzt dann elegant durchs Tunnelloch.

Die Tunnelröhre unter'm Achalmgipfel
Ist von der Zukunft immerhin ein Zipfel.
Vielleicht erleben wir es noch:
das Tunnelloch."

Mit der Fertigstellung des Tunnels ist im Jahr 2017 zu rechnen.

Blick auf das Nordportal des Scheibengipfeltunnels; Computersimulation des Regierungspräsidiums Tübingen.

Literaturverzeichnis

Amann, J.	Der Turmengel der Reutlinger Marienkirche; in: RG., Jg. 1936, 43 Jg., S. 2–8
Bahnmüller, K. u. Mulot, A.	Reutlinger Heimatbuch, 6.Aufl., Reutlingen o.J.
Bames, C.	Chronica von Reutlingen und Pfullingen, Reutlingen 1985
Betz, H.	Schule und geistig-kulturelles Umfeld in Reutlingen zur Zeit des jungen List; in: RG., Jg. 1989,. N.F. 18, S. 9–36
Betz, H.	Reutlingen und die Reformation – vom Augsburger Reichstag bis zum Augsburger Religionsfrieden; in: RG., Jg. 1979; N.F. 18, S. 9–48
Boelcke, W. A.	Zur mittelalterlichen und frühzeitlichen Wirtschaftsgeschichte der Reichsstadt Reutlingen; in: RG., Jg. 1990; N.F. 29, S. 179–216
Boelcke, W. A.	Reutlingens Aufstieg zur Industriestadt bis 1914; in: RG., Jg. 2000; N.F. 19, S. 195–212
Böttcher, K. A.	„Schuld daran sind nur Faschismus und der verfluchte Krieg." Zwangsarbeiterinnen und Zwangsarbeiter in Reutlingen während des Zweiten Weltkrieges; in: RG., Jg. 1995; N.F. 34, S. 29–88
Borth, W.	Reutlingen im 19. Jahrhundert. Die Entwicklung zur modernen Industriestadt; dokumentiert anhand von Pfarrberichten (1837–1901) und zeitgenössischen Ausschnitten aus der Lokalpresse; in: RG., Jg. 1980; N.F. 19; S. 7–76
Duncker, C.	Matthäus Alber, Reformator von Reutlingen, Berichte und Dokumente, Weinsberg 1970
Eifert	Bruchstück aus dem Tagebuch eines Reutlinger Scharfrichters von den Jahren 1563 bis 1558; in: Württ. Vierteljahrshefte für Landesgeschichte 1878, S. 85 f.
Fetzer, J. J.	Meine Lebensumstände, Reutlingen 1968
Gayler, C.	Historische Denkwürdigkeiten der ehemaligen freien Reichsstadt Reutlingen; Bd. I, Reutlingen 1840; Bd. II., Reutlingen 1845
Gemeinhardt, H.-A.	Das Ende der reichsstädtischen Freiheit. – Reutlingens Übergang an Württemberg; in: RG., Jg. 2001; N.F. 41, S. 35–6
Gemeinhardt, H.-A.	Die Belagerung Reutlingens an Pfingsten 1247; Erinnerung an ein wichtiges Datum der frühen Stadtgeschichte; in: RG., Jg. 1997; N.F. 36, S. 189–220

Gemeinhardt, H. A. u. Lorenz, S. (Hrsg.)	Luithold von Achalm – Graf und Klostergründer, Reutlingen 2000
Gratianus, E. C.	Philipp Melanchthon und Josua Weiß, Reutlingen 1830
Grützmacher, J.	Die Mediatisierung der Freien Reichsstadt Reutlingen in den Jahren 1802/03; in: RG., Jg. 1998; N.F. 37, S. 24
Hannsmann, M.	Der Pfauenschrei – Die Jahre mit HAP Grieshaber, München und Hamburg 1989
Heck, T. L. u. Liebchen, J.	Reutlinger Künstler-Lexikon, Reutlingen/Tübingen 1999
Heimatmuseum Reutlingen	Arbeiter-Siedlung Gmindersdorf, 100 Jahre Architektur- und Alltagsgeschichte, Reutlingen 2003
Jooß, R.	Schwören und Schwörtage in Reutlingen und anderen Reichsstädten vor 1802; in: RG., Jg. 2007; N.F. 46, S. 57–68
Junger, G.	Graf de Serre – Briefe aus Reutlingen (1789–1800), Reutlingen 1989
Just, F.	Eduard Lucas und das Pomologische Institut in Reutlingen; in: RG., Jg. 2003; N.F. 42, S. 73–212
Kadauke, B.	Die Marienkirche in Reutlingen aus kunsthistorischer Sicht, Reutlingen 1987
Keim, K.	Alt-Reutlingen; Bilder, Berichte, Erinnerungen; in: RG., Jg. 1975; N.F. 11, S. 45–54
Keim, K.	Die Schlacht bei Reutlingen am 14. Mai 1377; 600. Jahrestag, Wahrheit und Dichtung in Uhlands Ballade; in: RG., Jg. 1977; N.F. 15, S. 7-30
Keller, F.	Professor Paul Wilhelm Keller-Reutlingen; in: Württ. Nekrolog für die Jahre 1920 und 1921, Stuttgart 1928, S. 17–19
Kemmler, K.	Eine Stadt vor 100 Jahren – Reutlingen – Bilder und Berichte, München 1997
Kerner, T.	Das Kernerhaus und seine Gäste, Stuttgart, Leipzig, Berlin, Wien 1894
Kieselbach, R. J. F.	Karosserien nach Maß, Erhard Wendler 1923 bis 1963, Stuttgart, Berlin, Köln und Mainz 1982
Knappenberger-Jans, S.	Forschungen und Quellen zur Reutlinger Stadtgeschichte in der Revolution 1848/49 – Eine Dokumentation des Stadtarchivs Reutlingen; in: RG., Jg. 1999, N.F. 38, S. 9–430
Kollmer, G.	Der Zollverein und seine Auswirkungen auf die Reutlinger Wirtschaft; in: RG., Jg. 1990; N.F. 30, S. 217–242

Kost, G.	Christian Gottlieb Bleibtreu. Eine Reutlinger Judentaufe im Jahre 1763; in: RG., Jg. 1997; N.F. 36, S. 257–264
Kost, G.	Von Ärzten und Badern im alten Reutlingen; in: RG., Jg. 1969; N.F. 7, S. 44
Kost, G.	Das Dienstbotenkrankenhaus in Reutlingen; in: RG., Jg. 1988; N.F. 27, S. 73–93
Krimmel, O.	Reutlingens Ärzte und Apotheker in den Zeiten der Reichsstadt; in: RG., Jg. 1893, S. 57–72
Kronberger, G.	Zwischen Tropfsteinen, Triumphbogen und türkischer Musik. Ein kurfürstlicher Besuch in Reutlingen 1803; in: RG., Jg. 2002; N.F. 41, S. 271–342
Kurz, H.	Erzählungen, Umrisse und Erinnerungen, Bd. I, Stuttgart 1858, Bd. III, Stuttgart 1861
Marstaller, T.	Das Tübinger Tor. Neue Daten zum ältesten Reutlinger Stadttor; in: RG., Jg. 2007; N.F. 46, S. 9–56
Maurer, H.-M.	Die Achalm und der mittelalterliche Burgenbau; in: RG. Jg. 1968; N.F. 6, S, 7–224
Memminger, F. A.	Beschreibung des Oberamts Reutlingen, Stuttgart und Tübingen 1824
Memminge, F. A.	Versuch einer Beschreibung der Stadt Reutlingen, Leipzig 1805
Niemann, H.	Mythos Maybach, 4. Aufl., Stuttgart 2002
o.V.	Menschen unserer Zeit aus Reutlingen; o.O., 1991
o.V.	Reutlinger Weibsbilder, Reutlingen 1999
o.V.	Neues Komplimentirbuch, oder Anweisung in Gesellschaften und den gewöhnlichen Verhältnissen des Lebens höflich und angemessen zu reden und sich anständig zu betragen; 5. Auflage, Reutlingen 1837
Pretsch, H. J.	Der Briefwechsel der Reutlinger Priester Bertolf und Konrad mit Hildegard von Bingen (1098-1179); in: RG. Jg. 1988; N.F. 27, S. 7–14
Reck, R.	Das Totschlägerasyl der Reichsstadt Reutlingen 1495–1804; in: RG., Jg. 1970; N.F. 8, S. 9–124
Rieth, G.A.	Laura Schradin, ein Leben für das Recht der Frau; in: RG., Jg. 1978, H. 2; N.F. 17, S. 7–37
Rommel, K.	Heimatbuch, 6. Aufl., Reutlingen 1999
Rublack, H. C. u. Scheible, H.	Matthäus Alber als Reformator Reutlingens. Die neugefundene Beschreibung seines Lebens; in: RG., Jg. 1976; N.F. 14, S. 44–69

Schön, T.	Zur Geschichte des Medizinalwesens in Reutlingen; in: Medizinisches Korrespondenzblatt, Bd. LXII
Schön, T.	Die Scharfrichter der Reichsstadt Reutlingen; in: RG., 1900, S. 96
Schön, T.	Mitteilungen aus dem Reutlinger Archiv – Zwei wichtige Aktenstücke zur Geschichte Reutlingens (Ältestes Strafrecht und älteste Weberordnung); in: RG., Jg. 1894, S. 46–53
Schön, T.	Geschichte der Ämter in der Reichsstadt Reutlingen; in: RG., Jg. 1895, S. 36–38
Schwarz, P.	Der große Stadtbrand im September 1726; in: RG., Jg. 1976; N.F. 14, S. 7–43
Schwarz, P.	Prinz Eugen und der Reutlinger Wein; in: RG., Jg. 1977; N.F. 15, S. 70-78
Schwarz, P.	Die Confessio Augustana nach der Reutlinger Handschrift; in: RG., Jg. 1979; N.F. 18, S. 65–102
Schwarz, P und Schmid, W. D.	Reutlingen – aus der Geschichte einer Stadt, Reutlingen 1973
Serger, B. u Böttcher, K-A.	Es gab auch Juden in Reutlingen, Reutlingen 2005
Sommer, J. J.	Matthäus Beger, Bürgermeister von Reutlingen 1588–1661; in: RG., Jg. 1978,; N.F. 17, S. 38–60
Stadtarchiv Reutlingen	Ein Streifzug durch die Stadtgeschichte, 2. Aufl., Reutlingen 1999
Stähle, S.	Verfassung und Verwaltung der Reichsstadt Reutlingen zwischen 1710 und 1770. Aspekte reichsstädtischer Geschichte im 18. Jahrhundert; in: RG., Jg. 1984; N.F. 23, S. 7–208
Stadt Reutlingen	Wo Daimler Maybach traf. Gustav Werners christliche Fabriken, Reutlingen 2009
Stadt Reutlingen	Stadt Bild Geschichte, Reutlingen in Ansichten aus fünf Jahrhunderten, Reutlingen 1990
Stadt Reutlingen	„Ich bin zwischen die Zeiten gefallen"; Hermann Kurz – Schriftsteller des Realismus, Redakteur der Revolution, Übersetzer und Literaturhistoriker, Reutlingen 1988
Stadt Reutlingen	Reutlingen 1930–1950, Nationalsozialismus und Nachkriegszeit, Reutlingen 1995
Stadt Reutlingen	Auspacken: Dinge und Geschichte von Zuwanderern; Eine Dokumentation zur Reutlinger Migrationsgeschichte, Reutlingen 2010

Stat. Landesamt (Memminger)	Beschreibung des Oberamts Reutlingen, Stuttgart 1893
Städtisches Kunst-Museum/Spendhaus	Paul Wilhelm Keller-Reutlingen – 1854-1920, Gemälde, Zeichnungen, Aquarelle, Reutlingen 1996
Stiefel, E.	Leben und Wirken und Werke des Hugo Spechtshart von Reutlingen; in: RG., Jg. 1985; NF. 24, S. 7–163
Ströbele, W.	Die letzten Tage der Reichsstadt, Alltag und Kultur in Reutlingen um 1800; in: RG., Jg. 2002; N.F. 41, S. 9-34
Swiridoff, P.	die holzwege des hap grieshaber, Künzelsau 1999
Thoma, H.	Die wirtschaftliche Entwicklung der Stadt Reutlingen, 1803–1914, Reutlingen 1929
Timm, E.	Reaktionen auf die Reutlinger Geiselerschießung 1945, Tübingen 1997
Volksbank Reutlingen	1861–2011 – Sieben Witwen und zehn Männer; von der Handwerkerbank zur Volksbank, Reutlingen 2011
Votteler, F.	Reutlingen vor hundert Jahren; in: RG., Jg. 1902; S. 57–62 und Jg. 1903, S. 1 und 31
Wehling, H.G.	Oskar Kalbfell. Ein biographischer Versuch; in: RG., Jg. 1995; N.F. 34; S. 419–486
Wendler, E.	Praxisnähe und Internationalität von Anfang an. Von der „Webschule" zur „Hochschule Reutlingen." – Historischer Rückblick auf die Entwicklungsgeschichte zum 150-jährigen Jubiläum im Jahre 2005; in: RG., Jg. 2005; N.F. 44, S. 9–138
Wendler, E.	Ludwig Finckh – ein Leben als Heimatdichter und Naturfreund; in: Reutlinger Lebensbilder, Bd. II, Reutlingen 1985
Wendler, E.	Reutlingen und Friedrich List; in: Reutlinger Lebensbilder, Bd. I, Reutlingen 1983
Wendler, E.	Durch Wohlstand zur Freiheit, Neues zum Leben und Werk von Friedrich List, Baden-Baden 2004
Winkler, H.	Reutlingen aus der Frosch-Perspektive, Reutlingen 1983
Wunder, G.	Jos Weiß, Reutlingens Reformations-Bürgermeister; in: RG., Jg. 1979; N.F 18, S. 49–64
Wunder, G.	Bemerkungen zu Jos Weiß; in: RG., Jg. 1968; N.F. 6, S. 33–38

Weitere Buchpublikationen des Autors

Bantleon, W. Wendler, E. Wolff, J.	Absatzwirtschaft, Praxisorientierte Einführung in das Marketing, Opladen 1976
Wendler, E.	Friedrich List – Leben und Wirken in Dokumenten, Reutlingen 1976
Wendler, E.	Das betriebswirtschaftliche Gedankengebäude von Friedrich List – Ein Beitrag zur Geschichte der Betriebswirtschaftslehre, Diss. Tübingen 1977
Wendler, E.	125 Jahre Technikum/Fachhochschule Reutlingen, Reutlingen 1980
Wendler, E.	Reutlingen und Friedrich List – Reutlinger Lebensbilder Bd. I, Reutlingen 1983
Wendler, E.	Ludwig Finckh – Ein Leben als Heimatdichter und Naturfreund – Reutlinger Lebensbilder Bd. II, Reutlingen 1985
Wendler, E.	Leben und Wirken von Friedrich List während seines Exils in der Schweiz und sein Meinungsbild über die Eidgenossenschaft, Diss. Konstanz 1984
Wendler, E.	Friedrich List – Die Welt bewegt sich – Über die Auswirkungen der Dampfkraft und der neuen Transportmittel ... 1837, Göttingen 1985
Wendler, E.	Friedrich List – Politische Wirkungsgeschichte des Vordenkers der europäischen Integration, München 1989
Wendler, E.	Friedrich List – Der geniale und vielverkannte Eisenbahnpionier, Reutlingen 1989
Wendler, E.	Friedrich List – Eine historische Gestalt und Pionier auch im deutsch-amerikanischen Bereich – A Historical Figure and Pioneer in German-American Relations, München 1989
Wendler, E.	„Das Band der ewigen Liebe" – Clara Schumanns Briefwechsel mit Emilie und Elise List, Stuttgart 1996
Wendler, E.	„Die Vereinigung des europäischen Kontinents" – Friedrich List – Die gesamteuropäische Wirkungsgeschichte seines ökonomischen Denkens, Stuttgart 1996
Wendler, E. Gemeinhardt, H.A.	„Sey ihm die Erde leicht" – Nachrufe zum Tode von Friedrich List, in: Reutlinger Geschichtsblätter; Jg. 1996, N.F. 35, S. 9-181
Wendler, E.	Durch Wohlstand zur Freiheit – Neues zum Leben und Werk von Friedrich List, Baden-Baden 2004
Wendler, E.	Praxisnähe und Internationalität von Anfang an – Von der Webschule zur Hochschule Reutlingen – Historischer Rückblick auf die Entwicklungsgeschichte zum 150-jährigen Jubiläum im Jahre 2005, Reutlingen 2005
Wendler, E.	Friedrich List – Das nationale System der politischen Ökonomie, Baden-Baden 2008